In ›Isarà‹ reist der Nobelpreisträger Wole Soyinka nach dem Welterfolg seines Kindheitsromans ›Aké‹ zum zweiten Mal in das Reich der Erinnerung und setzt dem verstorbenen Vater, der hier Akinyode heißt, ein poetisches Denkmal.

Isarà ist ein altes Yoruba-Dorf im Westen Nigerias, in dem Wole Soyinkas Vater aufwuchs, hier trifft der erwachsene Mann, der mittlerweile Rektor einer Schule geworden ist, sich alljährlich zu Neujahr mit Verwandten und Freunden, die wie er an Bildung und Entwicklung teilhaben wollten und deshalb als »Ex-Iléanten«, wie sich die Gruppe der ehemaligen Missionsschüler aus Ilesa nennt, zur kleinen geistigen Elite Nigerias gehören. Man sieht sich wieder, um Neuigkeiten auszutauschen und Familienlegenden fortzuspinnen. ›Isarà‹ ist also ein Marktplatz voller Geschichten. Vor allem aber eine Hommage an die Generation der dreißiger und vierziger Jahre in Nigeria, die voller Hoffnung für ihr Land gewesen ist, und ein Porträt von Akinyode, dem überzeugten Aufklärer, Dickkopf und Skeptiker.

Wie alte und neue Welt, Yoruba-Religion und christliche Mission, Stammesherrschaft und neue Ordnung nebeneinander bestehen können – für diese Utopie einer Versöhnung von Fortschritt und Tradition findet Wole Soyinka einen märchenhaft anmutenden Schluß: Der neue König von Isarà ist zwar noch ein Odemo (ein Stammesherrscher), als Gewerkschaftssekretär verkörpert er jedoch zugleich den Geist der neuen Zeit.

»›Isarà‹ ist mit weitaus schärferem und reflektierterem Bewußtsein geschrieben als ›Aké‹. Soyinka gelingt es, aus der Trauer um den Vater einen Roman seines Landes zu machen.« *Süddeutsche Zeitung*

Wole Soyinka wurde 1934 in Westnigeria geboren; er besuchte das College in Ibadan und studierte in Leeds Theater- und Literaturwissenschaft. Dramaturg am Royal Court Theatre in London. 1960 Rückkehr nach Nigeria; Gründer und Leiter von Theatergruppen in Lagos. 1967 aus politischen Gründen 28 Monate in Isolationshaft. Universitätsdozent in Oxford, Sheffield, dann in Ghana. 1986 wurde Soyinka als erster Afrikaner mit dem Nobelpreis für Literatur ausgezeichnet. Im November 1993 verließ der Schriftsteller Nigeria und hält sich seitdem im Exil auf. *Im Fischer Taschenbuch Verlag:* ›Aké. Jahre der Kindheit‹ (Bd. 9217).

WOLE SOYINKA

Isarà

Eine Reise rund um den Vater

Roman

Aus dem Englischen
von Inge Uffelmann

Fischer Taschenbuch Verlag

Veröffentlicht im Fischer Taschenbuch Verlag GmbH,
Frankfurt am Main, Juni 1996

Lizenzausgabe mit freundlicher Genehmigung von
Ammann Verlag & Co., Zürich
Die Originalausgabe erschien 1989 unter dem Titel
»Isarà. A Voyage around ›Essay‹« bei Fountain Press,
Ibadan, Nigeria und Random House, New York

Druck und Bindung: Clausen & Bosse, Leck
Printed in Germany
ISBN 3-596-13002-6

Gedruckt auf chlor- und säurefreiem Papier

VORWORT

Den für *Ìsarà* gewählten Untertitel habe ich John Mortimers Stück *A Voyage Round My Father* entlehnt, scheint mir dieser Titel doch genau das auszudrücken, was ich mit dem Inhalt eines Metallkastens zu unternehmen versuchte, den ich vor etwa vier Jahren öffnete, zwei Jahre also, nachdem ich *Aké* geschrieben hatte. Die Arbeit an diesen Kindheitserinnerungen hatte meinen Wissensdurst nicht gestillt; vielmehr schürten die Bruchstücke einer unvollständigen Erinnerung an jene entschwindende Epoche meine Neugier und verfolgten mich in den Gestalten der typischen Persönlichkeiten jener Zeit. Natürlich mag dies für mich in ganz besonders schmerzlicher Weise gelten, denn ich befand mich im politischen Exil, als »Essay«* starb. Alle Pläne, zu seiner Beerdigung nach Hause zu reisen, wurden jäh durchkreuzt, als ich eine Nachricht von »Wild Christian«* erhielt, die mich drängte, nur ja nach Hause zu kommen, wenn ich es denn gar so eilig hätte, sie gleich zusammen mit ihrem Lebenspartner unter die Erde zu bringen. So sprach ich lediglich ein paar Worte auf ein Tonband, das bei der Trauerfeier abgespielt wurde, und blieb an Ort und Stelle in gleichgültigem Gefilde.

Jahre später öffnete ich den Blechkasten, kratzte die Kakerlakeneier ab und durchstöberte den Inhalt: eine Handvoll Briefe, alte Zeitschriften mit gekennzeichneten Seiten und allerlei Randbemerkungen, Tagebuchnotizen, Steuer- und andere Abgabenbescheide, Sitzungsberichte, Protokolle von Schulversammlungen, Entwürfe, Aufzeichnungen über besondere Ereignisse und so weiter. Was für eine köstliche Tantalusqual,

Mit einem * versehene Begriffe werden im Glossar am Ende des Buches erläutert.

dieses ganz besondere Lehrerkollegium der Kolonialzeit heimlich zu belauschen; unausweichlich drängte es mich, diese kurzen Einblicke auf einer neuen Bewußtseinsebene und mit anderer Einfühlung als in *Aké* auszugestalten.

So habe ich mir nicht nur mehr Freiheiten mit der Chronologie erlaubt, ich habe sie ganz bewußt aufgebrochen. Schließlich umfaßt die hier dargestellte Periode nicht mehr als fünfzehn Jahre; für mich aber liegt ihre Bedeutung darin, daß in eben jenen Jahren – zum Guten oder Schlechten – die Lebensmuster der Protagonisten durch die unausweichlichen Belastungen, Ereignisse und Gegebenheiten der Zeit – der lokalen wie der globalen – festgelegt und gestaltet wurden. Es waren jene Jahre der beklemmenden Haßliebe zur Kolonialmacht und deren janusgesichtiger Haltung gegenüber der westlich gebildeten Elite ihres Protektorats Nigeria.

Die Lebensführung, so scheint es, war derb, doch zugleich gekennzeichnet von der angestrengten Suche nach einem Platz in der neuen Ordnung und geprägt von einem Grad der Gewissenserforschung, wie ihn schon die nachfolgende Generation nicht mehr erreichte. Dabei waren ihre Mittel und Möglichkeiten auf das qualvollste begrenzt. Bedenkt man diesen Aspekt, zu dem sich noch der umgekehrt proportionale Erwartungsdruck der erweiterten Großfamilie gesellte, so nimmt die Lebensführung jener Zeit eine geradezu heroische Dimension an.

So ist *Ìsarà* schlicht eine Hommage an »Essay«, seine Freunde und seine Zeit. Anders als bei *Aké* habe ich hier – von einigen Ausnahmen abgesehen – darauf verzichtet, die wahren Namen der Personen beizubehalten, weil ich jedem Verdacht vorbeugen wollte, es handele sich bei dieser Rekonstruktion ihrer Zeiten, Gedanken und Gefühle um einen Tatsachenbericht. Wie die meisten Reisen folgte auch diese nicht der Route, die ich so zuversichtlich ausgearbeitet hatte. Vielmehr erwies sie sich als eine fast unmögliche Reise, und mehr als einmal war ich drauf und dran, sie abzubrechen. »Ilesa« ist natürlich keine einzelne Institution ihrer Art, noch ist Ìsarà als Gemeinde ein

Einzel- oder Sonderfall. Ich hoffe, die noch lebenden »Ex-Iléanten« überall im Lande werden Verständnis dafür haben, daß es mir ein Anliegen war, ihrer schöpferischen Rolle in der Entwicklung des heutigen nigerianischen Geistes auf irgendeine Weise ein Denkmal zu setzen, sollte es auch noch so dürftig ausfallen, und daß sie über die nur zu offensichtlichen Fehler, Irrtümer und Unzulänglichkeiten hinwegsehen werden.

November 1988 W.S.

I

EX-ILÉ*

Ashtabula! Soditan* zog den in kühner, schwungvoller Handschrift adressierten Umschlag mit der ausländischen Frankatur aus der Tasche. Er hatte das Kuvert bereits aufgeschlitzt, und während er ihm nun die säuberlich gefalteten Bogen entnahm, stimmte sich seine hagere Gestalt auf den kommenden Genuß ein. Entspannt lehnte er sich zurück. Wann immer es ihm möglich war, schwelgte er in der Abgeschiedenheit Ìsaràs in dem Luxus, seine Privatkorrespondenz zu lesen – besonders, wenn er außerhalb der Saison hierher kam. Saison, das war Neujahr, Erntezeit oder Ostern und immer dann, wenn die Ex-Iléanten übereinkamen, sich aus einem bestimmten Anlaß in der Heimatstadt zu treffen; gewöhnlich war das eine Hochzeit, ein großes Begräbnis oder ein Richtfest, wenn einer aus dem *Kreis* endlich »zurück an den Absender« gefunden hatte. Und das bedeutete mehr als eine schlichte Heimkehr, das war ein Heimkommen in einer Art (und mit einem Pomp), die deutlich machte, daß alle Hoffnungen jener kleinen Gemeinde, von der sie in nahezu jeden Winkel des Landes entsandt worden waren, erfüllt, daß alle Gebete erhört, daß die langgehegten Träume verwirklicht und daß die drückenden Sehnsüchte gestillt waren. Erfolg verkörperte sich hier, auf dem Boden ihrer Geburt, vorzugsweise in Form eines bescheidenen, aber »modernen« Hauses. War so ein Haus gebaut, hatte man »zurück an den Absender« gefunden.

Wer während der Saison heimkehrte, war niemals auch nur einen Augenblick allein; Ado, Ibadan, Jos, Ede, Benin – aus allen Orten des Exils strömten sie in der kleinen Gemeinde zusammen, berichteten von den Ereignissen der vergangenen Monate, tauschten Anekdoten aus, beschönigten Fehlschläge und erzählten in den schillerndsten Farben von ihren Erfolgen. Die Besuche außerhalb der Saison waren friedvoll; es gab Stunden stiller Vertrautheit mit Mariam, seiner Mutter, und Pa Soditan, seinem Vater. Stunden, in denen er zwischen ruhenden Schafen und den überall in den schattigen Gassen in den Boden eingelassenen Wasserbehältern umherschlenderte. An geschäftigeren Tagen mußte er sich unter den Ständern wegducken, an denen die von Indigo tropfenden Tücher hingen. Und er erwiderte die wenigen Grüße, die ohne die sonst üblichen Aufdringlichkeiten, Bitten oder Fragen entrichtet wurden. Es war, als hätte die Stadt stillschweigend Verständnis entwickelt. Niemand belästigte Tisa* oder omo Josiah* mit der wie beiläufig vorgetragenen Bitte um pekuniäre Zuwendung, um ein Empfehlungsschreiben für einen Arbeitssuchenden, um Hilfe bei der Zulassung zu einer Schule – irgendwie waren das Dinge, die zum Saisonbesuch gehörten. Ohnehin waren die meisten Leute zu dieser Zeit draußen auf ihren Feldern, wo sie Wochen, manchmal Monate in Behelfsunterkünften zubrachten; oder sie waren nach Lagos gereist, nach Ibadan, nach Kano im hohen Norden, um Handel zu treiben. Wie auch, außerhalb der Saison verschonte ihn Ìsarà mit den üblichen Belästigungen. Ein friedlicher Ort, ein wenig einsam fast, eingehüllt in eine unerschütterliche Trägheit, die sich sogar über den Marktplatz breitete. Und selbst der Palast des Oba* schien merkwürdig unbewohnt, trotz der Gestalten aus dem königlichen Gefolge, die auf der Veranda herumlungerten, und des seltenen Auftritts einheimischer Würdenträger in ihren Roben und Umhängen. Die wenigen öffentlichen Gebäude des Ortes, die Krankenstation, das Finanzamt, der Gerichtssaal, verbreiteten eine nur mehr symbolische Atmosphäre, denn aus Mangel an Kundschaft siechten sie regelrecht dahin. Die Angeln der Tore des *iledi** knarzten nur ein- oder zweimal täglich; dann trat ein Priester heraus, schloß die Pforte sorgfältig hinter sich und schlurfte nach Hause, die Augen fest auf den Boden gerichtet; niemanden grüßend, von niemandem gegrüßt, war sein Schweigen unantastbar wie der Kern einer Weissagung.

Nur St. James, die Grundschule, in der Akinyode selbst seine Reise ins Erwachsenendasein begonnen hatte, schien der allgemeinen Lethargie zu trotzen. Doch sogar hier dirigierten die Lehrer die mechanisch heruntergeleierten Antworten ihrer Schüler mit gedämpften Stimmen; und nicht anders bei dem verlorenen Häufchen der Koranschüler, das im Freien hinter dem Markt beim Palast saß – auch dort gelangweilte Stimmen und leere Blicke, die nur plötzlich zu kurzem Leben erwachten, wenn das Stöckchen des Mallam* ein rhythmisches Muster auf ihre lammfrommen Köpfe klopfte. Nichts bewegte sich wirklich, nicht einmal die hochträchtigen Schafe, die sich in die Schatten der roten Lehmmauern drückten. Die einzige Hökerin, die ihre Runde durch die kaum bevölkerten Gassen machte, pries ihre Waren eher mit Grabesstimme denn mit lautem Schrei; kein aufschreckender Ruf sollte den Gleichgültigen lokken. An die Hügel aus roter Lateriterde geschmiegt, war Ìsarà um diese Jahreszeit weder abweisend noch einladend; es war einfach gleichgültig. Die Steinsplitter in den Hauswänden, der Rost der Wellblechdächer straften die Üppigkeit des Tales Lügen, das sich zu ihren Füßen wie eine feuchte Schärpe fast rund um die ganze Stadt legte. Warum bloß, fragte Akinyode sich manchmal, hatten sich seine Ahnen auf derart unwirtlichem Boden niedergelassen? War es das Bedürfnis nach Sicherheit in jenen früheren, unruhigen Tagen? Aber die Stadt war allen entschlossenen Angreifern ausgeliefert. Die bewaldeten Täler boten dem Feind hervorragende Verstecke; endlos konnte er diese Vogelnester belagern, die so willkürlich und schlecht gesichert an die nackten Seiten und Kämme dieses von den Elementen ausgewaschenen Hügels geklebt waren.

Wenn die Stadt während der Saison zum Leben erwachte, fielen einem diese Eigenheiten nicht auf. Dann verwandelte sich Ìsarà in einen übermütig flatternden Schmetterling, und selbst der Rauhputz der Wände und Mauern zeigte sich sanft und kokett, überwältigt von neuen Stimmen, vom unablässigen Pochen an offene Türen, vom Klappern der Riegel, von den hellen Kinderschreien und dem Brummen des Motors der einzigen Maismühle. Über Nacht weiteten sich die schmalen Sträßchen, um die Söhne und Töchter wieder aufzunehmen, deren Haut, Haare und Gewänder sich rasch mit einem leuchtend roten Hauch überzogen, doch schenkten die Heimkehrer den lateritfarbenen Staubwolken keine Beachtung. Jetzt freilich war keiner von ihnen da, und dem Schullehrer war es nur recht. Der ferne Klang des Hammers auf dem Schmiedeamboß war Musik in seinen Ohren, und seine Briefe leisteten ihm Gesellschaft. Zufrieden hielt er Zwiesprache mit fernen Freunden, während er darauf wartete, daß man ihn abholte, um an den letzten Riten für jenes Ereignis teilzunehmen, das ihn eigentlich hergeführt hatte: die öffentliche Vorführung des ersten Lastwagens, der einem Einwohner Ìsaràs gehörte! Node, einer der Freunde seines Vaters, war der Pionier. Node litt an schweren Lähmungen – Folge der üblen Machenschaften eines hinterhältigen Freundes, wie ganz Ìsarà wußte. Doch die Sache war längst erledigt, der Schuldige (der Verdächtige, wie der Lehrer ihn hartnäckig nannte) war geächtet und verbannt. Beim heutigen Ereignis zugegen zu sein war das wenigste, was Akinyode tun konnte, war es doch seine Schuld – oder sein Verdienst? –, daß dieses gewaltige Unternehmen zu einem guten Ende gekommen war. Gehörte Node ihrer Generation an, hätten sich auch all die anderen Ex-Iléanten in Ìsarà versammelt, doch Node war ein »Zu-Hause-Gebliebener«*, ein erfolgreicher Bauer aus der Altersgruppe der Väter, ein Analphabet, aber gewitzt. Die Verhandlungen hatten bereits begonnen, ehe er krank geworden war, und er hatte sich ganz auf die Beziehungen des Schullehrers zur Welt der Verträge und der Labyrinthe des Gesetzes verlassen. Der Lastwagen sollte ausschließlich zum Holztransport benutzt werden, und dazu hatte es einer Sondergenehmigung bedurft. Zu einem Schritt nämlich hatte Akinyode den Alten nicht bewegen können – nein, mit Personentransport wollte Node nichts zu tun haben. Noch beging dieser ökonomisch denkende Geist den Fehler, sein Gefährt »während der Saison«

der Öffentlichkeit vorzustellen, wußte er doch, was das bedeutet hätte: ein Fest für ganz Ìsarà, Ströme bettelnder Trommler und Preisliedsänger, nicht zu vergessen all die ungeladenen Gönner, die sogar von außerhalb der Stadt herbeigeeilt wären, um ihm zu seinem Reichtum zu gratulieren (und ihn bei dieser Gelegenheit sogleich zu verprassen). Nein, eine kleine Feier sollte es sein; Jagun würde eine *etutu*-Zeremonie* abhalten, Pa Josiah* christlichen Segen spenden und der Imam aus dem Koran lesen. Und dann klänge der Tag mit einem bescheidenen Fest aus – allein für Nodes Haushalt sowie Jaguns und Soditans Familien. Und selbstverständlich für all jene, die er eingeladen hatte, den Lastwagen in seine Funktion als Glücks- und Gewinnbringer einzusetzen.

Gerade machte es sich der Schullehrer im Korbsessel seines Vaters so recht bequem, als ein unfeines, heiseres Blöken den Mittagsdunst zerriß. Aufgestört und ärgerlich spähte Akinyode durch das Fenster hinüber zu Nodes Gehöft. Wieder ein Blöken – womöglich noch verstärkt durch den Einsatz verzweifelter Körperkraft. Der gewohnte Frieden des unsaisonalen Tages war gestört. Wenn es um die Gesundheit und den Haltestrick des zum Opfer bestimmten Widders ging, würde Node nicht knickern, das wußte der Lehrer nur zu gut; es war folglich klar, daß dieses Blöken, das so völlig anders klang, als die matten Laute der einheimischen Vierbeiner, nur von jenem Tier kommen konnte, dessen Schicksal bereits besiegelt war. Der Schullehrer griemelte vergnügt – na gut, bis zur Morgendämmerung gebe ich dir noch, dann wird Node auf deinem Rücken nach Ashtabula reiten!

Es hatte eine Weile gedauert, bis der Schullehrer dieses Wort als schlichten Ortsnamen hatte akzeptieren können. Wie Ìsarà. Oder Kaura Namoda. Er hielt inne. Was würden die Einheimischen von Ashtabula ihrerseits wohl von diesen Namen halten? Oder Olomitutu? Wie würde das in ihren Ohren klingen? Trotzdem, als ein von Weißen geprägter Name – Ashtabula? Dieses Schriftstück von jenseits der Meere spannte den Bogen der Ortsbenennung über das Annehmbare hinaus. Welche Geister mochten bei der Namensgebung dieses Ortes Pate gestanden haben? Ein Wohnort ist schließlich nichts anderes als ein Kind: Sein Wesen offenbart sich in seinem Namen. Genau das war das Problem – dem Namen Ashtabula haftete nicht im Entferntesten irgend etwas Europäisches an! Oder sollten sich die Amerikaner bereits so weit von ihrer weißen Abkunft entfernt haben? Und Wade Cudeback – auch dieser Name war sonderbar; rauh und ungehobelt, zweifellos ein Zuchtmeister der alten Schule. Seine Handschrift tat ihr Bestes, Ashtabula über platte Vorstellungen von einer kleinen Provinzstadt hinauszuheben – *90 Grad Fahrenheit, wohingegen die übliche Durchschnittstemperatur während dieser Jahreszeit bei knapp 55 Grad liegt.* Das brachte Akinyode auf den Gedanken, daß er den Stand des Schulthermometers und des Barometers regelmäßig ablesen und notieren sollte, sobald er nach Abeokuta zurückkäme. Der Niederschlagsmesser war – wie die ganze Schule – längst in den Vor-Harmattan-Ferien: Nicht einen einzigen Kubikzentimeter würde man in den nächsten drei, vielleicht sogar vier Monaten messen. Keine Feuchtigkeit außer dem Morgentau.

Es fiel Akinyode auf, daß Cudeback eine breite Feder benutzte. Und das Briefpapier? Der Lehrer hielt es an die Nase – ja, der feine Geruch war dem seiner Lieblingstinte, Quink ink, nicht unähnlich. Auch ein Hauch von Kiefernholz entströmte dem Papier, Moos und – konnte es sein? Gummiarabikum. Nein. Er hatte, so mußte er sich eingestehen, diesen an seinem Schreibtisch in Aké so oft geschnupperten Geruch der fernen Weltecke eines Fremden lediglich unterschoben. Es war die Handschrift des Mannes, die solche Phantasien provozierte. Jedes Ausrufezeichen war wie ein Hauspfosten des *ogboni*-Schreins* oder eine korinthische Säule in der Illustrierten Bibel (Authorized Version von 1611). Cudebacks »I« hatte ausladende Schleifen oben und unten, so daß es wie ein irisches Weidenboot aussah, das gerade von einer Welle aus dem Gleichgewicht gehoben wurde; es war einer dicken Kauri ähnlich oder einem zusammengerollten Tausendfüßler. Jedes »D« sah aus wie das Blumenkohlohr von Osibo, dem Apotheker, während das »W« einer *abetiaja** glich oder der gestärkten Haube einer Ehrwürdigen Schwester vom Oke-Padi-Krankenhaus. Und so ging es weiter: Dem kleinen »y« wurde seine nach unten gerichtete Schleife derart verdreht, daß sie weit nach oben schwang und die Galgenschlinge des Henkers daraus wurde, wohingegen das am Ende stehende »t« – anders als sein ganz gewöhnlicher am Wortanfang stehender Artgenosse – mit einem grimmigen, enthauptenden Querstrich versehen wurde, der sich weit unter die Basis des eigentlichen Buchstabens hinaus erstreckte und ihn dadurch in einen Amputierten verwandelte, einen lustigen Akrobaten, der auf seinem einen Bein tanzt, den Rest seines Alphabetenpublikums zu amüsieren wie ein *iguniko**, der das Kunststück beherrscht, auf nur einer Stelze hoch in die Luft zu springen.

Der Lehrer enthob sich des Neides. Es war eine andere, nicht unbedingt eine schönere Kalligraphie als seine eigene – das war alles. Es bedurfte keiner Parteilichkeit, um zu sehen, daß seine eigene Handschrift disziplinierter und ebenmäßiger lief. Cudebacks Schrift war voller hemmungsloser Schnörkel, doch vielleicht hatte das mit den launigen, manchmal magischen Szenen zu tun, die er beschrieb, während er als ruheloser Wanderer in seinen Ferien den weiten Kontinent Amerika durchstreifte.

Und der Erzählstil dieses Mannes! Eine Manie? Nein, aber vielleicht eine Neigung, ein unbeabsichtigter Zug, möglicherweise nichts anderes als das ashtabulische Wesen des Schreibers, das den Schullehrer an den Lieblingsspruch der Ex-Iléanten erinnerte: »Du kannst einen Ìsarà-Mann aus Ìsarà entfernen, aber nicht Ìsarà aus einem Ìsarà-Mann.« Wo auch immer sein Brieffreund sich hinbegab auf seiner Reise ... *durch vier Provinzen Kanadas und sechs Staaten der Vereinigten Staaten von Amerika, eine von Geist und Funken sprühende 3500-Meilen-Fahrt in meiner alten Klapperkiste* ... niemals schien dieser Reisende Ashtabula wirklich zu verlassen. Wie er das Kunststück fertigbrachte, war Akinyode rätselhaft, aber es war, als schleppte Wade Cudeback Ashtabula ständig in seinem Rucksack mit sich herum ... *die Thousand Island Bridge, das Chateau de Remezay, eine Glocke von 24,780 Pounds Gewicht, vielleicht die größte Glocke in ganz Amerika, das Tiefland und die Sandsteinformationen, das St.Joseph-Heiligtum, zu dem viele wallfahren, um geheilt zu werden, eine Stadt mit einer drei Meilen langen Stadtmauer oberhalb der Stromschnellen des Petitcodiac ...* Petitcodiac! Ja doch, daran hatte er überhaupt nicht gedacht. Die Indianer waren die wahren Eigentümer des amerikanischen Kontinents; das erklärte alles, sogar den Namen Ashtabula. Kein Wunder auch, daß Ashtabula überall war: Wanderten ihre Geister nicht nach Lust und Laune frei über das ganze Land? Vielleicht verbargen sie sich sogar in dem Namen Cudeback? Wie auch, Akinyode hatte einen verwandten Geist gefunden. Also war es gar nicht verwunderlich, daß auch Cudeback Lehrer war. Ob er wohl ebenfalls unter diesem Zwang stand, lehren zu müssen? Mr. Cudeback und sein engzeilig geschriebener Sieben-Seiten-Brief voller seltener landschaftlicher Details würden im nächsten Jahr für gehörige Abweichungen vom Lehrplan des Geographieunterrichts sorgen. Und der Allgemeinbildung dienen. Ein leidenschaftlicher Reisender, sein Freund; selbst während er von seinen Abenteuern im Sommer 37 berichtete, plante er schon seine Ausflüge für das kommende Jahr und signierte mit seiner ureigenen Weise:

I never see a map but I'm away
On all the errands that I long to do
Up all the rivers that are painted blue
And all the ranges that are painted gray ...*

Würden sie sich je begegnen? Und wo? In Ìsarà oder in Ashtabula? Was hatte den Mann veranlaßt, einen Leserbrief an *The Gazette* zu schreiben? Und er selbst, im fernen Ìsarà, was hatte ihn getrieben, eine Antwort zu formulieren und sie – noch einmal ein ganz anderer Schritt! – auch abzuschicken? Jedenfalls hatte sich daraus dieser Briefwechsel entwickelt; manchmal waren es persönliche Briefe, manchmal, wie im Falle dieses »Abenteuerberichtes«, Schreiben für ein größeres Publikum. Schon während er die Episteln des Mannes las, begann Akinyode im Geist seine Antworten zu entwerfen; meist waren sie voll des Lobes, doch gelegentlich auch ermahnend:

Sir, wie konnten Sie den »berühmten Wasserfällen von Montmorency« so viele Zeilen widmen – denn so malerisch und reizend sie auch sein mögen, sind sie doch nur eine Normalität der Natur –, wohingegen der Magnetische Berg, der wohlverdiente, das achte Weltwunder genannt zu werden, nur solch geringe Beachtung erfährt. Möglicherweise, mein lieber Mr. Cudeback, sind solche Sehenswürdigkeiten in Ashtabula (und Umgebung) gemeine Alltäglichkeiten, doch muß ich Ihnen mitteilen, daß hier in Ìsarà solche Wunder mitnichten zu bestaunen sind. Ich muß Sie also dringlich ersuchen, der Beschreibung dieses Naturphänomens einen ganzen weiteren Brief zu widmen, denn, dessen versichere ich Sie, ich werde wohl Mühe haben, meine Schüler von der Existenz dieses Magnetberges zu überzeugen, ergingen sich doch bereits meine Freunde, denen ich die entsprechende Passage Ihres Briefes zum Vortrag brachte, in allerhand Ausdrücken größten Argwohns, dergestalt, daß sie Ihren Bericht eher in das Reich der Geschichten aus Tausendundeiner Nacht *und der* Abenteuer Sindbads des Seefahrers *verweisen wollten ...*

War dieser letzte ein zu langer Satz? Er würde ihn später ausfeilen, jetzt überflog er erst noch einmal den Absatz, der seinen Appetit angeregt, seine Vorstellungskraft beflügelt und seinen Widerspruchsgeist geweckt hatte.

»Von Moncton fuhren wir zum Magnetic Hill. Um den Kitzel dieses Phänomens recht auskosten zu können, steuerte ich meinen Wagen zu einem bestimmten Punkt am Fuß des Hügels, schaltete den Motor ab, nahm den Gang heraus, löste Hand- und Fußbremse, und langsam wurde das Auto den Hügel hinaufgezogen, schneller und immer schneller, als es dem Gipfel zuging. So fuhr mein alter Wagen ganz ohne Motorkraft den Berg hinauf!«

Sonst nichts? Einfach so hineingequetscht in einen engzeiligen Brief von sieben Seiten. Und warum die Anführungszeichen – was hatten sie zu bedeuten? Hatte Cudeback seinem Brief einfach die Erlebnisse eines anderen Reisenden eingefügt? Abgesehen von der atemraubenden Unmöglichkeit solch unheimlicher Kräfte, blieben noch jede Menge anderer Fragen unbeantwortet. Selbst bei völlig neutraler Sicht der Dinge wäre dieses Phänomen sogar in einer Gesellschaft, die noch für die größten Verrücktheiten der Natur wissenschaftliche Erklärungen bereit hält, doch wenigstens drei Ausrufezeichen wert gewesen! Auch war der bewußte Absatz offensichtlich dazu gedacht, an andere weitergereicht zu werden, denn er war mit Schreibmaschine geschrieben; also sollte man vielleicht nicht vorschnell über Cudeback urteilen. Wäre der Absatz handgeschrieben gewesen, so hätte das eine Cudebacksche Ausrufezeichen allein durch seine schiere Größe mehr über die Gemütsverfassung des Reisenden offenbart, ganz zu schweigen von dem Eindruck der Erregung, den Cudebacks Lieblingsfeder erzeugt hätte.

Der ganze Brief war mit Verszeilen gespickt – seine eigenen Dichtkünste? Und jeder Hinweis auf eine Blume oder Pflanze erhielt am Briefrand ein sauber von Akinyode gemaltes Fragezeichen, das nichts von der inneren Erregung des Schulmeisters verriet, der ein Naturkundenarr war. Die erwähnten Wasserlilien zum Beispiel, gehörten die zur gleichen Art wie die Lilien der üppigen Ìsarà-Vegetation?

> The Water lilies beckon in the cove
> I snatch just one, to breathe its heady spice
> For we must on, beyond the point, to find
> A wooded shore all virgin in its solitude
> And skirt the hoary rock that turns around . . .*

Auch die felsige Pfarrei in Abeokuta hatte ihre Wasserlilien; und was Ìsarà anlangte, so wucherten in der ausgetieften, ummauerten Stelle im Fluß, wo alle Leute ihr Wasser holten, mehr Lilien- und Farnarten, als der wohlgehütete und gepflegte Garten der

Pfarrei je gesehen hatte. Was für ein merkwürdiger Mensch, dieser Cudeback. *Es will mir scheinen, auch Sie sind vom Wandervirus befallen* ... was für eine Untertreibung zum Jahresende. War es denn ein Zufall, daß er alle Briefe Cudebacks mitgenommen hatte nach Ìsarà, um sie in Ruhe lesen und wieder lesen zu können, auch wenn er jetzt nicht die Absicht hatte zu antworten? *»Überlassen Sie sich dem Abenteuer, folgen Sie dem Ruf, ehe der niemals wiederkehrende Moment verstreicht. Schlagen Sie nur die Tür hinter sich zu, tun Sie einen beherzten Schritt vorwärts, und schon schreiten Sie aus dem alten Leben hinein in das neue ...«* Wieder hatte sein Freund den Absatz in Anführungszeichen gesetzt – es war zum Auswachsen. Waren dies seine eigenen Worte, die er zuvor schon anderen geschrieben hatte? Wieder machte sich Akinyode eine Notiz am Rande, er würde nach der Quelle fragen, nach dem Buch, aus dem eventuell zitiert worden war.

Ashtabula war seine private Welt, sogar vor dem Freundeskreis der Ex-Ileanten schirmte er sie ab. Nur von Zeit zu Zeit gewährte er ihnen einen kurzen Blick auf einen kleinen Teil dieser Welt, auf ein Stück, das zu groß war, um in Ìsarà aufbewahrt zu werden. Der Magnetische Berg war ein typisches Beispiel: Das konnte man wirklich von niemandem verlangen, daß er eine solche Offenbarung für sich unter dem Kopfkissen versteckt hielt. Vor allem Sipe, dem anderen Abenteurer, dem Möchtegern-Handelsherrn, reichte er gelegentlich kleine Appetithäppchen, die dessen ständiger Suche nach immer neuen geschäftlichen Möglichkeiten eine Richtung geben sollten. Die Papiermühle in Dalhousie zum Beispiel, ja, das war was, da könnte er als Lehrer, nicht als der Industriemagnat, in den Sipe ihn gern verwandelt hätte, seine Energien, die Schule und sogar seine persönlichen Mittel einbringen. Bücher. Beim Papier, da fingen die Bücher an, das war der Grundstoff, durch den sie zu Büchern wurden, nicht die bloßen Fakten und Phantastereien über Natur und Erfahrung, über Realität und Einbildung. In seiner gestochen schönen Schrift hatte er die Beschreibung kopiert, und seine Augen hatten geglüht bei der Aussicht auf eine

Papiermühle hier in seinem Ìsarà. Holz gab es in rauhen Mengen. Den Gborobestrom würde man eindämmen – er wußte auch schon genau an welcher Stelle –, dort nämlich, wo der kleine Wasserfall zwanzig Fuß tief über den ausgewaschenen, ockerroten Laterit stürzte ... *Das Holz wird in der Nähe gelagert und nach Bedarf zur Mühle geschickt. Dort wird es in zwei Fuß langen Stücken gegen Schleifsteine gepreßt, die es – mit der Faser quer zur Laufrichtung der rasch rotierenden Steine – zu Holzschliff vermahlen. Während dieses Vorgangs wird Wasser zugegeben, das die Hitze dämpft, die sich durch die Reibung entwickelt. Sieht man die Fasermasse, nachdem das Holz verschliffen ist, möchte man meinen, heißes Wasser wäre zugesetzt worden. Doch unser Führer versicherte uns, der aufsteigende Dampf entwickle sich allein durch die Hitze der Reibung. Der entstandene Holzschliff wird dann über Siebe geleitet, die zunächst die groben Partikel aussortieren. Dann läuft die Masse über Schüttelsiebe, auf denen das Wasser mittels einer Vakuumpumpe abgesaugt wird. Gegen Ende des Prozesses läuft die Masse über Verfeinerer, die sie weiter entwässern; schließlich wird der Holzstoff zu Ballen gerollt, gewogen und verschifft* ... Akinyode nickte zustimmend. Ja, so einfach ist das. Und war das nicht haargenau, was man ihnen in St. Simeon immer gepredigt hatte? Selbstversorgung! Wenn sie sich ihre Umgebung nicht nutzbar machten, um ein solches Ausgangsprodukt herzustellen, wozu waren sie dann Simeoniten? Lag denn nicht alles Material, das sie zum Aufbau dieser Industrie brauchten, griffbereit hier in Ìsarà, jenem Ort des öden Brackwassers, der seine Söhne bis tief ins Inland katapultierte, bis zum Lehrerbildungsseminar St. Simeon in Ilesa*? Auch so ein ödes Brackwasser, dieses Ilesa, dessen einziger Anspruch auf Beachtung darin bestand, eben ein Seminar zu haben und eine junge Elite, die dort ausgebildet wurde.

Akinyode überdachte ihren Status – waren sie wirklich bloß Frösche in anonymen, trägen Tümpeln? Auch diese Orte hatten schließlich ihre Geschichte. Auf ihrer Erde hatten die Fulani-Kriege getobt, die das alte Königreich Oyo geteilt und niedergemacht hatten. Kriegsherr war gegen Kriegsherr gehetzt worden;

all die kleinen Machenschaften, Gier, Vorteile versprechenden Allianzen, die Raubzüge der Sklavenhändler und ihrer fanatisierten Horden ... und Ìsarà, das angriff und angegriffen wurde, von Egba, Ijaiye, sogar von Ibadan – und niemals unterlag! Wie sonst hätten die Städter sich ihren Preisnamen erwerben können – Afotamodi: »die, deren Verteidigungswälle aus Munition errichtet sind«? Er gab es zu – die Reminiszenzen eines Wade Cudeback, der so gemütlich durch seine eigene und anderer Leute Geschichte schlenderte, hatten diese neidischen Gedanken heraufbeschworen. Nun, Mr. Cudeback war sogar in einen Ort namens Salem hineinkutschiert – wieder so ein merkwürdiger Name, der eher der Bibel entnommen schien – und hatte dort das berühmte, sorgsam gehütete »Hexenhaus« aufgesucht. Wenn es einen Artikel gab, an dem Ìsarà keinen Mangel litt, dann waren es Hexen! Bedeutete doch der Name seines Großvaters übersetzt so viel wie: »von Hexenmeistern umgeben«. Wo aber war Ìsaràs Hexenhaus? War es vielleicht gar der *iledi*?

Wenn man es recht bedachte, mochte der *iledi* durchaus ein brauchbares Gegenstück zu jenem Haus in Salem darstellen. Der Gedanke beruhigte Akinyode, und erleichtert folgte er seinem wandernden Freund auf neuen Pfaden zu weiteren Gedenkstätten der Geschichte. *Wir sahen die Ebenen von Abraham, berühmt durch die Schlacht zwischen Wolfe und Montcalm, 1759, die mit der Niederlage Montcalms und dem Fall Quebecs endete. Später besuchten wir dann das Haus, in das Montcalm nach der Schlacht gebracht worden sein soll, eines der ältesten Häuser der Stadt; heute dient es als Andenkenladen* ... Was, nur eine einzige Schlacht? Ijaiye, Kiriji, Basorun Gaha, die kriegerischen Aare ona Kakanfo und Okenla, Lisabi ... der ehrenwerte Dr. Johnson* war ein verläßlicher Chronist jener Epoche, und viele dieser Kriege lagen längst nicht so weit zurück. Die betagten Überlebenden – und einige waren noch gar nicht so alt – erzählten manchmal von ihren Kriegserlebnissen und ließen all die alten Geschichten von Kampfesmut und Angst wieder aufleben. Doch wo waren die Spuren, die Schlachtfelder, die Marksteine? Wo sollte er seine Oberstufenschüler hinführen – vorausgesetzt, er konnte die Mission von der Nützlichkeit einer solch gewagten Erweiterung des Geschichtspensums überzeugen? Und doch, warum nicht? Es war genau die Art von Ausflug, die in der Zeitschrift *The Nigerian Teacher* so warm empfohlen wurde – bloß, wohin konnte er das Häufchen interessierter Schüler führen? Nun, der Ort würde sich finden. Dann würde er ihnen die Aufgabe stellen, einen Aufsatz über die Begegnung mit den Geistern ihrer eigenen Geschichte zu schreiben. Den besten Aufsatz würde er Wade Cudeback schicken – so, da haben Sie ein Gegengewicht zu Ihrem Magnetischen Berg, Ihren Umgekehrten Wasserfällen und Ihrem Marathonläufer Paul Revere. Aber der Gedanke machte ihn zugleich traurig: Wo hatten ihn die Lehrer des Seminars von St. Simeon je hingeführt? Und hatte er in seiner Jugend diese Gefilde nicht immer wieder durchwandert, diese alten Schlachtfelder der Yoruba-Königreiche? Mindestens viermal im Jahr von Ìsarà nach Ilesa. Erst als er älter geworden war und abgehärteter gegenüber einem längeren Exil, machte er die Reise nur noch zweimal jährlich. Zu Fuß, manchmal auf dem Fahrrad, oder auch so dicht eingezwängt zwischen den anderen Fahrgästen eines verstaubten, klapprigen Personenlastautos, daß er sich wie lebendig begraben vorkam, hatte er Saki, Iseyin und die alte Stadt Oyo durchquert. Doch hatte man die Seminaristen in all den langen Jahren ihrer Ausbildung je gelehrt zu sehen, hinzuschauen? War seine Jugend wahrhaftig inmitten all dieser Historie dahingeschwunden, ohne daß er gewußt hätte, daß man die Augen aufmachen, daß man *schauen* muß?

Noch war genügend Zeit, das Versäumte nachzuholen. Einen zaghaften Anfang hatte er ja mit seiner abenteuerlichen Rückkehr nach Iseyin schon gemacht, eine Rückkehr, die sich so ganz anders gestaltet hatte, als seine »nichts sehenden« Reisen durch die hügelige Stadt der Weber während seiner Seminaristentage. Und das festliche Musikdrama zur Feier des hundertjährigen Bestehens der ersten christlichen Mission im Egbaland – das war in der Tat schon ein gewaltiger Schritt im Prozeß des Sehenlernens, denn was für eine bessere Möglichkeit hätte es geben können, Geschichte wieder lebendig werden zu lassen? Weitere Reisen würden noch mehr Material zutage fördern. Jetzt, wo es bessere Straßen gab, könnte man Auto fahren lernen, sich vielleicht, wie Wade Cudeback, eine »Klapperkiste« zulegen. Der Lehrer lachte kurz auf – wann und wie? Von seinem Gehalt als Schulmeister? Was für ein ehrgeiziges Ziel! Er täte wohl besser daran, seine Pläne auf das zu beschränken, was er mit seinem neuen Raleigh-Fahrrad bewerkstelligen konnte. Und mit der Eisenbahn. Jaja, die Eisenbahn. Das gedämpfte Echo seiner ersten Begegnung mit dem Lärm der Eisenbahn kreiste in seiner Hirnschale, unterbrach die Stille des Nachmittags im Zeittakt jenes Mottos, das er sich als Leitspruch ausgesucht hatte, bevor er sein Zuhause verließ. Im Takt der dahineilenden Wagenräder bildete das Lied von der Eisenbahn, das alle Kinder auswendig kannten – selbst jene, die das mächtige Dampfroß nie gesehen hatten –, den rhythmischen Kontrapunkt zum Text seines Leitspruchs ... *der hat keine Zukunft ... der heut nichts unternimmt ... der heut nichts unternimmt ... der heut nichts unternimmt ... Mo ti gun'ke, mo ti so ... mo ti gun'ke, mo ti so ... der heut nichts unternimmt ... faka fiki faka fi ... der nichts für morgen tut ... oke ti alajapa ko le gun ... mo ti gun ... mo ti so ... faka fiki faka fi ... der heut nichts unternimmt** –, und er spürte, daß er Angst hatte. Habe ich den Hügel schon erklommen? Oder ist mein Gang wie der der Schildkröte in diesem Kinderlied? Bin ich vorangekommen? Werde ich stürzen? *Faka fiki faka fii ...*

Damals war es weder praktisch noch sinnvoll gewesen, doch seine allererste Reise nach Ilesa, um sich im dortigen Seminar einzuschreiben, hatte er einfach mit der Eisenbahn machen müssen – aus schierer Neugier und Abenteuerlust. Die kleinen Personenlastwagen waren längst ein alltäglicher Anblick; wenigstens jeden zweiten Tag sah man eine solche Lorry und gelegentlich sogar eine Limousine, wenn ein bedeutender Besucher in die Stadt kam. Aber die Eisenbahn war für ihn und die anderen in Ìsarà nur eine ferne Legende, hatte sie sich doch in ihrer Hartherzigkeit entschlossen, das gesamte Ijebuland zu umgehen und sich stattdessen durch Ifo, Abeokuta und Ibadan in den Norden hinaufzuschlängeln. Er war also mit seinem Kumpan Damian zu Fuß nach Owode gezockelt, um dort die Lorry nach Abeokuta zu erwischen – und das alles nur, um das ersehnte Stückelchen Zugreise von Abeokuta über Ibadan nach Ede machen zu können. Danach hatten sie keine andere Wahl gehabt, das Teilstück zwischen Ede und Iwo hatten sie wieder zu Fuß bewältigen müssen, mit allem irdischen Besitz – einschließlich der Geschenke, die man ihnen zum Abschied zugesteckt hatte – auf dem Ast. Doch hatten sich Yode und sein nicht viel älterer Kamerad, der auf dieser Reise sein Führer und Beschützer war, mit der Schlepperei abgewechselt, während sie den Buschpfaden nach Oyo folgten. Manchmal hatten die breiter werdenden Pfade Reifenspuren furchtloser Lastwagen gezeigt, die Fahrgäste, Versorgungsgüter und Holz transportierten. Zwischen Oyo und Iseyin bestand eine feste Busverbindung, für die restliche Strecke aber hatten sie nichts vorausplanen können. Wahrscheinlich würde das Teilstück zwischen Iseyin und Shaki wieder in einem Dialog zwischen Sohlen und Erdboden vermessen werden, und auch den letzten Abschnitt würden sie zu Fuß bewältigen müssen, obwohl man Yodes Vater versichert hatte, man könne in Shaki Maultiere mieten, möglicherweise sogar Fahrräder oder Sänftenträger. Schließlich war es ihnen in der Tat gelungen, für beide ein Fahrrad zu mieten, auf dem sie von Shaki nach Ilesa strampelten. Dort hatte Damian noch einmal übernachtet, ehe er am nächsten Tag das Fahrrad seinem Besitzer zurückbrachte, während Yode allein im Seminar geblieben war.

Damian, ein Edo*, hatte sich irgendwie nach Ìsarà verirrt und war geblieben. In der Hoffnung, hier das Buchdruckergewerbe zu erlernen, hatte er sich an Josiah gehängt. Seine Überlegungen stützten sich auf Offenkundiges: Josiah war Christ und ein Gemeindeältester. Die Christen benutzten Bücher. Kauften Bücher. Manche besaßen sogar Buchläden. Bücher waren ein Produkt der Druckereien. Fazit: Früher oder später mußte der Christ Josiah ihn auf den Pfad zum Druckgewerbe führen. In der Zwischenzeit half er Josiah bei der Feldarbeit und besorgte ihm das Haus. Damian hatte eine dunkle Vergangenheit. Von Zeit zu Zeit beobachtete ihn Yode heimlich und fragte sich, ob er durchblicken lassen solle, daß es ihm gelungen war, hinter das Geheimnis zu kommen. Aber Yode fürchtete sich auch ein wenig vor Damian, der den Ìsarà-Dialekt mit solch extravagantem Akzent sprach. Er war aus Benin ausgerückt, um einem Sklaventreiber von Onkel zu entfliehen, hatte sich zunächst als Helfer in den Busbahnhöfen verdungen und sich später als einer aus dem Heer der Lastenträger in den Eisenbahnstationen einen kargen Lebensunterhalt verdient. Das Fahrgeld, mit dem er schließlich nach Ìsarà gereist war, hatte er sich schon vorsichtshalber buchstäblich vom Munde abgespart, wohl wissend, daß diese letzte Verzweiflungstat auf ihn zukommen würde. Er hatte kein bestimmtes Ziel im Auge gehabt. Er war einfach in die erstbeste Lorry geklettert und so lange mitgefahren, bis sein Magen ihm anzeigte, daß die äußerste Grenze seiner Leidensfähigkeit erreicht war. Die Lorry hielt in Ìsarà; Damian war ausgestiegen und hatte sich mitten auf die Straße gelegt.

Ihr Pakt miteinander war besiegelt. Blieb nur noch die Frage, wann sie die Schlange der sie begleitenden Abschiednehmer abschütteln konnten – immerhin fast die Hälfte der Bevölkerung Ìsaràs! Sie bogen in eine Ringstraße ein, nicht mehr als ein schmaler Fußpfad, der aber um ganz Ìsarà herumführte und sich an einem Punkt mit dem Pfad vereinigte, der nach Owode im Egbaland führte und somit zur Bahnstation in Lafenwa*. Und Akinyode, der noch nichts wußte von Ashtabula und den Schlachtfeldern eines Montcalm, ließ sich in die exotische Welt eines Eisenbahncoupés fallen. Der Lärm und das Chaos jeder neuen Station berauschten ihn; die Eisenbahnbrücken; die Wasserpumpen, an denen die Lokomotiven anhielten, um zu »trinken«; das durchdringende Pfeifen, das doch fast vom rhythmischen Mahlen der Räder verschluckt wurde, die sich schneller drehten, ging's hügelab, und die sich schwerfällig mühen mußten, ging's bergauf; die Abschiedsrituale und Ankunftszeremonien an den Stationen; die einarmigen, blau-roten Signale neben den Schienen, die in neue Positionen umsprangen – und das, wie es schien, ganz ohne menschliches Zutun! –, bis Damian ihn, leicht amüsiert, auf das kleine Betonhäuschen aufmerksam machte, das aus der Ebene herausragte, und auf die schweißglänzenden Arme drinnen, die die schweren Hebel bedienten. Später sah Akinyode ganz ähnliche Hebel in Bodennähe, mitten im Gewühl der Schienenstränge, und neben den Hebeln standen Männer mit Dienstmützen und gestärkten Khakijacken und kurzen Hosen, die sie von der einen Seite auf die andere umlegten.

Damians Berichte waren dieser Welt aus Stahl, Eisen und schweren Bremsklötzen in keiner Weise gerecht geworden. Nichts kam dem Stationsvorsteher mit seinem Wimpel gleich, wie er dastand und seinen prüfenden Blick über die ganze Länge des Zuges schweifen ließ, den Bahnsteig hinauf und hinunter, dann das Fähnchen hob und mit forscher Bewegung senkte, worauf der rußverschmierte, schweißgebadete Lokführer sich lässig aus dem Fenster seiner Führerkabine lehnte und ihm beipflichtend zunickte, denn er hatte dieses qualmende Ungeheuer völlig unter Kontrolle, in dem sie nicht nur die Beine ausstrecken, sondern sogar auf- und abgehen konnten – ganz anders als bei den Reisen in den Lorrys, in denen man so eingepfercht hocken mußte. Alles war maßlos! Kreischende Kinder inmitten der verschiedensten Landbauprodukte. Gelegentlich ein ganzer *akowe*-Clan*, Madame und die Kinder und die Handkoffer, möglicherweise wegen einer Versetzung vollständig angetreten; Anzug und Krawatte, manchmal ein weicher Filzschlapphut, manchmal ein steifer Bowler, aber immer der arrogant-herablassende Blick auf die lärmende, rüpelnde Masse des »anderen« Teils der Menschheit. Nichts in den Berichten Damians hatte ihn vorbereitet auf die Holzbänke, die so bequemen Raum ließen, auf die breiten Gänge mitten in den Wagen, die so ganz anders aussahen als die Innenausstattung der Lorrys, mit denen er schon gefahren war. Nichts hatte ihn vorbereitet auf die Rollen gestanzter Fahrkarten, für die man an den vergitterten Fensterchen im Bahnhof von Lafenwa zahlte oder die man direkt beim Schaffner im Zug löste, der so sicheren Fußes dem Rollen und Ruckeln des Zuges widerstand und nur manchmal kurz Halt an einer Rückenlehne suchen mußte, wenn der Zug in einer Kurve allzu heftig schlingerte. Nichts hatte ihn auf das Rattern der Eisenträger vorbereitet, das den Klang der rollenden Räder so sehr verstärkte, daß er sich wie ein Band um seinen Kopf legte und zuletzt das ganze Abteil mit einem Tosen erfüllte, das einem langen Donnergrollen glich. Und ganz und gar nichts hatte Damian von dem Tunnel gesagt, in dem der Zug urplötzlich verschwand – bloß eine Unterführung, oberhalb derer eine breite Autostraße verlief. Doch Yode war zu Tode erschrocken, bis er im schummrigen Licht Damians Mund sich in einem Hohnlachen öffnen sah und auch, daß sein Kumpan zugleich die Augen halb schloß. Der Zug klammerte sich an seinen rußigen Schleier, war fest eingewickelt in den Nachschwall des dunklen, beißenden Rauchs, der sich gesammelt hatte, als der Zug in die Unterführung einfuhr. Diese durch die offenen Fenster ins Wageninnere gedrückte Rußstaublawine stellte für die meisten Reisenden keine Gefahr dar, denn die Routiniers unter ihnen wußten, daß sie jetzt die Augen schließen mußten. Aber der Rußstaub setzte sich in ihre Haare und auf ihre Kleidung, und manche bedeckten rasch das Essen und die Getränke oder legten eine schützende Hand über die Augen der Kinder und drückten die Gesichter der Säuglinge in ihren Schoß. Unaufhörlich rülpste das Ungeheur seine Eingeweide heraus und wurde wieder von ihnen verschlungen. Als der stechende Schmerz durch Yodes Augapfel fuhr, wußte er, daß er Damians Warnung zu spät beachtet hatte – aber Damian hatte ihn schließlich nur vor den Augenblicken gewarnt, wenn der Zug einen steilen Abhang hinunterfährt und die Wagen den

Rauch einholen, bevor er sich auflöst, er hatte ihn nur vor den scharfen Böen des Harmattan gewarnt, die plötzlich aus der falschen Richtung kommen konnten. Aber über Tunnel hatte er kein Wort verloren – nicht mal über die kürzesten! Dabei konnte man blind werden von dem Ruß! Damian und die reisenden Freunde seines Vaters, die oben im Norden lebten, hatten es unzählige Male berichtet. Deshalb gab es ja so viele blinde Bettler im Norden; der Ruß der Züge schädigte ihre Netzhaut. Sie reisten mit ihrem Vieh in den offenen Güterzügen oder fuhren schwarz – und das war die gerechte Strafe: Blindheit. Eigentlich hatte Yode ja fragen wollen, ob das Vieh auch blind werde, aber dann hatte ihn die Fabulierkraft dieser erfahrenen Reisenden zu sehr eingeschüchtert – Enugu, Makurdi, Kano, Oshogbo – das ganze exotische Territorium der Gleise kannten sie wie ihre Westentasche. Und überhaupt, wer räumt Kindern schon das Recht ein, Fragen zu stellen, wenn Erwachsene sich unterhalten und das Kind bei dieser Unterhaltung gar keine Rolle spielt? Und Damian war nie weiter nördlich als Ibadan gekommen. Der Ruß biß Yode ganz gemein, denn er war ihm jetzt unter das Lid gerutscht. Es packte ihn die nackte Angst, heftig rieb er sich das Auge.

»Nicht!«

Damian riß ihm die Hand vom Gesicht und zwang das Auge mit Daumen und Zeigefinger auf. Es juckte und stach wie verrückt, und Yode versuchte zu blinzeln, doch Damians Edo-Finger waren stärker.

»Roll die Augen ganz weit nach rechts rüber.« Yode tat sein Bestes, und die Tränen flossen reichlich, während der vermaledeite Ruß ihn stach wie tausend Wespen. »Jetzt nach links.«

Damian murmelte Verwünschungen über das unauffindbare Stückchen Ruß, nahm dann endlich seine Finger weg, weil er dachte, die Tränenflüssigkeit hätte es herausgewaschen. Yode blinzelte fest, einmal, zweimal, und schrie auf; der Schmerz war wieder da. Also heftete Damian seine Finger wieder an Yodes Lider und befahl: »Mach die Augen auf, so weit du kannst!« und blies ihm seinen heißen Atem über den Augapfel. »Ich hab's!« rief er triumphierend. »Hat sich genau auf deine Pupille gesetzt.« Er zog die Schöße von Yodes Hemd aus dessen Hosenbund, tupfte mit einem Zipfel gekonnt das Rußpartikelchen aus dem Auge – was für eine Erleichterung! – und hielt es ihm unter die Nase. Yode war ziemlich erschrocken über die schiere Größe dieses Stückchens Kohlengrus, das von seinen Tränen feucht war. Die Erleichterung war enorm; er lehnte sich in den Sitz zurück und sog tief die nach dem beißenden Rauch riechende Luft ein – er mochte diesen Geruch. Der leise Verdacht, auch der Geruch könnte vielleicht ungesund sein, wenn man ihn zu lang und zu tief einatmete, hielt ihn nicht davon ab, das rohe, stechende Odeur, das ihn an Indigo erinnerte, zu genießen. Seine Gedanken wanderten zurück zu den Geräuschen, die er gehört, zu den Empfindungen, die er gehabt hatte, während sie über die Brücke und durch den Tunnel gerattert waren. Es schien nicht anders als das *igbale**, in das richtige, lebendige Menschen verschwanden, um als *alagemo** wieder hervorzukommen. Zwischen halb geschlossenen Lidern betrachtete er Damian verstohlen. Nein, er glaubte nicht, daß sein Kumpan sich in *alagemo* verwandelt hatte. Der Gedanke an *agemo** weckte lediglich sein drängendes Bedürfnis DIE FRAGE zu stellen. Allein schon sie im Geiste zu formulieren schien ihm ein ungeheuerliches Unterfangen – doch so lange sie nicht ausgesprochen war, hing sie zwischen ihnen wie eine unheimliche Fledermaus im Dachgebälk. Ins Lehrerbildungsseminar von St. Simeon zu gehen, zum ersten Mal das vertraute Zuhause zu verlassen – und gleich für so lange Zeit –, das war wie ein Übergangsritus, eine Initiation. Er würde nicht als das Kind zurückkommen, als das er gegangen war. Hatte sein Vater ihn nicht zu sich in die Hütte befohlen und gesagt: Du gehst jetzt in eine Männerwelt. Denk daran. Du mußt dir dort deine Welt schaffen, mußt dir Freunde suchen, deine zukünftigen Kameraden aussuchen. Was den weißen Mann anlangt, nun, so denke daran, daß er sehr viel Macht hat; aber er ist auch nur ein

Mensch. Also, verhalte dich ihm gegenüber wie ein Mann, aber ein respektabler Mann. Er ist dein Lehrer, und er ist derjenige, der das Land deines Vaters beherrscht. Und dann hatte sich der Bauer in seiner vorbereiteten Rede verheddert und ihn barsch aus dem Raum gewiesen.

Aber ein Mann wurde man nur langsam, in Stufen, nicht plötzlich. Und eine solche Frage ... angenommen, es hatte mit irgendeinem schändlichen Familiengeheimnis zu tun, ein verschlossener Brunnen, der klugerweise gut zugedeckt gehalten wurde im Gehöft der Familie. Mit Zweigen abgedeckt, stand das brackige Wasser unberührt im Brunnen – Generation um Generation. Das war was anderes als ein verlassener Steinbruch, der nun als Kinderspielplatz diente und in den man folglich Steine schmeißen oder einen alten Eimer kicken konnte. Nicht einmal er durfte sich das leisten, dem sein fremdländischer Kumpel doch so viel Nachsicht entgegenbrachte, weil er überzeugt war, Yode sei für Größeres im Leben bestimmt, weshalb er ihn auch mit einer gewissen Ehrerbietung behandelte. Zur Zeit des Geschehens hatte Yode die Angelegenheit als ein Ehrfurcht einflößendes Ereignis in seinem Innern bewahrt, dessen wahre Bedeutung er erkunden würde, sobald er alt genug dafür wäre. Danach blieb nur noch die Frage: Wann wäre er alt genug? Wenn die erste Trennung von Zuhause – nicht bloß eine kurze Reise, sondern ein Abschied für lange, für den man seine ganzen Habseligkeiten in einen Holzkasten gepackt hatte –, wenn dieser Zeitpunkt nicht der richtige war, wenn er jetzt nicht alt genug war, wann dann? Und angenommen, in seiner neuen Wohnstatt würde ein Schulfreund ebenfalls versuchen, sich das Leben zu nehmen, was sollte er dann tun?

Schlimmstenfalls würde Damian nie mehr ein Wort mit ihm reden. Aus diesem Grund war es wohl am besten zu warten, bis sie ihr Reiseziel fast erreicht hatten; das würde die Zeit des Strafschweigens erheblich verkürzen.

Damian würde ihn im Seminar seinem Schicksal überlassen und zu Yodes Eltern zurückkehren. Dort würde er ihn möglicherweise verpetzen, weil er das verbotene Thema angeschnitten hatte, aber vor den nächsten Ferien konnte sein Vater ja nichts unternehmen. Yode entschloß sich, bis zur letzten Station vor Ede zu warten und dann die Frage zu stellen. Sie hatten Damian weggebracht; als er wiederkam, war sein Kopf geschoren, und er machte einen benommenen Eindruck. Sicherlich steckte eine lange Geschichte dahinter, nichts, was man rasch abtun konnte, schließlich mußte das Ganze ja einen Sinn gehabt haben. Er malte sich erneut die Risiken aus: Entweder würde Damian ihm das schreckliche Geheimnis anvertrauen und ihm dabei Zeit lassen, jedes Detail zu vertiefen, oder er würde den Rest der Reise unter unablässigen Ermahnungen und Zurechtweisungen hinter sich bringen müssen, vielleicht auch in sturem Schweigen. Er hoffte, Damian würde im zweiten Falle das Schweigen wählen. Wenigstens aber hätte er dann sein Bestes getan, um herauszufinden, warum ein Jugendlicher – nur zwei Jahre älter als er selbst mit seinen vierzehn Jahren – versucht hatte, sich umzubringen.

Schwerfällig schob sich der Zug voran, trug ihn einer neuen Umgebung entgegen, weg von der Nachbarschaft, von den zankenden Geschwistern, von dem Druck der Familie, von der eisernen Faust der Lehrer und dem ungefestigten Glauben beider Eltern, die noch immer gegen die stille Anziehungskraft der verlassenen Gottheiten ankämpften. Schon spürte Yode, daß er sich einen neuen Status erwarb. Er taxierte Damian kritischer als je zuvor und erkannte, daß es nur eine Frage der Zeit war, dann würde er mit ihm gleichaltrig sein. Vielleicht sollte DIE FRAGE so lange warten, bis er Damians Alter hatte und ebenfalls diesen feinen, dunklen Flaum auf der Oberlippe trug? Andererseits könnte Damian in seine Heimat zurückkehren, während er in Ilesa war. Damian war ja schließlich als Ausbüxer nach Ìsarà gekommen. Aber da war noch was – und es war für Yode jetzt wichtiger als alles andere –, die Frage nach seiner Christenpflicht. Damian könnte es wieder versuchen, könnte zu Ende bringen, was er angefangen hatte und worüber alle –

sein Vater, Jagun, Pa Node, einfach alle – so entsetzt gewesen waren. Alles wäre dann vorbei. Er wäre nicht einmal zu Hause, um an dieser Unterbrechung der Alltagsroutine teilzuhaben, heimlich den Strom der Zeugen zu belauschen, den Ankläger, den Verteidiger, und das Gerede hinter vorgehaltener Hand ... Alles, was ihm bliebe, wäre ein Schuldgefühl; Schuld, weil es ihm nicht gelungen war, Damian zu bewegen, sich ihm anzuvertrauen. Er mußte jetzt fragen, bevor er endgültig von zu Hause getrennt wurde, abgeschnitten wurde für eine Zeitspanne, die, noch ehe sie recht begonnen hatte, ihm schon eine Ahnung von der Dauer der Ewigkeit vermittelte.

Mo ti gun'ke, mo ti so
Mo ti gun'ke, mo ti so
Oke ti alajapa ko le gun
Mo ti gun, mo ti so
Faka fiki, faka fii

»Was findest du denn so komisch?«

»Diesen Zug hier. Alle Züge.«

»Und was ist so komisch an diesem Zug? Wärst du vielleicht lieber die ganze Strecke in einer Lorry gefahren?«

Yode machte sich nicht die Mühe zu erläutern, daß ihm lediglich dieses Kinderlied über die Eisenbahn durch den Kopf gegangen war. Sein Kumpan hätte dazu wahrscheinlich nur bemerkt, ein Junge seines Alters habe jeden Gedanken an Kinderspiele hinter sich zu lassen, vor allem, wenn er auf dem Weg sei, ein Seminarist in einer Lehrerbildungsanstalt der *oyinbo** zu werden. Wie auch immer, Yode brauchte Zeit, darüber nachzudenken, wie er diese verflixte Frage formulieren sollte.

Zum Glück ersparte ihm ein langer Pfeifton erst einmal die weitere Ausarbeitung der Frage. Der Pfiff bedeutete, daß sie sich einem Bahnübergang, einer scharfen Kurve oder einem Bahnhof näherten – oder auch nur, daß der Lokführer sich langweilte. Von seinem Fensterplatz lehnte sich Yode vorsichtig hinaus –

LEHN DICH NIE AUS DEM FENSTER! *Ein Ast von einem Baum könnte dich erfassen und aus dem Zug reißen, oder du könntest dir den Schädel an einem Telegrafenmast zerschmettern.* Aber er brauchte sich ohnehin nicht weit hinauszulehnen, denn er saß an der Innenseite des gebogenen Rückgrats des Zuges, der jetzt aussah wie ein Riesentausendfüßler. Mit methodischem Instinkt zählte Yode die Wagen, als ahnte er bereits die Unterrichtsstunden im Seminar voraus, auf die man ihn in der Grundschule von St. James vorbereitet hatte, die am Rande des Marktes, dem Palast des Odemo* gegenüber stand. Er blinzelte und machte aus seinen Augen schmale Schlitze, denn vor Rauch und Kohlenstaub hatte er jetzt Respekt. Die sehnigen Wagen wickelten und wanden sich zwischen der Vegetation hindurch, als wollten sie ihre mechanische Herkunft Lügen strafen. Yode wußte es schon längst – wenn es eine gehörnte Schlangenart gab, ähnlich dem Hirschkäfer, dann war die Eisenbahn ihr nachgebildet.

Am Bahnhof von Olodo herrschte ein so ohrenbetäubender Lärm, als fände der dortige Stadtmarkt auf dem Bahnsteig statt. Schwärme von Hökern überschwemmten den Zug, noch ehe er richtig zum Halten gekommen war. Der menschliche Verkehrsstrom stieß und drängte in beide Richtungen zugleich – Frauen beladen mit Blechen voller Plunder; Stoffbündel, die fest um die Leibesmitte gebunden waren oder von jungen Mädchen elegant auf dem Kopf balanciert wurden; Muster und Farben wirbelten durcheinander, mischten sich mit dem gesetzten Holzton des Wageninnern. Hühnerkörbe oder an Händen kopfabwärts baumelnde Perlhühner, Gackern und stiebende Federn, aufkeimende und rasch unterdrückte Kämpfe mit Schnäbeln und Krallen – Folge ihrer Verwirrung und Ungewißheit über ihr Schicksal. Der berauschende Geruch von Palmwein, schmutzgesprenkelter Schaum in brütender Sonnenhitze; Gemüse in überquellenden Körben. Ein unerwartetes Bündel, an den Stengeln zusammengebunden, kommt durchs Fenster geflogen, wird in eine nachgiebige Hand gedrückt, die das Bündel gedankenverloren abwägt und artig zurückreicht, während schon ein neues, vermeintlich volleres, frischeres oder einfach anderes dem zögerlichen Kunden ins Gesicht gedrückt wird. Der Gestank von rohen, nicht mehr ganz frischen Eiern, einige schon zerdrückt, so daß das gerinnende Eigelb aus dem Boden des Korbes tropft. Und gekochte Eier; und die Wahl zwischen zahmen Hofhühnern oder wilden Perlhühnern, die man am gepunkteten Gefieder erkennt; fritierte *sawa-sawa* und dazu das unvermeidliche Schälchen gebratener Pfefferschoten; Shackleford* für einen Halfpenny oder »Zuckerbrot« – der kleine Weißbrotlaib, in der Mitte aufgeschlitzt, mit einer gebratenen Sprotte gefüllt und einer ordentlichen Portion Pfefferpaste überzogen; fertig ist die kleine Mittagsmahlzeit. Kopftücher und kreischende Münder. Rennende Füße rühriger Händlerinnen, Frauen, die von Wagenfenster zu Wagenfenster, von Trittbrett zu Trittbrett sprangen, während die auf die Rücken gebundenen Babys mit hilflos baumelnden Köpfchen und tropfenden Lippen in den Tragetüchern hüpften, nach Luft rangen, aus dem Tuch zu fallen drohten und doch auf wunderbare Weise sicher verwahrt waren. Eine riesige Schüssel – zugedeckt mit dicken Lagen Sackleinen – wurde angeschleppt, das Sackleinen beiseite gezogen, und Dampfschwaden, die es mit denen der Lokomotive hätten aufnehmen können, schlugen Yode ins Gesicht; unter den Tüchern lagen gekochte Yams und gebratene Maiskolben. Etwas weiter hinten auf dem Bahnsteig konnte man die rauchgeschwärzten halben Fässer und Kessel auf den improvisierten Herdstellen sehen – die mobilen Garküchen, wo die Speisen für die Reisenden zubereitet, aufgefüllt und mit Säcken so gut warm gehalten wurden. Diese Flüche, dieses Gekeife! Eben noch bitterböse Worte und bautz – wie ein Wunder – an ihrer Stelle ein heiteres Lachen, eine harmlose Neckerei: Ich geh mit dir nach Hause, wenn du willst; oder du kannst mit meiner Tochter gehen. Meinst du nicht, daß die zu jung für mich ist? Und wieder tanzte eine Schüssel voll Yams vor dem Abteilfenster vorbei, ritt auf der gleichen Welle wie die Früchte, das Gemüse, der Pfeffer, wie *odunkun, cocoyam, esuru* und die unzähligen anderen Arten der Yamswurzel, und Damian hatte endlich genug. Wenn Yode nichts anderes einfiel, als hier am Fenster das Maul aufzusperren, bis ihm die Fliegen hineinflogen, so war das sein Vergnügen; er jedenfalls wußte seinen Kauwerkzeugen was Besseres zu bieten.

»Hast du keine Lust auf gekochte Yams?«

»Hm? Oh, Yams. Aber ja doch. Ich hab ganz schön Hunger.«

»Das will ich meinen. Wenn man bedenkt, wann wir zuletzt was zu beißen gekriegt haben. Und dann der lange Fußmarsch von der Busstation nach Lafenwa.«

*»Abiamo** . . .«

Mitten im Eilschritt hielt die Frau inne, setzte ihre Schüssel auf dem Boden ab – das Baby wird über ihren Kopf aus dem Tuch rutschen! Nein, das Hüfttuch hält es sicher. Wie viele Stücke, fragte sie, während schon die Schneide durch die Knolle fuhr und Yode überlegte, ob Damian etwa erwartete, daß er für beide Portionen zahlte, wo der Vater sie doch beide mit Reisegeld ausgestattet hatte.

»Vergiß das Salz nicht, *Iyawo**!« Damian, ganz der erfahrene Mann von Welt, fühlte sich in seinem Element. Er überhörte die Proteste der Frau, die darauf hinwies, daß sie längst schon Salz auf die cremige Oberfläche der Yamsscheiben gestreut habe. Unnachgiebig schüttelte Damian den Kopf. »Salz. Tu eine Extraportion Salz auf das Blatt, dann können wir uns nach unserem eigenen Geschmack bedienen.« Und an Yode gewandt: »Laß dich von diesen Weibern nicht übers Ohr hauen. Du solltest rechtzeitig lernen, wie man mit denen umgehen muß, jetzt, wo du öfter reisen wirst.« Er schnitt Yode, der protestierend daran erinnerte, daß er schließlich kein Neuling in Marktangelegenheiten sei, barsch das Wort ab, indem er ihm auseinandersetzte, daß dieses hier weder ein Markt noch Ìsarà sei. Dieses sei DIE WELT. Und die Bürger der Eisenbahn unterschieden sich in jeder Hinsicht vom Rest der Menschheit. »Höre auf meine Worte, und erspare dir späteres Leid!« Als die Frau ihre Hand nach dem ihr zustehenden Geld ausstreckte, zeigte Damian ihr noch einmal, wer hier das Sagen hatte. Er deutete zum anderen Ende des Bahnsteigs, wo seine hungrigen Augen eine Frau entdeckt hatten, die gebratenes Schweinefleisch feilbot – was Handfestes zu den Yams könnte nicht schaden. »Iyawo, bitte sei so nett, die Fleischverkäuferin da drüben.« Die Frau wußte, daß ihr keine Wahl blieb; sie warf einen ängstlichen Blick auf all die Gesichter an den Zugfenstern, lauter potentielle Kunden, und ließ dann ihren schrillen Hökerschrei los: *»Iya! Gb'elede wa!«** Yode ergab sich kampflos und zählte die Münzen ab, denn er sah, daß die Frau wie auf glühenden Kohlen stand. Sie wippte auf den Fußballen, während die eine Hand nach hinten fuhr und sich unter den Po des unruhigen Kindes schob. Mit oft geübter Bewegung drehte sie sich ein wenig nach hinten, hob den linken Arm und wackelte mit dem Hinterteil. Das Kind rutschte nach links, sein Kopf erschien unter der Achsel der Frau; rasch schob sie ihm ein Stückchen Yams in den Mund und war hocherfreut, endlich das ihr zustehende Geld zu sehen, als sie sich wieder ihrem Kunden zuwandte. Jetzt kam das Schweinefleisch an die Reihe, und das Feilschen ging los; dieses verlockende Stückchen vielleicht oder doch lieber das?

»Ich bin gleich wieder da«, rief Damian. »Ich überlass dir die Auswahl. Ich will mir nur kurz auf dem Bahnsteig die Beine vertreten, ehe ich mich über das Essen hermache.«

Fehler! Grober Fehler! Die Lektion, die ihnen der reiseerfahrene Mob in Ìsarà mindestens eine Woche lang eingepaukt hatte, hieß: STEIG NIE AN EINEM BAHNHOF AUS, DER NICHT DEIN ZIELBAHNHOF IST! Yode starrte Damian hinterher, der mit größter Lässigkeit den Gang entlangschlenderte, durch die Tür entschwand und dann tatsächlich unter den drängelnden Händlern auf dem Bahnsteig wieder auftauchte. Während er noch so starrte und überlegte, ob er nicht besser einen Warnruf ausstoßen sollte, schnappte ihm die Händlerin das Fleisch, das er noch immer unentschlossen in der Hand hielt, mit resoluter Bewegung weg und schickte sich an zu gehen. »Nein, nein, warte!« Er griff in die Tasche und zog das verlangte Geld hervor, ohne zu feilschen. So also beachtete er Damians gute Lehren. Doch war ja Damian durch sein unvermutetes Verhalten selbst der Grund für diese Nachlässigkeit.

Mit seinen langen Armen schlenkernd, bahnte Damian sich auf seinen kurzen O-Beinen einen Weg zum Bahnhofsgebäude. Aber er blieb nicht drin – Yode sah ihn auf der anderen Seite des Gebäudes wieder herauskommen. Er beobachtete, wie sich sein Freund unter dem offenen Fenster des Schaffnerhäuschens wegduckte, in der Annahme, niemand sähe ihn, dann verschwand er endgültig zwischen den Verkaufsbuden und Behelfsunterkünften vor dem Bahnhof.

Der Angstschrei schreckte die dösenden Mitreisenden im Abteil auf: »Demiyen!«

Aber Damian war längst außer Hörweite. Sein auf den Wangen nahe den Nasenflügeln mit leichten Ziernarben gezeichnetes Gesicht war umflort vom seligen Lächeln des Heimkehrers, und Heim meinte für ihn jeden Ort, an dem man ihm Anerkennung zollte und wie einen Erwachsenen bediente – gegen einen geringfügigen Obulus versteht sich. Der Jungbauer warf sich in die Brust, bereit, sich diesen tumben Fremden als ein erfahrener Drucker zu präsentieren, IN KÖNIGLICHER STELLUNG beim – ja, warum nicht? –, beim Odemo von Ìsarà! Er fand sofort, was er gesucht hatte, er brauchte nur der Nase nach zu gehen. Während er sich setzte, betrachtete er seine Kumpane und bereitete sich darauf vor, sie mit seinem neuen Status mächtig zu beeindrucken.

In Akinyodes Brust machten sich Ruhe und Resignation breit. In die große weite Welt geschleudert, sah er sich allein und auf sich gestellt einem völlig neuen Leben gegenüber. Während er sich bedächtig den ersten Bissen in den Mund schob, fühlte er sich der neuen Situation vom Alter her gewachsen. Zugleich erfüllte ihn die Gewißheit, Damian soeben zum letzten Mal gesehen zu haben, denn offensichtlich hatte er sich genauso launenhaft davongemacht, wie er einst nach Ìsarà gekommen war, damals, als er im roten Staub der Hauptstraße gelegen hatte, genau vor der kleinen Busstation, jedem Schicksal ergeben, das über ihn hereinbrechen sollte. Die Nachtwächter hatten ihn gefunden – die Lorry hatte Ìsarà in der Dämmerung passiert –, und als sie ihn rüttelten und anriefen, hatte er sie nur angestarrt und keinerlei weitere Notiz von ihrer Gegewart genommen. Ein Strauchdieb, der sein nächtliches Unwesen treiben wollte, gar kein Zweifel! Wahrscheinlich wollte er nur warten, bis die Nacht hereinbrach, um sich dann mit seiner Bande zu treffen. Vielleicht ihr Kundschafter, der sich in ein Gehöft schleichen sollte, damit er dem Rest der Banditen, die sich möglicherweise schon in den winkligen Gassen des Dorfes verborgen hielten, von innen die Tür öffnen konnte. Kurz entschlossen fesselten sie ihm die Hände und bliesen in ihre Trillerpfeifen. Die anderen Wächter kamen gerannt, und man besprach, was mit dem Eindringling zu tun sei. Im Morgengrauen brachten sie ihn zu Jagun, und der schickte nach seinem Freund Josiah. Die ausgemergelte Gestalt und die hohlen Wangen des Fremden – ganz zu schweigen von der merkwürdigen Art seines Auftretens in der Stadt – rückten das Bild rasch zurecht, das durch das dramatisch aufgebauschte Gerede der Nachtwächter entstanden war; denn als man dem jungen Mann eine Schüssel *eko** und dazu in Bananenblättern gedämpfte *moin-moin** vorsetzte, da bestätigte sich in der Gier, mit der der Jüngling das Essen verschlang, der Verdacht der beiden Männer. Man dankte den Nachtwächtern für ihre Wachsamkeit, und Josiah führte den Fremden zum Oba. Nachdem er in der Sprache seiner Gastgeber leidlich zu radebrechen gelernt hatte, verkündete Damian – das war der Name, den er sich zugelegt hatte, nachdem er von Benin ausgerückt war –, es sei sein Ehrgeiz, ein Handwerk zu erlernen, und es sei die Buchdruckerkunst, auf die seine Wahl gefallen sei. Und, bitteschön, könne er wohl für den gütigen Papa arbeiten, der nach seiner Festnahme als erster vorgeschlagen habe, ihm etwas zu essen zu geben, und der, so habe er gehört, dem christlichen Glauben anhänge? Er sei nämlich, so bekannte er offen, von den heidnischen Schnitzwerken im

Palast des Oba zutiefst verwirrt. Sie jagten ihm Angst ein, sagte er, und machten ihm Albträume. Der Diener des Oba, dem er sich anvertraut hatte, versprach, seine Wünsche weiterzuleiten. Kurz darauf hörte Damian heiseres Gelächter aus der Ecke des Hofes, in der sich der Diener immer mit seinen Saufkumpanen traf. Er erheiterte sie mit den neuesten Geschichten vom *kobo-kobo*-Bettler*, der im Palast des Oba unter Albträumen litt. Sie versuchten gar nicht erst zu verheimlichen, daß er die Zielscheibe ihres Spotts war, sondern überboten sich regelrecht mit ihren Versuchen, seinen Akzent nachzuahmen. Selbst als sie merkten, daß er sie beobachtete, machten sie dem Treiben kein Ende. Im Gegenteil: Sie bauten sich vor ihm auf, zupften ihn an den Kleidern, tanzten und stolperten um ihn herum und hielten sich die Bäuche vor Lachen.

Am Nachmittag desselben Tages fand eine geheime Zusammenkunft im Audienzsaal des Odemo statt. Jagun und Josiah waren anwesend, und auch eine Frau war da. Mit seitlich angewinkelten Beinen saß sie auf der ovalen, gemusterten Besuchermatte am Boden. Neben der Tür stand ein kleines, wegen des großen Aufgebots an Ältesten ein wenig verschüchtertes Mädchen. Schließlich wurde der Angeklagte von zwei Palastwachen hereingeführt. Er schaute sich verstohlen um in dem Raum, den er eben zum ersten Mal betrat, und als er die Frau auf der Matte sah und wiedererkannte, schlug er die Augen nieder und hielt seinen Blick fest auf einen Punkt vor seinen Füßen gerichtet. Jemand tippte ihm auf die rechte Schulter, und das erinnerte ihn daran, was die Sitte seiner Wahlheimat von ihm verlangte: Er warf sich vor dem Odemo zu Boden und blieb lang ausgestreckt liegen. Pa Josiah sprach.

»Demiyen, kennst du diese Frau?«

Was wollten sie von ihm? Was sollte er sagen? Wie hatte diese Frau herausgefunden, daß er hier im Palast lebte? Wie kam sie dazu, seine Pläne zu durchkreuzen?

»Demiyen, wir fragen dich – sieh diese Frau an, hast du sie schon einmal gesehen?«

Jagun wurde ungeduldig. »Bringt mir die *koboko**. Wir wollen doch sehen, ob die ihn nicht gesprächig macht.«

Ein Diener rannte davon, während Josiah einen weiteren Versuch unternahm. »Hast du heute den Palastbezirk verlassen? Bist du weggegangen, um bei dieser Frau dort etwas zu kaufen?«

Und da brach Damian in ein markerschütterndes Schluchzen aus. Nichts konnte gesagt oder getan werden, um ihn zu beruhigen – man schüttelte ihn, man bat, man flehte ihn an, man drohte; die *koboko* in Jaguns Hand tat einen wahrlich einschüchternden Knall, als er sie haarscharf neben der am Boden liegenden Gestalt niedergehen ließ – nichts half. Der Odemo zeigte mit einer Geste seine Ratlosigkeit, und die Diener brachten den schlotternden Damian, ihn halb zerrend, halb tragend, aus dem Raum. Nur die Schluchzer klangen noch lange in ihren Ohren. Josiah wandte sich an die Frau: »Berichte Kabiyesi* ganz genau, was vorgefallen ist.«

Die Frau bezeugte dem Oba erneut ihre Ehrerbietung. »Kabiyesi, *k'i e pe.* Es war zweifellos die Wachsamkeit unserer Ahnen, die verhinderte, was heute hier hätte geschehen können, hier hinter den geheiligten Mauern des Hauses unseres Vaters, hier in unserer Stadt. Gewöhnlich bin ich ja allein in meinem kleinen Laden, aber heute hatte ich Ajike bei mir, deshalb konnte ich sie hinter ihm herschicken, um herauszufinden, wo er wohnt. Ätznatron! Erst zeigte ihm Ajike die Seife, als er Soda verlangte. Sie hielt ihm die Dose mit der Schmierseife hin, aber er sagte, nein, er wolle Ätznatron. Das Pulver, nicht die fertige Seife. Ich war drin im Laden, aber ich konnte alles hören. Als mir die Sache zu komisch wurde, ging ich hinaus. Ich fragte mich, was ist das für ein *kobokobo*, der Ätznatron verlangt? Ich kenne keinen Seifensieder in Ìsarà, der ein *kobokobo* ist. Also fragte ich ihn, woher er komme, aber er wollte es mir nicht sagen. Da wurde ich dann mißtrauisch. Ich hatte von dem Fremden gehört, den die Nachtwächter vor einiger Zeit aufgegriffen hatten, aber ich dachte, den hätten sie längst ins Gefängnis gesteckt. Ich habe ihn gefragt: ›Was willst du mit dem Soda?‹ Aber er starrte mich bloß an. Nein, nicht mal mich, sondern irgend etwas starrte er an, das nur er vor sich sah. Ich sagte mir, vielleicht ist er ein Wahnsinniger? Und als hätte ich es geahnt, fängt er doch plötzlich an zu singen.«

Erstaunte Ausrufe rundum im Raum unterbrachen sie. Augen weiteten sich in Verwunderung, Unglauben und Vorahnung, doch es war der Odemo persönlich, der sie fragte: »Er fing an zu singen? Sagtest du singen?«

»Ja, in seiner *kobokai*-Sprache, die kein Mensch verstehen kann. Die Leute blieben stehen, hörten ihm zu, dann gingen sie weiter. Und er sang und sang, immer weiter, ohne mich anzuschauen. Dann, ich weiß auch nicht, vielleicht war das Lied zu Ende, oder er war müde, jedenfalls wandte er sich an mich, so, als sähe er mich überhaupt zum ersten Mal, und sagte: ›Also, wo ist jetzt das Soda?‹ Ich wiederholte nur, was ich ihm schon gesagte hatte: ›Wozu brauchst du das Soda?‹ Und da sagte er zu mir: ›Was ist los mit dir, Frau? Gibt es hier ein Gesetz, das einem Mann verbietet, sich das Leben zu nehmen?‹ Kabiyesi, könnt ihr euch vorstellen, wie ich mich gefühlt habe? Ich schrie ihn an: ›Was?‹ Aber er sprach weiter, als hätte er mich gar nicht gehört. Er sagte: ›Du bist doch hier, um deine Kunden zu bedienen, oder was? Also, gib mir das Pulver, und nimm dein Geld. Oder glaubst du, du bist die einzige Marktfrau auf der Welt?‹ *E gbani e l'aja!** Kabiyesi, mir gefror das Blut in den Adern; ich wußte nicht, was ich machen sollte. Ja, ich glaube, als er dann merkte, daß er bei mir nicht bekommen würde, was er wollte – ich meine, ich bitte euch, meine Väter; Gott behüte! In dieser Stadt? Tja, da ist er eben einfach weggegangen!«

Durch die Länge und Breite des Saales ging ein einziger tiefer Seufzer; wissende Blicke flogen von einem Grauschopf zum anderen. Jagun schnipste mit den Fingern rund um seinen Kopf, um das Böse zu vertreiben, und auch die Diener schnipsten mit den Fingern und murmelten: *»To, to, to . . .«* Josiah begnügte sich mit einem stillen Dankgebet, das er zu gleichen Teilen an die Gottheiten richtete, die diesem *osugbo** vorstanden, und an Christus, den Sohn Gottes, wobei er peinlich darauf achtete, keiner der beiden Parteien den Vorzug zu geben. Er beherrschte diesen ausgewogenen Stil der Kommunion perfekt – doch er bediente sich seiner nur in kritischen Momenten, wie diesem hier, wenn er sich völlig im Unklaren darüber war, welcher Seite er sich zuwenden sollte. Die Gottesdienste und christlichen Andachten waren schlichter als die alten Riten; aber in den Fragen um Leben und Tod gab es noch viele Ungewißheiten – da verschwammen die Zuständigkeiten, trotz seines Glaubens, noch immer in einer Grauzone. Wenn jedoch frisch Konvertierte zu ihm kamen, um seinen Rat zu erbitten, gelang es ihm immer, diese Zweifel vor ihnen geheimzuhalten. Nur vor seinem Sohn konnte er sie nicht verbergen.

»Gott sei Dank hatte ich ja Ajike bei mir. Denn was hätte ich tun sollen, wäre ich alleine gewesen? Ich ließ den Mann gehen, bis er fast zur Ecke am Ende des Marktes gekommen war, dann flüsterte ich Ajike zu: ›Schnell, geh dem Mann nach, aber paß auf, daß er dich nicht sieht. Halt gut Abstand, und schau, wo er wohnt. Komm nicht zurück, ehe du nicht weißt, wo sein Haus ist.‹ Nodes Tochter hat es faustdick hinter den Ohren, das kann ich euch sagen! Zum Glück schlägt sie ihrem Vater nach. Aber was, denkt ihr, ging in mir vor, als sie zurückkam und sagte – meine Knie gaben nach, als ich es hörte! –, sie sagte, sie sei dem Mann in den Hof des Palastes von Kabiyesi gefolgt! Ich rief: ›Bist du da ganz sicher?‹ Und sie sagte: ›Aber ich kenne doch den Aafin*. Das ist das Haus, in dem der Odemo lebt, oder etwa nicht?‹ Ich sage euch, dieses Kind ist einfach zu alt für seine Jahre.«

Mo ti gun'ke mo ti so, mo ti gun'ke mo ti so …

»Na, hast du schon Heimweh?«

Der Zug nahm genau in diesem Augenblick Fahrt auf, und eine nur zu bekannte Gestalt wurde gegen Yode geschleudert. So sehr schon hatte er sich an die Bewegungen des Zugfahrens gewöhnt – und außerdem war er völlig in Gedanken versunken gewesen –, daß er all die Abfahrtsrituale gar nicht mitbekommen hatte; weder hatte er die Trillerpfeife des Stationsvorstehers gehört noch die hastenden Füße, die letzten Rufe der Hökerinnen. Selbst Damians »Spitzbubensprung« auf den schon fahrenden Zug war ihm entgangen. Yodes Überraschung über Damians unerwartete Rückkehr wurde von einer tiefen Verstimmung überdeckt, der sich nur ganz am Rande Erleichterung beigesellte. Er hatte sich bereits vollkommen damit abgefunden, verlassen zu sein, und empfand keinerlei Angst vor der unmittelbaren Zukunft. Schlimmer noch, Damians Gleichgewichtsverlust hatte ziemlich übertrieben gewirkt, regelrecht spektakulär, und als er jetzt den Mund aufmachte, um zu sprechen, sein Gesicht nur eine Handbreit von Yodes entfernt, da entfuhr ihm erst einmal ein gewaltiger Rülpser, der nur zu deutlich davon kündete, wo Damian sich in der Zwischenzeit herumgetrieben hatte.

»Du hast ja getrunken!« sagte Yode vorwurfsvoll.

Damian mühte sich redlich, das Gleichgewicht wiederzufinden, plumpste aber schwer auf seinen Sitz. »War nur *burukutu**«, sagte er abwiegelnd. »Ist ganz billig hier an diesem Bahnhof. Die brauen das Zeugs gleich hinterm Bahnhof, superfrisch aus bester Durra*. Und weißt du was, die Barfrau konnte sich an mich erinnern. Hat mich sofort wiedererkannt. War so glücklich, mich zu sehn, daß sie nicht mal Geld nehmen wollte für das Zeug. Ich sag's ja, diese Eisenbahnleute ...«

»Du hast mich nicht eingeladen mitzukommen.« Akinyode fand, er hatte ein Recht, beleidigt zu sein.

Damian machte Kulleraugen. »Dich bitten mitzukommen? Weißt du eigentlich, wo du dich gerade hinbegibst, ja? Ich will dir mal was sagen, meinst du, die hätten da auch nur *pito**? Hoho, ich sag dir was: Mein Bruder ist auch in so 'nem Dingsda, es gibt nämlich auch eins in Ughelli, nicht viel anders als das, wo du jetzt hingehst, nach allem, was ich so gehört habe. Ich will dir was sagen, Akinyode, Sohn des Josiah, solche Sachen wie *burukutu* oder *pito*, die kannste ein für allemal vergessen. In dem Seminar da, da gibt es alkoholfreie GETRÄNKE: Jawohl, Getränke heißt das, und das ist Ovomaltine, Kakao, Tee, Kaffee. Heiße Getränke, verstehste! Die haben nicht mal Palmwein da. Dein Vater hat mich gewarnt, er hat gesagt, er schlägt mich windelweich, wenn ich zulasse, daß du auf der Reise irgend etwas anderes zu dir nimmst als Brot und Ölsardinen aus der Dose. Neenee, bloß weil ich dir erlaubt habe, Yams und Schweinefleisch zu essen – ach, ja, von wegen – wo ist denn ...?« Yode knallte ihm das Päckchen mit dem eingewickelten Essen hin. »Mhm, wunderbar. Ich wollte dir halt einen Gefallen tun, weil wir alte Freunde sind. Aber dein Vater hat mir alles über die Schulregeln erzählt. Wenn wir allein auf den Feldern draußen sind, redet er von nichts anderem als diesem Seminar. Ich kann zum Beispiel auswendig all die Sachen herbeten, die du mitbringen mußt ...«

»Bin selber bestens informiert, danke«, fauchte Yode.

»Soo? Was du nicht sagst. Dann weißt du ja auch, daß deine Ijebu-Sprache dort nicht erlaubt ist. Und außer Dosenmilch und Zucker darfst du nichts in deinem Spind aufbewahren. Doch GETRÄNKE. Aber kein *gari**, kein *ebiripo*, kein *robo* oder *aadun* ...«

Er stopfte sich den Mund mit Yams voll, zerrte mit den Zähnen an dem zähen Fleisch und sprach mit vollem Mund.

Ziemlich verwirrt versuchte Akinyode, das Thema zu wechseln. »Ich hab dich gar nicht wieder reinkommen sehen.«

Auf Damians Gesicht machte sich eine unendliche Enttäuschung breit. »Waaas? Du hast nicht ... du meinst, du hast nicht gesehen, wie ich ...?«

»Nein. Was denn?« Akinyode konnte mit diesem Blick, der fast schon Schmerz ausdrückte, nichts anfangen.

»Aber ich hab dir doch zugewinkt«, lamentierte Damian. »Ich hab gedacht, du guckst mir zu!«

»Ich hab dich erst hier drin wieder gesehen.«

»Du willst also behaupten, du hast nicht gesehen, daß ich gewartet habe, bis sich die Räder drehten und richtig Geschwindigkeit hatten, ehe ich ...?«

»Na hör mal, du warst doch wohl schon drin, als der Zug anfuhr. Etwa nicht?«

»Natürlich nicht!« explodierte Damian. »Ich war auf dem Bahnsteig. Warum sollte ich dir denn extra winken, damit du mir zusiehst, wie ich in einen stehenden Zug einsteige?! Ich bin aufgesprungen, als er schon fuhr. So machen wir das nämlich.«

Akinyode war entsetzt. Das war genau, was man nie und nimmer tun sollte. Auf der Liste der Bahnreisetabus stand dies an allererster Stelle, noch vor dem Nicht-aus-dem-Fenster-lehnen-Gebot. All die Beinamputierten in den Bettlerzeilen der Städte, was glaubst du wohl, wie die ihre Beine verloren haben? Richtig, sie sind unter die Räder geraten, als sie versuchten, auf den fahrenden Zug aufzuspringen; denn natürlich sind sie dabei abgerutscht. Angeberei! *Omo ita**, die oft teuer zu stehen kommt. Schneid ist eine Sache, aber wenn der Wagemut ein Bein kostete? Oder gar das Leben?

»Ich nehme an«, sagte Yode betont langsam, »dir wäre es sowieso egal gewesen.«

Mißtrauen flackerte in Damians Augen auf; sein Schwips schien für den Augenblick wie weggeblasen. »Was wäre mir egal gewesen?«

»Nun, ob du dich umgebracht hättest oder nicht.«

Damian starrte ins Leere, und Akinyode hätte sich die Zunge abbeißen mögen, aber es war zu spät; er konnte nicht mehr zurück. »Du hast versucht, dich umzubringen. Mit Ätznatron. Ich hab gehört, wie Baba und Jagun darüber gesprochen haben. Hat Jagun dir nicht den Kopf geschoren und Einschnitte in deine Kopfhaut gemacht?«

Unwillkürlich hob Damian die Hand. Doch noch ehe sie den Kopf wirklich berührte, hielt er in der Bewegung inne. Wie in Zeitlupe ließ er den Arm sinken und legte den Kopf gegen die Abteilwand. Ganz langsam schloß er die Augen, gab aber keinen Laut von sich. Bis sie in Ibadan ankamen, verharrte er so, und sein junger Begleiter hätte nicht schwören mögen, ob er schlief oder nur so tat.

Akinyodes Fersen schlugen gegen den Holzkasten unter der Sitzbank, der seine Habseligkeiten enthielt. Außerdem waren auch Geschenke darin. Einige waren ihm erst in allerletzter Minute zugesteckt worden – ein Hemd, ein Taschenmesser, ein Buch mit einer Sammlung christlicher Homilien. Eine gut versteckte Brieftasche beinhaltete die wertvollsten Gegenstände: ein paar Three- und Sixpenny-Münzen und einige Schillinge. Auf allen Münzen war der Kopf von König Edward, dem König von England, dem Herrscher jener Nation, deren Geschichte sie in der Schule auswendig gelernt hatten – wenn auch in einem zensierten und sehr verkürzten Abriß. Außerdem enthielt der Kasten eine Bettdecke, zwei bestickte Kopfkissenbezüge und eine handgewebte Wolldecke – in Ilesa, hatte das Rundschreiben des Seminars gewarnt, könne es während des Harmattans empfindlich kalt werden. Das Notizbuch mit den Verhaltensregeln lag neben Yode auf der Sitzbank. Und natürlich hatte Damian recht, im Kasten war auch ein Päckchen Zucker, eine Dose mit Milchpulver, gesüßter Kakao (der ihm in jedem Fall lieber war als Ovomaltine) und – sein Vater hatte ihm hierbei die Wahl gelassen – eine kleine Blechdose, die einen »Schutz« barg, von Jagun höchstpersönlich hergestellt. Es stand ihm frei, die Dose unterwegs ins Gebüsch zu werfen, ehe er in die heiligen Hallen von St. Simeon eintrat, oder sie zu behalten. Die Entscheidung lag bei ihm. Für den jungen Aspiranten bedeutete das kein Dilemma; er hatte sich bereits entschlossen, die Blechdose Damian zu geben, denn er hoffte, ihr Inhalt werde ihn zukünftig vor Selbstmordgedanken bewahren.

Offensichtlich hatte es gewirkt; jedenfalls versuchte Damian nie wieder, sich das Leben zu nehmen. Und daß er jetzt hinter dem Steuer eines Wagens saß und Nodes glänzendes Vehikel bei dessen Jungfernfahrt steuerte, schien nur folgerichtig. Außerdem hieß er nicht mehr Damian. Seine Verwandlung war so umfassend, daß sich niemand mehr des Namens erinnerte, unter dem er in Ìsarà Einzug gehalten hatte. Er hatte den Namen so leicht und selbstverständlich abgelegt, wie er ihn einst angenommen hatte. Nicht, daß irgend jemand ihn je Damian genannt hätte, von Anfang an hieß er Demiyen. Denn De-mi-yen, so vermuteten seine neuen Mitbürger, war die Aussprache, die er selbst gewählt hätte, wäre er denn in der Lage gewesen, das Yoruba der Ijebu zu sprechen. Doch nun war De-mi-yen auch der schon lange nicht mehr. Eines Samstagnachmittags hatte ihn ein grobschlächtiger Tagedieb auf dem Schulsportplatz von St. James zu einem Kampf herausgefordert. Zuerst hatte er die Anwürfe des Gegners mit seinem eigenen Kriegsgeschrei und mit angeberischen Sprüchen in seiner Edo-Sprache gekontert. Dann, angestachelt von all dem Krakeel der umstehenden Korona – einige drängten ihn, jetzt endlich handgreiflich zu werden, andere äfften sein *kobokobo* nach, wieder andere versuchten, die Kontrahenten auseinanderzubringen –, hatte er, ohne es selbst zu merken, seine Edo-Spottiraden aufgegeben und war unversehens in den Ìsarà-Dialekt verfallen. Es war nur ein einziges Wort, aber der Unterschied zu der vorausgegangenen Suada in Edo war so überraschend, daß die ganze Bande wie angewurzelt stand. Herausgeschleudert durch einen plötzlichen Adrenalinstoß, kam die Schmähung in makelloser Aussprache: *»Wemuja*!«* Es blieb seine einzige Antwort auf die fortgesetzten Verbalinjurien seines Herausforderers: *»Wemuja!«* Und die Rotte lief zu ihm über, feuerte ihn an, schrie mit: *»Wemuja!«* Nachdem sie die Kampfhähne getrennt hatten – es stand mehr oder weniger unentschieden –, trugen sie ihn auf den Schultern nach Hause und schrien im Rhythmus der Schritte: *»We-mu-jaa, We-mu-jaa!«* Pa Josiah kam aus seiner Hütte, um zu sehen, woher der Lärm rührte, und sah seinen Schützling auf den Schultern einer grölenden Meute, wie er in einem Meer tanzender Arme und Köpfe den Hügel hinaufgetragen wurde. Als sie Pa Josiah vor der Hütte stehen sahen, die Beine breit, die Arme in die Hüften gestemmt, Blitz und Donner in den Augen, setzten sie ihren Helden hastig ab, verkrümelten sich und überließen Damian allein dem Zorn seines Herrn, dessen friedliche Nachmittagsruhe sie entweiht hatten. Ein seitlicher Ausfall, als er versuchte, um Josiah herum in den Hinterhof zu witschen, warf ihn taumelnd in den Staub. Aber er spürte keinen Schmerz, ihn trug noch immer die Welle der Anerkennung, die seine Alterskameraden ihm so unerwartet hatten zuteil werden lassen. Zwei Wochen später war auch Pa Josiah dazu übergegangen, ihn Wemuja zu nennen.

Auch in anderer Hinsicht hatte Wemuja sich verändert. Er war fülliger geworden; kein Längenwachstum, aber seine Arm-, Brust- und Beinmuskulatur schien durch Umfang wettmachen zu wollen, was dem Körper an Länge fehlte. Lediglich die Arme waren unproportional lang. Es waren die Säbelbeine, die Akinyode jetzt überraschten. Früher war ihm nie aufgefallen, daß die Beine seines alten Kumpans so krumm waren. Doch war er just durch diese Erscheinung wie geschaffen für die Rolle als Fahrer des Langholzwagens, entsprossen die kurzen Glieder doch dem gleichen Lianengestrüpp, in dem auch die Urwaldriesen wuchsen, deren Stämme den Lastwagen niederdrückten und das neumodische Gefährt kippen zu lassen drohten, als es sich gegen die unsichtbaren Zügel aufbäumte, die es am Fuß des Hügels zu halten suchten. In der Nacht zuvor hatte der Lastwagen seine allererste Ladung aufgenommen – frisch geschlagene Stämme aus Nodes Pacht zwischen Ìsarà und Sagamu – und war am Morgen zu seiner feierlichen Taufe in Ìsarà eingefahren. Das Empfangskomitee wartete bereits oben auf dem Hügel, und alle schauten zu, wie der Laster sich langsam heranschob. Wemujas Kopf hätte man nicht gesehen, hätte er nicht diesen breitrandigen Pfadfinder- oder Armeehut aufgehabt, dessen Krempe auf der einen Seite hochgesteckt war. Und selbst dieser Hut lugte kaum über das Steuerrad hinaus, das Wemuja mit seinen langen Armen völlig umfaßt hielt, ja gleichsam umarmte. Wie aus dem Nichts waren Trommler auf den Pfaden erschienen, die längs der Gefällstrecke in die Straße mündeten. Akinyode schmunzelte; es war sinnlos zu versuchen, solche Ereignisse vor ihnen geheimzuhalten. Sie folgten dem Wagen, hüpften und tänzelten hügelaufwärts neben ihm her; mühelos konnten sie mit seiner Geschwindigkeit Schritt halten. Auch Node hatte man herbeigetragen, und ein zufriedenes Lächeln kämpfte darum, auf seinen fast unbeweglichen Lippen sichtbar zu werden.

Der Stolzeste von allen war freilich Wemuja. Längst hatte er den ehrgeizigen Plan begraben, Buchdrucker zu werden; nach der Bahnreise mit Akinyode richteten sich seine Ambitionen auf eine Karriere als Lokführer. Der Weg zu dieser Profession, so überlegte er, führte über die Kenntnis der Fahrkunst an sich. Und die erlernte man am besten als Beifahrer eines jener Lastwagenführer, die regelmäßig durch Ìsarà kamen: Jahrelang blätterte er sein bei Josiah sauer verdientes Geld für Fahrstunden bei ihnen hin. Zufällig hörte er eines Tages, wie der Schullehrer mit seinem Vater über Nodes Pläne sprach, in die Holzwirtschaft einzusteigen und zu diesem Zweck einen Lastwagen zu erwerben. Sein Entschluß war sofort gefaßt; sein ganzer weiterer Lebensweg erhielt in diesem Augenblick eine neue Richtung: Er, und niemand sonst, würde diesen Lastwagen fahren. Er vertiefte seine Fahrkenntnisse, und bald konnte auch Pa Josiah nicht länger leugnen, daß ein Autofahrer zur erweiterten Großfamilie gehörte. Und hatte nicht Josiahs Sohn Partei ergriffen für den Holzhandel – als ersten Schritt zur Buchdruckerei? Vor seinen neuen Freunden prahlte Wemuja, er sei nicht nur Lastwagenfahrer, sondern auch im Buchgewerbe tätig. Und sollte der Lehrer selbst bei einer solchen Gelegenheit zufällig anwesend sein, blinzelte er ihm zu und sagte: »Hier der Herr Lehrer und ich, wir sind in derselben Branche tätig.«

Als Wemuja den Laster gekonnt auf der kleinen Plattform vor Nodes Gehöft einparkte und dann aus der Fahrerkabine hüpfte, betrachtete Akinyode sein zufrieden strahlendes Gesicht mit einem Anflug von Neid. Hatte Wemuja sein Ashtabula erreicht? Wahrscheinlich war er an diesem Morgen sehr viel früher aufgestanden als der Lehrer. Voller gespannter Ungeduld hatte er all die geheimnisvollen Anzeigen der Meßgeräte gecheckt und Wasser in den Kühler gefüllt. Sein Assistent, Alanko, hatte vermutlich die Holzblöcke sichern dürfen, die als Keile zwischen Last und Ladefläche dienten. Doch Wemuja höchstpersönlich, dessen war Yode sich sicher, hatte den Reifendruck und die Haltetrosse überprüft. Dann hatte es vielleicht ein Frühstück aus *eba** gegeben – immer ein erschreckend hoher Berg, in den er eine Vertiefung drückte, um Platz zu schaffen für eine ebensogroße Portion Gemüsesoße, für das Fleisch und vielleicht ein Stückchen Stockfisch ... Zum Schluß ein Schluck frisches Wasser aus der vom Nachttau gekühlten Flasche – weit entfernt von den Umgekehrten Wasserfällen und Grundwasserströmen Ashtabulas und ganz sicherlich weitaus erfrischender.

Eine Stimme brach in seinen Tagtraum ein. Es war Jagun, der bemerkte: »Soso, dann hast du dich also doch für einen Commer entschieden?«

Akinyode nickte. »Mhm, ist teurer, aber unsere Leute in Lagos sagen, Commer sei das beste Fabrikat.«

»Sehr starke Maschine, sagt man.«

»Seeehr. Viel stärker als ein Ford, an den wir ja zuerst gedacht hatten.«

Mit der ganzen Autorität seines Wissens mischte sich Wemuja ein: »Für Personentransporter ist Ford gar nicht schlecht, Baba. Oder Bedford. Aber für Holz, da braucht man eine Maschine wie Commer.« Er drehte sich zu seinem Assistenten um und rief ihm zu, er solle die Kalebasse voll Palmwein bringen, die sie unterwegs gekauft hätten. Alanko war das genaue Gegenteil von seinem Chef; ein klapperdürrer Schlaks mit kleinen Haarbüscheln auf dem Schädel, als wäre er Lastenträger bei der Eisenbahn gewesen und hätte sich mit all den Körben voller Eier und Säcken voller Kolanüsse die Haarpracht zerrupft. Wemuja schlenderte zu dem Lastwagen, um Alanko die schwere Kalebasse abzunehmen; er sah aus, als brauchte er sich nur auf einen der schweren Stämme zu schwingen, seine O-Beine darum zu legen, und schon könnte er den ganzen Transporter ohne Motor reiten – wahrhaftig ein Cowboy, der auf einem Holzpferd bis nach Ashtabula galoppiert!

Eine kräftige Hand packte Yode bei der Schulter. Wieder war es Jagun, der ihn ein wenig beiseite zog, weg von den anderen und dahin, wo sein Vater stand. »Es ist gut, daß du gekommen bist«, sagte er, während sie liefen. »Ich hätte Josiah zu dir nach Aké geschickt, aber wo du jetzt schon mal hier bist ...« Er schwieg, bis sie neben Soditans Vater standen. Jagun grinste seinen Busenfreund an und sagte: »Ich habe das *oro awo** mit unserem Tisa schon begonnen.« Es fiel ihm auf, daß sein Vater keine Miene verzog. »Also, *omo* Josiah, ohne langes Drumherumgerede: unser König ist leidend. Wir haben Ifa* konsultiert, und es scheint, wir müssen uns nicht lange nach einem neuen König umschauen.«

Akinyode blickte von einem zum anderen. Mit ihm konnte die Angelegenheit nichts zu tun haben. Außerdem bedeutete es einen Bruch des ungeschriebenen Gesetzes, und er war immer dankbar dafür, daß man ihn bei allen Besuchen außerhalb der Saison mit Fragen und Bitten und der Auferlegung von Bürden verschonte. Doch diese Angelegenheit hörte sich an, als könnte sich daraus der Vater aller Bürden entwickeln. Voll schlimmer Ahnungen wartete er schweigend ab.

»Ich weiß, was du jetzt denkst«, fuhr Jagun fort. »Das ist kein Kinderkram, folglich, so meinst du, kann es mit dir nichts zu tun haben. Aber du täuschst dich, Tisa. Die Zeiten ändern sich. Der weiße Mann ist hier, und überall steckt er seine Nase hinein. Also ist es gut, Leute unter uns zu haben, die seine Denkweise verstehen und die ihm unsere Denkweise nahebringen können. Denn, siehst du, wir haben uns schon entschieden, wer der Nachfolger des Odemo werden soll.«

Akinyode sprach langsam und bedächtig, denn das Schweigen konnte er unmöglich länger hinziehen. »Nun ja, ihr habt wohl sicherlich bedacht, daß ich nur ein Schullehrer bin. Ich kenne mich mit diesen Dingen nicht aus. Die in Lagos ...«

»Die in Lagos, die in Lagos«, schnauzte sein Vater dazwischen. »Über die in Lagos wissen wir Bescheid. Natürlich müssen wir mit denen in Lagos Kontakt aufnehmen; und du wirst das erledigen. Aber die Sache geht dich mehr an als die in Lagos.«

Jetzt war er ernstlich beunruhigt. »Geht mich an?« Einen Augenblick lang überschlugen sich seine Gedanken. Er drehte sein hageres Gesicht mal dem einen, mal dem anderen zu. Sie konnten doch nicht meinen … nein, ausgeschlossen …

Sein Vater erriet seine Gedanken. »Unsinn. Denkst du, Jagun würde mit dir sprechen, wenn er *das* meinte? Aber es betrifft dich. Es betrifft das Haus Lígùn. Also trommle deine Freunde zusammen. Schließlich kennen wir die, die meinen, hier stünde der Privatthron ihres Vaters zur Disposition, und die deshalb versuchen werden, die Kolonialregierung in Lagos in die Affäre hineinzuziehen.«

Akinyode brauchte dringend Zeit, um nachzudenken. »Der König kann noch zehn, vielleicht sogar zwanzig Jahre leben. Wir haben noch jede Menge Zeit.«

Die beiden älteren Männer wechselten Blicke miteinander. Sein Vater machte eine wegwerfende Handbewegung, aber Jagun legte ihm die Hand auf den Arm und sagte lachend: »Du selbst hast ihn in das Missionsseminar geschickt, nun beklag dich nicht.« Dann wandte er sich an Akinyode: »Tisa, Ifa hat in der Sache gesprochen. Glaubst du, wir würden eine solche Angelegenheit bereden, ohne vorher tief in das Herz des Wissens geblickt zu haben?«

Der Lehrer begriff, daß er soeben herb zurechtgewiesen worden war. Er zuckte die Achseln. »Ich nehme an, dasselbe Ifa hat den Nachfolger akzeptiert, den ihr im Sinn habt?«

Jagun grinste: »Du bist ein gescheiter Schüler, Tisa. Auf dem Weg zu Iya Agba* werden wir weiter darüber reden.«

»Ja, laßt uns gehen«, drängte Josiah. »Deine Großmutter will dir was zeigen.« Sein Verhalten war merkwürdig. Akinyode schaute ihn an, ihm schwante nichts Gutes, und er rührte sich nicht von der Stelle.

»Um was geht es?«

»Ich sagte, sie will dir was zeigen. Aber wenn du hier wie

angewurzelt stehenbleibst, wirst du wohl nicht herauskriegen, was es ist!«

Das kleine Notizbuch mit den Verhaltensregeln, auf dessen erster Seite in Druckbuchstaben der Leitspruch stand, der ihn schon auf seiner Immatrikulationsreise nach Ilesa begleitet hatte, enthielt inzwischen auch Auszüge aus Predigten, Sprichwörter, Analekten, Notizen, moralische Grundsätze, Zettel mit wichtigen Informationen – zum Beispiel die Adressen überseeischer Colleges und Universitäten – sowie Seitenhinweise auf Artikel in Zeitschriften, die sein berufliches oder privates Interesse geweckt hatten. Dazwischen Verse, abgeschrieben aus Cudebacks Briefen oder aus Büchern. Das Notizbuch war sein ständiger Begleiter. Und jedesmal, wenn er es aufschlug, ließ er seine Augen zunächst auf der ersten Seite ruhen, auf die er – vor nunmehr achtzehn Jahren – jene Worte aus der Abschiedspredigt des Erzdiakon Howell geschrieben hatte: »Der hat keine Zukunft, der heute nichts unternimmt!« Es war der letzte Gottesdienst in St. James, an dem er vor seiner Abreise nach Ilesa teilgenommen hatte, und es war ihm vorgekommen, als hätte der Priester nur für ihn und niemanden sonst gepredigt. Die Kanzelrede drückte seiner Abreise den Stempel einer besonderen Weisung auf, umkleidete sie mit der Aura einer Berufung, und dieses Gefühl hatte ihn durch seine Seminaristentage begleitet und seine Laufbahn bis heute bestimmt. Oft dachte er über den Unternehmungsgeist seiner Freunde nach, über ihre Pläne, und immer betrachtete er sie durch jene Vergrößerungslinsen, die der ahnungslose Prälat ihm aufgesetzt hatte. Selbst Damian, der Möchtegern-Drucker, der Bauer wurde, obgleich ihm eine Karriere als Eisenbahnarbeiter vorschwebte, und der sich schließlich im Fahrersitz eines Holzlasters niedergelassen hatte, selbst Damians Entwicklung wurde aus dieser einseitigen Perspektive betrachtet: War nicht alles, was Damian je unternommen hatte – von seinem ersten Entschluß, aus Benin wegzulaufen, bis zu der Entscheidung, Nodes Fahrer zu werden –, war nicht jede einzelne dieser Handlungen von dem Vorsatz geprägt, »heute etwas zu unternehmen«? Das Meisterstück der Selbstverwandlung, das aus Damian einen Wemuja gemacht hatte, krönte nur den viel älteren Entschluß, sein Leben selbst zu bestimmen.

Und gerade dies löste in Akinyode die größte Unruhe aus. Hatte er im Vergleich zu Wemuja seine Gegenwart, das Heute, wirklich voll im Griff? Sein Freund Sipe bildete eine Klasse für sich, ein Wesen, das sich entschlossen hatte, nicht nur sein eigenes Leben zu bestimmen, sondern auch das aller anderen, die in seinen Dunstkreis gerieten. Und du, Akinyode, stellte er sich selbst zur Rede, hast du überhaupt Lehrer werden wollen? Oder hast du dich in dieser Profession niedergelassen, schlicht, weil man es von dir erwartet hat? Und jetzt diese Sache mit seiner Großmutter ...

Er hatte die gesuchte Notiz gefunden und legte das Büchlein neben den Stapel alter Zeitschriften, die den Grundstock seiner Ìsarà-Bibliothek bildeten. Zwei alte Pappkartons, die einst Magermilchpulver enthalten hatten, beherbergten jetzt das Quellenmaterial für diejenigen Pläne und Entscheidungen, die die größte Zurückgezogenheit erforderten. Die Diskussionen konnten in Abeokuta stattfinden, aber er kam nach Ìsarà, um die Dinge gründlich zu durchdenken; nur hier, fern von den wetterwendischen Zusammenkünften mit dem *Kreis*, bei denen mal geblödelt, mal ernsthaft disputiert wurde, konnte er seine endgültigen Entscheidungen treffen. Der Besuch bei seiner Großmutter hatte ihn unerwartet bewegt; regelrecht aus dem Gleichgewicht geworfen, hatte er ein verschärftes Gefühl der Dringlichkeit empfunden und sich zugleich schwach und enerviert gefühlt.

Ungerührt hatten sein Vater und Jagun zugesehen, als die schmächtige Gestalt vorführte, was sie ihre letzten Riten nannte. »So, und nicht anders, will ich begraben werden!« Die beiden älteren Männer schauten sich an und bekundeten weiter kein Interesse; sie hatten es schon zu oft gesehen; aber er sollte es erleben – deshalb hatten sie ihn hergebracht. Als sie hereingekommen waren, hatte sie aufrecht gesessen, nun legte sie sich flach auf den Rücken. »Also, stellt euch vor, diese Matte hier ist eine Bahn weißen Brokats, ja? Ihr wißt schon, die Art Stoff, die ich ganz unten in der Truhe liegen habe, aber der ist jetzt schon ein wenig verschossen ... also, ihr wickelt mich in das Tuch ein, und zwar so«, sie hob die Ecken der Matte auf beiden Seiten hoch und bedeckte damit ihre ausgemergelte Gestalt bis zur Brust, »und dann nehmt ihr mich auf und legt mich in den Sarg. Macht euch nicht die Mühe, mich vorher einzukleiden. Ich möchte nur so eingewickelt werden, wie ich es eben gezeigt habe. Und dann habe ich euch noch etwas zu sagen ...«

Jagun unterbrach sie: *»Iya Ile Lígùn ...«*

»Ich bin noch nicht fertig!«

»Iya, dein Enkelsohn ist gekommen, um dir von dem neuen Haus zu berichten, das er für dich bauen wird.«

»Er soll ruhig selber einziehen. Also, was ich noch sagen wollte. Wage es nicht, irgendwelche christlichen Zeremonien über meiner Leiche abzuhalten! Du wirst das Grab dort draußen ausheben, im Hof dieses Hauses ...«

Josiah warf die Hände in die Luft. »Siehst du, sie hört einfach nicht zu.«

Jagun versuchte es noch einmal: »Du kannst nicht hier bleiben, folglich kann dich auch niemand hier begraben. Seit dein Ehemann uns verlassen hat, haben seine Verwandten uns gedrängt, das Haus ihres Bruders zurückzugeben.«

»Hier in diesem Hof, hast du mich verstanden?«

Akinyode kniete sich neben sie. »Iya Agba, warum kommst du nicht einfach zu uns nach Abeokuta?«

»Wozu? Damit du mich in fremder Erde verscharren kannst?«

»Dann zieh zu deinem Sohn«, beschwor sie Jagun. »Wie oft soll er dich denn noch bitten, zu ihm zu ziehen?«

»Mit den Frauen eines anderen Mannes lebe ich nicht unter einem Dach.«

Josiah reckte die Arme zum Himmel. »Hörst du das? Frauen

eines anderen Mannes! Ich bin das, ich, dein Sohn Josiah. Josiah! Die Frauen eines anderen Mannes, sagt sie. Und nur, weil ich ein Christ geworden bin. Hast du je irgendeine meiner Frauen unter meinem Dach leben sehen?«

Akinyode stand auf und staubte sich die Knie ab. »Sie hat sich eben daran gewöhnt, alleine zu leben.«

Josiah schnaubte: »Sie ist stur. Starrköpfig wie am Tag, als sie mich geboren hat. Hat sie nicht darauf bestanden, auf den Markt zu gehen, obwohl ich schon halb aus ihrem Schoß heraus war?«

Lachend fragte Jagun: »Woher willst du das wissen? Du warst doch wohl kaum richtig dabei?«

»Ich habe meinen *baba** die Geschichte oft genug erzählen hören.«

»Vielleicht, wenn das Haus erstmal fertig ist und wir es ihr zeigen können ...«, meinte Akinyode.

»Ja, natürlich, ganz einfach«, spottete Josiah, »wir brauchen sie nur hinzutragen. Du wirst sie bitten, ihre ›letzten Riten‹ vorzuführen, und wenn sie sich dann in die Matte eingewickelt hat, schnappen wir sie und tragen sie weg. Das ist nämlich die einzige Möglichkeit, sie hier herauszubekommen.«

Iya Ile Lígùn, von der sie angenommen hatten, sie wäre in ihren üblichen Schlummer gefallen, schrie auf: »Wer redet hier von einer Matte? Brokat habe ich gesagt, weißer Brokatstoff. Was für einen Tod glaubt ihr denn, daß ich sterben werde, daß ihr es wagen könntet, mich in eine Matte zu wickeln? Habt ihr mich je im Hof des *agemo* gesehen?«

Jagun scheuchte Vater und Sohn nach draußen. »Kommt, laßt uns gehen. Die wird noch von jenseits des Grabes jeden Muckser hören, den hier einer von sich gibt.«

Akinyode starrte in die rauchgeschwärzten Dachbalken und dachte über diese neue Bürde nach, die man seinen mageren Mitteln auferlegte. Niemand hatte vorher mit ihm darüber gesprochen. Es wurde einfach als gegeben angenommen: Selbstverständlich würde Tisa ein Haus für seine alte Großmutter bauen. Wenn er es nicht tat, wer dann? So einfach war das. Diese *iyekan** seines verstorbenen Großvaters verlangten ihr Familiengrundstück zurück. Es war aussichtslos, diesen Fall vor den traditionellen Gerichten zu verhandeln – beide, Jagun und sein Vater, kannten die Rechtslage nur zu genau und hatten sich für ein anderes Heilmittel entschieden – ein neues Haus. Und da dieses von dem »ausländischen« Sohn gebaut werden sollte, mußte es natürlich ein Wellblechdach und einen Zementfußboden haben; nicht die übliche Zwei-Raum-Angelegenheit mit Lehmverputz und schwarzem *eleboto*-Fußboden*. Doch selbst für ein derart einfaches, schlichtes Ding hätte ihm das Geld gefehlt. Und was die beiden Ältesten anlangte, so ging es ihnen bei dieser Angelegenheit um mehr als nur darum, der Großmutter ein Dach über dem Kopf zu schaffen. War er nicht inzwischen selbst ein erwachsener Mann mit eigener Familie? Wenn er jetzt mit Anhang nach Ìsarà kam, so bedeutete das, er mußte bei seinem Vater wohnen, während seine Frau mit den Kindern im Hause seiner Mutter unterkam. Dann aber hätte er ein eigenes Haus, zwei oder drei Räume anfangs nur, doch sobald neue Mittel in seine Hände kämen, könnte er das Haus erweitern. Jagun und Josiah hatten sich das fein ausgedacht. Akinyode wußte genau, morgen früh würde Jagun vor der Tür stehen und ihn abholen, um ihm »etwas zu zeigen«. Seine Hand würde einen Halbkreis vor einem Stück Brachland beschreiben: »Da ist es Tisa. Es gehört dir, mach damit, was du willst. Dein Vater hat es für dich aufgehoben. Gott wird dir die ›Kraft‹ geben, das Werk für deine Kinder zu vollenden.«

Er versuchte, sich die nächsten zehn, nein, nur die kommenden fünf Jahre vorzustellen. Würde Aké ein fernes, vielleicht sogar bedauertes Zwischenspiel geworden sein? Seine Hand tastete nach dem Rädchen der Petroleumlampe und drehte den Docht herunter. Flackernd stand Sipes Handschrift auf seiner Retina, all die Perspektiven, die er mit seinen leichtsinnigen Projekten so überschwenglich beschwören konnte – nur Sipe selbst blieb dabei immer mit beiden Beinen fest auf der prosaischen Erde. Wie lange noch soll ich mich damit begnügen, mir nur im Geiste all die fremden, exotischen Welten auszumalen, die Gerüche, die Farben, die Klänge? Er gab es zu, Sipe und er – ja, in der Tat alle Ex-Iléanten – brannten vor Verlangen, »heute etwas zu unternehmen«. Es gab nichts »anderes« in Sipes eigenem Drang zur Veränderung; all seine Unternehmungen führten in eine einzige Richtung: »Sich frei machen von der Plackerei der Lohnarbeit und ein unabhängiger Unternehmer werden.« Und seine leidenschaftlichen Tiraden, in denen er ständig zwischen brüderlicher Ermahnung und Spott, Herausforderung und Protzerei hin und her pendelte: »Bitteschön, bleibt ihr nur ruhig hier hocken, und macht euch Gedanken darüber, was für Farne und Gräser in den Gärten von Laniero wachsen oder welche Bäume die Alleen von Alessandro bei Milano zieren. Überlaßt den Rest ruhig dem Forschen Fant. Er wird euch schon zu den Schätzen dieser Großmärkte führen!«

Hatte Sipe recht?

Zweiunddreißig, verheiratet, zwei kleine Kinder ... gut, sie wohnten mietfrei, aber die Grundausgaben mußten bestritten werden: Kleidung, Essen, Sozialleistungen – bald würden Bücher und Schuluniformen fällig werden. Sicher war es nicht zu früh, diesen Gedanken das ihnen zukommende Gewicht zu geben. Er dachte an Morola in Aké. Möglicherweise schlief sie jetzt schon fest, oder sie deckte das Baby zum x-ten Mal an diesem Abend wieder fest zu. Der Junge war dem ersten Kind fast auf den Fersen gefolgt; nur fünfzehn Monate zwischen den beiden. Sogar sein Vater hatte ihn vor einer weiteren Wiederholung gewarnt: Drei Jahre Pause sind das mindeste, so jedenfalls haben wir dich und deine Geschwister in die Welt gesetzt. Willst du, daß ihr die Milch ausgeht? Sauer wird? Und sowas nennt sich Lehrer – nun ja, vielleicht machen es die Missionare ja so? Derart zurechtgewiesen, nahm er sich vor, in Zukunft besser auf die Einhaltung der Pausen zu achten. Sowieso war da das Problem mit ihrer Gesundheit. Sein Vater hatte diesbezüglich seine eigenen Vorstellungen und war schon dabei, »Schritte zu unternehmen«. Akinyode wußte, Josiah würde dieser Sache absoluten Vorrang einräumen, ihn womöglich nach Abeokuta begleiten, wenn er heimreiste. Solche heiklen Angelegenheiten würde er keinem Boten anvertrauen. Wie man es auch drehte und wendete: Was er getan hatte und was er noch vorhatte – immer bedeutete es Geld.

Bis Neujahr war es noch ein gutes Stück hin, aber es war nie zu früh, eine Bestandsaufnahme zu machen. Die guten Vorsätze für das Neue Jahr – eine geradezu religiös angehauchte Hausaufgabe – konnten noch warten, obwohl er schon eine recht genaue Vorstellung davon hatte, wie sie diesmal aussehen würden. Die letzten Vorsätze, das konnte er, jetzt, wo das Jahr sich dem Ende zuneigte, bereits feststellen, waren sogar, an seinen eigenen strikten Maßstäben gemessen, ein deutlicher Erfolg. Sich selbst brauchte er keine Vorwürfe zu machen. Er hatte mehr gespart, als er sich zum Ziel gesetzt hatte, und das sogar zusätzlich zu seinen monatlichen Beiträgen an das »Syndikat«. Aber diese Beiträge waren ohnehin Routine. Wenn die GROSSE UNTERNEHMUNG je verwirklicht werden sollte, dann war es zweifellos Sipe, der wußte, wo's langgeht. Insgeheim empfand er Bewunderung für den Versucher – der Mann kannte einfach keine Zweifel. Und er setzte was in Bewegung! Nie stellte er den Ex-Iléanten eine neue Idee vor, ohne bereits praktische Erfahrungen gesammelt zu haben. Die größte Ironie bestand freilich darin, daß oft genug er, Akinyode, die Anstöße gab – meist ohne es selbst zu wissen. Der Lehrer stolperte über eine Zeitungsnotiz, einen Aufsatz in einem Fachblatt, einen Leserbrief und erwähnte seinen Fund dem Jungunternehmer gegenüber, einfach so, im Zuge einer Unterhaltung, ohne daran zu denken, daß er irgendwelche kommerziellen Aspekte haben könnte. Das freilich war genau, was Sipe darin entdeckte. Langsam hatte auch er sich diese Sichtweise angewöhnt. Ja, er fing schon an, Sipe eigene Vorschläge zu unterbreiten und sie sogar selber auszuprobieren. Das Problem mit Sipe war: Er konnte sich nicht mit halben Sachen zufriedengeben. Teilzeitinteressen, die gelegentliche Investition »so nebenbei«, das war nichts für ihn. Ihm schwebte vor, daß alle Mitglieder des *Kreises* ihre Jobs an den Nagel hängten und nach Lagos zogen, denn das war das Land »der Wagemutigen und Beherzten«, und sich dort in das stürzten, was – seiner Ansicht nach – den bombensicheren Erfolg bedeutete.

Nein, noch nicht, obwohl sich Mephistopheles, weiß Gott, längst schon in seinem Geist gemütlich eingerichtet hatte. Er prüfte die Versuchsballons, die er selbst in diesem Jahr gestartet hatte, wobei er die Unterschiede zwischen sich selbst und seinem Freund in den Vordergrund stellte: Seine Unternehmungen dienten niemals dem bloßen Selbstzweck, sondern immer einer Vielzahl verschiedener Zwecke, die er alle zugleich im Auge behalten mußte. Sicher wäre ein höherer akademischer Grad erstrebenswert, in Übersee erworben. Wenigstens als Bachelor of Art sollte er zurückkehren. Oder wie wär's mit Jura? Bakkalaureus der Rechtswissenschaften wie sein Schwiegervater. Theologie wäre auch eine mögliche Grundlage – dann Bakkalaureus der Theologie. Und danach? Vielleicht ein Posten als Beamter bei der Lehrergewerkschaft. Oder Direktor eines Gymnasiums ... oder vielleicht ein Buch schreiben über neue Methoden der Kindererziehung, etwas Besonderes, Einmaliges, neueste Erkenntnisse über die Entwicklung und Förderung kindlicher Intelligenz, eine Studie, von der sogar die weißen Schulinspektoren, die ihre Lehranstalten regelmäßig besuchten, neue Einsichten erwarten durften, die sie als Neuheit in der Geschichte der Erziehungswissenschaften anerkennen mußten. Tja, oder er könnte zu seiner Alma Mater zurückkehren, selbst als Erzieher in jenem Lehrerbildungsseminar im unbekannten Ilesa wirken, das so oft mit dem größeren Ilesha zwischen Ife und Oshogbo verwechselt wurde. War das nicht Teil der Mission der Ex-Iléanten, »unserem Ilesa auf der Landkarte seinen Platz zu geben; diese Wiege unseres Wissens, diese Mutterbrust unseres Berufsstandes davor zu bewahren, im Sumpf der Unbekanntheit zu versinken«. So jedenfalls hatte der ehrenwerte Reverend Beeston sie ermuntert.

Es macht mir Freude zu lehren, sagte er leise vor sich hin, und dann wiederholte er es mit Nachdruck. Nun ja, einige übereifrige Artikel im *Nigerian Teacher* konnten einem den Beruf schon gründlich verleiden; doch Soditan genügte es zuzugeben, daß er den Lehrerberuf einfach für zwingend notwendig hielt und daß es ihm Freude bereitete, Mitglied dieser Familie zu sein, einer neuen Familie, die ihren Ursprung im Lehrerbildungsseminar hatte, die sich ständig vermehrte und Begegnungen mit den merkwürdigsten und sprühendsten Geistern mit sich brachte. Wade Cudeback, dieses weit entfernt lebende Familienmitglied, der in seinem alten Klapperkasten durch Ashtabula kutschierte – trugen solche Begegnungen nicht zu der Befriedigung bei, die sein Beruf ihm gab? Und die anderen hier auf dem heimischen Boden: verbohrte Lehrbuchfanatiker, Steißtrommler, brilliante Exzentriker und erdgebundene Individualisten. Dieser Eyo Ita zum Beispiel, seine allererste Begegnung mit einem Intellektuellen aus der Deltaregion, ein außerordentlich selbstsicherer Mann, herablassend in seinem Umgang mit dem weißen Beamtenklüngel. Einen besseren Herausgeber als ihn für die Zeitschrift der Nigerianischen Lehrergewerkschaft konnte er sich nicht vorstellen. Und die belesene Miss A. Taylor – er wußte auch nicht warum, aber nie erinnerte er sich ihres Namens ohne das Initial mitzudenken –, fraglos die Sensation der letzten Gewerkschaftskonferenz. Gerade erst aus England zurückgekehrt, wo sie Titel in den Geistes- und den Naturwissenschaften eingeheimst hatte. Sie steckte ihre gesamte Energie in die Gewerkschaftsarbeit, ihre Augen blitzten vor Kampfeslust – Bildung, Bildung und nochmals Bildung für das ganze Protektorat! War es möglicherweise das, worauf auch er sein Augenmerk richtete? Die Vision seiner eigenen Rückkehr in die Heimat, nachdem die GROSSE UNTERNEHMUNG erfolgreich abgeschlossen war, die Vorstellung von der Rückkehr des »Argonauten mit dem Goldenen Vlies« inspirierte ihn. Wenn man in jungen Jahren den Wendepunkt seines Lebens selbst bestimmen konnte, dann, dessen war Akinyode sich sicher, auf diesen jährlich stattfindenden Lehrerkonferenzen, die solche Giganten zusammenführten. Und das Schauspiel! Ein bulliger Daodu*, der es mit dem Schulvorsteher von Awka aufnahm, der erschienen war, unbeirrt und zielstrebig den Missionsauftrag seiner Leute zu erfüllen. »Zwei Orthographien für das Igbo?* Ich frage die hier Versammelten, was unterscheidet die Sprache der Igbo von der der Hausa, Yoruba, Itsekiri, Idoma und so weiter und so weiter. Diese Konferenz besteht auf der Standardisierung der Igbo-Orthographie nach den Richtlinien, wie sie für die von mir genannten Sprachen entwickelt wurden. Sprechen Sie doch bitte zu uns in beiden Igbo-Orthographien, und lassen Sie uns den Unterschied hören!« Darauf die verworrene, aber starrsinnige Replik des armen Schulvorstehers, der verzweifelt versuchte, das Mandat zu erfüllen, mit dem seine Wähler ihn belegt hatten. Eine Zeitlang ließ Reverend I.O. ihn einfach rumstottern; doch mit einem Mal sprang er auf die Füße und versetzte ihm den Gnadenstoß: »Lassen Sie mich Ihnen was sagen. Sie vertreten gar nicht den Standpunkt, daß zwei Orthographien beibehalten werden müssen; im Grunde argumentieren Sie dafür, daß die Rechtschreibung beibehalten werden soll, der Sie persönlich den Vorzug geben. Kurz, alles, was Sie hier ausgeführt haben, Sir, deutet darauf hin, daß wir grundsätzlich einer Meinung sind: Zwei Orthographien sind unnötig. Darf ich also sagen, daß wir auf der gleichen Seite kämpfen? Sie akzeptieren die Forderung der Lehrergewerkschaft, nicht wahr? Nachdem diese Hürde genommen ist, können wir fortfahren und mit einer Stimme sprechen und die babylonische Sprachverwirrung erst dann wieder über uns hereinbrechen lassen, wenn es darum geht, zu entscheiden, welche der beiden Orthographien gewählt werden soll.« Die Versammlung verabschiedete eine Resolution, die den Beauftragten für Bildungsfragen verpflichtete, sofortige Schritte zur Lösung dieser Angelegenheit einzuleiten.

Auch in Sachen einheimische Komponisten konnte Daodu

die ganze Lehrervereinigung geschlossen auf seine Seite ziehen. Natürlich war Daodu ein leidenschaftlicher Rhetoriker, aber, noch bemerkenswerter, er konnte auch zuhören. Und nie gelang es ihm, dem Drang zu widerstehen, den Augenblick des Sieges noch und wieder zu durchleben. »Ha«, rieb er sich die Hände, wenn er nach gewonnener Schlacht bei Soditan den Tee nahm, »das besiegelt die Sache.« Stolz stellte er sein Gefieder auf. »*On the Banks of Allen Waters* muß jetzt mit *E se rere o* wetteifern. Das ist alles, was wir wollten – allen Melodien und Liedern die gleiche Chance! Schade, daß du den Vorstand, Adeniyi-Jones, nicht persönlich kennengelernt hast. Ich habe ihn schon gewarnt, ich bringe dich mal bei ihm vorbei. Es ist wichtig, daß er mit den Sternen bekannt wird, die am Bildungshimmel aufgehen, und mich würde interessieren, was du von ihm hältst. Wir müssen diesen alten Hasen genau auf die Finger gucken, sonst schlafen sie uns ein. Seine Begrüßungsrede hast du doch gehört, wie hat sie dir gefallen?«

Alles in allem stimmte er mit den Ansichten des weißhaarigen Vorstandes überein, doch doch, die Schule als »Fabrik der Menschlichkeit«, in der die »Lehrer die Handwerker« sind. Nur hätte sich der junge Lehrer gewünscht, der alte Herr hätte hier innegehalten und der Versammlung der »Handwerker« nicht noch zugemutet, sich als »Kerze« zu verstehen, »die andere erleuchtet, während sie sich selbst verzehrt«. Denn das zu sein, hatte der Grundschullehrer Akinyode Soditan, Jebusit des Ile-Lígùn-Clans von Ìsarà, Distrikt Remo, wahrhaftig kein Verlangen. Noch entdeckte er in den Mienen seiner zuhörenden Kollegen einen Hinweis darauf, daß sie sich »zu verzehren« wünschten. Nichts in der Haltung des adretten »Tripel-E«, Mr. E. E. Effiong – ein Efik noch dazu, was ihm das Recht gegeben hätte, sich als »Quadrupel-E« vorzustellen –, nichts in diesem Gnomgesicht deutete auf das Verlangen nach derartiger Selbstverstümmelung im Namen seiner Profession. Während der Vorsitzende sich in seinen geistigen Höhenflügen erging, glich das Gesicht Effiongs verwittertem Urgestein. Effiong war Geographielehrer am Gymnasium von Abeokuta, und es ging das Gerücht, er wäre auf dem besten Wege, das erste afrikanische Mitglied der Royal Geographical Society zu werden. Noch schien der Asaba-Repräsentant, Mr. Onyah, der Adeniyi-jonesschen Selbstverzehrungsdoktrin viel Zuneigung entgegenzubringen – aber der war auch ein Fall für sich, und Zusammenkünfte mit ihm, so hieß es, sollte man tunlichst vermeiden. Es wurde gemunkelt, die Kolonialbehörde habe ihn seiner radikalen, ja subversiven Ideen wegen fest im Auge. Er hatte ausgeführt, es sei die vornehmste Pflicht des nigerianischen Lehrers, den »gebildeten Geist« – der seiner Ansicht nach nichts anderes war als der »koloniale Geist« – durch einen »kultivierten Geist« zu ersetzen. Fünfzehn Minuten lang hatte diese kraftvolle Persönlichkeit über diesen überaus wichtigen Unterschied refeferiert, mit dem Ergebnis, daß die Versammlung sich völlig verwirrt fragte, wieso die Kolonialbehörde ausgerechnet vor ihm zitterte. Nur Daodu bildete eine Ausnahme – er bot ihm an, sich, wann immer er wolle, dem Kollegium seiner Schule anzuschließen.

Fast ein Jahr lag die Konferenz zurück, doch die Euphorie war noch nicht verebbt. Und war er nicht nach wie vor derselbe unbekannte Grundschulrektor, der dem Alterstest für die Zulassung zur Grundschule den Kampf angesagt hatte? Daodu und Miss A. Taylor hatten ihre gewichtigen Stimmen der seinen hinzugefügt, und gemeinsam hatten sie den Sieg davongetragen. Die Versammlung zeigte sich gehörig beeindruckt. In einem Land, in dem Geburtsurkunden eine Seltenheit darstellen, hatte er argumentiert, wie soll da das Alter eines Schulanwärters bestimmt werden? In Ìsarà wurde der »Erfolg« des Lehrers überdimensional aufgebauscht. Massenweise gingen Einladungen bei ihm ein: Unverzüglich habe er nach Hause zu kommen, damit man ihn als würdigen Gesandten Ìsaràs gebührend feiern könne. Die Ältesten, die engsten Freunde seines Vaters, drängten auch deshalb auf seine Rückkehr, weil er sich endlich verschiedenen Riten zu seinem Schutz unterziehen sollte. Überall wimmelt es von Feinden ... dein Sohn kommt mit den Höchsten und Mächtigsten in Berührung, also, bring ihn nach Hause, Josiah, bring ihn nach Hause, damit wir ihn auf diese böse Welt vorbereiten können. Laß ihn nicht nackt gehen unter Fremden!

Und die, die keine Fremden waren? Die alles andere als Fremde waren? Jeden Tag tauchte ein neuer Verwandter auf, ein Trabant einer Zufallsbekanntschaft oder eines Kollegen, jeder mit seinen eigenen kleinen Nöten und Problemen. Geh zu Josiahs Sohn. Er wird schon Rat wissen; und wenn er selbst dir nicht helfen kann, dann weiß er, wen er bitten muß, um dir weiterzuhelfen. Du kannst so lange bei ihm wohnen, bis du eine andere Bleibe gefunden hast. Es war ein Phänomen, das er einfach nicht auszuloten vermochte. Im Gegensatz zu Sipe führte er ein stilles, zurückgezogenes Leben. Er hatte Gefallen an gut geschnittener, eleganter Kleidung, das schon, doch unterschied er sich darin nicht von den anderen jungen Männern innerhalb und außerhalb des *Kreises*; darüber hinaus gab es bei ihm keine anderen äußeren Zeichen der Opulenz. Ein brandneues Raleigh-Fahrrad hatte er sich zugelegt, auf dem er manchmal einen Teil der vierzig Meilen nach Ìsarà abstrampelte. Aber was war das schon? Er gab keine Partys, Jahrestage feierte er nur mit seinen allerengsten Freunden. Wo also hatte das seinen Anfang genommen? Wie hatte diese Invasion begonnen, und wo würde sie enden? Er hätte es verstehen können, wenn er wie Sipe wäre, der das Talent besaß, die bloße Aussicht auf einen Schilling im Auge des Betrachters leuchten zu lassen, als hätte er hundert Pfund fest in der Hand. Doch wenn er Sipe besuchte, dann stieß er in dessen Haus nie auf irgendwelche Schmarotzer, keine fernen Verwandten, die mitten in der Nacht mit Kind und Kegel über ihn herfielen. Hatte er unter seiner Türschwelle ein zauberkräftiges Amulett vergraben, das alle unerwünschten Besucher vergraulte? Er wünschte, er könnte hinter das Geheimnis kommen. Und er sollte zusehen, daß er dahinterkam, bevor das Jahr zu Ende ging, denn dann begann die gefährliche Zeit, dann fingen die Leute an, Pläne zu schmieden, in die andere wie er tief verwickelt waren – nur war er immer der letzte, der davon erfuhr!

Die GROSSE UNTERNEHMUNG – ja, das wäre eine gute Lösung. Während er fern in einer dieser überseeischen Universitäten weilte, sollte es nur einer dieser Quälgeister wagen, auf der Schwelle seines Hauses zu erscheinen! Leider fehlte es am nötigen Kleingeld. Offensichtlich gab es nur die Reise zurück zu den Anfängen – zu Sipe Efuape und seinem unternehmungsfreudigem Genie, das nur darauf brannte, sich selbst zu verwirklichen, sich und die auserwählten Freunde zu bereichern.

Erfüllt von neuem Tatendrang drehte er den Docht der Lampe wieder hoch, setzte sich auf und begann seine Bibliothek zu durchforsten. Er blätterte die abgegriffenen, eselsohrigen Seiten um, die von Unterstreichungen in Schwarz und Rot strotzten. In dieser Nacht würde er ohnehin kaum Schlaf finden; er stellte die Petroleumlampe auf das Fensterbrett. Kriegsgerüchte gingen um. Eins von fünf Magazinen, manche schon halb in Fetzen oder sogar von Termiten angefressen, wies auf die Unausweichlichkeit eines Krieges hin. Das war das andere aufdringliche und sehr beunruhigende Element. Wie konnte man angesichts eines bevorstehenden Weltkrieges irgendwelche Pläne schmieden? Würden sie das Pfand sein, um das man kämpfte? In wessen Händen würde das Protektorat enden? Für den Augenblick suchte er nur einen bestimmten Artikel, der das Umfeld einer seiner Geschäftsideen absteckte. Er schnickte die Seiten um, bis er ihn gefunden hatte, seinen »statistischen Talisman«, wie Sipe spottete, »den du seit einem geschlagenen Jahrzehnt um den Hals trägst, um nur ja jede klare kaufmännische Entscheidung abzuwehren«!

Der Artikel, den er suchte, enthielt den Begriff, der seinem Instinkt für absolute Sicherheit so viel besser gefiel als Sipes forsche Sprünge, mit denen er sich auf jede Spekulation stürzte, die Profit abzuwerfen versprach. Deutlich hervorgehoben in Fettdruck stand er da, der Schlüsselbegriff aller Spekulationen – »mathematische Genauigkeit«. Ja, das war's, nur das ergab einen

Sinn. Wenn man mit mathematischer Genauigkeit planen konnte, wurde aus allen unternehmerischen Ideen eine vernünftige Anstrengung, nicht anders als ein bezahltes Anstellungsverhältnis, bei dem man an einem genau festgelegten Tag eines jeden Monats das vertraglich vereinbarte Gehalt bezog. In einer alten Ausgabe des *Elders Review* war er zum ersten Mal über einen Ausdruck gestolpert, von dem weder er noch irgendein anderer inner- oder außerhalb des *Kreises* überhaupt wußte, daß er existierte: »Überlegungen zur Weltwirtschaftskrise.« Ach was! Steckte Ìsarà zu dieser Zeit in einer Krise? Nicht, daß er oder sonst ein Einheimischer davon gewußt hätte. Hatte das nördliche oder südliche Protektorat teilgehabt an dieser Krise? Der wahre Apfel in diesem wilden Zank war der faszinierende Anspruch gewesen, landwirtschaftliche Ertragsleistungen mit mathematischer Genauigkeit berechnen zu können. Für den Lehrer war klar, daß nur eine wie auch immer geartete Sicherheit vor Mißerfolgen schützen konnte, sprich – vor Sipes Hang zu risikoreichen Spekulationen. Die waren nun in der Tat ein Weg, »Einfluß auf die Gegenwart« zu nehmen. *Ein volles Jahr der allgemeinen, weltweiten Wirtschaftskrise geht zu Ende. Der 24. Oktober 1929 war der »Schwarze Freitag«. An ihm stagnierte der gesamte Welthandel schlagartig, denn an diesem Tag sah sich die amerikanische Industrie mit einer Krise konfrontiert, ausgelöst durch das Fehlschlagen aller Maßnahmen, das drohende Unheil abzuwenden...* Wie oft würde er Sipe diese Warnung noch unter die Nase halten müssen? Hör auf, unsere Unternehmungen an diese Schiffschaukel der Weltindustrie anzubinden! Siehst du, was 1929 »in der Welt« passiert ist. Jetzt, wo es allenthalben Zeichen eines bevorstehenden Weltkriegs hagelte, hatte er den alten »Talisman« wieder ausgegraben, um ihn Sipes Plänen entgegenzuhalten. Aber Sipe war unbeeindruckt. So, wie sie ihre Zukunft planten, würde der Niedergang dieser Weltgiganten nur nützlich sein. »Des einen Krise ist des anderen Aufschwung – hat unsere Welt hier vielleicht irgend etwas von deren Krise da draußen gespürt?« Die Logik konnte weder den Lehrer noch irgendein anderes Mitglied des Syndikats überzeugen. Er blätterte rasch weiter ... ach, da war ja auch Mussolinis Hinweis auf diesen Hauptmann, dessen Bücher er sich daraufhin sofort bestellt, die er aber nie erhalten hatte: *Wir müssen uns nur an das Stück von Gerhart Hauptmann erinnern, des großen deutschen Dramatikers, der uns den armen Leinweber in seinem Kampf gegen den mechanischen Webstuhl vor Augen führt.* Sollte er wirklich je nach Europa reisen, so würde er diesen Herrn Hauptmann ausfindig machen, den ihm unbekannten Schriftsteller, der ihn angeregt hatte, Iseyin nach so vielen Jahren wieder zu besuchen. Auch Wade Cudeback durfte einen Teil der Ehre für sich beanspruchen, doch es war vor allem die Anspielung auf diesen Hauptmann gewesen, die seine Gedanken auf Iseyin gelenkt hatte. Und was den Schurken Mussolini anging, so mußte auch er einen menschlichen Zug haben, wenn ihn die dichterische Darstellung des Schicksals »armer Weber« anrührte. Waren jene schlesischen Weber noch ärmer als die von Iseyin, fragte er sich. Wieder empfand er den überwältigenden Wunsch, das Schauspiel in die Finger zu kriegen, und genoß zugleich die Erinnerung an seine Exkursion nach Iseyin, die sich so ganz anders gestaltet hatte als seine Reisen durch die Stadt während seiner Seminaristentage, als er noch nicht gelernt hatte, hinzusehen. Gab es andere wichtige Aspekte der heimischen Industrie, die zu übersehen man sie in St. Simeon gelehrt hatte? Der Abschnitt, den er eigentlich gesucht hatte, stand auf der nächsten Seite, dick mit roter Tinte unterstrichen: *... feiern wir in diesem Jahr das 25jährige Jubiläum des Internationalen Landwirtschaftsinstituts, das seine Majestät, König Victor Emmanuel III. von Italien aufgrund einer Anregung des verstorbenen David Lubin, Ökonom und Geschäftsmann aus San Francisco, gegründet hat. In diesem Institut gehen täglich, ja stündlich per Telegraph und Funk aus allen Teilen der Welt offizielle, staatlich kontrollierte Angaben über die Erntebedingungen der verschiedenen Länder ein. Anhand der von ihnen erstellten Tabellen ist es den Fachleuten des Instituts möglich, den jeweiligen Welternteertrag an Weizen für jedes Jahr mit mathematischer Genauigkeit vorherzubestimmen ...*

Von allen Debatten, die die Ex-Iléanten je miteinander geführt hatten, war diese wohl die heftigste, sicher aber die längste gewesen. Die Sache betraf jeden ganz persönlich, schließlich war keiner unter ihnen, der nicht irgendwie durch seine Familie mit der Landwirtschaft verbunden war. Wenn es mit Weizen ging, warum nicht auch mit Mais, Erdnüssen, Kakao? Selbst Osibo, der den Bauernstand etepetete von oben herab betrachtete, kam ins Wanken. Nein, das war ein zu großer, ein zu übertriebener Anspruch. In der Arzneimittelproduktion, gut. Eisen- und Stahlbarren, vielleicht; es bedurfte nur einer genauen Schätzung des Potentials neuer Minen und der Ausbeutungsrate der alten. Aber in der Landwirtschaft? Die Landwirtschaft war allenfalls ein Hazardspiel, der Bauer war Sklave der Launen der Natur: Regen oder Sonnenschein, Heuschrecken, Kwelavögel, Maul- und Klauenseuche, Schimmelpilze, Parasitenbefall. Und doch behauptete dieser europäische Supernationalist, all diese Unwägbarkeiten seien vorausberechenbar! Onafowokan, der in Igbore Algebra und Geometrie lehrte, hielt es nicht nur für eine unmögliche Behauptung, sondern nachgerade für ein Sakrileg. Kein Wunder, daß die Plage der großen Weltwirtschaftskrise über Amerika gekommen war, von der – man beachte es wohl – Afrika nicht nur verschont worden war, es war in seliger Unkenntnis darüber verblieben. Wenn die Wirtschaftskrise keine Strafe Gottes war, dann waren auch die sieben ägyptischen Plagen nicht von Gott gesandt. Beide, dieser Signor Mussolini und dieser Mister Lubin, behaupteten im Endeffekt nicht weniger, als daß es keinen Gott gäbe. Die Ernte aber war eine Jahreszeit, eine von Gott bestimmte Jahreszeit, kein Schaustückchen mathematischer Genauigkeit!

Für Akinyode verbanden sich allerdings wichtige, sehr bodenständige Überlegungen mit Lubins Institut. Er zögerte noch, sich mit einer kleinen Kakaofarm zu belasten, derentwegen sein Vater in seinem Namen Verhandlungen geführt hatte. Also wedelte er jetzt mit dem Brief seines Unterhändlers, Oderinde, vor ihren Nasen herum, um sich Gehör zu verschaffen: »Sagt, was ihr wollt«, insistierte er, »ich finde, wir sollten versuchen, uns dieses Lubin-Institut zunutze zu machen. Warum einigen wir uns nicht darauf, daß Benito Mussolini statt Genauigkeit einfach mathematische Näherung hätte sagen sollen? In Ordnung? Näherungswerte. Natürlich ist schon die bloße Sammlung derart akkurater Statistiken aus aller Welt ungeheuerlich genug. Und ganz ohne Zweifel glaubt man in unserer Gesellschaft an Gott – oder Götter. Das bedeutet, daß wir auch an eine sogenannte höhere Gewalt glauben – was ja nichts anderes ist als die Kehrseite menschlicher Erwartungen. Stimmt's? Schließlich ist Hiob uns eine Warnung; und ebenso die fetten und dann die mageren Jahre, die die Kornkammern des Herrn Pharao vernichteten. Also, niemand wird je behaupten können, die Landwirtschaft gehöre zu den exakten Wissenschaften. Wer könnte schon unfehlbar die Ernteerträge des kommenden Jahres voraussagen?«

Der *Kreis* ging mit sich selbst zu Rate; es schien ein vernünftiger Kompromiß. Immerhin brüsteten sie sich ja damit, immer und zu jeder Zeit jedem das seine zu lassen. Und einer nach dem anderen zog den Hut vor dem verstorbenen David Lubin, wenn mancher auch über Gebühr lange zögerte, und gestand seinen heimlichen Neid auf die Errungenschaften des Internationalen Landwirtschaftsinstituts ein. Ogunba übernahm die Aufgabe, in ihrer aller Namen einen Brief an »Akede Eko«* zu verfassen: Das Schreiben verlangte, die Kolonialregierung solle in Lagos eine Zweigniederlassung des Instituts einrichten, die sich in größtmöglicher Näherung für die Belange der Bauern des Protektorats einsetzen solle, ohne dabei durch provokante Postulate den Launen der Götter ins Gehege zu kommen. Wenigstens ein Näherungswertzentrum werde hier dringend benötigt. Schließlich sei es unnötige Zeitverschwendung, müßte man via Italien oder San Francisco – und sei es per Telegraph – herausfinden, welche Mengen Mais, Kakao, Kassava oder auch Holz Ìsarà im kommenden Jahr produzieren werde.

Für Efuape war die ganze Übung reinste Zeitvergeudung.

Nichts als ein weiteres zaghaftes, plackereiverliebtes Manöver. Welchen Sinn konnte es haben, eine briefmarkengroße Plantage zu betreiben, die noch dazu in Abwesenheit des Besitzers von einem anderen verwaltet und beaufsichtigt werden mußte. Er tat Oderindes Späherdienste als läppischen Unsinn ab, riß Soditan den Brief aus der Hand und verlas ihn laut. Ja glaubte Soditan denn etwa, dieses Lubin-Institut hätte Zeit für Zwergunternehmen wie jenes »mikroskopisch kleine Fetzchen Land im tropischen Dschungel«? Mussolini war viel zu beschäftigt, um sich mit popligen Amateurkakaobauern vom Schlage eines Akinyode Soditan abzugeben. Und der leidenschaftliche, gedrechselte Stil Oderindes war nur weitere Munition für Sipes Artilleriefeuer: *Für eine Kakaofarm von derart florierender Fruchtbarkeit und Fülle nicht mehr als 15 Pfund anlegen zu müssen, ist nicht weniger als die göttliche Gnade eines Weihnachtswunders.* Außerdem hatte Oderinde gedroht, daß, sollte der Lehrer nicht spätestens innerhalb von drei Wochen vorbeigekommen sein, um die Farm selbst in Augenschein zu nehmen, er ihn aufsuchen werde: *In eigener Person, denn in dieser wichtigen Angelegenheit muß, wenn Mohammed denn nicht zum Berge kommt, der Berg eben zu Mohammed kommen.*

»Naaa, mein liebes Schulmeisterlein, plant dieser Mohammed, auch gleich die Farm mitzubringen? Ich bin ganz sicher, sie wird mühelos in seiner *agbada* Platz finden!« Und alle mathematischen Genauigkeiten und Näherungswerte lösten sich in schallendem Gelächter auf.

Selbstredend verfolgte Akinyode sein Vorhaben unbeirrt weiter. In den Nachrichten war ständig die Rede von Kakao, und außerdem, auch das mußte er zugeben, verbanden sich mit Kakao starke Kindheitserinnerungen: Lange Reihen von Kakaobäumen mit ihren saftstrotzenden Schoten waren tief eingegraben in seine frühesten Vorstellungen von der Erde als einem Raum in Grün und Gold. Das Gold stand für Reichtum, das ließ sich nicht leugnen; die reichsten Bauern, die er kannte, besaßen Kakaoplantagen. Ja, und dann spielte natürlich auch die Autorität seines Freundes Opeilu eine Rolle, ein Agrarinspektor, der nur zu oft seinen Beruf beklagte, erschöpfte sich seine Tätigkeit doch darin, den Grad des Reichtums anderer abzuwägen, etwa in Form der Kakaobohnen, die sie produzierten. Die in Aussicht stehende Plantage lag dreißig Meilen im Süden, bei Ifo. Von dort waren die Transportmöglichkeiten nach Lagos relativ gut, und von Aké aus lag Ifo auf halber Strecke nach Lagos. Das machte zweifellos einen nicht unerheblichen Teil ihrer Anziehungskraft aus. Aber Kakao?

Wieder langte er in seine Datenbank. Diesmal nahm er eine Zeitschrift aus einem jüngeren Stapel zur Hand, der gesondert auf dem Regalbrett über dem Bettpfosten hinter seinem Kopf lag. Während er sie auf der Suche nach der richtigen Seite durchblätterte, drängte sich auf dem Umweg über die Warnungen des Völkerbundes in der Eritreafrage der Krieg wieder in seine Gedanken. Aber warum, warum, fragte sich der Lehrer. Und dann dieser Vorschlag – Schiedsspruch genannt; was sollte das bedeuten? Mussolini lebte in Italien, Haile Selassie in Abessinien. Was war da »schiedsrichterlich« zu entscheiden, wenn doch ganz offensichtlich nur der eine ein Eindringling im Lande des anderen sein konnte? Ogunba hatte recht, die Kriegstrommeln wurden schon gerührt, nur die Tänzer zögerten noch. Akinyode hatte den gesuchten Artikel gefunden, der »Ein Produktemakler« gezeichnet war. Seine Botschaft war einfach, aber negativ. Für die Goldküste* seien die besten Tage der Kakaoindustrie gezählt. Soditans Dilemma bestand darin, diese pessimistische Sicht des Verfassers mit den heftigen Einwänden aus der Feder des Herausgebers der Zeitschrift in Einklang bringen zu müssen. Das war der springende Punkt. Zwischen diesen beiden widerstreitenden Meinungen mußte der waghalsige Kakaobauer seine eigene Position finden, sich entweder »seinem Glück entgegenwerfen oder die Fühler einziehen wie eine verschreckte Schnecke, die den leisesten Hauch einer Ahnung widriger Umstände erspürt«, wie Sipe es ausdrücken würde. *Es erscheint möglicherweise wünschenswert, daraufhinzuweisen, daß die Re-*

daktion die vom Autor dieses Artikels vertretene Ansicht nicht teilt ... Erscheint möglicherweise wünschenswert? Was denn sonst ist die Aufgabe eines Herausgebers oder Redakteurs, als seine eigene Meinung zu einem brisanten Thema zum Ausdruck zu bringen? Diese editorische Zurückhaltung irritierte Akinyode jedesmal aufs neue. Die Herausgeber waren Briten – das mochte es erklären –, die tendierten nun mal zu dieser entschuldigenden, zaghaft-zögerlichen Sprache, selbst wenn es um eindeutige Sachverhalte ging. Eine Nichtübereinstimmung bedeutete eine zweite Meinung, und Fachblätter dieser Art haben, bitteschön, die Aufgabe, Anschauungen zu präsentieren. Für den Augenblick gelang es Yode, über diese Verschrobenheit hinwegzusehen, und er las weiter: *... und zwar hauptsächlich deswegen, weil die Stichhaltigkeit des Hauptargumentes zu bezweifeln ist. Es zieht die Fähigkeiten der Kakaobauern der Goldküste, ihre Anstrengungen zu vergrößern, gar nicht erst in Betracht. Dies aber wäre eine Herausforderung, der, wie wir glauben und hoffen, der Kakaobauer der Goldküste sich stellen wird.* Herausforderung, jaja, schön und gut, aber – und hier brachte der Lehrer seine eigene Meinung ein, die weniger eine Nichtübereinstimmung als vielmehr ein Stück Sachverstand in die Debatte warf: Letztlich hing doch alles von der Nachfrage ab, wie einem jede x-beliebige Marktfrau mühelos würde auseinandersetzen können. Und genau das war der Punkt, an dem David Lubin eine so hervorragende Rolle bei seinen Spekulationen spielte, die – Gott sei's geklagt – ja leider nur Wunschdenken waren. Wenn, wenn, wenn! Wenn er nur mit mathematischer Genauigkeit oder doch wenigstens mit größtmöglicher Näherung bestimmen könnte, wieviel Kakao zu einem gegebenen Zeitpunkt in der Welt produziert wurde, dann könnte er endlich zu einer Entscheidung über den Fund kommen, den Oderinde für ihn gemacht hatte. Aber sich einfach so in die Welt der miteinander wetteifernden Kakaobauern stürzen – naja, Sipe würde es wahrscheinlich tun. Aber er? Nein, auf gar keinen Fall. Es war doch klar, wo das enden würde: Als unfreiwilliger Hersteller von Kakaoschnaps würde er sich wiederfinden! Und wie viele Leute außerhalb von Ijebu waren schon scharf auf diesen Rachenputzer?

Gut, wenn nicht Kakao, was dann? Baumwolle? Nicht, solange er nicht oben im Norden leben wollte. Er versuchte, sich an die Leute aus Ìsarà zu erinnern, die jetzt im Baumwollgürtel lebten – in Kano, Sokoto, Katsina. Famade zum Beispiel, sein Freund, der Schneider. Der saß genau an der richtigen Stelle, um Erkundigungen für ihn einzuholen. Oder Oye, der Ex-Soldat; sobald der eine Nachricht seines alten Mentors erhielte, würde er in Habachtstellung springen: Das Problem war immer dasselbe – man mußte herausfinden, wie es mit Angebot und Nachfrage stand. Nutzholz, das wäre auch noch eine Möglichkeit; aber das mußte man ernsthaft betreiben, so wie Node, nicht getragen von romantischen Ideen an Bücher und Hinterhofpapiermühlen à la Ashtabula. Ja, Nutzholz war ganz groß im Kommen. Die Kolonialregierung stieß weiter und weiter ins Landesinnere vor, wie ein Zug Treiberameisen erschlossen sie Stückchen um Stückchen jungfräulichen Dschungels. Ganz neue Modelle von Schwerlastern und Transportern erschienen auf den Straßen, beladen mit frisch geschlagenen Stämmen – Mahagony, Afara, Teak, Iroko ... Augenblicke lang gab er sich einem Tagtraum hin, sah sich in bester Wemujamanier rittlings auf einem Stamm sitzen, einem endlosen Baumstamm, der seine Wurzeln auf seiner eigenen Pacht in Ìsarà hatte, einem Stamm, der eben gefällt worden war und mit donnerndem Getöse über die Wasser von Epe stürzte, so daß die aufspritzende Gischt bis zu Efuapes Haus flog und ihn aus seiner Selbstzufriedenheit aufscheuchte – jawohl, Mr. Forscher Fant, das hättest du mir nicht zugetraut, was? –, und immer noch weiter stürzte der Stamm, bis er auf der anderen Seite des Atlantiks aufschlug, die Umgekehrten Wasserfälle hinunterhüpfte und dort rüde in die sanften Kontemplationen des Wade Cudeback einbrach – ein Anblick, weit großartiger als die Wunder des Magnetischen Berges. Was würde der Mann wohl sagen, wenn sein Brieffreund in kühler Gelassenheit von diesem Wenn-alle-Bäumeein-Baum-wären-Ungetüm abstiege, das direkt aus dem Herzen der Wälder Ìsaràs käme, die bis dato noch unberührt sind von Menschhand oder Maschine. Wie würden seine Begrüßungsworte lauten? Mr. – nein – Fürst Soditan, nehme ich an?* Handelsfürst, versteht sich ...

Der Lehrer, einigermaßen beunruhigt über sich selbst, setzte sich mit einem Ruck auf. Akinyode, was geht bloß in deinem Kopf vor? Hat es Sipe endlich geschafft, von deinem Geist Besitz zu ergreifen? Das ist schlimmer als Tagträumerei – das ist Wahnsinn! Woher, zum Beispiel, willst du das Kapital nehmen? Selbst ein Gebrauchtwagen kostet mehr, als die Lebensersparnisse eines Schulmeisters je ausmachen werden, der noch dazu für Weib, zwei Kinder und eine erweiterte Großfamilie sorgen muß, deren Ansprüche keinerlei Grenzen kennen! Wo soll das Kapital herkommen?

Und der drohende Krieg! Wenn es zum Krieg kommt, und dein mageres bißchen Kapital hat sich in das Handelszentrum einer belagerten Nation geflüchtet, naja, dann war's das wohl. Fiii-jum, auf Wiedersehen! Braucht ja nicht mal das Bargeld zu sein, stell dir vor, du nimmst deine Ersparnisse oder – noch schlimmer – du nimmst einen Kredit auf, um Nutzholz zu kaufen, du flößt es den Niger oder den Ogun runter zum Meer und wartest gemütlich auf dein Geld für die Lieferung. Dann fängt der Krieg an, und dieser Adolf Hitler blockiert die Seewege. Adieu, ihr schönen Ersparnisse. Das war wieder so ein grundlegender Unterschied zwischen ihnen: Sipe sah den Krieg als CHANCE! *Du liest nur die negativen Artikel, Yode, nur die der Schwarzmaler. Weißt du nicht, daß ein Krieg ganz bestimmte Nachfragen erzeugt? Er schafft sich seine eigenen Bedürfnisse. Ganze Industriezweige sprießen aus dem Boden, um den Wahnsinn eines Krieges zu stützen. Gummi, zum Beispiel, hast du schon an Gummi gedacht? Jetzt ist die Zeit, sich ein oder zwei Kautschukplantagen zuzulegen. Vergiß deinen Mr. Lubin – der Krieg braucht Nahrungsmittel, Landbauprodukte, Eisen und Stahl, selbst das Gummiarabikum, das du so jebuistisch in deinem Hinterhof zusammenbraust, du wirst Augen machen, in welch astronomische*

Höhen Preis und Nachfrage schnellen werden. Oder Seife! Hast du den Artikel im Nigerian Teacher *über die Seifenindustrie schon wieder vergessen? Überleg doch mal, warum sollte sich jemand in einem solchen Fachblatt für Lehrer den Kopf darüber zerbrechen, was es mit der Seifenherstellung auf sich hat? Die Briten, die diese Zeitschrift herausgeben, sind auf der Suche nach billigen Versorgungsmärkten. Sie wollen euch als billige Arbeitskräfte ausnutzen, für einen Hungerlohn sollt ihr deren Kriegsbedarf herstellen. Aber wenn wir im großen Stil in die Sachen einsteigen, wenn wir eine Fabrik aufbauen, die eine regelmäßige Versorgung garantiert und sich nicht auf die Grillen und Freizeitlaunen einer Handvoll ausgelaugter Lehrer stützt ... ich sag ja nicht, daß es Seife sein muß. Ehrlich gesagt, ich hasse Seifensiedereien. Hast du mal eine besucht? Der Gestank ist infernalisch, das reinste Gift; und er bleibt dir in den Kleidern hängen. Sowie du aus so 'ner Fabrik rauskommst, hast du das Gefühl, du mußt erstmal gründlich baden. Aber wir brauchen ja die Seife nicht selbst herzustellen, wir werden Auf- und Verkäufer und überlassen es den Journaillen wie dem* Nigerian Teacher, *die Amateurseifensieder anzuheizen. Wir kaufen von denen und verhandeln direkt mit den ganz großen Firmen –* UAC, *Lever-Brothers und den anderen. Der Himmel ist die Grenze; also, warum fürchtet ihr euch vor dem heraufziehenden Krieg? Seht zur Abwechslung doch mal den Silberstreif ... tatsächlich ist es natürlich kein Silberstreif, sondern ein mächtiges Flöz, das nur darauf wartet, von den Furchtlosen abgebaut zu werden ...*

Nun gib's schon zu, murmelte Soditan vor sich hin, als ihm die Augenlider nun doch zuzufallen drohten und er deshalb den Docht zum letzten Mal in dieser Nacht herunterdrehte, es war nicht allein ... nein, er wollte unbedingt fair gegenüber sich selbst sein ... es waren nur zum Teil der Reisebericht Cudebacks und das zufällige Zusammentreffen mit dem Mussolini-Hauptmann-Dialog, die ihn zu seinem Fahrradausflug nach Iseyin angeregt hatten. Animiert hatte ihn vor allem Sipe, Efuapes Sohn, dieser Handelsabenteurer, für dessen kommerzielle Höhenflüge er ein bescheideneres, bodenständigeres Gegenstück gesucht hatte. Wenn Sipe sich auf den risikoreichen

Weg nach Italien begeben konnte – und sei es nur per Post –, um Handel mit Kammgarnstoffen zu treiben, dann wollte er doch sehen, was Iseyin beizusteuern hatte, diese Heimat der Weber, die so viel näher lag. Keiner hatte es für möglich gehalten, daß der wohllebende, lagostrunkene Sipe die Herausforderung annehmen würde; indes, der Forsche Fant überraschte sie alle und akzeptierte nicht nur die Herausforderung, sondern auch noch die persönlichen Risiken der Reise. Doch Weh und Ach über Efuapes Sohn! Wenige Tage vor der Abreise sproß ihm ein ärgerlicher und starrköpfiger Furunkel, seiner eigenen Darstellung nach *just in der Trennlinie jenes Fleischhöckers, den Gott der Herr, der wahre Erfinder des Fahrrads, so geformt hat, daß er genau auf den Sattel eines Stahlrosses paßt.*

Akinyode radelte und schlenderte also allein durch die staubigen Gassen von Saki, spähte in die düsteren Höfe hinter den hohen Lehmmauern und sah die rührigen Arbeiter an den Schaftwebstühlen mit den farbigen Kettfäden, den blitzenden Weberschiffchen, den Pedalen, die die Schäfte im vertikalen Rahmen bewegten, und den Schwertern, die die fest gesponnenen Fäden von den Spindeln in die Muster der berühmten Sakistoffe preßten. *Während ich mein Fahrrad gemächlich durch die Gasse der Weber schob – ich war abgestiegen, um den Geruch der Flotte voll auskosten und mich an der Fleißarbeit unserer uralten Handwerkskunst erwärmen zu können –, fühlte ich mich wie eine zweibeinige Spinne, die durch die Spiralen vielfarbiger Netze streift.* Wie Wade Cudeback auf diese erste Abenteuerschilderung reagieren würde, die mit den spannenden Berichten des Brieffreundes wetteifern sollte, das mußte Akinyode erst noch abwarten. Doch eine Abschrift des Briefes, an seinen Cousin »Saaki« Akinsanya geschickt, hatte diesem bereits eine höchst mißgünstige und ganz und gar untypisch überschießende Retourkutsche entlockt, verstärkt noch durch die Drohung, daß die nächste Erkundungsfahrt des Lehrers nicht mehr ohne ihn, Saaki, stattfinden werde. Sipe dagegen vermochte nicht zu entscheiden, ob es der Brief seines Beinahe-Reisegefährten war, *der meinen Karbunkel karfunkeln ließ vor reiner Enttäuschung, bis er – Du ermißt die ungeheuerliche Peinlichkeit – genau in dem Augenblick aufbrach, als ich Dein Sendschreiben eben jenen Besuchern laut zu Gehör brachte, die so zahlreich sich versammelt hatten, mir ob meines üblen Zustandes ihr Mitgefühl auszudrücken.* Oder, so räumte er ein, lag es möglicherweise an der Tatsache, daß sich unter den Zuhörern auch ihr Freund Dr. Otolorin befand, der nicht nur gekommen war, *sein Mitgefühl zu bekunden, sondern auch, um mit der teuflischen Schneide seines Skalpells den lästigen Furunkel zu öffnen, und der nur noch deshalb untätig verharrte, weil er Deiner feurigen Epistel zu Ende lauschen wollte.* Der Furunkel, bekannte Sipe, ergoß seinen hartnäckig zurückgehaltenen Inhalt, sobald er des Skalpells nur ansichtig wurde, und hörte nicht auf *sich aus eigenem Antrieb zu entleeren, damit endlich das vollbringend, worum ich in den letzten vier Wochen so inbrünstig gebetet hatte. Derart, mein lieber Yode, ist die Macht der Angst und des Schreckens, die selbst ein menschliches Geschwür vor dem Messer des Arztes verspürt.*

Es war die reine Nostalgie, die ihn schließlich über den geplanten Zielpunkt seiner Reise hatte hinauseilen lassen. In Iseyin merkte er, wie das Fahrrad unerbittlich nach Ilesa drängte. Die befestigte Straße war inzwischen fertiggestellt, und es fuhren so viele Lorrys auf der Strecke, daß er bequem auf die warten konnte, die ihn und das Rad zu einem vernünftigen Preis transportierte, das Fahrrad fest an die Seite des Personentransporters geschnallt. Nachdem er vom vorläufigen Busbahnhof in Ilesa zum Seminar geradelt war, stand er ein paar Minuten lang vor den Toren von St. Simeon, unsicher, ob er wirklich eintreten sollte oder nicht. Zum ersten Mal war er sich seiner Verbundenheit mit dem Seminar nicht mehr sicher. Hatte er sich das alles nur eingebildet? War es nur eine Empfindung, von der er meinte, er sollte oder müßte sie haben? Über dem gesamten Anwesen lag Stille, das jedoch hatte er erwartet, schließlich waren Ferien. Er stand da und lauschte, als erwartete er, das Knattern von Reverend Beestons Motorrad zu hören, auf dem der würdige Herr, wie üblich, haarscharf an der Torsäule vorbeibrauste – er liebte dieses gefährliche Manöver. Was würde er zu ihm sagen? Wie würde er den Fortschritt bewerten, den sein Schüler gemacht hatte, seit er das Seminar verließ, um in Aké in Beestons Rolle als Lehrer zu schlüpfen? Und der Rest des Kollegiums? Ob Dr. Mackintosh, der Musiklehrer, noch im Dienst war?

Akinyode schob das Rad durch das Tor und begab sich zu der großen Wiese hinter dem Büro des Rektors, jenem denkwürdigen Ort, an dem Dr. Mackintosh das traurige Erlebnis einer totalen kulturellen Niederlage durchlitten hatte. »Eine umfassende Kenntnis der klassischen Musik ist unabdingbar für den kultivierten Geist«, predigte er, während er sich bereit machte, seinen Worten Taten folgen zu lassen. Das Experiment hatte sehr bescheiden begonnen: Ein paar Studenten wurden ausgewählt; Soditan, als einer, der besondere musikalische Begabung gezeigt hatte, in vorderster Front. Jeden Sonntagmorgen – oder richtiger an den sonntäglichen Morgen, an denen es Dr. Mackintosh gelang, sich aus dem Stupor zu befreien, den die Samstagnacht mit ihren Besuchen in nur allzu bekannten Ecken Ilesas ihm eingebrockt hatte – pflegte er seine Opfer in sein Wohnzimmer zu locken, ihnen Tee anzubieten und dann das Grammophon aufzuziehen. Der Auswahl der Schallplatten schickte er immer eine kleine Vorlesung voran. Er schloß die Augen, legte den Kopf in den Nacken und intonierte die ganze Bandbreite der Empfindungen, die nun, seiner Erwartung gemäß, die Gemüter seiner Schüler bewegen würden, sobald die Töne von den Saiten der Violine perlten oder die Chorstimmen den Raum erfüllten. Auch während die Schallplatte lief, hielt er die Augen fest geschlossen, der Kopf allein nickte sanft, den imaginierten Bewegungen des Dirigentenstabes folgend. Das war der Augenblick, in dem sich die Studenten über die Schale mit den Keksen hermachten – für die meisten der einzige Anreiz, überhaupt beim sonntäglichen Musiktreffen zu erscheinen.

Gedankenverloren schob Akinyode sein Rad über den Rasen; das lang nicht gemähte Gras kitzelte seine Knöchel. Es schien ihm, als müsse Dr. Mackintosh jeden Augenblick auf der Bildfläche erscheinen, einen Stoß Schellackplatten unter dem Arm und, aller Wirklichkeit völlig entrückt, eine Bachsche Fuge vor sich hin summend. Wahrscheinlich würde er ihn anschauen, Vorwurf und Groll im Blick, denn es war ja er, Akinyode Soditan, der ihn am tiefsten enttäuscht hatte, damals, als Mackintosh sein musikalisches Experiment, an dem die ganze Kolonie der Seminaristen hatte teilhaben sollen, auf ebenjene Wiese hinausgetragen hatte, auf der Yode nun stand.

Et tu, Soditan?

Der gutmütige Mackintosh hatte dem armen Akinyode unendlich leid getan; jedesmal, wenn er die Musik aus Mackintoshs Bungalow über das Gelände von St. Simeon tönen hörte, drückte ihn aufs neu das Schuldgefühl. Erstmal der Rummel, mit dem die Veranstaltung angekündigt und vorbereitet worden war! Dann die Tabletts, auf denen sich Sandwiches stapelten, Kuchen und Rosinenbrötchen türmten; die Kannen voller Tee und Limonaden, die die Lehrersfrauen zubereitet hatten. Stühle und Bänke aus den Schulräumen, sogar aus der Kapelle, waren angeschleppt worden. Ausgesuchte Gäste der Konkurrenzinstitution St. Andrews in Oyo waren erschienen, um dem Hauptereignis des Semesters beizuwohnen, diesem Ohrenschmaus zu lauschen: das Beste aus Mackintoshs Klassiksammlung. Die Stühle vorn waren für die Lehrer reserviert, die Bänke hinten für die Schüler. Selbst den Schulinspektor, der gerade auf Rundreise war, hatte Mackintosh eingeladen, an diesem Ereignis teilzuhaben, das den jungen Afrikanern die klassische Musik schmackhaft machen und sie der eigenen, kruden, wenn auch kraftvollen Musik entwöhnen würde. Dies zu bewerkstelligen, nahm Mackintosh nun seinen Platz zwischen den Studenten ein; seine physische Präsenz unter ihnen sollte ein Nachhall der wohnzimmmerlichen Belehrungen und Erläuterungen über den inneren Aufbau der Musik sein, ihre Bewegungen und Klangfarben, die sacht jene Landschaften berührten, die sie selbst hervorgebracht hatten ... Landschaften, nicht unähnlich denen, die sie selbst alle kannten, und ohnehin hatten sie ja alle die

Fotografien von den Schottischen Hochländern, den Hügeln und Tälern in Mackintoshs Wohnzimmer gesehen ...

»Stellt euch einen sanft dahinplätschernden Bach vor ... leise spielt der Wind im Geäst der ufernahen Weiden ... das Sonnenlicht blitzt auf den nassen Kieseln, während eine Forelle wie ein silbernes Band unter den Wellen hinweggleitet ...«

Die harten Bänke drückten gegen sechzig oder mehr Hinterteile. Langsam wurde Akinyode klar, welche Gefahren diese Nacht barg. Er betete heftig und starrte über die Wiese hinüber zu der Holzkapelle mit ihren großen, weit heruntergezogenen Fenstern – ein mit Pech kalfatertes Gebilde, das ihn jedesmal an die Polizeikaserne von Ibadan erinnerte, an der er auf seinem Weg vom und zum Seminar vorbei mußte. Dann wandte er seine Aufmerksamkeit dem blassen Profil der von Tatendrang erfüllten Gestalt zu, deren gespenstische Arme verstohlen durch die Nachtluft fuchtelten, als die sehnsuchtsvollen Bilder der Heimat sich vor ihr entfalteten. Die Musik schwappte über die aufmerksam gereckten Köpfe, Akinyode biß die Zähne zusammen, spannte alle Muskeln an und betete.

Die Nacht war mit Bedacht gewählt worden – Vollmond. Zwischen dem Grammophon und einem großen Arababaum war zusätzlich als Arbeitsleuchte eine Sturmlampe installiert worden. Der Baum warf Schattenfetzen über die Versammlung, eine leichte Brise fächelte ihnen die Gesichter, und das Gras kühlte ihnen die nackten Füße. Von Zeit zu Zeit piepste eine Fledermaus über ihren Köpfen und erweckte für die Dauer ihres knappen Fluges ernsthaftes Interesse. Ein Assistent hatte genaueste Instruktionen erhalten, wie und wann die Platten zu wechseln und das Grammophon neu anzukurbeln waren, während Mackintosh selbst das nächste Stück dieser musikalischen Auslese ankündigte ...

»Und nun denkt an hohe Berggipfel und an Schneeflocken, die leicht durch die Äste der Fichten rieseln. Dann folgt der nächste Satz; stellt euch ein Unwetter vor, das sich in einiger Entfernung zusammenbraut. Es kommt näher, Sturm fegt heran durch die Felsschluchten, die weißen Schäfchenwolken vor dem tintendunklen Himmel werden auseinandergerissen – und hinter allem das düstere Stirnrunzeln eines zornigen Gottes. Wenn die Beckenscheiben aufeinanderschlagen ...«

Und ein schwarzes Kinn nach dem anderen sank auf eine schwarze Brust, taub für Mackintoshs ungesprochene Anmerkungen zum Programm. Die heimischen Wolken verzogen sich, gaben das Antlitz des Mondes frei und enthüllten den ganzen Stolz des Dr. Mackintosh – hingelümmelt in den unmöglichsten Posen und Stellungen: Köpfe, an nachbarliche Schultern gelehnt, in eigene Hände gestützt, in Schöße gebettet, Gestalten, hingefläzt über ganze Bänke. Manche hatten sich den Vorteil der hintersten Reihen zunutze gemacht und den Kampf völlig aufgegeben. Sie hatten die Bänke verlassen und sich wohlig im Gras ausgestreckt. Tatsächlich kontrapunktierten sogar ein paar Schnarcher den zweiten Satz von Schuberts Dritter. Nicht einer, und das war es, was dem guten Dr. Mackintosh das Herz brach, nicht einer der Simeoniten hatte dem Schlaf widerstanden in dieser Nacht. Nicht einer, nicht ein einziger, murmelte er wieder und wieder, als die Musik zu Ende war und er, wie vom Donner gerührt, seinen Blick über diesen Haufen durcheinandergewürfelter Banausen schweifen ließ.

Allein, es war dieser Akinyode Soditan, der direkt neben ihm gesessen hatte und doch völlig entrückt war von dieser Welt, der ihm wirklich das Herz brach. So vielversprechend war er Dr. Mackintosh erschienen, daß er alle Kollegen auf ihn aufmerksam gemacht hatte. Soditans Augen, fest auf den Arababaum geheftet, standen weit offen; der Baum war der letzte Gegenstand, den zu fixieren er seinen Augen befohlen hatte. Er sollte seine arg mitgenommenen Lider davor bewahren, sich den anbrandenden Wogen des Schlafes zu ergeben. Als Mackintosh aufgestanden war und dieses Feld der hingestreckten Leiber betrachtete, klammerte er sich noch an das letzte Krümelchen tröstender Hoffnung, denn zuversichtlich wandte er sich seinem Lieblingsschüler zu und befahl ihm barsch: »Soditan, weck diese Wilden auf!«

Doch Yode verharrte in seiner stocksteifen Haltung, die Augen stier, aber blind, und Mackintosh wußte, daß das Allerschlimmste geschehen war. Er stupste ihn an, und Soditan sank ganz langsam zur Seite, dann rappelte er sich hastig auf und blickte verstört um sich – er wußte nicht einmal, wo er war! Der Schotte tat einen herzzerreißenden Seufzer; wahrlich, er hatte seinen Kelch bis zur bittersten Neige geleert.

Et tu, Soditan?

II

EFUAPE

Frühnebel hingen über der am Wasser gelegenen Stadt Epe. Der junge Steuerprüfer gab seiner Kampfstrategie den letzten Schliff und nickte zufrieden. Längst hatte Sipe, Sohn des Efuape, das Hindernis ausgemacht, das seinem großen Plan im Wege stand – und auch die Lösung hatte er gefunden: Dieses Individuum mußte entwaffnet werden, und der Rest der Ex-Iléanten würde ihm getreulich folgen. Es war an der Zeit, den Kleckerkram, die zaghaften Vorstöße hinter sich zu lassen. Krumen! Jawohl, Krumen. Das war alles, was für sie abfiel, während andere sich mit den dicken Brocken davonmachten. Hatten die Arimojes dieser Welt etwa zwei Köpfe? Nein. Sie hatten auch nur einen, genau wie er, genau wie alle anderen Menschen. Im Gegenteil, wenn man danach ging, was der jeweilige Kopf enthielt, so hatte dieser *ara oke*, dieser Bauerntölpel, wahrscheinlich weniger als einen – schließlich war der Mann vollkommener Analphabet! Trotzdem hatte ihn das nicht gehindert, Millionär zu werden – so wurde zumindest gemunkelt. Gerüchte hin, Gerüchte her, niemand stellte ernsthaft in Frage, daß er die höchste Sprosse auf der Leiter zum Wohlstand erklommen hatte. Seine Häuser waren riesige Paläste, die Zahl der Lastwagen, die die Aufschrift ARIMOJE TRANSPORT SERVICES trugen, waren selbst in jenen Tagen, in denen das Verkehrswesen Westafrikas noch in den Kinderschuhen steckte, landauf, landab das Stadtgespräch der neidzerfressenen Bevölkerung. Nicht schlecht, wirklich nicht schlecht für einen Analphabeten. Ja, vielleicht war das gerade das Problem mit ihm selbst und den anderen Mitgliedern des *Kreises* – ihr Zuviel an Buchwissen behinderte sie!

Auf Akinyode traf das unbestreitbar zu. Er selbst dagegen,

Sipe, Sohn des Efuape, hatte einen sehr viel ausgeprägteren Sinn für das Praktische. Seit seiner überstürzten Abreise vom Lehrerbildungsseminar – es war schon so lange her, daß sich der Schmerz darüber längst verflüchtigt hatte –, war sein Lesehorizont auf das Angebot der Versandhauskataloge beschränkt. Sein Lieblingskatalog war der von Lennards, dessen Abbildungen auf Hochglanzpapier ihm Visionen einer opulenten Zukunft vorgaukelten. Der Zauberstab nahm immer neue Formen an – Lackschuhe oder braune Lederschuhe, Krawatten, Konfektionsanzüge, Windjakken, Filzhüte, Uhren, Füllfederhalter, Schreibwaren und Büromaterial, Handtaschen, Kulturbeutel, Kosmetikköfferchen und Toilettenartikel. Wenn er seine Nase in jene Zeitschriften steckte, die den Geist seines Freundes Akinyode Soditan verführten, dann nur, um die Seiten mit den Anzeigen der ausländischen Firmen aufzuschlagen, die ständig auf der Suche waren nach neuen Rohstoffquellen und nach Vertretern, die ihre Produkte gewinnbringend an den Mann brachten. Und natürlich die Anzeigen der Seespediteure; das war einfach unabdingbar für seinen Ruf, denn was immer Sipe zu einem bestimmten Termin zu liefern versprach, das wurde genau zu diesem Termin geliefert – oder früher. Die bei ihm bestellten Weihnachtsgrußkarten und Neujahrskalender, zum Beispiel, die erhielt man komplett mit Umschlag mindestens einen vollen Monat früher als die Bestellungen, die man bei der Missionsbuchhandlung aufgegeben hatte. Sipe warb unter jungen Angestellten, Geschäftsleuten, Lehrern und Studenten um Aufträge, und er hatte regen Zulauf. Sein Kundenkreis war über das ganze Land verstreut, von Lagos bis Port Harcourt und Kano. Also mußte er seine Kontakte frühzeitig knüpfen und dann schnellstens die Bestellungen aufgeben, um die Grußkarten und Geschenke so rechtzeitig bei seinen Kunden ausliefern zu können, daß diese wiederum die Engpässe der Weihnachts- und Neujahrszeit vermeiden konnten.

Aber das waren nur die kleinen, dilettantischen Anfänge. Jetzt war es an der Zeit, einen Schritt vorwärts zu tun und neues Terrain zu erobern. Es galt, das Monopol der Libanesen und

Inder im Tuchhandel zu brechen. Geht nach Ereko, Idumagbo, Ebute Metta oder Isale Eko – und wessen rosige Gesichter seht ihr da grinsend im düsteren Ladeninnern, wo die Regale zum Bersten voll sind mit Chiffon, Voile, Gabardine, Kammgarnstoffen und allen möglichen Kleidungsstücken und Accessoires? Immer nur die der Leute aus dem mittleren Osten. Und immer haben sie ein scharfes Auge auf ihren einheimischen Ladenschwengel, daß der nur bloß keine Zugabe macht, wenn er für einen hiesigen Kunden Stoff abmißt. Und die Juweliergeschäfte gehören auch alle ihnen. Aus allem, was die gutgekleidete Dame und der Herr von Stand benötigen, um ihr Ansehen in dieser Gesellschaft aufrechtzuerhalten, schlagen sie ihren Profit, diese Inder und Libanesen. Es wird allerhöchste Zeit, daß die Jebusiten den Levantinern Konkurrenz machen, lautete seine Botschaft an die zaudernden Seminaristen.

Akinyode war das Problem. Kaum war es Sipe gelungen, die anderen für einen KÜHNEN NEUEN PLAN zu begeistern, kam dieser Schullehrer daher, verbiß sich in irgendeinem lächerlichen Detail und zögerte die Debatte so lange hinaus, bis der Wunsch, eine konzertierte Aktion durchzuziehen, versickert war. Immer irgend etwas, das Yode ausgerechnet in den Zeitschriften gelesen hatte, die – Gipfel der Ironie! – Sipe erst auf seine glorreiche Geschäftsidee gebracht hatten. Sogar die Abdankung König Edwards von England war für den Lehrer Grund gewesen, eine Reihe abstruser Überlegungen anzustellen. Angenommen, es käme wegen dieser Angelegenheit zum Bürgerkrieg in England? Welcher Schutz wäre ihren Investitionen in diesem Fall gewährt? Und dann hatten sie den ganzen Nachmittag mit einer Diskussion über die Rosenkriege verplempert, während Sipe innerlich vor Wut schäumte. Selbstverständlich hatte er sich an der Debatte beteiligt, sich mit den anderen über Detailpunkte dieser Kriege herumgezankt; wenigstens aber hatte er den Anstand gehabt, hinterher über sich selbst höchst verärgert zu sein. Was aber den Rest des *Kreises* anlangte, so hatten sie sich einfach köstlich amüsiert, hatten, wie sie sagten, ihren Sonntagnachmittag äußerst gewinnbringend verbracht. Gewinnbringend! Hatten diese seine Freunde auch nur die leiseste Ahnung von der Bedeutung des Wortes Gewinn? Hatte sich denn die Versammlung, die er extra einberufen hatte, um die geographische Lage der Schlachthäuser im Lande und das anstehende Transportproblem zu besprechen, das sich ergeben würde, wenn sie eine Firma in Birmingham mit Tonnen von dringend benötigten Tierknochen beliefern wollten, nicht über der rein spekulativen Frage nach kriegstechnischen Winkelzügen irgendwelcher Ritter in rostigen Eisenrüstungen verzettelt, die auf irgendwelchen Schlachtfeldern im fernen England unverständliche Kämpfe miteinander ausgetragen hatten? Wen kümmerte es, daß zwischen den Kriegen der Kiriji oder Ijaiye im Yorubaland und den Rosenkriegen augenfällige Parallelen bestanden? Was interessierte es ihn, daß die berühmten Amazonen des Dahomeischen Heeres* den Mitgliedern des Hauses York oder Lancaster eine gute Lektion in Sachen Kriegsstrategie hätten erteilen können? Es hatte nichts, aber rein gar nichts mit den Versorgungsgütern zu tun, die in den einschlägigen Spalten der Zeitschriften als »Gesucht« aufgelistet waren, und noch weniger mit den Fragen, die zu besprechen sie zusammengekommen waren! Was, zum Beispiel, sollte aus den Knochen, nach denen so große Nachfrage bestand, hergestellt werden? War es vielleicht etwas, das sie selbst auch herstellen konnten? Die Knochen wurden für irgend etwas gebraucht – was war dieses *etwas*?

Und die belgischen Wertpapiere der Hypotheken- und Kreditbank; da war es Efuape gelungen, ihre Erwartungen so hoch zu schrauben, daß sie alle miteinander bereit waren, die Bestellformulare zu unterzeichnen. Der Wert der Investitionen sollte sich, einer verläßlichen Quelle zufolge, unter Garantie innerhalb von nur zwei Jahren vervierfachen. Bloß der Lehrer – wieder mal typisch! –, der mußte natürlich über eine Notiz stolpern, in der von irgendeiner uralten Anklage die Rede war, die ein britischer Edelmann wegen unaussprechlicher Greueltaten erhoben hatte, die die Belgier angeblich im Kongo begingen.* Also kam die Frage der Moral aufs Tapet. Die Argumente waren in alle Richtungen gegangen, und zum Schluß war nichts dabei herausgekommen. Woher willst du das alles so genau wissen, hatte Sipe immer wieder gefragt. Die europäischen Mächte waren miteinander rivalisierende Landklauer – das wollte doch wohl niemand bestreiten. Dieser Roger Casement war ein Engländer; wie konnten sie da sicher sein, daß seine Kampagne nichts anderes war als antibelgische Propaganda? Außerdem war der Mann sowieso schon lange tot: gehängt wegen Hochverrats! Und überhaupt, wer hätte je gehört, daß zivilisierte Menschen anderen Ohren oder Hände abschneiden, nur weil eine bestimmte Abgabequote an Kassava, Gummiharz oder sonst was nicht erfüllt worden war? Ja, glaubten sie denn, die Belgier hätten nie die Geschichte von der Gans gehört, die goldene Eier legt? Der schiere Eigennutz machte solche Aktionen doch völlig unsinnig. Es entbehrte einfach aller Vernunft. Schnitten die Briten etwa irgendwem in ihren Kolonien und Protektoraten die Ohren ab? Ha, in diesem Disput hatte er den Sieg über Yode davongetragen; zuletzt hatte der Lehrer kein einziges überzeugendes Gegenargument mehr vorbringen können. Leider war Sipes Triumph kurzlebig und erwies sich noch dazu als Pyrrhussieg. Der *Kreis* beschloß nämlich, Yode solle nach England schreiben, um genauere Details zu erfragen – weshalb sie natürlich den Stichtag für die verlockende Investition verpaßten. Yode, sinnierte Sipe wehmütig, war ein ganz ausgebufft hinterhältiger Zauderer!

Aber diesmal nähme er ihm allen Wind aus den Segeln, diesmal würde er sie alle überraschen. Er würde nicht länger darauf bestehen, daß sie doch alle miteinander endlich ihre Stellen aufgeben sollten. Seine neuen Pläne erlaubten ihnen, ihre Sklavenketten, in die diese armen, zaghaften Seelen ja ach so verliebt waren, weiterhin zu tragen. Auch würde er nicht mehr darauf drängen, daß sofort ein eindrucksvolles Gebäude angemietet werden müsse, von dessen Front ein schreiend buntes

Schild verkündete, daß sich in einer der Hauptgeschäftstraßen von Lagos die neu gegründete EX-ILÉS ENTERPRISES niedergelassen hatte. Nein. Sie würden nicht mal einen kleinen Laden mieten. Keine Nebenkosten. Keine riskanten Investitionen. Der Schlüssel zu dieser neuen Form des Unternehmens war so einfach: Man brauchte nur einen Agenten anzustellen, der ganztags von seinem eigenen Zuhause aus tätig war. Im Notfall – beispielsweise, wenn eine große Bestellung geliefert wurde, die nicht unverzüglich weitergeleitet werden konnte – würde Sipes eigenes Wohnzimmer kurzfristig zur Lagerhalle umfunktioniert werden. Das angestrebte Ziel hieß rascher Warenumschlag: Vorbestellungen der Kunden – Wareneingang – sofortige Warenverteilung; und zwar als Nonstop-Geschäft. Ihr Angestellter würde dabei in ihrem Auftrag sowohl den Ein- als auch den Verkauf tätigen. Ein Jahr lang würde man den Lauf der Dinge beobachten. Er hatte bereits entschieden, woraus das erste Warensortiment bestehen sollte – Textilien, und zwar italienische Fabrikate. Die Kontakte waren geknüpft, die Lieferfirmen standen Gewehr bei Fuß, lediglich das Kapital fehlte noch; doch ein gehöriger Teil dieses Kapitals war durch die Bestellungen bereits abgesichert. Sipe fand, er dürfe sich für diese neue Strategie auf die Schulter klopfen und auch für die geleisteten Vorarbeiten, die den Erfolg so gut wie garantierten. Ja, Erfolg, dieser beredte Besieger aller Zweifel und Befürchtungen würde sogar diesen Yode, ohne daß er noch weiter in ihn dringen müßte, dazu bewegen, daß er »seine Kreide der Sklaverei an die Tafel wirft und seinen Platz einnimmt unter den verwegenen Helden unserer Zeit«. Sipe blätterte die dünne Akte mit den Briefen seiner zukünftigen Geschäftspartner in Italien durch, und seine schon gehobene Stimmung wurde noch besser, als er all die italienischen Namen las, die in seinen Remo-Ohren einen nur allzubekannten Akzent anklingen ließen. Morigi? *Ha, mee r'igi, ere r'emi ri**. Benito? *B'eni to se, be ra mi se.** Milano? *Emi Sipe re mi lano.** Noch ein Jahr als Lohnsklave. Wenn die anderen das aushalten konnten, dann konnte er das auch. Aber nur noch ein Jahr lang, danach würde sich die Stadtverwaltung von Epe nach einem neuen Steuerprüfer umschauen müssen.

Lediglich ein bislang ungelöstes Problem gab es noch. Was sollte mit dem Geist von Layeni geschehen? Unwillkürlich rief er aus: »Mrs. E?«

»Ich bin gleich fertig!« Und seine Frau steckte den Kopf durch einen Spalt im Vorhang, der das Wohnzimmer von ihrem Schlafzimmer trennte. Ihr Haar war zur Hälfte hochgekämmt und roch nach dem Ergebnis der Bemühungen mit der Brennschere. Sipe schaute auf, war wieder einmal überwältigt von ihrer Schönheit und gleichermaßen betrübt über ihren anhaltenden Zustand der Kinderlosigkeit. Es stockte ihm der Atem, dann verließ ihn der Mut, und er grummelte nur etwas wegen der Abfahrtszeit der Fähre. Eigentlich hatte er sich von seinem Ehegespons einen guten Rat holen wollen, doch der Gedanke war wie weggeblasen, als er jetzt ihren Liebreiz betrachtete und dabei innerlich gegen das Los rebellierte, das der ersehnten Erfüllung im Wege stand. Er überlegte, ob er nicht dadurch, daß er sie in den Dunstkreis des Geistes von Layeni zog – und sei es nur, indem er sie in seine Pläne einweihte –, den Erfolg der Heilkur, der sie sich gerade unterzog, aufs Spiel setzte. Bei diesen Dingen konnte man nie wissen. Die Anrufung solcher Geister konnte alles zerstören, wovon ihre Heilung abhing. Da er nichts weiter sagte, zog Mrs. E ihren Kopf zurück und widmete sich wieder ihrer Toilette. Er schüttelte den Kopf über die Unausgewogenheit des Schicksals. Zeit, Sipe, laß der Angelegenheit mehr Zeit ... Er griff nach Lennards Katalog und kreuzte einen seidig glänzenden Morgenmantel an, den er jetzt bestellen und ihr zum nächsten Geburtstag schenken wollte. Gleich hob sich seine Stimmung, und er hielt den Augenblick für gekommen, die rosa Nelke ins Knopfloch des Revers seines grauen Kammgarnanzugs zu stecken ...

Sie hatten sich für Otuyemis Hochzeit rechtzeitig auf den Weg gemacht, waren keinerlei Risiko eingegangen, doch dieser Tag, der über so rosigen Aussichten heraufgezogen war, schien fest entschlossen, in einem Desaster enden zu wollen. Am schlimmsten war das Gefühl, unter diesem menschlichen Strandgut in die falsche Umgebung geraten zu sein. In seinem Einreiher aus feinstem Kammgarn hob sich Sipe überdeutlich von den anderen Reisenden ab, die zusammengekauert im Schatten der liegengebliebenen Lorry hockten. Ob sie laut schwatzten oder leise murmelten, immer war ihr Gerede eine Variation ihres einzigen Themas: ihre Ängste und Befürchtungen – und es amüsierte Sipe schon längst nicht mehr. Die Briefe, die er im Geiste zu entwerfen begonnen hatte, an den Bräutigam, um seine Abwesenheit zu erklären, an die übrigen Ex-Iléanten, um von den Mißgeschicken des Tages zu berichten, blieben unvollendet, mitten im Satz abgebrochen. Auf der staubigen, unbefestigten Straße zwischen Ijebu-Ode und Iperu, die sie gegen Mittag erreicht hatten, saß er in seinem brandneuen, nach Katalog ausgesuchten Anzug mit der seidengefütterten Weste wie in einer Falle. Dieses heute morgen noch so elegante Ensemble war jetzt erbärmlich umhüllt vom Reisestaub, der durch die Bodenbretter und die schlecht schließenden Scharniere der Fenster unablässig in den Wagen eingedrungen war. In dieser Situation war es wirklich nicht leicht, die spritzig-witzigen Formulierungen zu finden, mit denen er sonst seine Freunde zu erheitern und anzustacheln pflegte. Wie nicht anders zu erwarten, hatte sich dieses eigenwillige Gefährt natürlich genau den unwirtlichsten Abschnitt der ganzen Strecke für seinen endgültigen Streik ausgesucht, weit weg von den saftstrotzenden Wäldern und den endlos sich dehnenden Kakao- und Kolanußplantagen, durch die sie vorher so munter gefahren waren. Hier gab es bloß Gestrüpp und den trockenheißen Novemberwind. Und als er das Einstecktuch aus der Brusttasche zog, das er am Morgen erst zu einem kunstvollen Fleur-de-lis gefaltet und mit ein paar Tropfen Yardley's Olde English Lavender benetzt hatte, da überraschte es ihn überhaupt nicht, daß eine Handvoll Sand aus den Falten rieselte. Nein, der Versuch, in dieser unbarmherzigen

Stunde die Ereignisse des Tages briefgerecht zu ordnen, überforderte den Geist ganz entschieden.

Dennoch, irgendwie mußte die Zeit zugebracht werden, und so geschah es, daß Sipe, ohne das eigentlich vorgehabt zu haben, sich daran machte, »seine Bücher auf den neuesten Stand zu bringen«. Es war eine Pflichtübung, der er sich seit den Tagen der Ausbildung zu der dann doch aufgegebenen Profession mit einer gewissen Regelmäßigkeit unterzog; viel seltener freilich als der Lehrer. Die Bestandsaufnahme demoralisierte ihn nur noch mehr. Nachdem er die Myriaden seiner Unternehmungen wie am Schnürchen heruntergerasselt und alle Einzelheiten genau abgeschätzt hatte, lautete das Ergebnis: »Enttäuschend. Weit unter allen Erwartungen!« Er hatte die Feststellung ganz leise vor sich hingemurmelt, doch so groß war die Schwermut, die, aus seinem tiefsten Herzen kommend, in seiner Stimme schwang, daß die Mitreisenden dachten, der Urteilsspruch hätte den Bemühungen der schwitzenden, ölverschmierten Männer gegolten, dem Fahrer und seinem Assistenten, die noch immer Motorteile unter dem Wagen hervorzerrten, unter der Motorhaube im Gewühl der Drähte und Leitungen verschwanden und durch ein Loch im Bodenblech der Fahrerkabine wieder auftauchten – und all das völlig vergeblich. Obgleich die Mitreisenden geneigt waren, ihm zuzustimmen, fanden sie die Bemerkung doch wenig hilfreich. Ein Kraftfahrzeug war noch immer und zuvorderst ein großes Geheimnis, und Pannen waren Teil seines gottgegebenen Charakters. Und als sie ihn jetzt von oben bis unten musterten, fragten sie sich, was er überhaupt unter ihnen verloren hatte, hier, in einem Personenlastauto. Wenn er auch das Erster-Klasse-Abteil belegt hatte, den Sitz vorn neben dem Fahrer, der durch eine Art spanischer Wand von der eigentlichen Führerkabine abgetrennt war, so gehörte er doch seiner ganzen Erscheinung nach nicht zu ihnen, sondern eindeutig zu den Insassen der wenigen Privatwagen, die auf der Straße vorbeikamen.

Sipes Selbstanklagen kannten keine Grenzen, er nahm die Schuld für sämtliche Mißgeschicke und Widrigkeiten auf sich, selbst für diese Autopanne. Gegen den gestrigen Zusammenbruch der Fähre in Lagos hätte er zwar auch nichts unternehmen können, aber er fühlte deutlich, daß er das Ereignis hätte ahnen sollen; er hätte andere Arrangements treffen müssen. In bester Zuversicht war er zum Landungssteg hinuntergegangen, neben sich die mit haargenau abgestimmter Eleganz gekleidete Mrs. E, wie er seine wunderschöne Frau liebevoll zu nennen pflegte. An Morgen wie diesen erlebte Sipe, was er als die reine Glückseligkeit bezeichnete, ein Gefühl, als weite sich seine Seele, denn mit Genuß beobachtete er die unverhohlene Bewunderung in den Blicken der Bewohner von Epe. Die direkte Verbindung zwischen Epe und Ijebu-Ode war unterbrochen. Die Fähre hätte sie nach Ikorodu gebracht, wo ein gemieteter Morris und ein Ford bereitstanden, die Gäste in ihren makellosen Festroben aufzunehmen und zur illustren Hochzeitsgesellschaft zu kutschieren. Der Landungssteg selbst hatte seinem Wohlbefinden das gute Gefühl hinzugefügt, bereits etwas Nützliches geleistet zu haben – »die Anfänge der größeren Dinge, die folgen werden« –, denn er stand auf neu aufgelegten Planken, und die Stützpfeiler rochen noch nach frischem Teer. Bereits innerhalb der ersten Woche nach seiner Versetzung von Lagos nach Epe hatte er den Distriktsbeamten dazu überredet, den baufälligen Landungssteg erneuern zu lassen. Sein Argument war stichhaltig und sehr überzeugend: Der britische Statthalter würde bald einen Besuch abstatten, um die neuen Lokalregierungen, die sich von der alten Ijebu-Ode-Administration losgesagt hatten, in ihr Amt einzuführen. Diese Loslösung bedeutete für einige der Gemeinden ein großes Glück. Ein neuer Landungssteg, für den die Epe Descendants Union in Lagos selbstredend gebührend Reklame machen würde, könnte Epe als eine im höchsten Maß geehrte Stadt erscheinen lassen. Es war das letzte Freudengefühl, das Sipe an diesem Tag vergönnt sein sollte. Die Fähre, die sonst so zuverlässig zwischen Epe, Lagos und Ikorodu pendelte, hatte in der vergangenen Nacht einen treibenden Baumstamm zwischen die Flügel ihrer Schiffsschraube gekriegt und war mit ihrem völlig verbogenen Ruder nur noch mit Mühe in den Hafen von Lagos zurückgeschippert. An der Anlegestelle in Ikorodu wartete zwar der Mietwagen auf das Paar, doch freilich nicht länger, als es die Vernunft gebot; schließlich fuhr er mit den anderen Gästen ab. Geknickt begleitete Sipe seine Frau zurück nach Hause. Gemeinsam beschlossen sie, das Beste aus der verfahrenen Situation zu machen, das heißt, Mrs. E würde zu Hause bleiben, während Sipe, ohne besondere Rücksicht nehmen zu müssen, die waghalsige Reise im Namen beider allein unternehmen würde.

Sipe war stolz auf seine Findigkeit. Innerhalb einer Stunde hatte er ein Boot mit Außenbordmotor organisiert – denn um auf der Straße von Epe aus weiterzukommen, war es bereits zu spät. Mit dem Boot wollte er nach Lagos hinüberfahren, dort, so hoffte er, würde er noch eine Lorry Richtung Ijebu-Ode erwischen oder eine andere Mitfahrgelegenheit. Und tatsächlich, als er in Ebute-ero aus dem Boot stieg, stand dort nicht nur eine Lorry bereit, er konnte sich sogar das Erster-Klasse-Abteil sichern, weil ein andere Fahrgast des gesalzenen Aufpreises wegen zu lange zögerte. Der Fahrer legte einen Zahn zu, und Sipes Laune besserte sich zusehends. Plötzlich hustete der Motor, einmal, zweimal, kriegte schließlich einen regelrechten Schluckauf und verweigerte zuletzt, nachdem er sich noch einmal heftig geschüttelt hatte, mitten auf der Straße jegliche weitere Mitarbeit. Alle Reisenden stiegen aus und warteten. Sipe hatte sich zunächst hinter dem Wagen postiert, bereit, jedes vorbeikommende Vehikel anzuhalten. Der frühe Nachmittag setzte schon ein. Nicht eine einzige Lorry kam vorbei, und die wenigen Privatlimousinen waren alle voll besetzt. Ein Motorradfahrer hielt an, und für einen kurzen Moment war Sipe versucht, sich die Mitfahrgelegenheit bis Iperu im Sozius zu erkaufen, doch dann schaute er sich den Fahrer genau an und änderte seine Meinung. Viel war von dem Schick seines Anzugs ohnehin nicht übriggeblieben, aber dieses letzte Restchen Glanz wäre nach weniger als einer halben Meile auch noch dahin gewesen. Außerdem hatte genau in diesem Augenblick der Motor der Lorry erste feine Anzeichen der Wiederbelebung gezeigt, und die Herzen aller Reisenden erfüllten sich mit neuer Hoffnung. Die Sonne glühte unerbittlich, und die Minuten dehnten sich. Die jüngeren unter den Mitreisenden hatten längst unter der Lorry Schutz vor der sengenden Sonne gesucht, andere fanden neben oder in der Lorry ein wenig Schatten und Erleichterung. Unglaublich, einer jungen Mutter mit einem Säugling war es gelungen, aus ihrem Kopftuch und ihrem Wickelgewand im mageren Schatten eines dürren Busches, der auf wunderbare Weise der Aufmerksamkeit des frühen Harmattans entgangen sein mußte, einen ganz passablen Schutzschild zu bauen. Es war die Erfindungsgabe dieser jungen Frau, die Sipe ermunterte, die Widrigkeiten dieses Tages mit Akinyode zu teilen. *Mein lieber Yode,* begann sein im Geist verfaßter Brief, *niemals sei es bestritten: Die Notwendigkeit ist wahrhaftig die Mutter aller Erfindungen, und mir war es vergönnt, heute ihre Bekanntschaft zu machen, am unmöglichsten aller nur denkbaren Orte. Und eine Mutter, laß mich dies nur rasch hinzufügen, ist die größte aller Notwendigkeiten.* Das ist schon mal ein guter Anfang, dachte er. Der Lehrer, überwältigt von dieser Eröffnungssalve, würde zunächst den Brief beiseite legen, sich ein Ginger-Ale einschenken oder einen Zitronensaft mixen und es sich im Lehnstuhl bequem machen, um den Rest der Geschichte so recht genießen zu können.

Lange nachdem Sipe die weitere Ausformulierung des Briefes aufgegeben hatte, bemerkte er eine ungewöhnliche Zunahme des Verkehrs. Kein Zweifel – irgend etwas stimmte hier nicht. Die Straßen zwischen Lagos und den Dörfern Ijebus gehörten zu seinem üblichen Prüfbezirk, und seit dem Tag, als er das erste Auto gesehen hatte, war ihm außerhalb von Lagos noch nie ein so unablässiger Verkehrsstrom begegnet. Zuerst war er bloß verärgert, weil alle Wagen in die falsche Richtung, das heißt, seinem eigenen Ziel entgegengesetzt, fuhren ... Dann achtete er auf die Fahrgäste – soweit man sie durch die Staubwolken hindurch überhaupt erkennen konnte –, und da sah er, daß die

Männer Varianten seiner eigenen, fein herausgeputzten Gestalt waren. Augenscheinlich noch eine Hochzeit. Es brauchte seine Zeit, bis Sipe aus dem Anblick der erschöpften, keineswegs erwartungsvollen Gesichter der Reisenden die richtige Schlußfolgerung zog: Sie fuhren nicht zu einer Hochzeit, sie kamen von einer! Und mit einem Mal, als er ein Ehepaar erkannte, dessen Festkleidung er selbst zu besorgen geholfen hatte, fiel es ihm wie Schuppen von den Augen – sie alle kamen von *der* Hochzeit! Es war bereits alles vorbei. Die Zeremonie in der Kirche, der Fototermin, der Empfang. In ein, höchstens zwei Stunden würde die Braut nach altem Zeremoniell aus dem Hause ihrer Eltern geholt werden, während der Bräutigam, der sie im eigenen Haus ungeduldig erwartete, dort den üblichen Scherzen und Neckereien ausgesetzt war.

Sipe fand, ihm wurde zu Unrecht so übel mitgespielt; wie, um alles in der Welt, sollte er Otuyemi seine Abwesenheit plausibel machen? Und wen hatte Otuyemi so rasch als Ersatz gefunden, den Toast auf den Bräutigam auszubringen? Für einen Augenblick war es ihm Trost, daß er, Gott sei Dank, nicht auch noch zum Brautführer und Trauzeugen auserkoren war. Doch sogleich korrigierte er sich. Wäre er Brautführer oder Trauzeuge gewesen, dann hätte er schon gestern in Iperu übrnachtet, um heute all seinen Verpflichtungen pünktlich nachkommen zu können. Seine Versetzung nach Epe hatte den diesbezüglichen Wunsch Otuyemis unmöglich gemacht, wofür sein Freund großes Verständnis gezeigt hatte. Doch daß es ihm zum guten Schluß nicht einmal gelungen war, überhaupt zu erscheinen, um dem Fest mit einer seiner erinnerungswürdigen Ansprachen den rechten Pfiff zu geben, Reden, die immer haarscharf an der Ungezogenheit vorbei von Witz und Geist sprühten, das erfüllte ihn doch mit gallebitterer Enttäuschung. Während er die endlose Schlange der Automobile vorbeikriechen sah, alle darauf bedacht, gebührenden Abstand zu halten, um der Staubwolke so gut wie möglich auszuweichen, fügte er seinem abrupt abgebrochenen Brief doch noch eine Zeile hinzu: *Ich fühlte mich, mein lieber Yode, wie eine der törichten Jungfrauen aus dem biblischen Gleichnis.*

Auf der Heimreise – Sipe hatte schließlich die Straße überquert und eine Lorry angehalten, die nach Ikorodu zurückfuhr – holte er aus der inneren Brusttasche seines Jackets zwei Bogen Papier hervor. Das eine Blatt sah aus wie eine Einkaufsliste, auf dem anderen waren eine Reihe von Fragen und Antworten verzeichnet. Ganz unten auf dieser Seite stand in großen Druckbuchstaben und in seiner Schrift die Frage, die sein gegenwärtiges Dilemma auf den Punkt brachte: *Komme ich voran oder nicht?*

Das Lehrerbildungsseminar in Ilesa war nur mehr die Erinnerung an eine ferne Idylle jugendlicher Kameradschaft, obwohl er sich noch heute gern mit dem Spitznamen belegen ließ, den man ihm in dieser berühmten Institution verpaßt hatte. Die Frage, der er sich jetzt stellen mußte, hieß schlicht: Verdiene ich den Titel noch? Habe ich auch in jüngster Zeit noch unter Beweis gestellt, daß ich jede Situation forsch zu meistern verstehe? Oder habe ich zugelassen, daß mich die Ereignisse hierhin und dahin werfen, treibe ich in der See wie dieser vermaledeite Baumstamm, der der Schiffsschraube zwischen Epe und Lagos in die Quere kam? Wo ist er geblieben, der junge Efuape, der dem guten Bischof Beeston seine wilden, wütenden Ideen entgegenschleuderte. Ideen zumeist, die den gehobenen Status der Produkte von St. Simeon betrafen und dem ehrwürdigen Herrn solche Seelenqualen bereitet hatten. Wie tief erschüttert war der Seminarleiter gewesen, als Sipe ihn mit der Nachricht konfrontierte, die Studenten von St. Simeon würden sich selbst von Stund an nicht länger als »Simeans« bezeichnen, noch würden sie in Zukunft dulden, von den Lehrern so angesprochen zu werden!

Akinyode, immer in exotischen Texten wühlend, war über das englische Wort *simian* gestolpert. Bis zu diesem Augenblick war die schiere Existenz dieses Wortes den Studenten des Seminars völlig unbekannt. Es stand nicht einmal in dem ihnen zugänglichen Wörterbuch, das den englischen Grundwortschatz enthielt. Sie mußten also bis zum Einbruch der Nacht warten. Dann verschaffte sich ein Grüppchen Freiwilliger – selbstredend unter der Führung Efuapes – Zutritt zur Bibliothek des Lehrkörpers und borgte sich dort den entsprechenden Band des großen *Oxford Dictionary* aus. Und da stand es zu lesen – die Ungeheuerlichkeit aller Ungeheuerlichkeiten! Sofort erhob sich die Frage: Hatten diese weißen Lehrer das die ganze Zeit gewußt? Hatten sie sich an diesem rassistischen Witz all die Jahre delektiert – auf Kosten der unwissend gehaltenen Seminaristen? Es sah Sipe ähnlich, gar nicht erst auf die Beantwortung dieser Frage zu warten oder seinen Tutoren ein Im-Zweifel-für-den-Angeklagten zuzugestehen. Spornstreichs marschierte er zum Büro des Rektors und legte ihm eine Entscheidung auf den Tisch, die noch gar nicht gefällt war: Sie würden sich nicht länger zum Gespött ihrer selbst machen, indem sie sich stolz als »Affenartige« bezeichneten! Ja, das war der junge Efuape gewesen, der Mann der raschen Entschlüsse, dessen Lieblingssatz lautete: »Wenn es denn getan werden muß, so laßt es uns sogleich mit Feuer und Flamme tun!« War dies derselbe Sipe, der nicht einmal so viele Einzelschritte koordinieren konnte, um rechtzeitig bei einer Hochzeit zu erscheinen, die – das war das grausamste an der ganzen Sache – fast ausschließlich auf seine Initiative hin zustande gekommen war? Selbst der Braut hatte er im Namen seines unentschlossenen Freundes Otuyemi den Hof gemacht. Konnte eine solche Flasche den Geist von Layeni herbeizitieren?

Reverend Beestons Rache hatte nicht lange auf sich warten lassen, und damals war sie sehr schmerzhaft gewesen. Der geistliche Herr hegte schon lange Zweifel bezüglich dieses ungestümen jungen Mannes, der auf den höchst ungewöhnlichen Spitznamen Forscher Fant hörte, auf den dieser schamlose Spund je nach Stimmung und Laune auch noch zu antworten pflegte: »Jaaha, das bin ich. Und überall Hahn im Korb!«, wobei er obendrein vergnügt durch die Korridore der Anstalt tänzelte oder über die Wiesen hüpfte. Mehr als einmal war dem Rektor dieser schon ritualisierte Austausch von Anrede und Antwort aufgefallen, und lange Stunden hatte er damit zugebracht, über die moralische Gesundheit eines solchen Individuums zu kontemplieren. In diesem Scherznamen steckte doch eine Andeutung! Also befahl er den jungen Seminaristen eines Tages zu sich in sein Arbeitszimmer und befragte ihn nach allen Regeln der Kunst nach seiner Herkunft, seinen Freizeitbeschäftigungen, seinen Plänen für die Zukunft, seiner Lieblingslektüre. Sipe antwortete frisch von der Leben weg, aber so knapp, daß dem Rektor die Antworten unvollständig schienen. Irgendwas stimmte nicht mit diesem Burschen, der es fertigbrachte, sogar die graubraune anglikanischer Ethik verpflichtete Seminaristenuniform wie ein todschickes Kleidungsstück aussehen zu lassen, obgleich sie doch zu dem Zweck entworfen worden war, jegliche Individualität auszulöschen. Beeston entschloß sich, auf diesen Efuape ein besonders aufmerksames Auge zu haben, und zwar für den ganzen Rest seiner Tage im Seminar.

Dieser Zeitabschnitt erwies sich dann, aus der Sicht des Rektors, als gnadenreich kurz. Efuape gehörte zu den drei Besten seiner Klasse; nur er, Akinyode und Egunjobi hielten diese Spitzenposition auf Dauer. Otuyemi dagegen war einer der schwächsten Kandidaten aus dem Kreis der Freunde, und so half ihm Sipe selbstverständlich bei den Hausaufgaben. Von den Hausaufgaben war es ein ganz natürlicher Schritt zu den Klassenarbeiten und von da zu den Prüfungen. Man erwischte Efuape, wie er seinem Kameraden ein Blatt mit den Antworten auf die Examensfragen zuschmuggelte. Doch als man Sipe vor den überglücklichen Rektor zerrte, starrte er nur schweigend auf die Bildergalerie hoch über dem Kopf des jetzigen Anstaltsleiters, die die Konterfeis aller seiner Vorgänger zeigte. Der sonst so zungenfertige junge Mann wurde augenblicklich beurlaubt. Bischof Beeston sah sich gerechtfertigt. Diese Entgleisung war Beweis genug und bestätigte seine ärgste Vermutung – ein Jüngling, der sich den Uznamen Forscher Fant so freudig gefallen ließ, mußte eine natürliche Veranlagung zum Bösen haben.

Zum unendlichen Bedauern des geistlichen Herrn war das Antwortblatt allerdings erst auf seiner Rückreise aufgefunden worden, nämlich als Sipe versuchte, es unter der Bank mit den bloßen Zehen zu greifen, um es so, vom Aufsicht führenden Lehrer hoffentlich unentdeckt, aufheben zu können. Sipe weigerte sich strikt zu gestehen, wem er es zur Verfügung gestellt hatte. Die zwei Seminaristen, die während der Prüfung rechts und links von ihm gesessen hatten, sowie sein Hintermann wurden peinlich verhört, man drohte ihnen mit der ewigen Verdammnis, sollten sie es wagen, den Schuldigen zu decken – es half alles nichts. Sie hatten, so versicherten sie glaubhaft, voller Konzentration über ihren Klausurarbeiten gehockt, wie die Regeln es vorschrieben, und wußten von nichts. Otuyemi freilich quälte sich sehr; mehr als einmal war er versucht, seine Teilhabe an der Eskapade zu beichten, Efuape aber lauerte ihm auf, zog ihn beiseite, und schließlich gelang es ihm, Otuyemi mit einer seiner wortgewandten Predigten zum Stillschweigen zu verpflichten. Zwei Köpfe, so führte er aus, mochten durchaus besser sein als einer, nicht aber auf der Guillotine. Otuyemi hatte noch niemals etwas von einer Guillotine gehört, doch das Wort erregte seine Aufmerksamkeit. Außerdem, so paukte Sipe ihm ein, verlasse er, Sipe, St. Simeon, um ein ihm vorbestimmtes Schicksal zu erfüllen, und dies bestehe darin, für ihren finanziellen Erlöser die Rolle des Johannes des Täufers zu spielen, für einen Erlöser, der, in welcher Gestalt auch immer, erscheinen werde, ihr Traumboot vom Stapel zu lassen, auf daß es zu seiner Reise in die aufgewühlten Meere der Unternehmungen auslaufe; und da die Moiren ihn, Sipe Efuape, zum Fatum bestimmt hätten, ihr Sindbad der Seefahrer zu sein, der sie alle auf die Straße des Goldes nach Samarkand führen solle, um dadurch ihrer aller Leben zu revolutionieren, wie dies einst die Handelsfürsten der Antike mit ihren Völkern getan hätten, und da nun einmal jede Revolution ihre Märtyrer fordere – sonderlich auf der Guillotine –, so lege er, Sipe, Sohn des Efuape, willig sein Haupt auf das Blutgerüst, denn strahlend werde er sich wiedererheben wie der Phönix aus der Asche und zurückkehren in einem funkelnagelneuen Wagen, mit dem er durch ebenjenes Portal einfahren werde, um dem alten Bischof Beeston, der all seiner Lebtage niemals ein Auto würde sein stolzes Eigentum nennen können, ganz lässig ein wenig Staub ins Gesicht zu blasen; wart's nur ab, Otuyemi, doch dazu mußt du hier in der Anstalt verharren, denn nur so kannst du dereinst Zeugnis ablegen davon, wie die Geschichte sich erfüllt hat, und so sollst du Trost ziehen aus dem Gedanken, dereinst dem Heer derer anzugehören, die das märchenhafte Reich des Wohlstands eroberten. Schließ dich uns an, sobald du dich durch deine Examina gekämpft hast; und während der Ferien kannst du zu mir kommen und bei mir Nachhilfeunterricht nehmen. Otuyemi war ganz erschlagen von diesem Katalog blutiger Präzedenzfälle aus Mythos, Geschichte und bloßem Hörensagen, und zu Efuapes großer Erleichterung gab er willig nach.

Sipe packte seine Koffer und schritt durch die geheiligten Pforten von St. Simeon. »Ein gefallener Engel, ein modenärrischer Adam, den wir aus unserem kleinen irdischen Paradies verbannen mußten«, predigte Reverend Beeston am darauffolgenden Sonntag. Aber der Fant Efuape kehrte nicht nach Ìsarà zurück, er ging schnurstracks nach Lagos und suchte sich dort eine Arbeit. Als seine Kameraden während der nächsten Ferien nach Hause kamen, hatte sich der selbsternannte Hahn im Korb bereits bestens als Angestellter der Finanzbehörde in Yaba etabliert. Mit seinem Charme und seiner Selbstsicherheit hatte er im Handumdrehen das volle Vertrauen des weißen Finanzoberinspektors gewonnen. Dieser Coup sollte in der Geschichte von St. Simeon ohne Parallele bleiben. Ohne ein nenneswertes Zertifikat vorweisen zu können, ohne ein Empfehlungsschreiben – außer jenem, das ein gleichaltriger Freund von gleichem Rang und Status nach Sipes wortwörtlicher Vorgabe für ihn geschrieben hatte – ergatterte der junge Mann auf Anhieb eine saubere Schreibtischtätigkeit, die ihm ein Jahresgehalt von nicht weniger als vierundzwanzig Pfund einbrachte, zuzüglich eines bezahlten

Jahresurlaubs, Prämien, Zulagen und einer saftigen Pensionsaussicht! Sein Einkommen war weit besser, seine Aufstiegschancen waren weit größer als alles, was der ordentliche Absolvent des Lehrerbildungsseminars jemals erwarten durfte. Akinyode und Otuyemi richteten für Sipe die Party des Jahres aus, hatte er sich doch einmal mehr seines Spitznamens Forscher Fant als würdig erwiesen, indem er einen so schweren Rückschlag in einen solch überwältigenden Erfolg verwandelte.

Während ihm jetzt der Wind ins Gesicht blies und der feine Staub durch jede nur denkbare Ritze des Vehikels eindrang, mußte Sipe sich eingestehen, daß er sich noch nie im Leben so unforsch gefühlt hatte. Natürlich hatte er niemals, keinen Augenblick lang, vorgehabt, seinen Lebensunterhalt aus einer Beamtenkarriere zu bestreiten; seine jetzige Anstellung bildete lediglich die Grundlage für zukünftige Vorhaben. Ständig dachte er über neue Projekte nach, täglich fand er etwas Neues, und alles wurde nur von einem einzigen, simplen Faktor behindert: Kapitalmangel. Ein vernünftiges Arbeitskapital und eine wenigstens minimale Erfolgsaussicht. Während er sich auf die Suche nach ersterem gemacht hatte, war er ganz selbstverständlich auf den verbotenen Pfad geraten, der unausweichlich zu letzterem führen würde. Alle hatten sie von diesen Dingen gehört. Sogar in St. Simeon hatte es Kameraden gegeben, die auf diese merkwürdige Methode zurückgegriffen hatten, um die angestrebten Examensergebnisse zu erzielen: ein besonderes, schwarzes Pulver, das dem Kandidaten in die Kopfhaut einmassiert wurde, wobei geheime Zauberformeln zu murmeln waren; oder die Prüfungsbogen wurden, ehe man die Antworten einsetzte, mit einem wundermächtigen Talisman aus dem Orient berührt; oder kurze nächtliche Besuche auf dem Friedhof, wo man Beutelchen voller Knochen und Erde zurückließ, über denen Geheimformeln aus dem sechsten und siebten Buch Mose gewispert worden waren. Da aufgrund seiner eigenen Fähigkeiten ein hervorragender Schüler, hatte Efuape für solchen Hokuspokus nur Hohn und Spott übrig gehabt. Jetzt stand er selbst schon mit einem Bein in diesem gefürchteten Terrain, und seine frühere Skepsis erhielt kräftige Knüffe von der lockenden Hand des lukrativen Fortschritts.

Ein »Versicherungs-Fonds« war das erste Kind seines fruchtbaren Geistes gewesen. »Wir tun uns zusammen und legen regelmäßig einen bestimmten Prozentanteil unserer Gehälter beiseite. Das Geld kommt auf ein Sparkonto bei der Post oder auf ein Festgeldkonto bei der Bank. So bringt es regelmäßig feste Zinsen. In einem Notfall oder wenn einer von uns ein Unternehmen starten will, dem alle anderen zustimmen, kann er dem Fonds einen Teil der Gesamtsumme entnehmen.« Ogunba war die Aufgabe zugefallen, die Vertragsbedingungen zu entwerfen. Als sie Sipe zur Durchsicht vorgelegt wurden, blieben sie unverändert, nur der Name wurde neu formuliert, der »Versicherungs-Fonds« hatte sich zur »Kooperativ-Gesellschaft« gemausert. Von da war es nur ein kleiner Schritt zum »Investment Syndikat«, das nun deutlich die Konturen einer Handelsgesellschaft an den Rand des Vertragsentwurfs gekritzelt trug. Bloß ein paar unbedeutende Änderungen, beharrte Sipe, nur der Versuch, ein bißchen Ordnung in das krause Durcheinander der Paragraphen zu bringen, lediglich eine Änderung der äußeren Aufmachung. Es wird Zeit, daß wir uns von der alten Pfadfindermentalität lösen und uns wie erwachsene Geschäftspartner benehmen. Nichts konnte den jungen Großkapitalisten mehr aufhalten.

»Wir müssen uns von dieser *esusu*-Denkweise* emanzipieren«, ereiferte er sich bei der nächsten Sitzung des Vorstands, dem sie alle sechs angehörten, die sie ihren monatlichen Obulus zum nun ausgelöschten Versicherungs-Fonds beitrugen. »Streben wir unsere Unabhängigkeit an oder nicht? Warum dann diese Halbheiten und faden Kompromisse, meine lieben Weggefährten aus den Tagen in St. Simeon? Hier stehen wir, jung, voller Energie und Schaffenskraft, die Hoffnung und das Rückgrat der aufblühenden Kolonie. Die Zukunft liegt vor uns wie ein Festmahl für die Mutigen. Warum also zögern wir, die

Ketten unseres Lohnempfängerdaseins abzuwerfen? Unsere Pioniere erwarten uns. Sie haben den dornigen Pfad für uns geebnet, die Bergspitze erklommen; von dieser Höhe reichen sie uns die Hand, uns bei unserem eigenen Aufstieg behilflich zu sein. Einer nach dem anderen haben sie ihre Bürotätigkeiten aufgegeben – Postbeamte, Sanitätsoffiziere, Ratsmitglieder, armselige Buchhalter, Angestellte der Krankenhausverwaltung, Aufsichtsbeamte, das ganze Stehkragenproletariat – nennt mir einen, und ich zeige euch seinen verlassenen Arbeitsplatz, von dem so mancher, zu unserer Schande sei es gestanden, heute von einem von uns eingenommen wird ...« Und wie am Schnürchen betete Sipe die Namen all der »jungen Helden« herunter, von denen keiner so erfolgreich war wie der Analphabet Arimoje, doch sie alle standen mit ihren früheren Arbeitgebern – die Weißen nicht ausgenommen! – auf einer Stufe. Die Ex-Iléanten mußten zugeben, daß Sipes Rhetorik etwas Berauschendes hatte, dennoch erwies sich ihre Besonnenheit als unerschütterlich. Bis zum »Versicherungs-Fonds« waren sie ihm zu folgen bereit gewesen, doch schon das Wort »Syndikat« implizierte seinen eigenen Untergang – es klinge viel zu geschäftsmäßig, mäkelten sie.

In seiner Enttäuschung hatte sich Sipe einem Außenseiter zugewandt. Onayemi war ein Spielkamerad aus Kindertagen, gemeinsam hatten sie die harten Bänke der Grundschule gedrückt. Onayemi war früh von der Schule abgegangen, hatte im Hause des Distriktsoffiziers von Ikare als Dienstbote gearbeitet, war dann nach Lagos gegangen und hatte als Vertreter der Firma John Holt ein Jahr lang Klinken geputzt. Dann hatte er sich selbständig gemacht und verkaufte jetzt Kolanüsse und Palmkerne an eine Tochterfirma der Lever Brothers. Onayemi, inzwischen recht erfolgreicher Geschäftsmann, war bereit, in Sipes Projekte zu investieren. Als Beweis seines ernsthaften Interesses beharrte er darauf, Sipe müsse sich einer »mystischen Prozedur« unterziehen, einer Art religiöser Zeremonie, wie sie auch Onayemis eigenen Unternehmungen Erfolg beschert hatte. Solange das nicht geschehen war, würde Onayemi nicht im Traum daran denken, sich auf ein neues Wagnis einzulassen, er würde nicht einmal ein schon bestehendes Projekt erweitern. Die »Prozedur« bestand darin, den Geist eines unsichtbaren Schutzherrn herbeizuzitieren – in seinem Fall war das der Ahne Layeni.

Der junge Grundschulrektor hatte Sipe, wenn auch nicht ohne Bedenken, eine Summe von fünfundzwanzig Pfund zur Verfügung gestellt, die er »nach Belieben investieren« oder als zinsloses Darlehen betrachten könne. Trotz dieser Finanzspritze war Sipe auf die versprochene Einlage Onayemis dringend angewiesen – und auf dessen Geschäftserfahrung. Aber sein Partner in spe wollte nicht mal den kleinen Finger rühren, ehe dieser Geist nicht beschworen war. »Mann, verstehst du denn nicht«, erklärte er ihm mit Engelsgeduld, »wenn wir einfach loslegen, ohne den Geist angerufen zu haben, kann uns unser ganzes Kapital flöten gehen.« Sipes Verstand war auf das Praktische ausgerichtet, daher schien ihm das kommerzielle Denken seines Freundes völlig verdreht – etwas derart Verrücktes war ihm noch nicht begegnet. Aber jeder, den er darauf ansprach – ganz vorsichtig, versteht sich, und immer vortäuschend, er sei lediglich von einer allgemeinen Neugier getrieben –, jeder versicherte ihm, es gebe keinen reichen Mann und keine reiche Frau, die sich nicht einer solchen »Prozedur« unterzogen hätten. Außerdem komme Schlimmeres vor, wirklich gruselige Rituale, die den Einsatz menschlicher Körperteile erforderten! Die Anrufung eines Geistes sei dagegen eine saubere Sache. Freilich gefährlicher, mußten sich doch die Teilnehmer des Rituals persönlicher Gefahr aussetzen. Allen voran das Medium; es bedurfte ganz besonderer Schutzmittel, was rechtfertigen sollte, weshalb es einen ziemlich hohen Prozentanteil des später erwirtschafteten Kapitals forderte, nicht etwa eine geradeheraus genannte, fixe Summe. Und natürlich wurde garantiert, daß die Gewinne ebenfalls in direkter Proportion zur ersten Investition einfließen würden, was, wiederum proportional, alle nachfolgenden Unternehmungen beeinflußte. Dies, so hatte Sipe sofort begriffen, sollte all jene abschrecken, die den Ausweg wählen wollten, der auch ihm sogleich eingefallen war – nämlich die Ersteinlage so niedrig wie möglich zu halten und erst zu erhöhen, wenn der Geist bereits seinen Segen gegeben hatte und klugerweise fallengelassen werden konnte. Nein, dies waren gerissene, geschäftstüchtige Geister. Oder vielleicht sollte er besser sagen – Medien.

Als nächstes fragte er sich, wie Akinyode wohl reagieren würde. Sicher, der Lehrer hatte ihm freie Hand gelassen, über die Art der Investition zu entscheiden. Was das Angebot anlangte, die Summe als zinsloses Darlehen zu betrachten, so hatte er das sofort abgelehnt: Die Profite müssen in jedem Fall geteilt werden. Der Gedanke an möglichen Verlust war Sipe vollkommen fern. Würde Akinyode jedoch erfahren, daß die Summe in eine Unternehmung gesteckt worden war, die er wahrscheinlich als »satanische Riten« bezeichnete, dann finge er bestimmt an zu bocken. Sollte er das Honorar für das Medium also schlicht als reguläre Geschäftsausgabe ohne weitere Spezifizierung verbuchen – was es ja letztlich auch war? Wie Werbegelder. Onayemis Medium als PR-Mann für die Welt der Geister. Das Konzept war gar nicht mal so absurd – auch ein Geistmedium ist schließlich ein Vermittler. Die Geister müssen umschmeichelt, beschwatzt, gehätschelt werden, kurz – man muß sie verführen. Worin unterschied sich das von einer professionellen Öffentlichkeitsarbeit? Aber angenommen, der Geist riet von dem anvisierten Projekt ab? Wie sollte er Akinyode dann den Kapitalverlust erklären? Und was, wenn das Unternehmen wuchs, wenn sie den nächsten Schritt gehen, wenn sie erweitern wollten, mußte er dann wieder ...? Nein! Zumindest was diesen Punkt anlangte, war Sipe fest entschlossen. Wenn Onayemi diesem Layeni derart hörig war, dann mußte er eben sein Restkapital zurücknehmen und aus dem Syndikat ausscheiden. Einmal durfte der Geist kräftig hinlangen, aber nicht öfter. Doch schon in Hinblick auf diese erste und einzige Einlage sah sich der Forsche Fant ganz untypisch von aller Forschheit verlassen.

Efuape überflog noch einmal die Zeilen. Onayemi hatte ihm die wichtigsten Punkte kurz zusammengefaßt, wobei er sich auf seine eigenen Erfahrungen in diesen Dingen stützen konnte. Ein letztes Datum innerhalb einer günstigen Phase war bestimmt worden – zwei frühere Möglichkeiten waren Sipes Unentschlossenheit wegen schon ungenutzt verstrichen. Um ihm jetzt bei seiner Entscheidungsfindung behilflich zu sein, hatte ihm sein zukünftiger Geschäftspartner eine Liste mit all jenen Fragen zusammengestellt, die er mit dem Medium in Odogbolu besprochen hatte. Zu den Fragen hatte er die jeweiligen Antworten des Mediums notiert. Sipes Wagemut erstreckte sich nicht auf die Welt der Geister, und zu keiner Zeit hatte er vorgehabt, bei der »Prozedur« persönlich anwesend zu sein. Er hatte sich entschlossen, per Stellvertreter mit Handlungsvollmacht teilzunehmen, sozusagen als zweifach von der Geisterwelt entfernter Teilhaber. Niemand konnte ihn dann beschuldigen, mit den dunklen Mächten paktiert zu haben, sollten doch ein paar der finsteren Geister in die Sache verwickelt sein. Zum zwanzigsten Mal studierte Efuape die Fragen und Antworten und fand einen Grund mehr, ärgerlich zu sein, daß er die Hochzeit verpaßt hatte. Das wäre eine gute Gelegenheit gewesen, Akinyodes Reaktion indirekt auszukundschaften; er hätte ihm bloß das Blatt gezeigt und ganz nonchalant gefragt, ob er, Akinyode, glaube, daß eine solche Prozedur in irgendeiner Weise als satanisch eingestuft werden könne. Das wäre eine hervorragende Möglichkeit gewesen, die Angelegenheit anzugehen. Jetzt mußte er allein eine eigene Entscheidung fällen. Vor dem Stichtag gab es keine Gelegenheit mehr, seinen Freund noch einmal aufzusuchen, und Onayemi hatte ihn bereits gewarnt: Das Medium könne für die absehbare Zukunft keine weitere günstige Phase garantieren. Das Blatt datierte vom 19. September, sogar die Stunde war eingetragen – zwischen 17 und 18 Uhr. Dann war der Gegenstand der Befragung des Mediums säuberlich ausgeschrieben und unterstrichen:

Anrufung des Geistes von Layeni. Bezüglich der Fragen zu der vorgesehenen Mystischen Zeremonie von T. S. Onayemi

Fragen, die dem Medium vorgetragen wurden:

1. Ist es in jeder Hinsicht rentabel, sofern dieses (Benennung des Geschäftes) jetzt unternommen wird, und liegen keine Umstände vor, die ein Leben verkürzen?
2. Wie steht es mit der Opfergabe von der Provision, die pünktlich monatlich zu entrichten ist?

Diesen zweiten Punkt hatte Sipe sofort dick durchgestrichen. Onayemi hatte ihm gegenüber nichts von einer Provision erwähnt, die an irgendeinen Geist als Opfer zu entrichten war. Und als er seinen zukünftigen Partner deswegen befragte, erklärte ihm der, es habe mit ihrem gemeinsamen Vorhaben nicht direkt zu tun, denn dies sei ja nicht auf Provisionsbasis gegründet. Geduldig bemühte er sich, die feinen Unterschiede zu erläutern.

Er, Onayemi, habe als Handlungsreisender für John Holt angefangen und während des ersten Jahres seine damalige monatliche Provision dem Medium als Opfergabe abgeben müssen. Er habe die Frage jetzt eingefügt, um sicherzugehen, daß diese alte Forderung das neue Unternehmen in keiner Weise beträfe. Aber wovon hast du denn in der Zeit gelebt, wenn du deine gesamte Provision an den Geist abgeführt hast, wollte Efuape wissen. Was hast du letztlich überhaupt verdient? Onayemi bemerkte geheimnisvoll, der Beruf eines Handelsvertreters sei eine sehr vielschichtige Angelegenheit – darüber hinaus könne er sich in keinen weiteren Erklärungen ergehen. Die reguläre Provision sei nur ein kleiner Bonus, ein winziges Sümmchen, und der Geist von Layeni habe sich mehr als dankbar erwiesen. Entschlossen schüttelte Sipe den Kopf und überging die Zeile. Winziges Sümmchen hin oder her, unter gar keinen Umständen würde irgendein Geist ihm eine Jahresprovision aus der Tasche ziehen. Onayemi mochte ein ausgebuffter Geschäftsmann sein, wenn es um menschliche Wesen ging, aber den harten Handel mit den Schutzgeistern mußte er wohl erst noch lernen. Er las die nächsten Fragen:

3. Gibt es irgendwelche Regelungen, die bei Verstoß durch dieselben eine Erfolglosigkeit bewirken?
4. Welche Erkenntnis bezüglich der Bestandteile liegt bereit, ob sie genügend stark sind, um zusammengestellt zu werden oder nicht?

Sipe konnte sich ein herablassendes Grinsen nicht verkneifen. Es stimmte einfach – obwohl er das Mysterium nicht ergründen konnte –, die erfolgreichsten Geschäftsleute waren entweder Analphabeten oder, so sie die Schrift beherrschten, doch unfähig, sich schriftlich vernünftig auszudrücken. Er nahm das zweite Blatt zur Hand, auf dem die Antworten notiert waren. Hier lautete die Überschriftenzeile:

Blatt II. *Antwort oder Erwiderung des Geistes auf die Fragen, wie sie in der Auflistung (Blatt I) in numerierter Reihenfolge vorgelegt wurden:*

Was für ein pedantischer Staatsbeamter an diesem Onayemi doch verlorengegangen war! Was für ein Talent wurde hier auf dem Privatsektor verschwendet – immerhin führte er sicherlich sehr gewissenhaft Buch in seinem Geschäft. Sipe kannte die Antworten längst auswendig, doch er las sie trotzdem:

Zu Frage No. 1: Kein noch so geringfügiger Grund, den Versuch zu bereuen.
Zu Frage No. 2: Unbeständigkeit hierin wird ernste Früchte tragen.

Und in Klammern hatte Onayemi hinzugefügt: *Zeit – Neumond – Opfergabe.* Da dieser Punkt nicht ihr gemeinsames Unternehmen betraf, seufzte Sipe voll Sympathie, als er sich jetzt vorstellte, wie Onayemi brav bei jedem Neumond dem Medium seine Provision als *saara* in Form von Ziegen, Yams, Palmöl oder was auch immer ablieferte. Oder bestand das Medium vielleicht auf Bargeld? Wenn man's recht bedachte – was sonst?

> Zu Frage No. 3: Vorausgesetzt, daß ihm ein sauberer Raum gewidmet wird, und es ist zu vermeiden, daß zwei Personen den Geist grüßen.

Auch hier hatte Onayemi wieder erklären müssen. Es beziehe sich, so sagte er, auf die Antragsteller. Sie konnten bei der Zeremonie persönlich anwesend sein, oder sie konnten einen Repräsentanten schicken. Im ersten Falle allerdings dürfe nur einer von ihnen beiden den Geist ansprechen, sobald er sich zeige. Herzlichen Dank, hatte Sipe höhnisch erwidert. Er war ohnehin fest entschlossen, dem Raum des Rituals so fern wie möglich zu bleiben. Der Geist gehörte zu Onayemis Familie, also konnte er als Repräsentant hingehen. Die weiteren Details interessierten ihn nicht im geringsten. Er war nicht scharf drauf, mit irgendeinem Schutzgeist der Geschäftswelt oder überhaupt einem Wesen aus der anderen Welt zusammenzutreffen, welche Gestalt oder Form es auch haben mochte. Selbst die Ausländer im Lande interessierten ihn nicht; eine weiße Haut war das Äußerste an Annäherung an die Welt der Gespenster, das er gerade noch für erträglich hielt. Onayemi sollte mal schön allein gehen, die guten Ergebnisse bringen und zusehen, daß alles nach Vorschrift verlief. Weiter hieß es auf Blatt II:

> Zu Frage No. 4: Sehr mächtig. Aber der »Herrschende Geist« muß seine eigene persönliche Rezeptur hinbeifügen, um sie zu seinem (Geist) Nutzen zusammenzustellen.

Diese »Rezeptur«, die Onayemi offensichtlich im weiteren Verlauf des Gespräches dem Medium hatte entlocken können, war dann in einer Art Fußnote aufgelistet:

1. Ein lebendiges Rebhuhn (oder tot)
2. Eine lebendige Lilie (obligatorisch)
3. Eine weiße junge Taube

Zu Pulver zu zerreiben ein paar Tage vor dem Ereignis. Sorgfältig einzuschlagen in ein weißes Tuch zusammmen mit jungfräulicher Erde vom Friedhof und in ein tiefes Wasser zu werfen, wobei zu zitieren oder zu rufen ist:

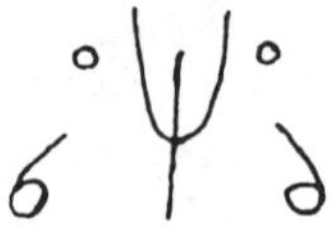

Dann folgte, aufgemalt, ein merwürdiges Zeichen, das ganz offensichtlich allein das Medium – vielleicht noch Onayemi – in der Lage war zu entziffern, zu zitieren oder gar zu rufen. Sipe etikettierte es schlicht als KOMISCHES ZEICHEN – in Großbuchstaben. Diese zweite Seite war dann in einer Art und Weise abgeschlossen, die Sipe wiederum als höchst unangemessene Pedanterie erschien, eine irdische Förmlichkeit, die im Gegensatz stand zu der schattigen Geisterwelt, in die sie sich vorwagen wollten: »Schriftlich niedergelegt von mir, T. S. Onayemi.« Die Unterschrift, die dann folgte, war so ausgefeilt und beeindruckend wie nur je eine, die er im Seminar gesehen hatte – und das schloß Akinyodes Meisterstück ein. Ja, sie stellte sogar jede andere Paraphe in den Schatten, die die Myriaden von Korrespondenzschreiben zierten, die ihm im Laufe seiner Beamtenkarriere bisher untergekommen waren. Es schien, als sei diese Signatur ganz bewußt zum Ausgleich geschaffen worden für den Mangel an dem, was Osibo, der Apotheker, oft als »die Gnadengabe der Schreibkundigen« bezeichnete.

Zum ersten Mal in seinem Leben schlief Sipe in einem fahrenden Wagen ein. Unfähig, das Problem zu lösen, hatte sein Unternehmergeist Zuflucht in einem wüsten Traum gefunden, in dem es von weißen Kolonialoffizieren wimmelte, die unerbittlich über ihren jungen Steuerprüfer zu Gericht saßen. Warum, so verlangten sie zu wissen, hatte er weiße Tauben in seinem Aktenschrank gezüchtet? Er versicherte ihnen, Onayemi könne alles aufklären, sobald er aus Odogbolu zurück sei. Wenn sie in der Zwischenzeit die Güte haben wollten, seine eidesstattliche Erklärung zu lesen, dann könnten sie sehen, daß nichts ohne ausdrückliche Zustimmung des Hauptmediums unternommen worden sei, das persönlich vom anglikanischen Seminar eingesetzt worden sei, dem auch er sich noch immer aufs innigste verbunden fühle. Man bat ihn, die besagte eidesstattliche Erklärung vorzuweisen, doch während er zu seinem Schreibtisch ging, erschien ein Prophet von der Kirche der Cherubim und Seraphim von der Versammlung Gottes, tanzte zu einem Wirbel von Tamburinen und verkündete, er sei gekommen, Zeugnis abzulegen nach der Vorgabe des Herrn. Sipe, so schwor der Prophet, sei ein Meineidiger, der um das ewige Heil seiner Seele bangen müsse. Seine Frau, das arme, unglückliche Geschöpf, sei die wahre Gläubige, ein Schäfchen seiner Herde; er habe sie vom Fluch ihrer Unfruchtbarkeit zu erlösen versucht, und Sipe, das müsse man diesem Beelzebub leider lassen, habe sie selbst zu ihm gebracht, obgleich er ein verachtenswerter Ungläubiger sei, dessen Sündenregister kein Ende habe und der nur alle Jubeljahre seinen Fuß in eine Kirche setze. Völlig außer sich, suchte Sipe seine eidesstattliche Erklärung, um diesen Propheten Lügen strafen zu können, doch als er die oberste Schublade seines Schreibtischs aufzog, fand er nur stapelweise Blätter mit dem KOMISCHEN ZEICHEN, dessen Rezitation die Ausstreuung des weißen Pulvers der (obligatorischen) weißen Lilie begleiten sollte. In der zweiten Schublade lag das Rebhuhn (tot), und die weiße Taube, die er zuletzt auf seinem Schreibtisch gesehen hatte, am Fuß ein Schildchen mit der Aufschrift: Beweisstück No. 1, flog aus der dritten Schublade, flatterte durch den Raum und ließ sich dann auf dem Deckenventilator nieder. Verzweifelt holte Sipe Stoß um Stoß der Blätter mit dem KO-

MISCHEN ZEICHEN aus der Schublade – auf jedem Blatt stand es dick und fett – und verteilte sie an seine Richter. Was ist denn das?, schrieen sie alle wie aus einem Mund. Soll das ein Witz sein? Der Prophet hatte sich beim Erscheinen des KOMISCHEN ZEICHENS in Luft aufgelöst, und Sipe drehte den Spieß jetzt um und erklärte ihnen blasiert und von oben herab: Jetzt, meine Herren, erkennen Sie wohl, wer der wahre Antichrist ist. Haben Sie gesehen, wie er den Schwanz eingekniffen hat? An ihren Schwänzen und gespaltenen Hufen sollt ihr sie erkennen! Doch das Hohnlachen blieb ihm im Hals stecken, als er sah, daß seine Richter ihn nur mit steinernen Gesichtern anblickten. Aber verstehen Sie denn nicht, schrie er. Das ist Hebräisch – die Originalsprache der Bibel. Keinem wahren Christen würde es je im Traum einfallen, in einer anderen als dieser Sprache Geister zu beschwören. Die Inspiration war ihm von – er wußte nicht, von wem sie ihm eingegeben worden war. Es mußte Gott gewesen sein. Er fühlte eine unendliche Zuversicht. Ich versichere Ihnen, meine Herren, an dieser Sache ist nichts, absolut nichts Satanisches. Im Gegenteil, es handelt sich um eine der ältesten Riten des AUSERWÄHLTEN VOLKES – auch das sagte er in großen Druckbuchstaben. Sie starrten ihn weiterhin unverwandt an, eisige Gesichter, einschließlich des Antlitzes in der Mitte, dessen geblähte Nasenflügel jetzt die Züge von Reverend Beeston verrieten, die er aber hinter der Maske des Distriktoffiziers zu verbergen trachtete. Er war über und über von Schlingpflanzen umrankt und mit Blumen bedeckt. Sipe ging näher, riß die Pflanzen ab und betrachtete ihn genau; jetzt, nachdem Beeston demaskiert und defloriert war, fühlte Sipe sich schon sehr viel besser. Beeston, dessen war er sich sicher, konnte kein Hebräisch – Griechisch vielleicht, aber kein Hebräisch. *Eli, Eli, lema sabachtani!* Es funktionierte. Augenblicklich kam wieder Leben in seine Ankläger. Der Vorsitzende kündigte an, der gesamte Ausschuß werde sich nach Odogbolu vertagen, um dort das Medium persönlich zu vernehmen. Sipe wies sie darauf hin, daß die Fährverbindung unterbrochen sei, doch könnten sie natürlich dem Statthalter eine Nachricht schicken; er besitze eine Privatyacht und sei möglicherweise willens, behilflich zu sein. Denn was die Straße anginge, so sei die sogenannte Landstraße zwischen Epe und Lagos nichts anderes als eine Matsch-Trasse – selbst während des Harmattans, warnte er sie, seien die Schlaglöcher ständig überschwemmt. Das aber traf einen rohen Nerv: Erzähl du mir nichts von überschwemmten Schlaglöchern, geiferte Beeston und sprang auf wie von der Tarantel gestochen, so daß die Maske abfiel und sich die Blütenblätter von seinem Gesicht lösten. Was weißt denn du von Pioniergeist? Wir waren es, wir erst haben dieses gottverlassene Nest erschlossen, und bei Gott, wenn wir es wieder verlassen müssen, um dieser Sache auf den Grund zu kommen, dann werden wir es tun! Gehen wir, meine Herren; ich kenne diese hochmütigen, anmaßenden Eingeborenen. Täglich habe ich mich mit ihnen herumzuschlagen. Also: *Onward – Christian – Simeans!*

Und Sipe fühlte sich von weißen Armen ergriffen, die durch die ganze Länge und Breite des Korridors wallten, wie die Tentakel eines riesigen Seepolyps, und das gehörte überhaupt nicht hierher, denn jeder wußte schließlich, daß die Sirenen, die man hier Mammy Wata nennt, nur in den Flußläufen des Deltas heimisch sind, von denen Epe meilenweit entfernt lag; es sei denn, der Baumstamm, der die Schiffsschraube der Fähre verbogen hatte, war gar kein Stamm, sondern einer der salzverkrusteten Seetangzöpfe der Mammy Wata oder ihr peitschender Fischschwanz, der sich in der Schraube verfangen hatte, als sie in die Tiefen der Flüsse abtauchte, um zwischen den Stämmen herumzuklettern, die bereit lagen, den Niger abwärts zur Küste geflößt zu werden. Nicht, daß es je seine Absicht gewesen sei, in den Holzhandel einzusteigen. Viel zu unsicher; dauernd war was mit den Lastwagen, Motorschaden, Achsenbrüche, Reifenpannen, noch bevor sie die Flußläufe erreichten, die ja ohnehin mehr ein Versteck als ein Segen waren. Nein, nein, das überlasse ich Node, dem lahmen Node, der nicht einmal weiß, wie man

Nutzholz buchstabiert! Ihr denkt, ihr wißt alles ganz genau, was, ereiferte er sich, ihr denkt, ihr habt die Weisheit mit Löffeln gefressen, aber ihr täuscht euch gewaltig! Und da ergriffen ihn die sehnigen Arme, hoben ihn hoch und dotzten ihn auf wie einen Ball, und von überall her hörte man Stimmen raunen, nein, wir sind nicht allwissend, aber wir wissen alles über dich. Du bist zu allem fähig. Du bist ein Beutelschneider, du hast zu Wucherzinsen Geld verliehen und mit Grundstücken spekuliert, und alles ist dir zwischen den Fingern zerronnen, aber noch nicht genug damit, hast du ein heimisches Gebräu mit gefälschten Rezepturen versetzt und als Medizin an unwissende Syndikate verscherbelt, und außerdem hast du Sterndeuter und Wahrsager konsultiert. O ja, wir wissen alles, wir wissen alles über deine Besuche bei den einheimischen Kräuterdoktoren, zu denen du unter dem Vorwand gegangen bist, ein Heilkraut für deine kinderlose Frau zu suchen, doch heimlich hast du dein Notizbuch vollgekritzelt mit den geheimen Rezepturen der Mittel gegen alle Krankheiten: Nabelbruch und Hämorrhoiden, Fieberkrankheiten, *igbona, lakuregbe, sobia,* ganz gemeiner Durchfall, Kopfgrind – oh ja, wir wissen alles! Du nennst dich einen Christenmenschen und doch hast du noch nicht gelernt, dein Joch mit der Demut zu tragen, die einem Christen ansteht, dabei könnte jedes Kind dir sagen, daß es das Beste ist, auf Gottes Zeit zu warten. Die Schönheit blendet nur das Auge, das Kind aber ist des Mannes wahrer Reichtum, und wo ist dein Kind, du billiger Steuerprüfer, wo ist dein Sprößling, dein Nachwuchs, das Produkt deiner Lenden, du, der du jetzt sieben Jahre mit der Schönsten des Ortes verheiratet bist, von allen beneidet, und doch ergibst du dich nur deinem Modefimmel, du Fantfigur von einem Mann. Die Arme seiner Häscher schrumpften plötzlich zu normaler Größe und ließen ihn so unvermittelt fallen, daß es ihm den Magen bis in die Kehle hob und er sich bei dem gehässig nach ihm schielenden Beeston beschwerte: Hören Sie, das zahlt sich nicht aus; versuchen Sie nicht, mir Ihren göttlichen Ratschluß aufzuzwingen. Ich bin der eine und einzige Mephisto-Fant, Sohn des Efuape, also nehmen Sie sich in acht, oder Sie werden nicht wissen, wie Ihrem simianischen Gesicht geschieht, Sie Albinoaffe. Glauben Sie bloß nicht, wir hätten nicht gewußt, daß Sie sich all die Jahre heimlich ins Fäustchen gelacht haben; aber wir sind Ihnen auf die Schliche gekommen, nicht wahr? Sie haben uns gekürzte und zensierte Wörterbücher in die Hand gedrückt, und die, die das ungekürzte Geheimnis Ihrer Sprache enthielten, haben Sie unter Verschluß genommen, und das sechste und siebte Buch Mose haben Sie unter Ihrem Bett versteckt, damit wir das Geheimnis nicht aufdecken können. Ich komme auch ohne Sie zurecht, Beeston. Ich sage Ihnen, Leute wie Sie brauche ich nicht. Beestons Gesicht war jetzt eine häßliches Zerrbild, rot wie eine Hibiskusblüte, wie die Fratze des Mephistopheles, der gekommen ist, die verdammte Seele des Doktor Faustus zu entführen, die arme, neugierige Seele, die zuschanden kam, wegen ihres Wissensdurstes und ihrer Lesegier, die Lehrer Akinyode natürlich verteidigte, Akinyode, der jetzt mit seinem typisch traurigen Zensorengehabe neben dem Distriktsbeamten aus dem Boden gewachsen war. – Nein, nein, nein, mein lieber Fant, das darfst du nicht sagen, zu viel lesen hat nun wirklich noch nie jemandem geschadet. Im Gegenteil, zu wenig Bildung ist gefährlich, aber ein tiefer Schluck aus dem Kelch der Weisheit, et cetera, findest du nicht auch? Sipe machte ein langes Gesicht. O nein, sag nicht, daß du dich auf ihre Seite geschlagen hast. Nicht doch, keineswegs, versicherte der Schullehrer, und außerdem können wir gleich essen, du mußt doch ziemlich hungrig sein. Sipes Magen schlingerte schmerzhaft, als ihm der Polizist seinen kahlgeschorenen Schädel, auf dem nur die Fezkappe saß, in die Magengrube rammte, weil er den Statthalter beleidigt hatte. Ein zweiter Polizist nahm ihn in den Schwitzkasten, doch aus dem Augenwinkel sah er Reverend Beeston, der auf den Tisch sprang, sich hinhockte und dann entblößte, wovon Sipe schon immer vermutet hatte, daß er vorhanden war – ein langer Schweif, der in eine zitternde Pfeilspitze auslief. Mit sich überschlagender Stimme schrie der Statthalter: Blendet ihn, blendet ihn! Er hat gesehen, was niemand sehen darf! Raus! Raus! Bringt ihn raus! Das Oberleder seiner zweifarbigen Dandyschuhe löste sich von den Sohlen, als man Sipe fortschleifte und die Absätze sich in den Ritzen der Dielenbretter des Gerichtssaales verfingen. Sie hoben ihn hoch und warfen ihn mit Schwung in die bereitstehende Lorry, deren Motor dröhnte und röhrte, lauter und immer lauter, und dann war plötzlich alles still.

»Genturuman ... genturuman* *Akowe*«, der Fahrer schüttelte ihn mit amüsierter Geduld. »*Akowe*, was los? Sie nix aussteigen? Wir in Ikorodu.«

Als Sipe endlich nach Hause kam, war es weit nach Mitternacht. Sein Jackett konnte er gerade noch allein ausziehen, aber Mrs. E. mußte ihm helfen, die Weste abzustreifen, und ihm die Schnürsenkel der feinen schwarzweißen Lederschuhe aufknüpfen. Das war alles, was sie für ihn tun konnte, ehe er in seiner Kammgarnhose fest einschlief. Es erwies sich jedoch, daß das Beinkleid der Kataloggarantie alle Ehre machte; es war weder verkrumpelt, noch hatte es bis zum nächsten Morgen seine Bügelfalten eingebüßt. Einer seiner letzten Gedanken, als er ins Bett taumelte, war ein weiteres Postskriptum zu seinem unvollendeten Brief an den Lehrer: *P.P.S. Sollte ich je Deinem heißgeliebten Rektor, diesem Reverend Beeston, wieder von Angesicht zu Angesicht gegenübertreten und ihn über sein Lieblingsthema dozieren hören – Süß ist der Sinn und Zweck des Unglücks ...* Er hielt inne, und ein seliges Lächeln breitete sich über seine Züge. Layeni hin, Layeni her, jetzt war er sich sicher, sicherer als je zuvor, welchem Geschäftszweig sie ihre ganze ungeteilte Aufmerksamkeit schenken sollten. Diese Autos, die da an der Landstraße an ihm vorbeigefahren waren, alle bis hinten hin voll mit Hochzeitsgästen – was hatte die alle so verdammt gleich und einheitlich aussehen lassen? Jetzt, wo er darüber nachdachte, fiel es ihm wie Schuppen von den Augen: Waren es nicht diese Kammgarnanzüge, diese Strafe Gottes, in der auch er unter der sengenden Sonne gelitten hatte? Dieser fluchwürdige Reverend Beeston, der entschlossen schien, ihn bis in seine Träume zu verfolgen, eines mußte man ihm lassen, selbst die Banalitäten dieses Beeston schienen ein Körnchen Wahrheit zu enthalten. Ob Missionare wohl gute Geschäftsleute sind, fragte er sich, bevor er einschlief.

III

LÍGÙN

Mariam hob die zusammengerollt in der Ecke stehende Sisalmatte hoch, teilnahmslos, ohne auch nur einen Blick auf das frei gewordene Fleckchen zu werfen. Ihrem Ehemann Josiah, dem einzigen Zeugen dieser fruchtlosen Sucherei, war längst klar, daß sie alles Interesse am Ergebnis ihrer Bemühungen verloren hatte; jedenfalls schien sie keinerlei Erwartungen mehr zu hegen, und Josiah riß der Geduldsfaden.

»Das ist jetzt mindestens schon das zwanzigste Mal, daß du diese Matte hochgehoben hast. Was, zum Teufel, suchst du eigentlich?«

In einem Ton, der ihre hilflosen Gesten vortrefflich ergänzte, murmelte sie: »Ich hab's dir doch schon gesagt, die Keksdose. Die mit dem Blumenmuster drauf.«

Er wurde noch ärgerlicher. »Ich weiß, daß du die Dose suchst. Was drin ist, will ich wissen!«

»Weißt du doch. Ein bißchen Krimskrams eben und ...«, ihre Stimme verlor sich in einem viel geübten Gemurmel und verschwand im Geflecht des Grasdachs, denn sie war jetzt auf einen Schemel gestiegen, und ihre indigoverfärbten Finger tasteten den obersten Wandabschnitt ab, da, wo die Dachsparren das Mauerwerk berührten, fanden aber auch hier den gesuchten Gegenstand nicht. Sie sprang vom Schemel herunter und wandte sich wieder dem Korb zu, den sie schon x-mal durchwühlt hatte. Wieder kippte sie seinen Inhalt auf den gestampften Dungfußboden, der ebenso schwarz glänzte wie ihre Haut. Sie sortierte die Sachen, die aus dem Korb gefallen waren, schüttelte jedes Stück Stoff sorgfältig aus. Als sie Josiahs stechenden Blick in ihrem Nacken brennen fühlte, fügte sie ihrer unterbrochenen Rede hinzu: »... naja, und ein bißchen Geld.«

Alles andere, als durch diese Auskunft beschwichtigt, schnaubte Josiah: »Ein bißchen Geld! Wieviel?«

Mariams Hand hielt mitten in der Bewegung inne, ihr Rückgrat straffte sich. »Aber ja doch, der Lampenständer im Schlafzimmer – vielleicht ...«

Das war zuviel. Jetzt brüllte er sie an: »Da hast du gestern schon nachgeschaut. Ich habe dich beobachtet. Du hast jede verdammte Ritze in der Wand abgesucht, du warst drauf und dran, die Bambusstützen auszureißen! Und wenn es sich um die Keksdose handeln sollte, die du schon besessen hast, als ich mich blödsinniger Weise entschloß, ausgerechnet dich zu heiraten, dann gibt es wohl im ganzen Haus kein Loch in der Wand, das groß genug wäre, damit diese Dose hineinpaßt!«

Mariam zuckte nur mit den Schultern. »Ich weiß nicht, wo ich sonst suchen soll.«

Josiah hockte sich auf die Bambusbank neben der Eingangstür, schaute hinaus und warf dem ersten zufällig Vorübergehenden einen mürrischen Gruß zu. Er hatte geschwiegen, als die hektische Suche am gestrigen Abend begann, auch, als ihn ihre Geschäftigkeit in der Nacht aufgeweckt und er sie mit zusammengekniffenen Augen beobachtet hatte. Als er am Morgen aufwachte, stellte sich heraus, daß sie die Suche nur für wenige Stunden unterbrochen hatte. Tatsächlich konnte Josiah sich nicht erinnern, daß sie sich überhaupt hingelegt hatte. Als er die Augen im noch schwachen Schimmer des frühen Morgengrauens öffnete, hatte er sie bereits durch die offen stehende Tür draußen im Hof gesehen. Er grinste. Hingeduckt wie ein böser Vogel, blies sie aus weit geblähten Backen Luft über die Funken, um das Feuer anzufachen. Plötzlich fuhr sie hoch und schaute sich um; offensichtlich war ihr ein neuer Gedanke gekommen. Mitten in der Rührbewegung ließ sie den Löffel im Brei los, sprang auf, eilte zu dem neuen möglichen Versteck, das ihr jetzt eingefallen war, und brach auch hier in den Frieden der Morgenstille ein.

Noch auf der Seite ausgestreckt auf der Schlafmatte liegend, beobachtete er sie eine Weile. Dann stand er auf und ging, ohne die geringste Notiz von ihr zu nehmen, an ihr vorbei in den Hinterhof, wo er sich mit einer Kalebasse voll Wasser den letzten Schlaf aus dem Gesicht wusch. Es war schließlich ihre Hütte. Wenn sie sie niederreißen wollte – bitteschön! Bis ihm die Rumsucherei zuletzt doch zu viel wurde, und er wünschte, er hätte am Abend vorher dem Palmwein nicht so großzügig zugesprochen. Seine Beine waren schwer gewesen, und so hatte er der verlockenden Einladung der Matte nachgegeben. Josiah liebte seinen morgendlichen Frieden: ein Stuhl neben der Eingangstür oder ein Hocker vor dem Fenster; die Ellenbogen auf das breite Fensterbrett gestützt, schaute er dann hinaus, während das Kaustäbchen von Mundwinkel zu Mundwinkel wanderte, zwischen den weißen Zähnen, die kurz aufblitzten, wenn er einen vorbeikommenden Bekannten grüßte. Aber sowas wie heute haßte er – diese rastlosen Arme, die herumfuhrwerkten, um in dieser armen, unschuldigen Ritze herumzukratzen, in jener Nische herumzustöbern.

Josiah brauchte dringend einen Trost. Er langte in die Tiefe der großen Innentasche seiner *agbada**, wobei er Mariam einen warnenden Blick zuwarf: Wage es, mir nahe zu kommen und auch in dieser Tasche nach deiner Keksdose zu suchen! Er holte seinen Schnupftabak heraus, öffnete vorsichtig den Deckel der kleinen Büchse und hielt dabei seinen gedankenverlorenen Blick auf sein übergeschnapptes Ehegespons gerichtet. Zum Glück wandte Mariam sich jetzt wieder ihrem Kochtopf zu. Mit jahrelang geübtem Griff hielt Josiah die Schnupftabaksdose in der Handfläche, während die kurzen, kräftigen Finger derselben Hand den Deckel öffneten. Er nahm nur eine winzig kleine Prise – es war zu früh am Morgen für eine große Dosis. Mit der Zungenspitze drückte er die Paste zurecht. Sorgfältig schloß er die Büchse wieder, und seine Stimmung schien sich langsam zu heben. Entspannt lehnte er sich zurück. Der ersehnte Nieser kam, nun fühlte er sich noch besser.

»An einer Stelle hast du noch nicht gesucht.«

Und Mariam tappte sofort in die Falle. Sie fuhr herum. »Wo? Wo habe ich noch nicht gesucht?«

Mit seinem ausgestreckten Zeigefinger bohrte Josiah ein Loch in die Luft, ungerührt zeigte er in die Richtung – »da!« – zur Latrine.

Mariam verfluchte sich selbst, dann verfluchte sie den Mann im Flüsterton, laut aber sagte sie bloß: »Meinst du nicht, daß es für solche Spielchen noch ein bißchen früh am Morgen ist?« Da ihr nun wirklich kein Ort mehr einfiel, an dem sie ihre Suche hätte fortsetzen können, wandte sie sich dem Topf auf dem Feuer und seinem blubbernden Inhalt zu.

Josiah nickte ernst und zustimmend. »So ist es. Und jetzt beantworte mir die Frage, der du bisher wie ein störrisches Kind ausgewichen bist. Wieviel Geld war in der Dose, nach der du wie eine Verrückte suchst?«

»Es ist ja nicht mal mein Geld!« jammerte sie.

»O Gott im Himmel, schütze mich vor diesem Weib! Mariam! Ich habe dich gefragt, wieviel Geld du verloren hast. Ich weiß, daß es nicht dein Geld ist. Wegen deines eigenen Geldes würdest du keinen solchen Affentanz aufführen. Ich weiß, daß es nicht dein Geld sein kann – wäre es deins, hättest du mich gleich geradeheraus gefragt, ob ich es genommen habe, stimmt's? Ich weiß, daß es nicht dein Geld sein kann, weil du dein eigenes Geld niemals in dieser alten Keksbüchse aufbewahren würdest. Wenn du Geld in diese Dose gesteckt hast, dann kann das nur einen Grund haben, du wolltest es gerade nicht mit deinem eigenen Geld durcheinanderbringen. Frau, ich weiß, wo du dein Geld versteckst! Also, zum letzten Mal ...«

Mariam rührte mechanisch das *ogi* im Topf, eine reine Reflexbewegung, aus Jahren täglicher Gewohnheit erwachsen – mit ihren Gedanken war sie weit weg. »Wie soll ich ihnen das bloß beibringen? Das kann nicht *oju lasan** sein. Niemand ist in das Haus gekommen. Es hat ja nicht einmal jemand gewußt, daß ich das Geld zur Aufbewahrung hatte ...«

Josiah wollte noch etwas sagen, besann sich aber und stand

auf. Schweigend suchte er seine Gerätschaften zusammen – am Abend vorher hatte er auf dem Heimweg vom Feld hier haltgemacht –, warf seine Arbeitskleidung in den Korb und verließ das Haus seiner Hauptfrau, ohne noch länger auf das Frühstück zu warten.

Mariam blieb bei der Feuerstelle hocken, rührte den Brei, während ihre Gedanken in weite Ferne schweiften. Am Topfboden begann das *ogi* zu stocken, der Geruch des schon leicht ansetzenden Breis brachte sie auf die Erde zurück. Sie zuckte die Achsel und zog einige der Holzscheite ein wenig aus dem Feuer, um die Hitze zu drosseln. Sie hatte nichts gegen den strengen Geschmack, im Gegenteil, der halbverbrannte Bodensatz, braun, flach wie ein dünner, säuerlicher Fladen, war für ihren Geschmack eine Delikatesse. Manchmal ließ sie das *ogi* absichtlich anbrennen. Wäre da nicht die Sache mit dem verschwundenen Geld gewesen – der gesamte monatliche Beitrag zum *esusu* der Frauen-Selbsthilfegruppe! –, sie hätte den Bodensatz mit größtem Vergnügen losgeschabt, aus dem Topf gelöffelt und für sich beiseite gestellt. Aber diese mysteriöse Angelegenheit ...

Die Höhe des Betrages war niederschmetternd. Selbst wenn es nicht um eine reine Frauensache gegangen wäre, eine von diesen Angelegenheiten, die in voller Übereinstimmung vor jedermann, auch vor den Ehemännern – ja, gerade vor ihnen – geheimgehalten werden, selbst dann wäre es unmöglich gewesen, die Summe einfach so zu nennen, wie Josiah es von ihr verlangt hatte. Es hätte die Chancen, das Geld je wiederzubekommen, empfindlich beeinträchtigen können. Daß sie so dachte, obwohl sie doch eine gläubige Christin war, bereitete Mariam keine sonderlichen Gewissensbisse. Diese rätselhaften Dinge geschahen eben, und ihr Übertritt zum Wahren Glauben schloß diese Dinge keineswegs aus. Und sie wußte, die erste Frage, die der *onisegun** ihr stellen würde, hieße: »Hast du irgend jemandem davon erzählt?« Naja, irgendwie schon; und doch, eigentlich »erzählt« hatte sie Josiah diesmal nichts. Sie hatte peinlich vermieden, den genauen Betrag und die Herkunft des

Geldes zu nennen. Es war ein Glück, daß dieses Geld die Männer nichts anging; aber genauso wenig hatte sein Verschwinden etwas mit gemeinem Diebstahl zu tun. Hier hatte jemand etwas »unternommen«. In Gedanken hatte Mariam bereits eine Liste all derer aufgestellt, die ihr einen solchen Verlust an den Hals wünschten und dafür keine Mühe scheuen würden. Und dann Tenten ... konnte es etwas mit ihm zu tun haben? Es gab tausend Gründe, weshalb sie vorsichtig sein mußte. Wie oft schon hatte sie den *onisegun* bedauernd den Kopf schütteln sehen, während er murmelte: »Schade, zu schade. Das macht die Sache unheimlich schwierig. Wenn du doch bloß nicht laut darüber gesprochen hättest! Wenn du's doch bloß für dich behalten hättest, da drin. Aber jetzt, wo du alles mit deinem Mund verstreut hast, jetzt ist natürlich alles viel, viel schwieriger. Was der menschliche Mund in die Welt hinausposaunt hat... na, ich brauche dir wohl nichts weiter zu sagen.« Mariam schöpfte neue Hoffnung. Diesmal hatte sie nichts »ausgestreut und hinausposaunt«, sie hatte die Summe nicht genannt. Wo immer es sich befand, sie hatte es nicht verstreut, es mußte noch beisammen sein. Sie würde also bei jenen um Hilfe nachsuchen können, die mit solchen Angelegenheiten umzugehen verstanden.

Die zeitlichen Zusammenhänge bereiteten ihr Sorge. War es Zufall, daß das Geld ausgerechnet jetzt verschwunden war, wo auch diese Sache mit Tenten über ihrem Haupt schwebte? Zu viele Ereignisse schienen hier miteinander verwoben, gleichsam als habe eine unbekannte Macht sich entschlossen, sie auf die Probe zu stellen wie Hiob. Tentens Tod hatte sie tief erschüttert. Er war ihr einziger Bruder gewesen, sie war seine letzte noch lebende Blutsverwandte. Lediglich in Sagamu gab es noch weitläufige Familienmitglieder; sie würde ihnen eine Nachricht schicken. Ajike würde den Brief heute mitnehmen; ein sehr vertrauenswürdiges Mädchen aus Nodes Haushalt, schon ziemlich erwachsen für ihr Alter.

Dann dachte Mariam an ihren Sohn, den Schullehrer. Er würde sie natürlich auslachen, er verstand nichts von diesen

Dingen. Er hatte natürlich davon gehört. Er war in voller Kenntnis der Gefahren dieser Welt großgezogen worden, und er hatte gelernt, wie man ihnen ausweichen kann. Aber es glückte eben nicht immer – die verschwundene Keksdose war ein schlagender Beweis. Die wenigen Habseligkeiten Tentens, die irgendeinen Wert gehabt hatten, waren ebenfalls in der Dose versteckt gewesen, dazu ein paar Erbstücke, die ihnen beiden zu gleichen Teilen gehört hatten. Für alles gab es ein Heilmittel, man mußte nur wissen, wo es zu finden war. Nichts geschah aus reinem Zufall: Geld, das mit größter Gewissenhaftigkeit und unter großen Opfern von den Frauen beiseite gelegt worden war, von den Mitgliedern einer Frauengruppe, der lauter Kleinhändlerinnen angehörten, Weberinnen, Essensverkäuferinnen und so weiter, solches Geld flog nicht einfach durch das Dach davon! Es gab immer welche, die diese Vereinigungen mit Neid betrachteten, die außerhalb der Gruppe standen, die nicht den Willen – oder die Mittel – besaßen, eine eigene Gruppe zu gründen oder sich einer bestehenden anzuschließen. Darunter waren sogar welche, denen es selbst gut ging, deren Wohlbefinden aber schon durch den Anblick des Erfolges anderer empfindlich gestört wurde. Überall Neid und Mißgunst. Deshalb schworen die Mitglieder solcher Gruppen, ihre Sache geheimzuhalten – sogar vor ihren eigenen Kindern. Man konnte nie wissen. Nicht nur, daß ein Kind in aller Unschuld das Geheimnis ausplaudern konnte. Es gab Kinder, die waren einfach als unwissende Instrumente des Bösen geboren. Mariam sprach rasch ein stilles Dankgebet dafür, daß ihr Schoß niemals ein solches Ungeheuer hervorgebracht hatte.

Der Gedanke an den Sohn, der in seiner Stellung als Lehrer so erfolgreich war, munterte sie merklich auf. Als sie sich jetzt vergegenwärtigte, daß die Ausbildungszeit endgültig vorüber war, fühlte sie sich noch glücklicher. Ilesa war viel zu weit weg gewesen. Jetzt war er der Heimat sehr viel näher, war gut verheiratet, hatte sogar schon zwei Kinder, und er war äußerst erfolgreich in seinem Beruf. Nur die Krankheit seiner Frau warf einen Schatten auf das Glück. Irgendein Magenleiden, das kam und ging. Naja, aber wenn die beiden auch so stur waren und alle einheimischen Heilverfahren ablehnten, was konnte sie dann noch tun? Josiah versuchte es ja immer wieder. Vielleicht sollte sie ihrem Sohn einen Brief schreiben? Es gab sowieso eine ganze Menge Dinge, die sie ihm mitteilen wollte – die kleine Kakaoplantage, ihre Sorgen wegen seines jüngeren Bruders. Das war wirklich ein Kreuz mit dem Jungen, alle Beurteilungen waren schlecht ausgefallen, er kam einfach nicht voran. Weder in seinem Beruf noch in den Abendschulkursen, zu denen er geschickt wurde, weil er für die normale Schule längst schon zu alt geworden war. Ach ja, und dann war da noch die Sache mit dem Palmöl. Das war nun schon drei Jahre her, und noch immer war kein Gras über die Angelegenheit gewachsen – jedenfalls nicht, was ihren Ehemann Josiah anlangte. Geschenke sollten nicht Anlaß zu Zank und Hader sein, schon gar nicht Geschenke, die aus Anlaß der Geburt eines Kindes gemacht worden waren. Je eher ein solcher Streit beigelegt war, desto besser. Sie würde den Sohn auffordern, endlich mit dem Vater über die leidige Angelegenheit zu sprechen. Und das neue Jahr war nicht mehr fern.

Sie stand auf, nahm den Topf mit der Grütze vom Feuer, schlug den Kochlöffel an den Topfrand, damit der Brei abtropfte, und wischte dann mit dem Zeigefinger die letzten Reste vom Löffel. Ihre Zunge verriet ihr, daß das *ogi* angenehm verbrannt war. Wie gut, daß Josiah schon vor dem Frühstück gegangen war; er haßte angebranntes *ogi*, und sowieso war er der Meinung, sie habe einen perversen Geschmack. Zum letzten Mal ließ sie den Blick durch den ganzen Raum schweifen, um sicher zu sein, daß sie auch keine Nische und keine Ritze ausgelassen hatte, dann nahm sie ihren Schwamm und die Seife und entschwand in dem kleinen Anbau mit der Lehmmauer und dem Wellblechdach, der als Badezimmer diente. Von innen schob sie ein Stück Wellblech vor, das sie vor Blicken abschirmte. Im Handumdrehen hatte das in der Nacht abgekühlte

Wasser einen beruhigenden Effekt, und Mariam schaute schon sehr viel zuversichtlicher in den neuen Tag.

Fatuka, ihr Lieblingsbriefschreiber, grummelte verägert, weil sie ihn so früh aus dem Bett gescheucht hatte, doch Mariam blieb ungerührt. Das war der einzige Haken an diesem Fatuka, den sie sonst als einen sehr tüchtigen Mann schätzte. Es war einfach traurig zu sehen, wie ein erwachsener Mann sich noch faul in seinem Umschlagtuch rekelte, das Kaustäbchen zwischen den Zähnen, während der Rest der Welt schon hart arbeitete und so mancher Bauer auf dem Feld nach einem anstrengenden Morgen bereits Schutz vor der sengenden Sonne suchte. Für sie machte es keinen Unterschied, daß Fatukas Pflichten anders aussahen als die anderer Leute, daß seine Klienten zu ihm in sein Haus kommen mußten, wo ihm seine Veranda als Büro diente. Ihrer Meinung nach sollte er sich gefälligst wie jeder anständige Beamte des Schatzamtes benehmen, ein sauberes Hemd und ein paar Hosen anziehen, pünktlich an seinem Schreibtisch sitzen und seine Klienten erwarten. Stattdessen mußte Fatuka immer irgendeine gänzlich weltliche Tätigkeit unterbrechen, wenn ein Kunde kam – sei es, daß er sich gerade sein Essen zubereitete oder bei der Hökerin sein Frühstück erstand, sei es, daß er seine Wäsche wusch. Am schlimmsten war die Selbstverständlichkeit, mit der er seine Kunden aufforderte, Platz zu nehmen und zu warten, bis er mit seinem privaten Kram fertig war. An diesem bewußten Morgen hatte Fatuka sich eben erst vom Bett erhoben.

»Aber du hast letzte Woche erst an deinen Sohn geschrieben«, nörgelte er.

»Was geht dich das an?« gab sie zurück.

»Er schickt dir zu viel Geld, das ist es, Mariam. Wenn er dir nicht so viel Geld schicken würde, könntest du es nicht für deine Briefschreiberei verschwenden.«

Sie tat so, als wollte sie sich auf dem Absatz umdrehen und gehen. »Bitteschön, wenn ich mein Geld an jemand anders verschwenden soll ...«

»Kein anderer Briefschreiber nimmt dich an«, lachte er. »Sie haben doch alle eine Heidenangst vor dem Lehrer. Wenn sie ein Wort falsch buchstabieren oder einen grammatischen Fehler machen, wie der Lehrer es nennt, dann kriegen sie doch gleich eine Standpauke gehalten, wenn er das nächste Mal nach Hause kommt.«

»Aber du fürchtest dich nicht vor ihm, was?«

»Nee, ich doch nicht. Ich schreibe ja in Yoruba, nicht wie die anderen, die sich Wunder was einbilden, weil sie angeblich auf englisch schreiben können. Und dann will ich dir noch was sagen. An dem Tag, an dem dein Sohn meint, mir etwas über Yoruba erzählen zu können, werde ich ihm zeigen, wer immer hier im Dorf geblieben ist, während er nur drei- höchstens viermal im Jahr eine kurze Stippvisite macht, kaum lang genug, um eine Portion *ebiripo** zu essen.«

Inzwischen hatte Fatuka Feder und Papier bereitgelegt, das Tintenglas geöffnet, den Zipfel seines Umschlagtuches über die Schulter geworfen und sich an seinem Schreibtisch zurechtgesetzt. »*Ise ya*, soll ich dir sagen, was du das letzte Mal geschrieben hast?« Sie wußte, daß er sie auf den Arm nehmen wollte; seine Bemerkung bezog sich auf einen Brief, den sie vor längerer Zeit geschrieben hatte.

Er tauchte die Feder in die Tinte und hielt sie über den Schreibblock. Mariams Blick überbrückte die Entfernung zwischen sich und ihrem Sohn, und ihre Stimme klang, als hätte sie sich von ihrem Körper losgelöst. »Ile Lígùn ...«

Fatuka legte den Federhalter hin. »Wie oft muß ich dir das noch sagen? Schau her«, und er hielt ihr den Schreibblock dicht unter die Nase. »Siehst du nicht, daß in dieser Ecke bereits etwas geschrieben steht? Und hier, in der anderen Ecke, siehst du das? *Omo mi owon**. Wie dir jeder Angestellte in einem Regierungsbüro erklären könnte, habe ich etwas für dich angelegt, was man eine ›Akte‹ nennt. Dies hier ist dein ganz spezieller Schreibblock, ausschließlich und nur für dich. Um Zeit zu sparen, habe ich bereits auf jedes Blatt hier oben in die rechte Ecke deinen

Namen und deine Adresse geschrieben. Hier und hier und hier, siehst du das?« Er schnickte eine Seite nach der anderen hoch. »Siehst du's, ja? Es gibt nur drei Leute in diesem Dorf, die ihren eigenen Schreibblock bei mir haben: Fadeke Alaso, und du weißt, was für ein rühriger Geschäftsmann der ist, du und dann noch dieser störrische Esel, dieser Node ...«

Mariam nickte mitleidsvoll. »Ja, Gott habe Erbarmen mit ihm.«

Fatuka zuckte die Achseln. »Hat er denn Erbarmen mit sich selbst? Ein starrsinniger, alter Narr ist er. Sein Sohn ist abgehauen, um Geschäfte mit den Saro zu machen. Einen Brief hat er geschickt, einen einzigen Brief und danach kein Sterbenswörtchen mehr.«

»Tja, das muß jetzt bald zwölf Jahre her sein ...«

»Fünfzehn Jahre. Fünfzehn! Aber er schreibt ihm immer noch, verschleudert die letzten Ersparnisse seines Lebens!«

»Und warum hast du weiterhin für ihn geschrieben, warum hast du dich nicht geweigert?«

Wieder zuckte Fatuka mit den Achseln. »Du weißt doch, wie das ist. Zuerst schien es ja völlig in Ordnung. Du hoffst ja mit ihm, daß der Sohn zurückkommen wird. Ich meine, wir sind doch schließlich mit Ba'tunde aufgewachsen. Und wenn du erst mal sicher bist, daß er nie mehr zurückkommen wird, ist es zu spät, auch den alten Mann davon zu überzeugen. Du weißt doch, wie beleidigend er werden kann. Jedesmal, wenn ich einen Brief für ihn schrieb, habe ich ihm gesagt, was ich denke. Einmal, das ist schon Jahre her, hat er mich deswegen mit seinem Stock bedroht! Naja, jetzt ist ja alles vorüber. Der arme Tenten war ja der einzige, der uns zuletzt noch sagen konnte, was Node uns mitteilen wollte; und nun ist er nicht mehr.«

Inzwischen hatte Fatuka etwas unter den Absender gekritzelt. »So, das Datum ist auch eingetragen. *Omo mi owon* habe ich auch schon geschrieben. Wie soll der Brief lauten?«

Mariam versuchte wieder, ihre Gedanken zu ordnen, diesmal hielt sie ihren Blick auf Feder und Block gerichtet, sah aber keines von beiden. Ihr Geist hatte sich längst angewöhnt, den Briefen voraus zu ihrem Ziel zu eilen.

»Omo mi owon«, wiederholte Fatuka ungeduldig, doch er wußte nur zu gut, daß sie nicht anfangen würde zu diktieren, ehe sie sich nicht das Bild des Sohnes in ihre Gegenwart gerufen hatte, als säße er neben ihr, könnte sie sehen und hören. Endlich war sie soweit:

Mein lieber Sohn, ich sende Dir meine Grüße und danke Dir sehr herzlich für die Mühe, die Du Dir wegen Deines jüngeren Bruders machst. Wie ich höre, ist er krank und leidet an sobia, *doch beginnt der Wurm abzugehen. Darüber bin ich sehr erleichtert. Bedenke, daß Foluso für Dich sein soll, was Iya Jeje für Dich ist: Ein Schutzbefohlener wie Dein eigenes Kind. Erwachsen wie er ist, ist er doch nur ein kleines Kind. Er weiß es nicht besser, also mache Dir keine Sorgen wegen der anderen Probleme, die er Dir bereitet.*

Sie seufzte erleichtert. Dieses stachlige Problem wäre schon mal sauber gelöst. Nun konnte sie sich den gewichtigeren Schwierigkeiten zuwenden.

Ich habe auch gehört, der Junge hätte etwas an Gewicht verloren. Sag Iyawo, sie soll sich deshalb keine Gedanken machen. Wisse auch, daß Dein Vater die Geschichte mit dem Palmöl, das wir Dir und Deiner Frau geschickt haben, noch immer benutzt, um mich zu beleidigen. Dein Vater behauptet, es sei ein Blechkanister voll gewesen, aber ich sage ihm immer wieder, es war bloß ein Fäßchen! Dein Vater war an jenem Tag gar nicht zu Hause, woher also will er es wissen? Ich war es, die die Lieferung entgegennahm. Ich weiß nicht, wer ihm gesagt hat, es sei ein Kanister voll Öl gewesen! Olorunise ist noch nicht wieder von seiner Auslandsreise zurück, also kann er es auch nicht zu ihm gesagt haben. Wer also ist es, der behauptet, es sei ein Kanister gewesen? Das Fäßchen ist hier. Ich bewahre noch immer mein Speiseöl darin auf. Ich zeige es ihm, aber er will es gar nicht sehen. Jedesmal, wenn wir Streit haben, bringt er diese alte Sache aufs Tapet. Er sagt: »Du hast deinen eigenen Sohn um die Hälfte des ihm zugedachten Palmöls betrogen!« Stell Dir vor; und das nach fast drei Jahren! Er ist ein sehr merkwürdiger Mensch, Dein Vater.

Wie auch, genug davon. Oh, ich habe etwas vergessen. Sobia *geht manchmal mit Fieber einher. Sag Foluso also, er soll von dem* agbo *nehmen, das wir für Iya Jeje haben bereiten lassen. Er sollte gar nicht erst warten, bis das Fieber einsetzt.*

Mariam schwieg eine Weile. Sie dachte angestrengt nach und zögerte. Sie mußte ihren Sohn um Hilfe bitten. Dazu mußte sie ihm natürlich die Hintergründe erläutern. Aber war ein Brief nicht dasselbe, wie wenn sie die Sache mit dem Mund in alle Welt ausgestreut hätte? Was Fatuka anlangte, so war das Problem leicht gelöst; er war lediglich Vermittler. Von den anderen Briefschreibern ging das Gerücht, sie nähmen es nicht so genau, doch was Fatuka anging, so war er ein verläßlicher *opa awo**, der die Geheimnisse seiner Klienten wirklich für sich behielt. Darauf hatte er angespielt, als er sie eingangs gefragt hatte, ob er ihr sagen solle, was sie in ihrem letzten Brief geschrieben habe. Bei der bewußten Gelegenheit hatte sie vergessen, ob sie ihrem Sohn eine bestimmte Nachricht schon hatte zukommen lassen oder nicht. Also fragte sie die einzige Person, die es ihr mit Sicherheit sagen konnte – den Briefschreiber. Die Aufgeblasenheit, mit der er sie zurechtgewiesen hatte! Wie der Bischof, der manchmal nach Ìsarà kam, um die Sonntagspredigt zu halten. Wie einer dieser Amstvorsteher bei der Finanzbehörde hatte er sich aufgeführt, die einem gleich eine Strafe aufbrummen, wenn man seine Gebühren für den Marktstand nicht auf den Tag genau pünktlich entrichtete. »Iya Akinyode! Du dingst mich, um deine Briefe zu schreiben, nicht um deren Inhalte, die deine persönliche Angelegenheit sind, zu memorieren! Wenn ich den mir erteilten Auftrag erfüllt habe, dann« – und er imitierte das Geräusch eines entfahrenden Windes und scheuchte die Luft mit den Händen noch weiter in die Tiefen der Leere –, »dann ist die vertraglich vereinbarte Geschäftsverbindung für mich beendet und abgeschlossen. Schließlich bin ich kein gewöhnlicher Briefschreiber. Ich bin ein strengvertraulicher Co-Respondentz-Secketrär.« Da Mariam nicht lesen konnte, war ihr die entsprechende Bekanntmachung auf dem Schild vor Fatukas

Fenster immer entgangen, mit der er seinen gehobenen Status ganz Ìsarà in schreienden Farben Kund und zu Wissen tat:

ADEbabs FATUKA — BRIEHF-SCHREIBer uND
STREngverTRAUlicher Co-RESpondentz SECKeträr.
ErLehDIGung aler ePISSteln UNd
DockUMentalen ANGgelegenHeiten

Sie wußte lediglich, daß ihr verstorbener Bruder Tenten dieses Schild vor Jahren angefertigt und beschriftet hatte. Auf Tentens Empfehlung hin hatte Mariam Fatuka überhaupt erst aufgesucht.

Der kurze einleitende Wortaustausch hatte sie an diese Episode erinnert; es war schon beruhigend zu wissen, daß dieser Mittler kein Agent der Schwatzhaftigkeit war. Und was den Brief selbst betraf, so würde sie den *onisegun* längst konsultiert haben, ehe er ihren Sohn erreichte. Es konnte folglich kein Schaden daraus erwachsen, wenn sie ihren Sohn jetzt unterrichtete:

Mein Sohn, es gibt da ein großes Problem, von dem ich Dir berichten muß. Es ist mir ein sehr großer Geldbetrag abhanden gekommen. Es bedrückt mich sehr, denn noch nie in meinem Leben habe ich etwas Wertvolles verloren. Es handelt sich um das esusu*-Geld meiner Frauen-Selbsthilfegruppe, und wie Du ja weißt, bekomme ich es immer zur Aufbewahrung, wenn die Person, die an der Reihe wäre, noch nicht bereit ist, das Geld zu übernehmen. Es waren auch ein paar Erbstücke und ein paar andere Kleinigkeiten in der Dose. Du weißt schon, die Keksdose, die ich schon besaß, als Du noch nicht geboren warst. Jetzt ist sie spurlos verschwunden! Ich werde der Sache mit allen Mitteln nachgehen, die mir zur Verfügung stehen, doch zuerst brauche ich Deine Hilfe, vor allem in der Angelegenheit um Tentens Beerdigung, denn ich habe sonst niemanden, an den ich mich wenden kann. Das verlorengegangene Geld, macht meine Sorgen und Schwierigkeiten noch größer.*

Jetzt ging es ihr schon besser. Das Gefühl, mit ihren Problemen nicht länger allein zu sein, bedeutete fast so viel, wie sie gelöst zu haben. Sie legte die bescheidene Schreibgebühr auf den Tisch. Es war Zeit, sich den Fragen zuzuwenden, die Tentens Tod aufgeworfen hatte. Sie schaute Fatuka zu, der noch immer schrieb. Sie wußte, er fügte dem Brief ihre Grüße an die Frau und die beiden Kinder des Lehrers an. Aus dem speziell für sie angelegten Ordner nahm er einen bereits adressierten und frankierten Umschlag, faltete den Briefbogen, legte ihn ein und schloß das Kuvert. Das ganze glich einem Ritual. Er reichte ihr den Brief, sie stand auf, legte ihr Schultertuch um und entbot dem Briefschreiber einen guten Tag.

Fatuka blickte ihr nach, wie sie den Pfad entlangschritt; dann wettete er wie üblich mit sich, daß sie nicht direkt zum Briefkasten gehen, sondern sich erst umhören würde, ob nicht irgend jemand zufällig nach Abeokuta reiste. Als er sah, daß sie in die Schneiderwerkstatt eintrat, um nachzufragen, seufzte er. Seit neun Jahren war er jetzt ihr Briefschreiber, aber noch immer war es ihm nicht gelungen, sie davon zu überzeugen, daß es besser sei, die Briefmarke so lange lose aufzubewahren, bis sie ganz sicher sein konnte, daß kein persönlicher Kurier zur Verfügung stand – was nur sehr selten vorkam. Auch ihr Sohn hatte es längst aufgegeben. Jedesmal, wenn er einen Brief von Mariam auf seinem Schreibtisch vorfand, schaute er erst, ob die Marke noch ungestempelt war. Er hatte bereits außergewöhnliches Geschick im Ablösen postfrischer Marken entwickelt.

Erst lange nach Einbruch der Dunkelheit kam Ajike zurück, gerade als eine höchst besorgte Mariam sich zu Nodes Haus aufmachen wollte, um sich dort mit Ajikes Mutter zu beraten. Jetzt starrte sie die staubverkrustete Streunerin an, und ihre Sinne zögerten, die Botschaft aufzunehmen, die ihr aus Sagamu zuging, wo der kümmerliche Rest des Clans der Fadebo lebte. Das Mädchen hatte ihr nichts als die sauber abgenagten Knochen der Zurückweisung gebracht. Keine Ausflüchte, keine Entschuldigungen, keine vagen Versprechungen, nicht einmal die zähen Fasern des Fleisches, die sich zwischen den Zähnen verfangen und Hoffnung auf eine neue Mahlzeit machen, wenn man sie herauspult. Die Verwandten in Sagamu hatten nicht einmal versucht, die lästige Botin mit einer frommen Lüge abzuspeisen, deren bittere Wahrheit sich erst am kundigen Empfängerende enthüllt hätte: »Geh zurück, und sag Mariam, daß wir bereits jemanden zu ihr geschickt haben. Wir müssen erst auf Soundso warten; sie ist nach Kontagora gereist. Da sie die Familiengelder unter Verschluß hält, müssen wir uns erst mit ihr beraten, sie wird wissen, was zu tun ist...«, so oder ähnlich. Aber nein. Dieser abgebrochene Zweig des Familienstammbaums, so mußte Mariam nüchtern feststellen, hatte ihr einfach das Bündel ungeöffnet in den Schoß zurückgeworfen. Doch Mariam wollte es nicht wahrhaben.

»Bist du ganz sicher, daß es der Schreiner selbst war, mit dem du gesprochen hast?«

Ajike versicherte ihr: »Ja doch, Mama. Ich kenne den Schreiner sehr gut.«

»Und er sagte ... Was genau hast du ihn sagen hören? Versuche, dich an seine Worte zu erinnern. Wie hat er seine Botschaft ausgedrückt? Bitte, erinnere dich, Ajike.«

Das Mädchen wiederholte alles: »Bruder Schreiner war in seiner Werkstatt, als ich kam. Ich grüßte ihn und übermittelte ihm deine Grüße, so, wie du es mir aufgetragen hast. Dann übergab ich ihm deine Botschaft wegen Tenten. Bevor er sie gelesen hatte, war er sehr freundlich und erkundigte sich nach dem Wohlergehen aller im Hause. Aber nachdem ich ihm die Nachricht übermittelt hatte, wurde er sehr zornig und sprach sehr laut. Er sagte: ›Was will sie? Was soll ich denn tun? Die einzigen Felder, zu denen wir noch gehen, sind die *akuro* neben dem Fluß, und sie sind meilenweit entfernt. Hier ist die Erde verbrannt und ausgedörrt. Die Leute müssen sehr weit reisen, um zu einem Markt zu kommen, wo sie etwas verkaufen können; sie sind tagelang unterwegs.‹«

Ajike machte eine Pause. »Mhm-mhm?« drängte Mariam sie weiter.

»Dann habe ich ihn gefragt, was ich Mama Yode denn nun ausrichten soll. Und da hat er mich angeschrien: ›Bist du blind oder was? Siehst du hier weit und breit auch nur einen einzigen Kunden? Wenn du zu ihr zurückkommst, dann sag ihr, wie viele Leute du hier gesehen hast, die einen Tisch oder ein Bett bei mir in Auftrag gegeben haben oder schon fertige Möbel kaufen wollten! Nicht mal Särge werden hier gebraucht. Was immer die Leute in Ìsarà tun mögen, hier jedenfalls sterben sie nicht!‹ Und dann nahm er seine *buba** vom Nagel, zog sie über und ging weg. Ließ mich einfach da in der Werkstatt stehen. Ich habe lange gewartet, weil ich dachte, er käme wieder zurück. Schließlich bekam ich Angst, ich würde vielleicht die letzte Lorry nach Ìsarà verpassen, und da bin ich schnell zum Busbahnhof gelaufen.«

»Und auf dem Weg hast du ihn noch einmal gesehen? Ja?«

»Ja, er saß draußen vor der Bierbude und hat zusammen mit ein paar anderen Männern getrunken. Dann habe ich erfahren, daß die letzte Lorry nach Ìsarà schon weg war, und da mußte ich mich ein Stück weit auf dem Gepäckträger eines Fahrrads mitnehmen lassen, und den Rest bin ich zu Fuß gegangen.«

Mariam nickte. Ein sehr gut erzogenes Mädchen, dachte sie anerkennend, man konnte sich darauf verlassen, daß sie eine Nachricht korrekt überbrachte. Mariam wußte, alles hatte sich haargenau so zugetragen, wie Ajike es ihr berichtete. Ihre Gedanken wanderten durch die offene Tür nach draußen in die Nacht, und, ohne sich an eine bestimmte Person zu richten, fragte sie laut: »Und wer wird Tenten jetzt begraben?«

Ajike trat von einem Bein aufs andere. Die Nachtkühle des Harmattan setzte ein; auf dem Heimweg hatte sie sicherlich geschwitzt – der Weg war lang, und meist ging es bergauf. Als Ajike jetzt auch noch nieste, löste Mariam fix den Knoten im Hüftzipfel ihres Wickelrocks, holte zwei *onini** heraus, drückte sie Ajike in die Hand und schickte sie nach Hause.

»Du hast deine Aufgabe ausgezeichnet erledigt, mein Kind. Nimm das, und grüße deine Mutter von mir. Ich komme noch selbst bei ihr vorbei, um mich zu bedanken.«

Das Mädchen knickste freundlich, rannte davon, und Mariam rief ihm zum Abschied die wohlgemeinte Ermahnung nach, es solle, sobald es nach Hause komme, die feuchten Kleider ausziehen und sich gut abtrocknen.

Ajike mochte diese Frau in den mittleren Jahren, die allein lebte und allerlei *wosi-wosi** verkaufte. Manchmal kam Ajike von sich aus vorbei, blieb beim Fenster stehen und fragte, ob es etwas zu erledigen gebe. Sie kannte natürlich auch den ältesten Sohn der Frau, der fast schon ein *oyinbo* war und in Abeokuta als Lehrer arbeitete. Vielleicht war er die Quelle all der merkwürdigen Gegenstände, die sie auf dem ungehobelten Tisch vor ihrem Fenster zum Verkauf feilbot? »Wieso sie wohl keinen eigenen richtigen Laden hat?« fragte sich Ajike, während sie auf dem Weg nach Hause über die kaputten Wasserrinnen sprang.

Nachdem sie allein zurückgeblieben war, stand Mariam in der Tür und starrte hinaus in die Dunkelheit. Endlich gab sie sich einen Ruck, ging zu der Ecke hinüber, in der sie über Nacht ihre Waren aufbewahrte, und nahm die flache kleine Blechbüchse auf, die ihre gestrigen Tageseinnahmen enthielt. Das dürre Klimpern sprach von der Hoffnungslosigkeit des mageren Inhalts. Sie kannte den Betrag nur zu gut, trotzdem klappte sie den Deckel auf und schaute die verloren aussehenden Münzen an. Dann stellte sie die Büchse wieder zurück auf das Tablett neben den Waren. Sie ließ ihre Augen über den gestampften Dungfußboden schweifen. Mit dem Handrücken der einen Hand schlug sie sich in die Innenfläche der anderen und sagte dabei noch lauter als vorhin: »Wer wird Tenten jetzt begraben?«

Der Schreiner war das Oberhaupt des letzten Zweiges ihrer Blutsverwandten in Sagamu, dennoch hatte er ihr ohne Umschweife jegliche Hilfe in ihrer hoffnungslosen Lage verweigert. Nicht einmal das Versprechen, ein Familientreffen zu arrangieren. Damit war alles gesagt. Ihre »Adoptivfamilie« hier in Ìsarà hatte bereits das ihre getan, um mehr konnte sie sie nicht bitten. Kaum hatten sie von Tentens Tod gehört, waren die erwachsenen Mitglieder aus Nodes Haushalt auch schon gekommen, ihren Beitrag zum *egunsale** zu leisten. Mariam wußte nur zu gut, wie wenig der Kleinhandel den Frauen einbrachte; selbst während der Saison – in der Erntezeit, zu Neujahr, zu den moslemischen Festen. Zwei Shilling – das riß ein tiefes Loch in ihre Ersparnisse, daran konnte es gar keinen Zweifel geben. Ein schweres Opfer, selbst wenn es für Tenten erbracht worden war, der sich um Node gekümmert hatte, seit der Unglückliche an seiner Lähmung litt. Tenten selbst hatte dazu die Initiative ergriffen, freiwillig hatte er sich zu Nodes Armen und Beinen, zu seiner Zunge gemacht – ja, er kannte sogar Nodes Gedanken, seit dieser vollkommen behindert war. Dennoch hatte es Mariam tief berührt, daß diese Hilfeleistung von Nichtverwandten so spontan gekommen war.

Unverzüglich waren die Frauen bei ihr erschienen, um ihren Beitrag abzuliefern. Genau hier in diesem Raume hatte sie sie empfangen und zugesehen, wie sie Shilling um Shilling auf der Matte zu ihren Füßen gehäuft hatten – zweiundzwanzig Shilling alles in allem. Node selbst hatte nichts gegeben, doch dafür hatte sie Verständnis. Jetzt, da Tenten tot war, wer sollte da seine Gedanken lesen, wer sollte das schwache Zittern seiner Lippen richtig interpretieren und seine Worte verstehen? Wer – außer ihr selbst, Mariam. Erst als die Münzen zu ihren Füßen ein kleines Häufchen bildeten, braun wie frisch fritierte *robo* – ihre Gedanken wanderten zu den verrücktesten Belanglosigkeiten –, erst als die Münzen da vor ihr lagen, vergoß sie Tränen, als ob ihr erst beim Anblick dieses Beitrags zum *egunsale* der Verlust des einzigen Bruders zum Bewußtsein gekommen wäre.

Diese Frauen, das war ihre neue Familie. Ganz anders als die Mitglieder der noch jungen christlichen Gemeinde, mit deren Frauen sie das monatliche *esusu* beiseite legte. Die Frauen, die unaufgefordert zu ihr gekommen waren, gehörten alle zu Nodes Gehöft – seine Ehefrauen und seine verheirateten Schwestern. Mit diesen Frauen machte sie gelegentlich die vierzig Meilen lange, beschwerliche Rundreise zu den Märkten zwischen Ìsarà und Abeokuta, wo sie dann alle im Hof des Hauses ihres Sohnes kampierten. Schon bevor Node krank geworden war, hatte der Handel die Frauen zusammengeführt; schließlich waren sie unmittelbare Nachbarn. Dann hatte Tenten sie noch enger zusammengebracht. Tentens Vorstoß ins Gewerbe der Schildermalerei hatte nur zwei Kunden anlocken können; was er ihnen lieferte, hatte gezeigt, daß er weder für die Malkunst sonderlich begabt war noch über hinreichende Schriftkenntnis verfügte. Der Besitzer der Palmweinbude war der einzige Kunde, den er außer Fatuka hatte gewinnen können. So hatte sich Tenten nach einer neuen Arbeit umsehen müssen und sich als Farmgehilfe bei Josiah verdungen. Aber sein Schwager war ihm von allzu streitsüchtiger Natur; so zog er zu Node und wurde dessen rechte Hand auf den Feldern und im Haus. Auf die Art hatte auch seine Schwester eine neue Familie gefunden, nachdem ihre eigene sich nach Sagamu abgesetzt und sie bei ihrem Ehemann Josiah zurückgelassen hatte. Als sie die Frauen in ihrem Wohnraum um sich herum versammelt sah, hatte sie sich nicht verwaist und verlassen gefühlt. Zwar sprachen sie kaum. Was sie sagten, bezog sich auf die Beisetzung und die Botschaft, die dem *osugbo** überbracht werden sollte. Nodes Hauptfrau erklärte sich bereit, diesen Botengang zu übernehmen – Tenten sei zur Beerdigung bereit, und es solle nicht das Begräbnis eines unbekannten Niemand werden. Keinen einzigen der Riten, auf die er ein Anrecht hatte, sollte ausgelassen werden! Noch hatte Tenten eigene Verwandte!

Und dann kamen die Hiobsbotschaften. Zuerst erklärte der *osugbo,* Tenten sei nicht ihr Tod. Es war unfaßbar. Mariam glaubte ihren Ohren nicht trauen zu dürfen. Nicht der Tod des *osugbo*? Was sollte das bedeuten? War Tenten denn nicht Mitglied ihres Bundes gewesen? Seit ihrer eigenen Bekehrung hatte sie sich sehr darum bemüht, auch ihren Bruder dem Schoß der Kirche zuzuführen, hatte aber schließlich einsehen müssen, daß sie keinen Erfolg haben würde. Sie gab ihre Bemühungen auf, als sie sah, wie Tenten sich um den hilflosen Node kümmerte – selbst eine Henne würde nicht treuer und aufopfernder für ihre

Küken gesorgt haben, als ihr Bruder den lahmen Node unter seine Fittiche nahm. Die anderen, die sich Nodes Freunde genannt hatten, die hatten ihn gemieden und schmählich im Stich gelassen – und die waren alle Christen. Als sie das sah, hörte Mariam auf, ihrem Bruder in den Ohren zu liegen. Sie ließ ihn seine eigenen Wege gehen, die, soweit sie sehen konnte, von den Pfaden der Christen mit ihren Hinweisschildern, auf denen »Demut« und »Liebe deinen Nächsten« geschrieben stand, nicht sehr weit entfernt waren. Und bald ertappte sie sich, wie sie mit dieser neuen Sicht der Dinge auch auf die Trommeln des *osugbo* mit neuer Aufmerksamkeit hörte, als suchte sie die Botschaft ihres dumpfen vibrierenden Dröhnens zu ergründen.

Eines Tages hatte sie ihrem Bibelkreis einen schweren Schock versetzt. Die Gruppe war im Schulzimmer versammelt, der Katechet erklärte gerade die Bedeutung einer Bibelstelle, als er plötzlich mitten im Wort innehielt und mit zitterndem Finger durch das offene Fenster auf eine draußen vorbeiziehende Prozession zeigte. Schweigende Männer in indigoblauen Tüchern und gemusterten Überwürfen auf dem Weg zum Hause des *osugbo*, das gleich neben dem *aafin* lag.

»Eure christliche Missionsarbeit«, ermahnte der Katechet seine Herde, »ist unvollständig und unfertig, solange solche heidnischen Prozessionen die Augen der Menschen im Ijebuland beleidigen. Euer Glaube ist Schwindel, solange ihr solche Götzendiener nicht der Herde des guten Hirten, unseres Herrn Jesus Christus, zugeführt habt!«

»Warum?« war es Mariam entfahren, ehe sie sich hatte zurückhalten können. »Sie tun niemandem etwas zuleide.«

Nach einem unendlich langen Schweigen fand sich Mariam unversehens als Mittelpunkt eines ungewöhnlichen Aufruhrs in der Bibelstunde. Katechet Aderounmu, erst vor knapp drei Monaten nach Ìsarà versetzt, fragte sich laut und theatralisch, ob er nicht schutzlos mitten hineingeworfen worden sei in ein furchtbares Sündenbabel. Und er wäre sicherlich restlos am Boden zerstört gewesen, hätte er gehört, was Mariam, von dem von ihr verursachten Durcheinander selbst ziemlich verwirrt, doch bald innerlich wieder gefestigt, vor sich hinmurmelte: »Auch Yodes Vater ist Christ, und trotzdem sagte er, daß die Kirchenglocken nur im Ohr klingen, während die Trommeln des *osugbo* das Zwerchfell vibrieren lassen.«

Der kurze Moment des Aufbegehrens hatte sich rasch verflüchtigt, und Mariam fing an, Erklärungen zu murmeln. Sie entschuldigte sich. Ganz sicher sei es die Stimme des Teufels gewesen, die aus ihr gesprochen habe. Die Gruppe war erleichtert und fühlte sich wieder sicher. Als sie dann gar noch hinzufügte – und sie meinte das ganz aufrichtig –, es sei das unchristliche Verhalten vieler ihrer christlichen Brüder und Schwestern, das sie schon so lange belaste und bewege, da war der Katechet endgültig überzeugt, daß dieses arme Schäflein sich wirklich nur ganz kurz verirrt hatte. Mariam senkte den Kopf, um seine Ermahnungen über sich ergehen zu lassen, und erklärte sich zu guter Letzt einverstanden, eine Strafe von drei Pence zu zahlen.

Und jetzt wagte es dieser *osugbo* zu behaupten, Tenten sei nicht ihr Tod! Wessen Tod war ihr Bruder denn dann? Wer würde ihn beerdigen? Die Kirche vielleicht?

Ein plötzlicher Energieschub erfaßte Mariam. Sie schnappte sich ihr Kopftuch, band es sich wie eine Schärpe um die Hüfte und ging barhäuptig in die Nacht hinaus.

Node, zu drei Vierteln gelähmt, verbrachte die meiste Zeit seiner Tage und Nächte in einem Liegestuhl aus Rohr- und Weidengeflecht. Josiahs Sohn hatte ihn aus Abeokuta geschickt, eine Werkarbeit seiner Schüler. Die Inspiration entstammte einem bebilderten Artikel der Zeitschrift *In Leisure Hours*, der sich mit der Verarbeitung heimischer Materialien befaßte, aus denen »vernünftige, billige, haltbare Möbel hergestellt werden können«. Der Verfasser des Artikels hatte nicht gelogen. Der bequeme Lehnstuhl war durch die langjährige, ununterbrochene Benutzung schon ganz speckig, und Nodes Körper hatte sich ganz seiner sanften Rundung angepaßt. Nodes Sohn,

Ba'tunde, hatte davon gehört und aus der Ferne einen ortsansässigen Handwerker beauftragt, heimlich eine Kopie des Möbels anzufertigen. Die hatte er sodann nach Freetown in Sierra Leone verschifft, wo ein weitsichtiger Geschäftspartner eine Fabrik aufmachte, in der »haltbare Möbel in einheimischem Stil, doch von europäischer Eleganz« hergestellt wurden. Einen einzigen Brief hatte Ba'tunde noch geschrieben, ehe er sich ein für allemal der Unannehmlichkeit eines gelähmten Vaters entledigte. Zuvor hatte er noch die Geheimkassette des Schwerbehinderten erbrochen – Node hielt weder etwas von Banken, noch traute er den Sparkonten der Post – und sich mit den Lebensersparnissen seines hilflosen Vaters aus dem Staub gemacht. Nodes Zustand verschlechterte sich, er wurde zunehmend abhängiger von der Hilfe seiner Frauen – und von Tenten, seinem wichtigsten Helfer auf den Feldern. Node nahm dies alles, vor allem auch seine fortschreitende Lähmung, mit einer ungewöhnlichen Ruhe hin, die von niemandem sonst in seinem Hause geteilt wurde.

Besonders was seine Krankheit anging. Die war ganz ohne Zweifel das Werk eines arglistigen Feindes. Nur Node selbst, dessen Geist von dem plötzlichen Schlaganfall offensichtlich auch in Mitleidenschaft gezogen worden war, nahm an, es handele sich lediglich um ein Versagen seines eigenen Körpers, nichts weiter. Darüber hinaus hatte er das Beispiel seines eigenen Vaters vor Augen, der von demselben heimtückischen Leiden heimgesucht worden war. Zu allem Überfluß aber gehörte er auch noch zu der Gruppe von Konvertiten, die mit religiöser Inbrunst ausgerechnet an jenes Wort des Herrn glauben, das da lautet: »Mein ist die Rache.« Ganz anders Nodes Ehefrauen, die zu verstoßen er sich – trotz seiner Bekehrung – strikt geweigert hatte. Allerdings war allein seine jüngste Ehefrau als rechtmäßige Gattin ins Kirchenregister eingetragen worden. Die übrigen Frauen, heftig unterstützt von Nachbarn und Verwandten, wußten natürlich ganz genau, daß diese Frau, und niemand sonst, das Medium war, durch welches der Feind seine üble Machenschaft bewirkt hatte. Und mit noch größerer Sicherheit wußten sie alle, wer dieser Feind war!

Als erstem war es Tenten gelungen, den Panzer zu durchbrechen, der Nodes Geist umfangen hielt. Mit starrsinniger Geduld hatte er gelernt, die Worte zu verstehen, die sich durch die verzogenen Lippen des Patriarchen quälten. Und auch, wie er seinerseits mit ihm sprechen konnte. So war es Tenten, der Node gerade noch rechtzeitig wissen ließ, daß der »Agent des Bösen« ausgemacht und geplant sei, über die Schuldige, seine jüngste Frau Binutu nämlich, den Urteilsspruch zu fällen. Seine übrigen Frauen und seine Verwandten waren zusammengekommen und hatten das Orakel konsultiert, dessen Aussage unzweideutig ausgefallen war: Die Hand, die Böses bewirkt hatte, war die von Alarade, Nodes engstem Freund; und als Mittlerin hatte er sich Saanus Mutter gewählt. Unverzüglich hatten sie Binutu vor das Angesicht ihrer Ankläger gezerrt. Ja, gestand sie sogleich freimütig ein, sie habe in der Tat mit Alarade geschlafen und Saanu sei auch nicht Nodes Kind, sondern das ihres Liebhabers. Die Beziehung habe schon vor vielen Jahren begonnen, seit sie regelmäßig nach Lagos reise, um dort Handel zu treiben und dort, wie es ja durchaus der Sitte entspräche, im Hause des besten Freundes ihres Ehemannes zu übernachten. Aber daß sie sich zur Mittlerin gemacht habe, um ihrem eigenen Ehemann einen solchen Schaden zuzufügen? Nein! Jedem Gottesurteil, das sie sich ausdächten, unterzöge sie sich bereitwillig – das Ergebnis brächte dann schon ihre Unschuld an den Tag. Sie sperrten sie in einen abgelegenen Raum, während sie sich über den Urteilsspruch berieten.

Im Handumdrehen hatte die Nachricht Binutus Verwandte in Ode erreicht. Noch in der Nacht brachen sie nach Ìsarà auf und schlugen im Morgengrauen ihre Zelte genau vor Nodes Gehöft auf. Ihre Forderung war einfach: Sie verlangten Binutu mitsamt ihrem Kind Saanu gesund und wohlbehalten zurück. Nodes Seite antwortete darauf, es handele sich hier um ein Verbrechen, das gegen einen Sohn Ìsaràs verübt worden sei, weshalb Ìsarà, und nur Ìsarà, einen Urteilsspruch fällen werde. Ferner ließen sie wissen, daß Jagun selbst, dessen Worte als Sprachrohr Ifas ja wohl niemand anzuzweifeln wage, durch das Orakel ihre Vermutungen in jeder Hinsicht bestätigt habe. Was bildete sich Ode ein? Wie konnten sie es wagen, sich hier einzumischen? Die Stadt schwirrte von Gerüchten. Nodes Gehöft verwandelte sich in ein belagertes Bollwerk.

Node kämpfte gegen die Zeit und konnte von Glück sagen, daß er Tenten zum Verbündeten hatte. Niemand wußte, was die beiden miteinander sprachen. Doch eilte Tenten ständig zwischen Nodes Gehöft und dem Haus des *osugbo* hin und her. Schließlich, fünf Tage nachdem alles angefangen hatte, kam Tenten zu Node, den Sprecher des *osugbo* im Schlepptau. Es handele sich um einen alltäglichen Fall, erklärte der Sprecher; alles sei ganz einfach. Die Ergebnisse der ersten Befragung Ifas seien selbstverständlich vollkommen richtig – in der Tat sei Binutu die Mittlerin, darüber bestehe nicht der geringste Zweifel. Doch hätten die Antragsteller verabsäumt, Ifa auch zu der Frage zu konsultieren, ob sie diese Rolle auch willent- und wissentlich übernommen habe oder ob sie – was sehr häufig vorkomme – ein unwissendes Medium gewesen sei. »Ihr seid mit der halben Botschaft des Orakels davongeeilt; ihr habt nicht die ganze Wahrheit erfragt; ihr habt es unterlassen, zu erkunden, ob sie das Übel mit ihrem Wissen in dieses Haus getragen hat oder ob Alarade sie ohne ihr Wissen und ohne ihre Zustimmung als Zwischenträgerin benutzt hat. Hat keiner von euch je von *magun** gehört, das ein Mann auf seine Frau übertragen kann? Er tut dies, ohne daß sie davon weiß. So schützt er ihre Keuschheit und vertreibt jeden Eindringling, der sich auf seinem Acker zu schaffen machen will. Glaubt ihr etwa, *magun* ist ein Einzelkind? Ihr habt euch alle miteinander sehr dumm verhalten!« Der Priester des *osugbo* schimpfte sie gehörig aus. Zum Schluß waren sie alle so verschüchtert, daß sogar Binutus Untreue fast vergessen war. Nun ja, nicht ganz und gar vergessen, aber doch akzeptiert, als eine der kleinen Sünden, die sich im nachhinein als Vorteile entpuppen. Node war ja schon längst nicht mehr in der Lage, eigene Kinder zu zeugen; wer also würde nicht sehen, daß hier ein gütiges Schicksal die Hand im Spiel hatte, war doch der illegitimen Verbindung ein Kind entsprungen!

Und so kehrte wieder Frieden ein, in jener Ecke Ìsaràs, in der Nodes Gehöft stand. Der *osugbo* erlegte Binutu eine Strafe auf: Sie mußte zwei Hühner, einen Ballen weißes Tuch und ein Fäßchen Palmöl abliefern – wofür ihre Verwandten nur zu gern das Geld aufbrachten, ehe sie wieder nach Ode abzogen. Natürlich mußte sich Binutu außerdem einer Reinigungszeremonie unterziehen, um das Böse abzuwaschen, mit dem Alarade sie belegt hatte. Schließlich bereitete sie noch *ekuru* zu und verteilte sie kostenfrei in der Stadt. Zuletzt wurden Boten zu Alarade nach Lagos geschickt, die ihm mitteilten, sein jetziger Wohnort müsse wohl sein ständiger werden, es sei denn, er komme nach Ìsarà, um das schreckliche Übel, das er seinem besten Freund so hinterhältig angehext habe, wieder von ihm zu nehmen. Was das Kind Saanu betreffe, so befand der *osugbo*, gehöre es selbstverständlich dem Manne, unter dessen Dach auch seine Mutter Binutu Schutz als Ehefrau genieße. Und damit war die Angelegenheit erledigt.

Mariam ließ das Drama noch einmal vor ihrem geistigen Auge vorbeiziehen, während sie im Trott durch die pechschwarze Nacht lief, die mit Lichtpunkten von den Öllampen durchsetzt war und durchbrochen von den schwach leuchtenden Kegeln der Sturmlampen, die in offenen Fenstern oder Türen hingen. Node würde ihr Problem lösen können, dessen war sie sich sicher. Auch ohne Tenten würde er wissen, was zu tun war. So wie ihr Bruder hatte auch Mariam die Fähigkeit erworben, mit Node zu kommunizieren; der Unterschied war nur gering – während es Tenten möglich gewesen war, Nodes Gedanken zu lesen, mußte sie ihr Ohr nahe an seine Lippen legen und dann mit Einfühlung die rülpserähnlichen Laute, die diese fast unbeweglichen Lippen noch hervorzubringen vermochten, mit Sinn erfüllen. Wenn Tenten gezwungen war, Tage und Nächte draußen auf der Farm zu verbringen, wandten sich Nodes Leute oft an sie und baten um Hilfe, damit sie ihnen sagte, was Node begehrte. Dieser Tenten, der in den Tagen jener schweren, durch Nodes Krankheit ausgelösten Krise hin- und hergeeilt war zwischen Nodes Gehöft und dem Haus des *osugbo*, jener selbe Tenten war es jetzt, von dessen Tod sie behaupteten, er ginge sie nichts an! Wer also würde ihn begraben? In Gedanken spielte Mariam verschiedene Möglichkeiten durch. War Tenten vielleicht gestorben und »schuldete« ihnen noch etwas? Es kursierten da ständig Geschichten, die nie ganz geklärt wurden. Wenn es nicht der *osugbo* selbst war, dann gab es immer irgendeine andere Kultgemeinde, die unerbittlich auf Begleichung einer alten Rechnung beharrte; vorher erlaubte sie keinem Verwandten, auch nur in die Nähe der Leiche zu kommen. Sie bemächtigten sich des Körpers, ja sogar des Hauses des Toten, sofern es ihm gehörte. So war das eben. Ein neuer Initiant versprach oft viel – es hing ganz davon ab, was er für sich ersehnte, ob Reichtum, persönliche Anerkennung, Kinder ... oder einfach ein langes Leben. Alles hatte einen Preis, und dieser Preis konnte sogar das Leben eines Unschuldigen einschließen. Jeder christliche Prediger kannte Hunderte solcher Schauermärchen, und jedes hatte seine eigenen Details, die einem das Blut in den Adern gefrieren ließen. Die Zuhörer im Bibelkreis waren schon längst darauf gefaßt, mit jeder neuen Geschichte auch neue, fürchterliche Einzelheiten zu erfahren. Sie nahmen es mit einer gewissen Gelassenheit hin – schließlich, wo hätte es je Rauch ohne Feuer gegeben? Die Einzelheiten wurden als unerheblich abgetan. Jetzt bereute Mariam allerdings, daß sie ihrem Bruder nicht näher geblieben war, vielleicht hätte sie ihm das eine oder andere Detail entlocken können, das ihr nun geholfen hätte zu verstehen, warum er dem *osugbo* nach seinem Tod als Unberührbarer erschien.

Als sie, nachdem sie ihre Frage dreimal wiederholt hatte, ihr Ohr an die schiefe Öffnung zwischen Nodes Lippen brachte, war sie überrascht von der Schlichtheit der Antwort, die sie sich aus den hervorgequälten Lauten zusammensetzte.

»Hast du das nicht gewußt? *Osugbo* darf Tenten nicht beerdigen, weil er ein Albino war. Die Riten für einen Albino sind für *osugbo* tabu.«

Mariam explodierte ärgerlich: »Was? Und warum haben sie mir das nicht gesagt?«

Sie las aus dem verzerrten Gesicht, daß er sie aufforderte, ihr Ohr wieder nah an seine Lippen zu bringen. »Wen hast du geschickt?«

»Ajikes Mutter.«

Ein kehliges Griemeln entrang sich Nodes Lippen. »Du hast eine Frau geschickt? Da sieht man mal wieder, wie einfältig ihr Weiber seid! Zu erwarten, daß *osugbo* euch sagt, was er darf und was er nicht darf! Natürlich läßt er dir nur mitteilen, daß Tenten nicht sein Tod ist. Wenn er euch sagt, er darf die Riten für einen Albino nicht durchführen, dann lautet eure nächste Frage doch prompt: Warum nicht?«

»Ja, warum nicht?« fragte Mariam.

»Siehst du! Geh zu den *ogboni* – oder vielmehr, schicke Josiah zu ihnen. Tenten ist entweder ihr Tod, oder sie werden dir sagen lassen, wer ihn als den seinen anerkennen muß. Sie werden alles Nötige unternehmen.«

Mariam seufzte und verabschiedete sich, dann machte sie sich auf den Weg zu Josiahs Haus. Schon von Ferne sah sie einen Lichtschimmer hinter dem Fenster und atmete erleichtert auf. Josiah hatte viele öffentliche Ämter in Ìsarà inne; nicht alles, was er zu tun hatte, verstand sie, aber sie wußte, daß er häufig bis tief in die Nacht hinein unterwegs war, Versammlungen besuchte, an Beratungen teilnahm, mal im Hause irgendeines Chiefs, manchmal sogar im Palast des *odemo* oder gar im *iledi.* Nach seiner Taufe hatte Josiah offiziell dem *osugbo* abgeschworen, aber das hinderte ihn nicht, seinen Platz bei den Treffen der Ältesten einzunehmen, bei denen Angelegenheiten erörtert wurden, die Ìsarà betrafen. Sie schickte ein stummes Stoßgebet zu Gott;

wenn Josiah doch nur endlich aufhören würde, diese Versammlungen des *osugbo* zu besuchen, denn dort, das wußte sie, lauerte die eigentliche Gefahr. Und dann war da noch die Sache mit der zweiten Ehefrau. Mariam zuckte die Achseln. Wenigstens brauchte sie ihn heute nacht nicht dort zu suchen. Josiah kriegte neuerdings alles in den falschen Hals. Irgend etwas, sie hatte keine Ahnung, was es war, beschäftigte ihn in letzter Zeit und machte ihn noch bärbeißiger als sonst. Ihr Eheleben war nie einfach gewesen, aber seit einiger Zeit standen ständig alle Zeichen auf Sturm. Die winzigste Kleinigkeit führte zu einem Streit.

Josiah saß auf der Raffiabank unter der Petroleumlampe. Mit zusammengekniffenen Augen blinzelte er in ein Buch, das er sich dicht unter die Nase hielt. Die Brille war wohl die Konsequenz seiner Reise in die abenteuerliche Welt der Bücher. Als Mariam ihn so sah, blieb sie wie angewurzelt stehen. Sie hatte keine Ahnung, daß er zu lesen begonnen hatte. Sieh an, da hatten die unablässigen Bemühungen ihres Sohnes also doch Früchte getragen. Angeknabberte Kolanüsse lagen neben Josiah auf der Bank; ein untrügliches Zeichen, daß, was immer er da tat, ihn große Mühe und Anstrengung kostete. Es war der Anblick ihres Ehemannes, wie er da über ein Traktat der Christlichen Missionsgesellschaft gebeugt hockte und mit seiner merkwürdigen Brille einer Eule nicht unähnlich sah, der in Mariam sofort ein Gefühl der Erleichterung auslöste. Sie stand in der Tür, schaute ihn an und kicherte; riß sich aber sofort zusammen und war wieder ernst.

Josiah hatte sie gehört und blickte verärgert auf. Jetzt erst klopfte Mariam an den Türpfosten und fragte: »Darf ich hereinkommen?«

»Was gibt's denn da zu lachen? Ist dir ein *opidan** vorausgehüpft, daß du so amüsiert bist?«

Mariam nahm den Köder nicht an. Sie trat ganz ein und kam unverzüglich zur Sache: »Baba Yode, nur du kannst mit den *ogboni* wegen Tenten reden.«

»Ich betrete das Haus des *osugbo* schon lange nicht mehr«, log Josiah kurz angebunden und wandte sich wieder seiner Lektüre zu.

»Du brauchst ja sein Haus nicht zu betreten. Jagun ist dein Freund, du kannst ihn in seinem eigenen Haus besuchen. Er kann dann in meinem Namen mit ihnen sprechen.«

Josiah schüttelte den Kopf. »Ich bin Christ. Ich habe ja sogar ein Ehrenamt in der Kirche inne. Stell dir vor, was das für einen Eindruck machen würde, wenn herauskommt, daß ich einen meiner Verwandten zu den *ogboni* gebracht habe, um ihn beerdigen zu lassen.«

»Und was ist mit mir? Bin ich etwa keine Christin? Ich bin seine einzige Schwester. Soll ich seine Leiche vielleicht im Stich lassen?«

»Aha, dann siehst du also den Unterschied! Du bist seine Blutsverwandte. Da wird das jeder verstehen. Aber was mich anlangt ...«

»Bist du denn nicht mit mir verheiratet? Macht das Tenten nicht auch zu deinem Verwandten?«

»Er ist mein *iyekan*, nicht mein *ibatan* – ich bin nur mit ihm verschwägert. Die Beerdigung von Tenten ist eine Angelegenheit seiner Blutsverwandten. Ich habe damit nichts zu tun.«

Irgend etwas stimmte nicht. Mariam kannte die typische Halsstarrigkeit ihres Mannes, aber nun ging sie einher mit einer Vernunftswidrigkeit, die sich aller Ausforschung entgegenstellte. Mariam überlegte, ob sie Babarinde rufen solle, den benachbarten Goldschmied, damit er bei dieser Aussprache vermittle, so sicher war sie sich, daß Josiah baren Unsinn redete. Wie konnte er sich weigern, die Rolle des Vermittlers zwischen ihr, seiner Ehefrau und den Ältesten des *osugbo* zu übernehmen? Sie hatte keine männlichen Verwandten in Ìsarà, keine Onkel, nicht einmal einen noch so entfernten Vetter. An wen also sollte sie sich wenden, in einer Angelegenheit wie dieser? Es blieb ihr wohl nichts anderes übrig, sie mußte sich an irgendeinen anderen Mann wenden, der für sie in ihrem Namen tätig wurde. Während sie sich auf dem Absatz umdrehte, kam ihr ein Gedanke. Vielleicht gab es einen anderen, ganz einfachen Grund für Josiahs Unnachgiebigkeit und seine sture Weigerung. Und das wäre zugleich die Erklärung für seine anhaltend schlechte Laune. Unter Vorspiegelung völliger Ahnungslosigkeit sagte sie leichthin: »Also gut, ich werde mich nach jemand anders umsehen, der die Rolle des Familienvaters übernimmt. Möchtest du mir deinen Beitrag zum *egunsale* jetzt gleich geben, oder soll ich die Frauen morgen früh vorbeischicken?«

Mariam wußte, daß sie mitten ins Schwarze getroffen hatte, als er das Gebetbuch wütend auf die Bank knallte und aufsprang: »Kapierst du denn überhaupt nichts von dem, was ich dir sage? Das *egunsale* wird benutzt, um *etutu* und all den anderen heidnischen Kram aufzuführen, von dem du ganz genau weißt, daß er mir als Christ verboten ist. Aber trotzdem kommst du und verlangst Geld von mir für diese heidnischen Praktiken. Geh mir aus den Augen, Weib! Wenn du Tenten in meinem Hinterhof begraben willst, dann werde ich selbst das Grab ausheben, und wir werden ein Gebet für ihn sprechen. Aber die *ogboni*? Nein! Ich habe ihn nicht zum *iledi* begleitet, als er noch lebte. Also werde ich jetzt, wo er tot ist, auch seine Leiche nicht dorthin bringen. So, und jetzt geh nach Hause, und laß mich in Frieden.« Er kehrte ihr den Rücken zu und entschwand in dem angrenzenden Raum, seinem Schlafzimmer. Von dort rief er ihr noch die Ermahnung nach, die Tür nicht offen stehen zu lassen, »deine Hexenschwestern könnten sonst hereinkommen«.

Jetzt wußte Mariam, daß sie mit ihrer Vermutung richtig gelegen hatte: Josiah war blank bis auf den letzten Heller! »Ich werde deinem Sohn schreiben müssen«, sagte sie zum Schlafraum hin.

Heftig nickend erschien er wieder in der Türfüllung. »Das hättest du von Anfang an tun sollen, statt zu versuchen, mich zu unchristlichen Handlungen anzustiften. Schreib ihm, und sag ihm, er soll dir Geld schicken für das *egunsale*. Er ist schon so weit weg von allem, ich bezweifle, daß er überhaupt weiß, was sich hinter *egunsale* verbirgt; also begeht er auch keine Sünde.«

»Schon gut, schon gut«, sagte Mariam beschwichtigend. »Ich werde ihm schreiben. Möchtest du, daß ich ihn bitte, auch dir was zu schicken?«

Der Stachel ging sofort tief ins Fleisch, und Josiah reagierte, wie Mariam erwartet hatte – wütend schnaubte er: »Habe ich gesagt, daß ich Geld brauche? Und selbst wenn ich welches brauchte, wer bist du, mir anzubieten, für mich bei meinem eigenen Sohn um Geld zu bitten? Kümmere dich gefälligst um deinen eigenen Kram, Weib, und laß mich endlich in Ruhe!«

Er rauschte ab in sein Schlafzimmer und riß die Matte, die als Vorhang diente, vor die Öffnung. Vor Wut mit den Zähnen knirschend, beobachtete er Mariams wissendes Grinsen; er war außer sich, denn er durfte nicht tun, wonach zu tun ihn unbändig verlangte: wieder in den Nebenraum zu stürmen, Mariam im Genick zu packen und zur Tür hinauszuschleifen. Wie sollte er dem Gemeindepfarrer unter die Augen treten, sollte sie sich entschließen, ihm von dem Vorkommnis, das gemeinhin unter Eheleuten eine Alltäglichkeit war, Bericht zu erstatten. Josiahs Gedanken flogen zu seinem Sohn, dem Schullehrer. Der war nicht nur mit einer einzigen Frau verheiratet, er lebte auch noch unter ein und demselben Dach mit ihr! Hatte er je derart nervenaufreibende Momente durchzustehen, fragte er sich. Und wie wurde er damit fertig? Er, Josiah, konnte wenigstens im Hause seiner zweiten Frau Trost suchen. Ja, eigentlich sollte er ... Josiah ging hinters Haus und suchte seine Arbeitsgeräte zusammen. Morgen früh würde er vom Hause seiner zweiten Frau Desinwa aus zum Feld aufbrechen.

Zwei ältere Männer traten aus dem Schatten ihrer Hütte, als Mariam nach Hause zurückkam. Der eine trug einen Amtsstab, den sie sofort erkannte – es war das Zeichen des *olifan** –, und sie fragte sich, warum ihr diese naheliegende Lösung nicht längst eingefallen war. Die beiden Männer grüßten sie als die Ehefrau Josiahs, als die Mutter von Akinyode und Foluso und als die, die nach dem Mann namens Tenten geboren war. Dann fragten sie sie, ob sie etwas aus ihrem Hause vermisse.

Merkwürdig, dachte sie, die Anwesenheit dieser Männer überrascht mich überhaupt nicht. Irgendwie meinte sie, einen solchen Besuch gleichsam erwartet zu haben; und als sie den Männern von der verlorengegangenen Keksdose berichtete, da war sie in keiner Weise erstaunt zu sehen, was als nächstes geschah. Der kleinere der beiden Männer schlug sein Schultertuch zurück, und siehe da, unter dem Arm hatte er die Dose. Er reichte sie Mariam. Das Blumenmuster war gerade noch zu erkennen, obwohl die einst leuchtenden Farben im Laufe der Jahre zu einem fahlen Einheitsbraun verblaßt waren.

»Ist das die Blechdose, die du vermißt hast?«

Sie nickte.

Der Mann hielt ihr die Dose hin und fuhr fort. »Wir haben ihr lediglich entnommen, was nicht allein dir gehört. Bitte, schau hinein. Wenn du Einwände erheben möchtest, dann ist jetzt die Zeit, sie uns mitzuteilen.«

Mariam spürte, daß ihre Hände ein wenig zitterten, als sie die Dose entgegennahm und den Deckel vorsichtig lüpfte. Sie machte sich nicht die Mühe, den Knoten des Tuchs zu lösen, in das das *esusu*-Geld eingeknüpft war. Die Form allein bestätigte, daß sich daran niemand zu schaffen gemacht hatte. Aber die Familienerbstücke waren weg und ein kleines Päckchen, das einen *iyun*-Armreif und einen Fingerring aus Bronze enthalten hatte – beide Schmuckstücke hatte Tenten ihr vor langer Zeit zur Aufbewahrung gegeben. Sie blickte wieder in die unbewegten Gesichter der Männer. Im fahlen Licht der umstehenden Hütten sahen sie wie dunkle Totenschädel aus, auf denen die weißen, enganliegenden Kappen regelrecht zu schweben schienen. Die Nacht war kühl, wie die meisten Nächte im Harmattan, und Mariam fröstelte.

»Nein«, sagte sie mit leiser Stimme. »Alles, was mir gehört, ist da.«

Diesmal sprach der andere Mann. »Wir selbst dürfen Tenten

nicht begraben, aber er ist unser Tod. Wir haben nach jenen gesandt, die ihn beerdigen werden. Schick uns das *egunsale* zum *iledi*, wir werden veranlassen, daß alle Riten vollzogen werden. Später wird jemand kommen und dich zu seinem Grab führen.«

Er stieß seinen Amtsstab einmal kräftig auf den Boden, dann drehte er sich um. Bald sah sie nur noch zwei gebeugte Schatten, sie sich im Dunkel der Nacht verloren.

IV

TISA

Der Grundschulrektor glaubte fest an das Prinzip von Ursache und Wirkung; als sich den Tiefen seiner unschlüssigen Seele ein Seufzer entrang und daraufhin unverzüglich die gebeugte Gestalt des Geistes aus der Flasche erschien, rechnete er das Verdienst dem zu, dem es gebührte: seinem Seufzer. Es mußte dieser Klagelaut gewesen sein, der die Erscheinung herbeigezaubert hatte. *Aje ku l'ana, omo ku l'oni; tani ku s'aimo pe aje lo p'omo naa je?** Wenn man es recht bedachte, war dieser Luftgeist aus der Flasche doch selbst eine Art *aje*. Der Lehrer kostete den Gedanken aus, schob ihn aber mit einem Lächeln beiseite. Eines Tages allerdings würde er ihn den Ex-Iléanten unterbreiten. Dabei dachte er weniger an die physische Gestalt des Eindringlings als vielmehr an die Gattung: Geister. Und keine Wortklaubereien, bitte, meine Herren – er zog vor seinem unsichtbaren Publikum die Stirn kraus. Stellte nicht die Erscheinung des Geistes aus der Flasche in just diesem Augenblick bereits die Antwort auf die Frage dar: Welche Seite des umstrittenen Territoriums würde ein derart unverfroren tendenziöser Störenfried wohl unterstützen? Der dringende Wunsch, seinem Schreibtisch für den Rest des Tages zu entfliehen – nicht nur für eine kurze Essenspause –, gewann jetzt die Oberhand.

Zuvor hatte es noch unentschieden gestanden, wenn auch hoffnungslos. Solange Soditan sich noch allein mit sich in seinem Behelfsarbeitszimmer befunden hatte, das heißt in der berüchtigten Ecke seines Wohnzimmers, mit der er seit seinen späten Jugendjahren regelrecht verwachsen zu sein schien, solange hatte er ja noch tapfer gegen das im Hinterhalt auf der Lauer liegende Jahresende angekämpft, obgleich sein Hirn von all den Dingen, die noch zu erledigen waren, wie vernagelt schien. Von

Zeit zu Zeit tadelte er sich selbst, hörbar, nicht bloß ein leises Murmeln. Der Lehrer hielt nämlich nichts von Verschwendung, und sei es auch nur die Vergeudung des eigenen Atems. Wenn also eine Krise seinen Geist zu einem Protest oder einer Ermahnung herausforderte, dann pflegte er sich selbst klar und direkt anzusprechen, die Lautstärke ganz auf den einzigen Zuhörer abgestimmt, wobei die Interpunktion durch seine Gewohnheit beigesteuert wurde, Luft einzusaugen, während er die Zungenspitze fest gegen den Rand der oberen Schneidezähne drückte. Diese Monologe dienten dazu, seine Stimme für die Lesung der Sonntagspredigt zu üben. Es war schon später Samstagnachmittag. Wäre ihm die Arbeit wie geplant von der Hand gegangen, dann stünde er längst im leeren Schulzimmer, würde seine Stimme um die ausgewählte Textstelle modellieren, sich vormerken, wo eine besondere Betonung zu liegen habe und sein verhaltenes Stimmvolumen perfektionieren, um auch die feinste Modulation noch zu meistern. Von der übertrieben lauten Bravourrhetorik, den stimmlichen Protzereien anderer Laienprediger hielt der Lehrer nichts.

Eine Zeitlang tat er so, als wäre der Luftgeist nicht vorhanden. Obgleich er sich eingestehen mußte, daß die Schlacht bereits verloren war, wollte er den Eindringling doch ein wenig zappeln lassen. Völlig sinnlos zu leugnen, daß die Schlappe längst erlitten war; der gemeine Schlag unter die Gürtellinie – oder vielmehr, ganz knapp oberhalb derselben, um genau zu sein, denn der Lehrer war bestens unterrichtet über die Anatomie des menschlichen Körpers und verabscheute Ungenauigkeiten –, dieser Schlag hatte ihn aus dem Hinterhalt getroffen, eingehüllt in die zarten Düfte, die aus der Richtung der Küche herüberzogen. Sein scharfer Geruchssinn hatte die Vorhut aus Krebsfleisch und Pfefferschoten, die in rotem Palmöl köchelten, längst ausgemacht. Und richtig erahnte er die Komposition der nächsten Angriffswelle. Seine Nasenflügel bebten, und sein Magen ließ einen weichen Trommelwirbel hören. Das Krebsgericht, soviel war klar, war eine Allianz eingegangen mit der dicken Konsistenz der Schwarzaugenbohnen, die den ganzen Nachmittag lang leise simmernd ihre Potenz entwickelt hatten und jetzt kräftig durchsetzt waren mit Bröckchen mageren Räucherfleischs und fein gewürzt mit *odunkun.* Mit unverschämter Leichtigkeit durchschnitt das Aroma die Luft seines Arbeitszimmers, schwang sich hinauf in die Matten unter den Dachbalken, turnte durch den Vorraum und füllte ihn so gründlich aus, daß der Lehrer außer Gefecht gesetzt wurde, unfähig, sich eine weitere Akte, einen weiteren Schulbericht vorzunehmen, denn seine Sinne waren von den Düften berauscht bis in die Fingerspitzen. Und deshalb hatte er den Seufzer getan, woraufhin der Luftgeist erschienen war, lautlos, wie es seiner Art entsprach. Mit seinen kreisrunden Augengläsern in dem hauchfeinen Metallgestell hatte er die innersten Rückzugswinkel im bescheidenen Haus des Lehrers durchstöbert, dann hatte sein umherforschender Blick die geheiligte Ecke ausgemacht, und ein breites, durchaus wohlwollendes Grinsen hellte sein sonst eher lethargisches Gesicht auf.

Gnädig gestand der Schulmeister ein, daß das Erscheinen des Luftgeistes ganz und gar überflüssig war: Längstens schon war sein Wille, mit der Arbeit fortzufahren, unterhöhlt, dennoch sagte er zu seinem Besucher, ohne dabei vom Schreibtisch aufzublicken: »Du bist nicht da. Ich seufzte nur, deshalb bist du erschienen. Alles, was ich tun muß, ist wiederum zu seufzen, und du wirst verschwinden.«

Doch was dem Lehrer nun entschlüpfte, war kein Seufzer, sondern ein erneutes, langes, volltönendes Magenknurren. Der Besucher schaute ihn überrascht an, dann fragend, blickte zuletzt aber verständnisvoll in Richtung Küche. Trotzdem machte er sich in Gedanken eine Notiz, denn der Vorfall war höchst ungewöhnlich und bemerkenswert. Der Lehrer, das wußte jedermann, war ein Mensch von solch präzisen Gewohnheiten, daß auch sein Magen nicht kollern sollte wie der eines gewöhnlichen Sterblichen. Des Schulmeisters Essensplan war wie sein Arbeitsplan bis ins feinste Detail ausgearbeitet. Das eine folgte auf das andere zur genau festgesetzten Minute, selbst für Änderungen, hervorgerufen durch Zwangslagen und Notfälle, war kein Raum. Die Nase des Luftgeistes, sein weit über die Stadtgrenze hinaus bekanntes Erkennungszeichen, beschrieb einen Halbkreis in der Luft. Dieser riesige Auswuchs war in ein munteres, nicht endendes Spiel mit dem Brillengestell verstrickt, denn der Höcker mit der aufwärtsweisenden Stoßrichtung diente dazu, die Abwärtsneigung des Spekuliereisens abzublokken. Man konnte sehen, daß die Rutschpartie ständig im Gange war. Die Ohren waren gleichermaßen beeindruckend: Breite Lauscher von der Form einer Cocoyams, genauso fibrös und fast ebenso groß. Seine Hautfarbe war pures Anthrazit, ein außerordentlicher Gegensatz zu der für einen Afrikaner so ganz und gar ungewöhnlichen Adlernase. Seine dürre, lange Gestalt ermöglichte es ihm, jedes Regal in seiner Apotheke zu erreichen, ohne eine Leiter, einen Schemel oder eine Kiste zur Hilfe nehmen zu müssen. Und jetzt arbeitete auch der Federball von einem Adamsapfel im Einklang mit seiner eigenen Kapitulation vor der Botschaft, die von der Küche her in das Heiligtum des Freundes eingedrungen war. Anders aber als der Lehrer nahm er sie nur mit Zufriedenheit und unverhüllt freudiger Erwartung auf.

»Ich gehe wohl Recht in der Annahme«, sagte der Apotheker grinsend, »daß die Dame des Hauses anwesend ist und du in Kürze deine Arbeit unterbrechen wirst?«

Da der Lehrer ihn nicht beachtete, verschaffte er sich Zugang zum Zimmer, einfach, indem er sich – ohne alle Mühe – über den hüfthohen Flügel der verriegelten Schwingtür beugte und den innen am Boden befindlichen Riegel öffnete. Als er nun in dem kleinen Raum neben dem Schreibtisch des Lehrers stand, stieß sein Kopf fast an die niedrige Zimmerdecke. Noch immer regte sich der Lehrer nicht, aber er wußte genau, was der Geist als nächstes sagen würde – und in der Tat, es ließ keine Sekunde auf sich warten: »Me-e-e-to-di-ko!«

Dem Pharmazeuten erschienen die tyrannischen Stapel von Akten und Klassenbüchern, Stundenplänen, Memoranden und

Kontobüchern, die Tintenfässer, die Stempel mit zugehörigen Stempelkissen als eine endlose Parade wohlorganisierter Taschenspielerkunst. Beweis, so pflegte er zu spötteln, einer peniblen Eifrigkeit, die nur jenen wenigen Individuen eigen ist, die mit der Gottesgabe eines ausgeprägten Ordnungssinns gesegnet sind. Und der Provisor stand mit dieser Ansicht keineswegs allein. Die Schreibtische des Lehrers, sowohl der heimische als auch der in seinem Schulbüro, waren ein Bild von seelenlosem In-Reih-und-Glied. Und der Apotheker empfand keinerlei Hemmungen, das längst hinreichend Bekannte immer wieder neu zu formulieren, kein Besuch im Hause des Lehrers wäre vollständig gewesen ohne dieses Ritual, mit dem er immer aufs neue seiner Bewunderung Ausdruck verlieh. Diesmal verquickte er seine Lobpreisung mit einer anderen, ebenfalls hinlänglich bekannten Spitze: »Das muß der Neid dir lassen, mein lieber Yode. Ich habe es schon immer gesagt, und ich werde niemals müde werden, es zu wiederholen: Dein Schreibtisch, und sei er noch so überladen, gibt dem Auge immer den wohltuenden Eindruck sauberer Ordnung, geradeso, wie dein edler Garten das kultivierte Auge mit einer Geradlinigkeit gleicher Qualität erfreut.« Er zwinkerte schalkhaft. »Der Unterschied, deucht mich, liegt freilich darin, daß der Garten unauslöschlich nach den Wohlgerüchen der Natur duftet, während dein Schreibtisch nach Gummiarabikum stinkt. Bitte ...«

Er hob die Hand, um die erwartete Reaktion des Lehrers abzuwehren. »Ein Bild, mein lieber Yode, nur ein Vergleich. Ich habe ja nichts vom Geist der Frugalität gesagt, vom Ijebuismus, von der Tatsache, daß die Stimme des Blutes sprechen muß und so weiter und so fort – nein. Ich verglich lediglich zwei Arten der Ordnung und die sie begleitenden Duftnoten. Und da wir gerade von Wohlgerüchen sprechen ...«

Er schnupperte ganz demonstrativ und schnickte dabei mit dem Kopf in Richtung Küchentür. Dann drehte er sich halb um und deutete mit langem, steckerldürrem Zeigefinger auf den Stapel von Papieren, die direkt vor ihm auf dem Schreibtisch lagen.

»Natürlich wirst du arbeiten wollen, bis Madame Bescheid sagt, daß der Tisch gedeckt und das Essen aufgetragen ist. Ich dagegen habe für heute meinen Laden dichtgemacht und bin hierher geschlendert, weil ich einen gemütlichen Feierabend zu verbringen gedenke. Als der rücksichtsvolle Mensch, der ich nun einmal bin, werde ich mich verkrümeln, damit du dich weiterhin ganz in Ruhe deiner Arbeit widmen kannst.« Mit einer ruckartigen Bewegung bückte er sich und nahm eine Zeitschrift aus dem Korb neben dem Schreibtisch. »Ist das die Neueste? Ich fürchte, ich habe versäumt, mein Abonnement verlängern zu lassen. Die letzten zwei oder drei Ausgaben habe ich nicht bekommen.«

»Schau selbst nach«, erwiderte der Lehrer. »Und was das Essen angeht, so werde ich meine Frau bitten, dir ein wenig Gummiarabikum aufzukochen.«

»Äußerst zuvorkommend«, versuchte der Luftgeist einzulenken. »Ich habe nicht den geringsten Zweifel, daß sich in ihren geübten Händen sogar Gummiarabikum in eine delikate Gaumenfreude verwandelt.«

Er setzte sich in den Lehnstuhl und streckte seine Beine in ihrer vollen Länge aus. Der Lehrer warf einen verstohlenen Blick auf das Fensterbrett, auf dem unübersehbar das Streitobjekt stand: Ein Glas, gefüllt mit einer zähen gelblichen Flüssigkeit, in der braune und schwarze Verunreinigungen schwammen. Er empfand keinerlei Reue darüber, diesem einheimischen Produkt, das er selbst aus den Absonderungen der Regenbäume herstellte, die an den breiteren Pfaden des Pfarreigeländes wuchsen, den Vorzug zu geben. Auch daß die Missionsbuchhandlung angeboten hatte, ihm auf importierten Leim in Flaschen mit eingebauten Pinseln einen gehörigen Preisnachlaß zu gewähren, beirrte ihn in keiner Weise. Während des Werkunterrichts überwachte er selbst die Schüler bei der Herstellung ihres eigenen Klebstoffs und der improvisierten Pinsel. Der zähere Leim für die dickeren Bretter wurde aus gepreßten Harzplatten gekocht: Importware – da hatte er nachgeben müssen; ihr eigenes Produkt besaß nicht genügend Klebkraft, um die Fugen der Werkstücke aus den Tischlerplatten dauerhaft zusammenzuhalten. Aber Klebstoff für Papierarbeiten, für die Pappmaché-Modelle, die er im Geographieunterricht einsetzte, für Lampenschirme und Bastobjekte? Nein – er zog es vor, die Schulgelder sinnvoller anzulegen als für importierten Leim.

Das Wissen, höchstens noch eine halbe Stunde arbeiten zu müssen, gab seiner nachlassenden Schaffenskraft noch einmal neuen Antrieb. Er beugte sich über den Schreibtisch und ignorierte die Gegenwart des Besuchers. In dieser halben Stunde wollte er versuchen, seinem Ruf so gut wie möglich gerecht zu werden, der ihm den bewußten Spitznamen – die Verballhornung des Wortes »Methodiker« – eingebracht hatte.

Als erstes nahm er die Bilanzen der Schulkontobücher in Angriff. Eine Fleißaufgabe, die er haßte – nicht so sehr um ihrer selbst willen, sondern weil er fürchtete, einen Fehler zu machen. Er hätte diese Arbeit vom Schulsekretär erledigen lassen können; tatsächlich hatte er bis vor zwei Jahren diesem Angestellten, dessen ureigene Aufgabe die Kontoführung ja eigentlich war, diese Arbeit allein überlassen. Er selbst hatte zum Schluß lediglich die Rechenschritte überprüft. Dann aber, vor zwei Jahren ... ihn schauderte bei der Erinnerung an den tiefen Sturz, den dieser emsige Diener der Diözese getan hatte, indem er sich vor allem in der Erledigung seiner eigenen Angelegenheiten als sehr fleißig erwies.

Als nächstes kamen die Klassenbücher an die Reihe. Der Apotheker hatte recht, sie waren so akkurat übereinandergestapelt, Ecke lag so paßgenau auf Ecke, daß man den ganzen Stoß für ein einziges dickes Hauptbuch hätte halten können. Yodes Aufgabe bestand darin, die Bücher für das Schuljahr abzuschließen, indem er jeweils unter der letzten Eintragung quer über die Seite eine diagonale Linie zog, dann seine Bemerkungen in das rechts unten auf der Seite entstandene Dreieck eintrug und zuletzt unter alles seine Unterschrift setzte. Diese Unterschrift war eine weitere Quelle der Verwunderung; auf die linierte

Seite gesetzt, sah sie aus wie ein Stück verzierte Notenschrift, und das schien nur allzu passend, war doch die Musik, ebenso wie die Gärtnerei, eine große Leidenschaft des Lehrers. Nachdem er seine Bemerkungen eingetragen hatte – sie waren natürlich alle längst sorgfältig vorformuliert und im Laufe der vergangenen Woche mindestens ein halbes dutzendmal überarbeitet worden –, legte er die Klassenbücher in ihre vorherige Position zurück, genauso säuberlich gestapelt wie zuvor.

Während er den Stoß ausrichtete, streifte seine Hand die Weihnachtsgrußkarten. Die konnten bis zum morgigen Sonntag warten, an dem er der Arbeit, die er jetzt verrichtete, nicht würde nachgehen dürfen. Das Signieren von Weihnachtskarten, wo nötig, verbunden mit ein paar persönlichen Zeilen, sollte dagegen wohl eine Hausarbeit sein, von der niemand würde sagen können, es sei unschicklich, sie am Tage der Ruhe des Herrn auszuführen. Er wandte sich der Akte mit den Briefen an die Eltern zu. Die Briefe waren nach verschiedenen Kategorien geordnet. Zunächst die Briefe, die klare, knappe Antworten auf ganz normale Anfragen der Eltern enthielten; die waren am schnellsten erledigt. Dann folgten strenge Ermahnungen an saumselige Eltern, die mit den Schulgeldzahlungen im Rückstand waren. Auch die unterschrieb er rasch, freilich nicht, ohne sie noch einmal überflogen zu haben, um sich zu vergewissern, daß sie genau so eindringlich, hart und kompromißlos formuliert waren, wie er es wünschte.

Die an Musiknoten gemahnenden Schnörkel seiner Paraphe, die er unter die Briefe der nächsten Gruppe setzte, würden in den Ohren der Empfänger allerdings keine Musik sein. Es waren endgültig letzte Verwarnungen, die – als Ergebnis der Lehrerkonferenz – auf frühere Abmahnungen folgten, und Aufforderungen an die Eltern, persönlich zu einem Gespräch in der Schule zu erscheinen: Ein Schüler, der bei den Klassenarbeiten notorisch schummelte, wiederholter Diebstahl, unhygienische Gewohnheiten, die ihnen einfach nicht auszutreiben waren, die aber »die Gesundheit der Mitschüler gefährden«, ein oder zwei

Fälle von sexueller Frühreife und die chronischen Schwachköpfe, »deren Plätze besser von solchen eingenommen würden, die die nötigen Fähigkeiten mitbringen«. Manchmal auch der gute Rat, daß der von der Schule verwiesene Schüler »am besten in eine Lehre ginge, in der seine schulischen Kenntnisse keiner weiteren Überprüfung unterzogen werden«. Schon während er diese Briefe unterzeichnete, entwarf Akinyode Pläne, wie er den Attacken der Eltern, Verwandten oder Vermittler ausweichen könnte. Würde jemals der Tag kommen, an dem sie die Notwendigkeit solcher Maßnahmen begriffen, fragte er sich. Solche Entscheidungen waren nun einmal ganz wesentlicher Bestandteil seiner Aufgaben als Lehrer. Jede Klasse hatte eine begrenzte Schülerzahl, und immer standen schon neue Schüler Schlange, die während des Schuljahres in die eine oder andere Klasse aufgenommen werden wollten. Da waren Eltern von woanders her versetzt worden, oder irgendwo in einem kleinen Dorf im Hinterland war eine Schule wegen Lehrermangels geschlossen worden. Was sollte mit diesen Kindern geschehen? Den helleren Köpfen mußte ganz einfach der Vorzug gegeben werden. Das war nur gerecht.

Und der Fall des kleinen Odebambi. Yode lehnte sich in seinen Stuhl zurück und las den Brief noch einmal genau durch. Zweifellos ein sehr begabter Schüler – doch leider nur in den Fächern, die ihn gerade interessierten. Das merkwürdige war, daß diese Fächer wechselten, so daß er zum Schluß nicht nur gewisse Fähigkeiten und Möglichkeiten erkennen ließ, sondern in allen Fächern hervorragende Leistungen brachte – in Geschichte, Erdkunde, Lesen, Schreiben, Rechnen und so weiter. Sogar im Werken. Aber brachte er diese Leistungen alle zur gleichen Zeit? Nein, nicht Odebambi! Weder gutes Zureden noch Nachsitzen, noch Extraarbeiten auf den schuleigenen Feldern, noch schwere Züchtigungen bewirkten irgend etwas – es half buchstäblich nichts. »Prügle ihn tüchtig durch, ich bitte dich inständig«, hatte der Vater des Jungen den Lehrer angefleht. »Du bist hier sein Elternteil, schlag ihn, hau ihn windelweich, daß er endlich ein wenig Verstand in seinen Kopf kriegt!« Nun konnte wahrhaftig niemand behaupten, Lehrer Soditan hätte sich, was diesen Wunsch des Vaters anging, seiner Verpflichtung entzogen. Er griff zum Rohrstock, und er setzte alle anderen »wohlbewährten Mittel« ein, die das Handbuch für Lehrer des Reverend Hackson empfahl. Dann kamen die Prüfungen vor den großen Ferien, und Odebambi erwies sich als Klassenprimus – in dem Fach, das gerade in diesem Trimester zu seinem Lieblingsfach avanciert war. In allen anderen Fächern aber war er das absolute Schlußlicht, kurz, er konnte nicht versetzt werden. Es war bereits sein zweiter Versuch, die Hürde von der dritten in die vierte Klasse zu nehmen. Nur in seltenen Ausnahmefällen wurde eine dritte Wiederholung derselben Klasse genehmigt, und mit Odebambi hätte man eine solche Ausnahme machen können.

Aber der Junge hatte ein Handicap, und das hätte er selbst mit der allergrößten Willensanstrengung nicht ausgleichen können: Sein Vater war ein Vetter ersten Grades des Lehrers. »Das nennt man Pech«, seufzte Soditan. Dann beugte er sich wieder über die Schreibtischplatte, langte nach dem Federhalter mit dem Elfenbeingriff, tunkte die Spitze in das Tintenglas und unterzeichnete langsam und bedächtig das Todesurteil. Unter die Signatur schrieb er: »Tut mir aufrichtig leid, Vetter, aber ich kann wirklich nichts mehr für ihn tun.«

Fast augenblicklich hob sich Soditans Stimmung, denn jetzt waren die losen Notenblätter an der Reihe, die neben den Klassenbüchern aufgeschichtet lagen. Es huschte sogar ein kurzes Lächeln über sein Gesicht. Er mußte die Lieder auswählen, die im kommenden Trimester im Musikunterricht durchgenommen werden sollten, und auch das Lied, das die Schüler täglich beim Einmarsch in die Klassen zu singen hatten. Aber das war es nicht, was ihn so amüsierte. Sein Unterarm zuckte unwillkürlich, als er sich der unverschämten Variante zum letztjährigen Marschlied erinnerte, die einige Schüler sich ausgedacht hatten. Nun – Jungs sind eben Lausejungs. Er wollte nicht selbstgerecht sein, er brauchte ja nur an seine eigene Schulzeit zu denken. Aber: Disziplin bleibt Disziplin. Überraschenderweise war es ausgerechnet Adeturan, der Lehrer der zweiten Klasse, dem der Unfug als erstem aufgefallen war. Alle hatten gewaltigen Respekt vor ihm, weil er an der Schlafkrankheit litt. Seine Anfälle kamen ganz plötzlich, manchmal war er gerade dabei, einen Satz an die Tafel zu schreiben, wenn ihn ein Schlafanfall übermannte. Die Schüler sahen dann, wie die Buchstaben in ein unsinniges Gekritzel übergingen, das schließlich in einen krakeligen Faden auslief, der unten an der Tafel endete, während Adeturan sich bemühte, wenigstens das Gleichgewicht zu halten. Natürlich hatte Adeturan auch seine guten Seiten, beispielsweise schwang er bereitwilligst den Rohrstock. Und ausgerechnet sein normalerweise in völligem Dämmerzustand befindliches Gehör hatte die zusätzlich in den Refrain eingestreuten Silben als erstes erkannt. Statt:

Boys wanted, boys wanted
Boys of muscle, brain and power
Fit to cope with anything
These are wanted every hour
Boys wanted, boys wanted*

schrien die jungen Stimmen lustvoll heraus:

Boys, won ntedi, tedi . . .
*Boys, won ntedi, tedi . . .**

Das Verbrechen an sich war leicht festgestellt, nur der Rest war nicht so einfach. Die Übeltäter waren geübte Bauchredner, und wenn die Lehrer den marschierenden Riegen nahe kamen, waren die Einfügungen nicht zu hören. Beide Seiten taten, als wäre nichts im Busch. Die aufsichtführenden Lehrer riefen ihre Befehle, schubsten die Schüler für den Marsch in die Aula in Reih und Glied und taten so, als hielten sie das Marschlied für wortgetreu richtig gesungen.

Eine Zeitlang blieben die schuldigen Schüler unentdeckt. Doch ihr Sturz war unaufhaltsam, weil sie einer weiteren Versuchung nicht widerstehen konnten. Sie fügten dem neuen Text auch noch eine Körperbewegung hinzu. Es war wiederum derselbe Adeturan, dessen Entschlossenheit darauf gerichtet war, seine durch die Schlafkrankheit bedingten Anfälle irgendwie wettzumachen, der auch diese Unregelmäßigkeit aufdeckte. In den Bewegungen der Frevler gab es eine verräterische Veränderung: Wenn man ganz genau hinschaute, konnte man hier und dort einen Rumpf sehen, der sich vorbeugte – nur um den Bruchteil eines Winkelgrades –, und zwar haargenau zeitgleich mit dem selbstherrlich hinzugefügten »tedi«. Ein paar Schüler standen unter einem noch heftigeren Zwang, sie fügten der angedeuteten Verbeugung noch einen seitwärtigen Hüftschwung hinzu, ein ganz leichtes Wackeln mit dem Hinterteil, besonders wenn sie die Treppe zu dem großen Klassenzimmer hinaufgingen, das als Aula diente. Der Rektor postierte folgerichtig Mr. Adeturan vor dem geschlossenen Teil der Flügeltür. Sobald ein tedi-Tänzer, der sich durch seine Bewegungen verraten hatte, oben ankam, schnappte ihn sich der Lehrer am Schlafittchen und bugsierte ihn hinter die Tür, wo er von einem anderen Lehrer in die Ecke des Schulzimmers dirigiert wurde. Die anderen, denen durch die auf der Treppe Vorangehenden die Sicht verstellt war, ahnten nichts vom Schicksal ihrer Kameraden. Einer nach dem anderen wurden sie dingfest gemacht und in der Ecke zusammengetrieben, wo sie ihr Los erwarten sollten. Die Ausbeute, stellte Soditan mit zufriedenem Lächeln fest, belief sich auf dreiundzwanzig; darunter drei Mädchen.

Der Rektor hatte durchaus Sinn für Humor. Er ließ sie in seinem kleinen Büroraum strammstehen, dann befahl er ihnen: »Ganze Abteilung kehrt!« Die Gesichter zur Wand, bildeten sie eine übersichtliche Reihe aus leicht zitternden Khakistatuetten. Dann kam der nächste Befehl: »Im Gleichschritt auf der Stelle treten!« Dabei mußten sie aus vollem Halse ihr »Boys won ntedi« singen, und beim »Tedi, tedi« sollten sie sich, dem Text ihres Liedes entsprechend, vorbeugen und das Hinterteil präsentieren, die Fingerspitzen an den Zehen. Da sie mit den Gesichtern zur Wand standen und nicht wagten, auch nur einen Blick zur Seite zu werfen, wußte keiner, wann er dran war, die zwei Schläge auf das hingereckte Hinterteil zu empfangen, die zum Rhythmus des »tedi, tedi« vom Rektor und seinem Assistenten, Mr. Adeturan, ausgeteilt wurden. Bei dienstlichen Verrichtungen dieser Art war auf Mr. Adeturan absoluter Verlaß, da blieb er immer hellwach! Da es unmöglich war, sich bei dreiundzwanzig Hinterteilen nicht zu verzählen, erhielten manche mehr und manche weniger als das verordnete halbe Dutzend; aber daran war überhaupt nichts Ungewöhnliches – Kollektivstrafen konnten nicht den Anspruch erheben, gerecht verteilt zu werden, soviel hatte Soditan in seinen eigenen Schülertagen zu akzeptieren gelernt.

Akinyode traf seine Entscheidung für das kommende Jahr. Als erstes Lied wählte er »Just Before the Battle, Mother«, als zweites ein Lied des einheimischen Komponisten Kilanko. Das erinnerte ihn an das Triumphgefühl, das er empfunden hatte, nachdem es endlich gelungen war, Kompositionen von »Eingeborenen« in den Lehrplan miteinzubeziehen. Was ihm selbstverständlich schien, war der Schulverwaltung und jenen, die von Lagos aus ihre Anordnungen gaben, überhaupt nicht selbstverständlich gewesen. Zum Glück hatte er von Daodu kräftige Unterstützung bekommen, von dem großen Reverend I.O. Ransome-Kuti, der kürzlich zum Generalsekretär der Lehrergewerkschaft gewählt worden war. Seine überragende Persönlichkeit hatte die Konservativen einfach überrollt, und Mr. Kilanko wurde unter dem donnernden Applaus der Lehrerversammlung hereingeführt und trug höchstpersönlich einige seiner Kompositionen vor. Die Missionare waren den Neuerungen gegenüber sogar recht aufgeschlossen gewesen, nur der Bildungsbeauftragte hatte nichts davon hören wollen.

Akinyode wurde nachdenklich. Ja, gelegentlich gab es solche winzigen Triumphe, aber war das genug? Erfüllung, fragte er sich

– im stillen, denn es war ein Zuhörer im Zimmer –, Erfüllung, was ist das? Er ließ seine Augen rasch durch den bescheiden möblierten Raum gleiten. Umschrieben diese vier Wände etwa den Rahmen seiner Zukunft? Sollte Sipe am Ende recht haben, der aus der von Yode gewählten Profession nur Verzagtheit herauslas? Und seine junge Frau – vielleicht hätte sie das zweite Kind wirklich nicht so unmittelbar nach dem ersten haben sollen ... diese unaufhörlichen Magenbeschwerden. Und war sie wirklich zufrieden damit, nur die Frau eines Schulmeisters zu sein, wenngleich auch eines Grundschulrektors, von dem viele Leute eine Menge hielten. Immerhin, in seinem Alter schon Rektor – es gab sehr viel ältere Kollegen, die man nicht für würdig oder fähig befunden hatte, ihnen diese Verantwortung aufzubürden. Er erinnerte sich an den Schreck, den er bekommen hatte, als das Schreiben mit seiner Ernennung eintraf. Und sein Vater hatte das Gras wachsen hören – sie werden versuchen, dich umzubringen, hatte er gewarnt. Sie werden dir Schaden zufügen, wo sie nur können. Du mußt sofort nach Hause kommen, damit wir die nötigen Schutzmaßnahmen ergreifen können. Alle Proteste hatten nichts genützt ... und schließlich, hatte er nicht selbst auch daran geglaubt? Hatte er sich hinterher nicht sicherer gefühlt, hatte er den Blicken der mächtigeren Männer nicht mit größerem Selbstvertrauen standgehalten? Habe ich mich seither jemals gefürchtet, einem von ihnen die Hand zu reichen – ganz egal, wieviel schwarzgefärbte Ringe sie auch an den Fingern tragen mochten? Nein, diese Neider konnten seiner Zukunft nichts anhaben; doch wie stand es um die Zukunft selbst? Welche Aussichten hielt sie bereit für den Rektor einer kleinen Grundschule?

Er legte die Notenblätter beiseite und griff nach einem Aktenordner – PERSÖNLICH stand in großen Lettern darauf. Er entnahm ihm ein paar zusammengeheftete, linierte Blätter und lehnte sich wieder in seinen Stuhl zurück. Die Handschrift auf den Seiten zeugte von sympathischer Vitalität, sie unterschied sich deutlich von der weichen, ebenmäßigen Eleganz der Handschrift des Lehrers.

»Was«, verlangte er von dem Luftgeist zu wissen, »soll ich bloß mit Sipe machen?«

»Oh, Mephistopheles?«

Einmal hatten die Ex-Iléanten im römisch-katholischen Seminar einer Aufführung der Oper Faust beiwohnen können. Solche Leckerbissen waren eine Seltenheit, und die Ex-Iléanten hatten, wie es ihre Gewohnheit war, ein »Ereignis« daraus gemacht. Der Rest des Publikums stand stumm vor Staunen, als diese schick herausgeputzten Stutzer erschienen waren, in denen die Leute kaum ihre Nachbarn wiedererkannten: den Apotheker, den Rektor, den Lehrer Ogunba und zwei weitere Mitglieder des Lehrkörpers, den Agrarinspektor Opeilu (der extra aus Adio angereist war), Sotikare, den Gerichtsschreiber, und Akinsanya, den Gewerkschaftssekretär, der sich ihnen aus Lagos angeschlossen hatte, um diesen seltenen Genuß einer europäischen Oper zu zieren. Die Ehre für ihren Erstaunen auslösenden Auftritt kam natürlich allein ihrem Ausstatter und Organisator zu, Sipe, dem Abenteurer und Projektmeister. Nach der musikalischen Einführung in die Welt der alles riskierenden Wagnisse, der höchsten Einsätze und der tiefsten Verdammnis wurde Sipe kraft Gemeinschaftsbeschluß seines damaligen Namens Forscher Fant entkleidet und mit dem des Archetyps aller Versucher belegt. Wie nicht anders zu erwarten, trug Sipe auch diesen Namen wie eine Nelke im Knopfloch, spielte mit ihm, variierte ihn, wie seine Stimmung es ihm gerade eingab. Der Brief, den der Lehrer im Augenblick in Händen hielt, war unterzeichnet: »Forsch der Deine, Mephisto-Fant.«

»Ist dir schon aufgefallen, du Verteiler fremdländischer Mixturen, daß dieser Sipe im Grunde seines Herzens ein erzkonservativer, schollengebundener, kleinkarierter Landjunker ist, der provinzlerischste unter uns Jebusiten, und doch ist immer er es, der diese verführerischen, ausländischen Perspektiven eröffnet und jedermanns Leben durcheinanderbringt«, sagte Yode.

»Bloße Geschäftemacherei«, versetzte der Luftgeist lakonisch.

»Das ist ja genau der Punkt. Für ihn sind sie alle nichts anderes als mögliche Geschäftspartner. Er sieht überhaupt keinen Unterschied zwischen – na, sagen wir mal einer belgischen Firma und einer italienischen.«

»Gibt's denn einen?«

»Vielleicht nicht. Aber wenn ich die Wahl hätte zwischen einem Gunther Henkelhacker – oder wie immer der Name dieses Maschinenteileherstellers lautet, mit dem Geschäfte zu machen Sipe uns letztes Jahr anbot – und einer italienischen Firma, dann würde ich in jedem Fall die Italiener vorziehen.«

»Du, mein lieber Yode, bist ein Romantiker.«

»Das sagt Sipe auch immer. Und er sagt, deshalb werde ich auch meiner Lebtage ein Lehrer bleiben und arm wie eine Kirchenmaus dazu. Er sagt das in einem Atemzug, doch schon in seinem nächsten Brief versucht er wieder, mich vor mir selbst zu retten. Hier, hör dir bloß mal diese Namen an ... Signor Porta Agostino Beila & Co., Messrs. Instituto Ameriale Laniero X Italiano, via Alessandro Manzoni, Milano. Montanari Caro, Esq., 12 via Morigi ...« Er hielt plötzlich inne und begann leise zu feixen. Der Luftgeist beobachtete, wie sich das Griemeln seines Gastgebers solange steigerte, bis ein unkontrollierbares Lachen daraus wurde und schließlich Tränen in Yodes Augenwinkeln standen. Während der Lehrer sich mit dem Handrücken über die Augen fuhr, kam er langsam wieder zu Atem. Immer wieder von neuen Prustern unterbrochen, sagte er: *»Motan'nari, kaaro o. Wo r'igi? Are. Wei r'igi. Mu suuru. Sipe a ko' gi ru e. Waa ri'gi, waa ri kunmo!«** Osibo hielt sich die Seiten, während der Lehrer den Unsinn weiter ausspann. Sie kringelten sich vor Lachen und bemerkten dabei das Mädchen nicht, das hereingekommen war und plötzlich neben dem Apotheker stand. Osibo fuhr erschrocken zusammen.

»Großer Gott. Schau sie einer an, leicht wie eine Fee. Kind, willst du, daß ich einen Herzinfarkt kriege?«

»Entschuldigen Sie, Sir. Guten Abend, Sir.«

»Ja, was gibt's denn Bose?«

»Mama läßt ausrichten, das Essen ist gleich fertig. Sie sagt, sie hofft, daß der Herr Apotheker zum Essen bleibt.«

»Aber selbstverständlich, mein Mädchen. Was glaubst du denn, worauf ich die ganze Zeit gewartet habe, während der Herr Papa hier arbeitete? Richte der gnädigen Frau aus, ich bin bereit, mich am Eßtisch einzufinden, wann immer es ihr beliebt.«

Das Mädchen eilte hinaus. Und der Luftgeist, der immer wieder losplatzte, sagte: »Aber du hast recht, weißt du. Ich glaube, du weißt überhaupt nicht, wie recht du hast. Sipe wird sie glatt über den Tisch ziehen. Ich meine, auf ganz legale Art, keine krummen Dinger. Er legt die Karten sauber auf den Tisch, aber er hat trotzdem immer noch ein As im Ärmel.«

»Und ob«, stimmte Akinyode ihm zu. »Aber verstehst du, was ich meine? Ihre Namen klingen, als wäre es Yoruba. Hör dir das an: Benito Paserelli ... *B'eni to p'ase r'eni.** Padua ... ja, sogar damit geht's – *p'adua**... *B'eni to p'ase r'eni p'adua**.« Er machte eine Pause und zog die Stirn kraus. »Padua. Warum kommt mir das so bekannt vor? Padua ...«

»Na, also wenn Sie das nicht wissen, Herr Schullehrer ...«

»Müßte ich, sollte ich? Wirklich? Wir lehren hier keine italienische Geographie, mußt du wissen. Nur die des britischen Empire.«

Osibo schüttelte den Kopf. »Padua. Freundchen, wenn du das nicht weißt, wirst DU ein *adua* brauchen, um mich davon abzuhalten, deine himmelschreiende Ignoranz in die Welt hinauszuposaunen.«

»Halt, halt, halt ... Padua ... Padua. Ojeojeoje, wo gehört das bloß hin. Wo, wo, wo? Geschichte? Hat's was mit Geschichte zu tun? Vertrag von ...?«

Der Provisor schüttelte den Kopf. »Du sitzt in der Klemme.«

»Also nicht Geschichte? Welches andere Fach könnte es dann sein? Religion? Irgendwas mit den Päpsten? Also, bitteschön, dies hier ist eine anglikanische Schule, ja. Haben sie dir in der Schule vielleicht was über die Päpste beigebracht?«

Der Pillendreher schüttelte unverdrossen den Kopf. »Nein, Religion ist ganz kalt. Eine Chance hast du noch. Wenn du die auch verpatzt, verrat ich's den anderen.« Er rieb sich die Hände und sagte mit schadenfrohem Grinsen: »Und du weißt, was das bedeutet.«

Unerwartet stieß der Lehrer einen tiefen Seufzer der Erleichterung aus, denn ganz auf das Problem konzentriert, hatte er zum Fenster hinausgeschaut, und da war plötzlich im Tor von BishopsCourt die stattliche Gestalt der Gattin des Reisepredigers erschienen, der sich gerade in Aké aufhielt. Am vergangenen Sonntag hatte sie in St.Peter für gehörige Aufregung gesorgt, hatte sie doch darauf bestanden, in einem jener Kirchenstühle in der ersten Reihe Platz zu nehmen, die eine Seitentür mit einem kleinen Riegel haben, Stühle, die den Mitgliedern einer der ältesten und ehrwürdigsten Familien des Egbalandes vorbehalten waren. Lokalpolitik, in die sich einzumischen der Lehrer kein Verlangen hatte. In seiner Funktion als Kirchenratsmitglied allerdings blieb ihm nichts anderes übrig – er mußte eingreifen. Um die Gattin des Reisepredigers zu besänftigen, ließ er all sein diplomatisches Geschick spielen, während der Ehemann der korpulenten Dame, der sich bereits in einem der Chorstühle niedergelassen hatte, so tat, als ginge im erhöhten Querschiff gar nichts Außergewöhnliches vor. Akinyode bot der Frau seinen eigenen Kirchenratsstuhl mit der kleinen Ablage für Bibel und Gesangbuch an. Der ganze Kirchenstuhl war aus einem einzigen Stück gefertigt, einschließlich der ungepolsterten Kniebank. Das verlieh dem Möbel das Flair einer solchen Exklusivität, daß sie sogleich beschwichtigt war und hinüberschritt zu dem angebotenen Platz, der ihrem Rang angemessen schien. Bis sie versuchte, ihren Korpus in das merkwürdige Ding hineinzuzwängen, das ganz offensichtlich für eine frugalere Gestalt geschaffen worden war. Da hob der Ärger von neuem an. Dem Organisten war die Angelegenheit nicht verborgen geblieben; und er stieg mächtig im Ansehen des Lehrers, weil er die Geistesgegenwart besaß, so laut zu orgeln, daß höchstens eine Handvoll Gemeindemitglieder im Querschiff eine Ahnung vom Ausmaß der Katastrophe bekam.

Dem Luftgeist war die Veränderung in Akinyodes Zügen nicht entgangen. »Also?«

»Die Vorsehung meint es gut mit mir. Ich wußte, ich verdiene eine göttliche Entlohnung dafür, wie ich die – ääh – Situation am letzten Sonntag gemeistert habe.«

»Ich höre.«

»Shakespeare. *Der Widerspenstigen Zähmung.*«

»Verdammt und zugenäht! Aber was hat das mit der Vorsehung zu tun?«

»Schau mal zum Fenster raus. Halt den Kopf unten, sie braucht dich ja nicht unbedingt zu sehen.«

Osibo hob die Nase bis zur Höhe der unteren Türhälfte.

»Ist sie das?«

»Und keine andere!«

»Und die wollte sich in den Kirchenstuhl zwängen, den du üblicherweise für dich beanspruchst?«

»Sagen wir, sie hat es redlich versucht.«

Der Luftgeist nickte gedankenverloren. »Jetzt weiß ich, was Jesus sah, als er sein ›Wahrlich, ich sage euch‹ über das Kamel und das Nadelöhr verkündete.«

Die Ehefrau des Lehrers kam herein und unterbrach ihre Heiterkeitsausbrüche. Der Apotheker sprang auf die Füße und reichte ihr die Hand. »Guten Abend, meine liebe Mrs. S. Meine Vermutung geht dahin, daß Sie gekommen sind, uns zu Tisch zu bitten?«

»Es tut mir leid, daß es etwas länger gedauert hat, als vorgesehen.«

»Verschwenden Sie darauf bitte keinen Gedanken, Mrs. S. Ihr werter Herr Gemahl hat mich bestens unterhalten – nachdem es ihm endlich gefiel, die Nase aus den Büchern zu nehmen.«

Der Luftgeist warf die Zeitschrift, in der er geblättert hatte, mit dem Titelblatt nach unten auf den Schreibtisch. »Da drin geht's um einen anderen von deinen Landsleuten. Über den sollten wir nach dem Essen mal reden.«

Der Lehrer konnte seine Neugier nicht bezähmen und nahm

das Jounal zur Hand, eine der neuesten Ausgaben von *In Leisure Hours.* Das Gesicht, das ihm vom Titelblatt entgegenstarrte, war aus anderem Holz geschnitzt als die Gesichter der imaginierten Koofmichs namens Beila oder Paserelli, wenngleich es mit letzterem den Taufnamen gemein hatte. Dies hier war die Visage des nicht mit sich spaßen lassenden Benito, dessen Possenspiele auf dem afrikanischen Kontinent schon manch heftige Debatte im *Kreis* ausgelöst hatten, und immer wieder flammte die Diskussion erneut auf, kaum daß ihnen die eine oder andere Nachricht über seine neuesten Manöver oder eine weitere seiner Verlautbarungen zu Ohren kamen. Einige im *Kreis,* allen voran Sipe, zeigten freilich nur Interesse dafür, daß dieses fremdländische Enigma sich auf einem der modernsten Motorräder hatte ablichten lassen, die augenblicklich in Italien vom Band liefen. Warum nicht italienische Motorräder importieren? Seit nunmehr fast zehn Jahren erschien dieses Konterfei in unregelmäßigen Abständen in den Zeitungen und Zeitschriften Westafrikas, ja sogar im *Nigerian Teacher* hatte es bereits sein Debüt gegeben, meist aber tauchte es im *West African Review* auf. War er ein diabolischer Tyrann oder einfach nur ein Großmaul? Was trieb diesen Mann? Gier oder Machtgelüste? Endlos konnte der *Kreis* über diesen Mussolini diskutieren.

Akinyode legte die Zeitschrift beiseite und ging seinem Gast voran zum Eßzimmer. »In seinem tiefsten Herzen ist er auch nur einer von denen.«

»Selbstverständlich, schließlich ist er Italiener, oder etwa nicht?«

»Nein, ich meine, er ist auch nur ein Geschäftsmann. Ein Händler. Er sucht nach neuen Märkten, will expandieren, wie alle anderen auch.«

Osibo machte auf der Stelle eine Kehrtwende, schnappte sich die Zeitschrift und bohrte seinen langen Apothekerfinger in das Bild. »Ha, schau dir dieses Gesicht ganz genau an. Sieht das etwa aus wie das Antlitz eines Herrenausstatters. Kannst du dir den vorstellen, wie er Herrenbekleidungsartikel verkauft – Schuhe,

Krawatten, Einstecktücher, Hemden mit und ohne abnehmbare Kragen, elegante Zweireiher, dreiteilige Kammgarnanzüge? Das ist ein Mann aus Stahl und Eisen, Sir! Wenn Sipe dem in die Quere kommt – was nie geschehen wird, nicht mal auf dem Wege der Korrespondenz –, dann macht der Kleinholz aus ihm.«

Akinyode gab zu, daß dies außer Frage stehe. Längst schon hatten die Ex-Iléanten erkannt, daß dieser Benito Mussolini wohl kein Mensch war, der mit sich scherzen ließ. Und er spukte in all ihren Diskussionen herum, was hauptsächlich den Herausgebern des *West African Review* zu danken war, die von ihrem Standort an der Goldküste aus diese Person offenbar ebenfalls für unwiderstehlich hielten. Manchmal erschien er wie die leibhaftige Antithese zu den wohlklingenden Namen der Geschäftspartner Sipes – als berechnend und beherrschend. Was hatte er nicht alles unternommen, um Haile Selassie, den einsamen afrikanischen Kaiser, unter seine Oberhoheit zu bringen? Der zwerggroße Herrscher hatte den Völkerbund um Hilfe angerufen – vergeblich. Schritt um Schritt kam Mussolini näher und drängte ihn ab ins Rote Meer. Manche behaupteten, er habe die abessinischen Truppen nur deshalb besiegen können, weil er heimlich Giftgas gegen sie eingesetzt hätte. Die nichtsahnenden Soldaten atmeten es ein und kippten reihenweise um, noch ehe sie einen einzigen Schuß hatten abfeuern können. »Activity«, der Pfadfinderführer, der seinem Spitznamen immer Ehre machte, hatte versucht, Freiwillige zu rekrutieren, um eine eigene Truppe gegen Mussolini zusammenzustellen. Er war fest davon überzeugt, die Kolonialverwaltung würde ihm ihren Segen geben. Unter seinen Bekannten, so ließ er an höchster Stelle verlauten, seien einige Veteranen aus dem letzten Krieg, und er mache sich anheischig, innerhalb einer Woche eine Kompanie westafrikanischer Freiwilliger auszuheben. An der Wand seines Wohnzimmers prangte in einem dicken Bilderrahmen die Antwort, die er vom Kolonialsekretär auf sein Angebot erhalten hatte. Die Angelegenheit, besagte das Schreiben, werde dem Völkerbund zur Entscheidung zugeleitet. Activity hatte den

Brief zuvor überall in der Stadt herumgezeigt, aber es war schwer zu sagen, ob er das aus Stolz tat – immerhin handelte es sich um ein Schreiben aus dem Büro des Gouverneurs in Lagos – oder weil die halbherzige Antwort Beweis für ein geheimes Einverständnis zwischen den Kolonialmächten lieferte. Selbst nachdem er den Brief gerahmt und an gut sichtbarer Stelle aufgehängt hatte, war es seinen Besuchern unmöglich, das Rätsel seiner amtlichen Anfrage zu lösen, das ihm dieses erhabene Stückchen Anerkennung eingebracht hatte.

»Ist dir das auch schon aufgefallen?« fragte der Lehrer und bewegte die Zeitschrift hin und her, so daß das Licht aus verschiedenen Winkeln darauffiel. »Er hat eine gewisse Ähnlichkeit mit I.O.«

Osibo warf einen Blick über die Schulter auf das Magazin. »I.O. Du meinst unseren Daodu?«

»Ja, schau mal genau hin. Derselbe Schulmeisterausdruck im Gesicht. Ich glaube, die würden gut zusammenpassen. Daodu könnte sicher mit ihm umgehen. Wenn irgendeiner mit dem fertig wird, dann ist es Daodu.«

Osibo schaute das Titelbild lange nachdenklich an. »Ja, da ist was dran. Vielleicht sollten wir Daodu zum Völkerbund schikken, damit er dem Kerl die Leviten liest.«

Eine sanfte Stimme mischte sich in ihre Entwürfe hoher Staatsdiplomatie. Es war Akinyodes Frau, die ihre Schritte erneut zum Arbeitszimmer gelenkt hatte, um ihrer Befürchtung Ausdruck zu verleihen, das Essen könne kalt werden.

»Schnell, schnell«, drängte der Lehrer. »Oder wir kriegen wieder die Schuld dafür, daß das Essen angebrannt ist.«

Lachend gingen sie alle zusammen zu Tisch.

»Weißt du übrigens«, nahm der Lehrer die Unterhaltung wieder auf, »daß ich die Bücher, die ich bei Foyles in London bestellt habe, nie bekommen habe?«

»Welche von den vielen?«

»Die von dem deutschen Schriftsteller, den Mussolini in einer seiner Reden erwähnt – nein, nicht die Rede, die du gerade gelesen hast – eine viel ältere Rede, sie war im *Elders Review* abgedruckt. Ist mindestens schon fünf Jahre her. Allein für das Porto der Mahnschreiben habe ich ein Vermögen ausgegeben.«

»Aber Foyels ist üblicherweise sehr zuverlässig.«

Wie ein Chirurg schnitt Akinyode ein Stück von seiner Yamsscheibe, krönte es mit einem Häppchen Krebsfleisch und umkleisterte das Ganze mit etwas Bohnengemüse. Als der Bissen die gewünschte Form angenommen hatte, konnte er sich auf die Reise zum Mund begeben. Er kaute methodisch und integrierte seine Rede in die gleichmäßige Bewegung seiner Kaumuskeln.

»Mein Verdacht, Herr Apotheker, geht dahin, daß die Bücher aus dem gleichen Grunde nicht hier ankamen, aus dem auch Activitys Bemühungen, eine Freiwilligenbrigade zusammenzustellen, abgewürgt wurden: Sabotage. Oder, wenn Sie diesen Ausdruck vorziehen – Zensur.«

»Ich verstehe nicht. Um welchen Schriftsteller handelte es sich?«

»Kein mir bekannter Name. Ich habe nur das eine Mal von ihm gelesen – Gerhart Hauptmann. Ein Deutscher, wie du wohl bemerkst.«

Der Luftgeist zog die Stirn in Falten. »Und?«

»Aber begreifst du denn nicht? Die Deutschen, die Briten und die Italiener waren immer Rivalen, selbst wenn sie miteinander kollaboriert haben – gegen uns. Kannst du dich noch erinnern, wie wir darüber diskutiert haben, daß Mussolini versuchen wird, sich eine der britischen Kolonien unter den Nagel zu reißen, wenn er Eritrea nicht kriegen kann?«

»Ja schon, aber ...«

»Na, ist doch ganz einfach. Wenn du Großbritannien wärst, würdest du dann deinen Untertanen den Zugang zur nationalistischen Propaganda deiner potentiellen Rivalen leicht machen? Du würdest auch nicht erst abwarten, bis die Feindseligkeiten voll ausgebrochen sind, ehe du die Hirne deiner kolonisierten Untertanen vor dem aufwieglerischen Einfluß der Stimmen der Konkurrenz abschottest.«

»Könnte sein. Manchmal denke ich, die treiben das sogar bis in den Bereich der Arzneimittel. Wir sind während der Ausbildung kaum je über ein deutsches Medikament gestolpert.«

»Jaja. Sie haben die Grenzen dicht geschlossen gehalten, kaum daß sie uns unter sich verteilt hatten. Betreten des Grundstücks verboten. Keine Wilderei. Das ist Ganovenehre. Nie sieht man einen deutschen Lehrer oder sonst einen deutschen Fachmann in dieser Ecke des Protektorats. Höchstens Priester. Und auch die dürfen sich nur in den Missionen tief im Landesinnern aufhalten.«

Osibo kaute nachdenklich. »Meinst du, daß dieser Schriftsteller, dieser ääh ...«

»Hauptmann oder wie immer man das ausspricht.«

»Ja gut. Hältst du diesen Schriftsteller denn für einen gefährlichen Autor?«

»Woher soll ich das wissen. Hab ja noch keine Zeile von ihm gelesen. Aber er ist Deutscher. Vielleicht ist er ein glühender Verehrer von Hitler. Wie Mussolini will dieser Herr Hitler ja auch noch ein Stück von unserem Kontinent. Wir können nur hoffen, daß sie untereinander wirklich zur Sache kommen und daß sie sich dabei derart verausgaben, daß sie sich schließlich nach Hause trollen und uns in Ruhe lassen müssen.«

Entsetzt blickte ihn Osibo an. »Na hör mal, das meinst du doch wohl nicht im Ernst!«

»Wieso nicht? Ach so, nein, ich meine nicht, daß sie sofort mit Sack und Pack und Kind und Kegel abziehen. Dafür ist es sowieso längst zu spät. Aber – wie würdest du dich fühlen, wenn du jedesmal, wenn der britische Nationalfeiertag heranrückt, deine Schüler für die Parade in Ibara trimmen müßtest. Und das heißt, du bringst ihnen ein Liedchen bei:

Victoria, Victoria
Aiye re I'awa nje!
O so gbogbo eru d'omo
*N'ile enia dudu.**

Man hat uns kolonisiert, das gebe ich zu. Aber sowas geht meiner Meinung nach wirklich zu weit!«

Die junge Frau nippte nur an ihrem Essen. Ihr genügte es, daß sowohl der Gatte als auch der Gast jedem einzelnen Gericht zusprachen. Auch am Gespräch beteiligte sie sich nicht, hörte aber sehr konzentriert zu. Sie war gerade dabei, die Gläser der beiden nachzufüllen, als die letzte Bemerkung ihres Mannes fiel. Sie war davon so überrascht, daß sie in der Bewegung innehielt, und der Luftgeist konnte der Versuchung nicht widerstehen, eine anerkennende Bemerkung über ihre Aufmerksamkeit zu machen.

»Madame zeigt, wie ich sehe, lebhaftestes Interesse an den Wechselfällen unserer Welt.«

Sie lächelte schüchtern, während ihr Ehemann antwortete. »Ah, du hast ja keine Ahnung, was ich mitmachen muß. Sie ist schließlich nicht umsonst Daodus Nichte. Am Ende werden wir sie nach Deutschland schicken müssen, damit sie diesem Hitler die Leviten ließt, während Daodu sich Mussolini vorknöpft.«

Sie lachten aus vollem Hals. Die Schüsseln leerten sich zusehends, hier und da blinkte schon der weiße Porzellanboden. Sowie eine Schüssel leer war, sprang die Frau auf und entschwand in die Küche, um das Geschirr neu zu füllen. Eine dieser Gelegenheiten ergriff der Apotheker und fragte flüsternd:

»Ich hätte die Frage gleich als allererste stellen sollen, aber du warst zu beschäftigt. Wie geht's Iyawo? Verträgt sie die Pillen?«

»Es ist eine leichte Besserung eingetreten. Von Zeit zu Zeit hat sie Rückfälle ... aber im ganzen, doch, eine deutliche Besserung.«

»Und die Magenkrämpfe?«

»Schon seit vierzehn Tagen keine mehr. Ich glaube, die Pillen haben wirklich gegen die Krämpfe geholfen.«

»Ich habe eine neue Lieferung aus Lagos bekommen. Deutsche Medikamente übrigens.«

»Deutsche? Wie ...«

»Ich habe Beziehungen. Sipe ist nicht der einzige Geschäftsmann, mußt du wissen. Am Fall deiner Frau habe ich größtes Interesse – rein beruflich. Manche behaupten, französische Medikamente seien die Besten, andere sagen, die deutschen seien noch besser. Niemand sagt je etwas über die Qualität der englischen, und kein Mensch erwähnt die italienischen – fällt mir jetzt auf. Was spricht man jenseits der Grenze, in den französischen Kolonien, meine ich? Glaubt man da, die englischen Mittel seien die Besten? Oder die italienischen?«

Der Lehrer lächelte: »Die Kirschen in Nachbars Garten ...«

»Jaja, genau so ist es. Immer dicker, süßer, röter als die im eigenen. Ich muß das unbedingt herausfinden. Dann werden wir sehen, ob es stimmt, daß uns die Briten die besten Sachen immer vorenthalten. Es wird nicht einfach sein, aber ich bin wild entschlossen, mir da Klarheit zu verschaffen. Ein Kollege in Lagos hat bereits gute Vorarbeit geleistet.«

Schelmisch grinsend fragte der Lehrer: »Wo bleiben wir eigentlich bei der ganzen Sache?«

Osibo war verdutzt. »Wie? Wo bleiben wir?«

Mrs. Soditan kam mit einer frisch gefüllten Schüssel zurück.

»Wir. Du und ich und alle anderen. Bevor du anfingst, deine Apotheke mit dem ganzen *oyinbo*-Kram vollzustopfen, hatten wir da nicht unsere eigenen Heilmittel?«

Der Apotheker schüttelte entschlossen den Kopf. »Nein danke. In diese Diskussion lasse ich mich nicht wieder hineinziehen.«

»Aber wir hatten unsere Heilmittel. Und wir haben sie immer noch. Ich will ja nur deine fachlich fundierte Meinung hören. Kommen unsere Arzneien gleich hinter den deutschen? Vor den englischen und französischen? Oder sind wir überhaupt nicht konkurrenzfähig?«

Der Apotheker lud sich einen gehäuften Schöpflöffel Bohnengericht auf den Teller, schob sich sofort eine Gabel voll in den Mund und malmte schweigend, wobei er an die Wand starrte.

»Lediglich ein kompetentes Fachurteil«, insistierte der Lehrer. »Wenn du mir keine Antwort gibst, schicke ich dir, wenn er das nächste Mal kommt, meinen Vater vorbei mitsamt seiner Mixtur gegen Verdauungsbeschwerden.«

Die Frau ermahnte ihren Gatten: »Liebster, nun laß ihn doch erst mal in Ruhe essen.«

»Madame, richten Sie keine inständigen Bitten an ihn. Lassen Sie ihn ruhig seine aggressiven Fragen stellen, ich werde schweigen, fest und undurchdringlich wie der Felsen von Olumo. Lassen Sie ihn nur weiter reden.«

»Ja, warum sollte ein einheimischer Kräuterspezialist nicht mit einer Flasche seiner Mixtur zu dir kommen und sich dir als Lieferant anbieten dürfen? Nein, nicht mal das, bloß um deine Fachmeinung einzuholen? Was«, Yode richtete den Blick zur Zimmerdecke, dirigierte mit Messer und Gabel ein unsichtbares Orchester und fuhr unbeirrt fort, »was wäre so ungewöhnlich daran, wenn zwei Fachkollegen ihre wohlfundierte Meinung über Fragen der Apothekerei miteinander austauschen?«

Der Luftgeist fühlte sich verspottet: »Es wären eben nicht zwei gleichrangige Kollegen, die miteinander fachsimpeln, sondern ein Apotheker und ein Jujumann, ein ausgebildeter Pharmazeut mit Chemiekenntnissen und ein Hokus-Pokus-Scharlatan.«

»Aah, ich beginne zu verstehen. Und wer ist was? Fragen wir uns doch mal mit aller gebotenen Ernsthaftigkeit, was der einheimische Kräuterdoktor von Osibo hält, dem Provisor der Medizin des weißen Mannes?«

»Liebster, dein Essen wird ja ganz kalt. Und bitte, laß Mr. Osibo in Ruhe essen.«

»Nein, nein, Madame. Lassen sie ihn nur. Ich wußte, worauf er hinaus will. Manche Leute haben etwas gegen den Fortschritt. Wir werden sie jedoch einfach ignorieren und unbeirrt unseren Weg in Richtung Zivilisation fortsetzen.«

»Aber du hast *Gbogbonse* an Lager, nicht war? Das ist, mit Verlaub, ein einheimisches Produkt. Entwickelt, wenn ich das mit bescheidenem Stolz hinzufügen darf, von einem Ijebumann ...«

»*Gbogbonse* wird in Lagos unter hygienisch einwandfreien Bedingungen hergestellt, abgefüllt und etikettiert, entsprechend ...«

»Aha, ich hab's mir gleich gedacht – das Etikett macht also das Arzneimittel.«

»Etikettiert, entsprechend den festgelegten Richtlinien allgemeiner pharmazeutischer Praxis. Es ist keine obskure Mixtur aus getrockneten, zerstoßenen Nestern der Gottesanbeterin, versetzt mit ein paar Tropfen Hühnerblut und Eidechsen ...«, er hielt abrupt inne.

»Eidechsen was?« fragte Akinyode mit Unschuldsmiene.

»Nicht bei Tisch. Und schon gar nicht in der Gegenwart von Madame.«

»Na gut. Aber sag hinterher nicht, ich hätte dich nicht gewarnt! Sipe fährt die ganze Ernte ein, die du deiner Vorurteile wegen verschmähst. Sein neuestes Projekt umschließt den Verkauf patentrechtlich geschützter Arzneimittel, hauptsächlich einheimische Mixturen.«

»Waaas?«

»Jahaa, ich wußte, das würde dich aufrütteln. In Yaba hat er schon ein Ladengeschäft angemietet. Wenn wir jetzt allerdings Arzneimittel an Lager hätten, die von menschlichen Wesen besser nicht konsumiert werden sollten ...«

»Sag mal, du machst doch Witze. Das ist doch nicht dein Ernst?«

»Ich kann dir seinen Brief zeigen. Steht alles drin, haarklein. Kammgarnstoffe aus Europa, patentierte Arzneimittel aus heimischer Produktion. Er hat alles ganz genau ausgearbeitet. Ich sage dir, er wird uns zu reichen Leuten machen, ob es uns paßt oder nicht.«

Sekundenlang stierte der Pharmazeut den Schullehrer an, dann seufzte er tief auf. »Tja, wenn das die einzige Möglichkeit ist, euch Halbstarke davon abzuhalten, zu skrupellosen Mördern zu werden ...«

»Na ausgezeichnet! Sipe hat vor, während der Ferien vorbeizukommen. Er wird hocherfreut sein zu hören, daß ich einen beratenden Pharmazeuten für ihn aufgetrieben habe.«

Osibo schüttelte ernst und nachdenklich den Kopf und wandte sich schließlich wieder seinem Essen zu. Mrs. Soditan lächelte verstohlen. Das Gesicht des Lehrers war die reine Unschuld; aber seine Frau konnte er nicht zum Narren halten.

Pa Josiahs Brief lag zwischen ihnen auf dem Tisch, eine ungesuchte, unwillkommene Eheprüfung – oder vielleicht nur eine Glaubensprüfung? Der Besuch war gegangen, der Tisch abgeräumt, die zwei waren endlich allein. Im gedämpften Licht der Kerosinlampe suchten Soditan und seine Frau die Gedanken des jeweils anderen zu ergründen; die Frau verzweifelter als der Mann. Er schien sehr viel weniger beunruhigt. Seine Gedanken waren weit über die unmittelbare Frage hinausgewandert, die der Brief des Vaters aufgeworfen hatte. Was er suchte, ja nachgerade ersehnte, war eine Antwort auf die im *Kreis* hitzig diskutierte Frage nach den einheimischen Heilmitteln. Die Debatte zog sich bereits endlos hin, wieder und immer wieder kamen sie auf dieses Thema zurück, und nie fanden sie eine Lösung. Wenigstens aber hob die Erörterung jedesmal ihre Stimmung. Als Akinyode jetzt durch das Fenster einen Blick nach draußen warf, schien es ihm, als wären alle Nachbarn längst schon zu Bett gegangen. Und tatsächlich war die ihre die einzige Lampe, die in dem Anwesen noch flackerte, das von rund zwanzig Familien bewohnt war – die meisten Lehrer wie er selbst, dazwischen hineingestreut ein Gerichtsschreiber, ein Apotheker, ein Katechet und ein Regierungsbeamter mit unklarer Funktion. Der einzige Laut, der die Stille seines Hauses unterbrach, war eine Art ärgerliches Grunzen, das man von Zeit zu Zeit aus dem Nebenzimmer hörte. Der durch einen Vorhang vom Eßzimmer abgetrennte Raum war das Schlafzimmer der Ehefrau, und die Laute gab das zweite Kind ihrer gerade fünf Jahre alten Ehe von sich. Die Mutter wußte sofort, daß Beine und Bettdecke sich wieder einmal miteinander verwurstelt hatten; sie stand auf und ging nach nebenan. Es war wie üblich eine warme Nacht, aber genausowenig wie es ihr im Traum eingefallen wäre, ein neugeborenes Kind splitternackt dem Regen auszusetzen, würde sie zulassen, daß ein älteres Kind ohne Decke schlief. Selbst in brennender Hitze war KÄLTE – ein Wort, das sie nur in bedrohlichen Großbuchstaben dachte – der ewige Erzfeind aller Kleinkinder, gegen den man mit dicken Wolldecken ankämpfen mußte, die mindestens bis zur Brust reichen und seitlich gut festgesteckt werden mußten. Soditan hatte sich schon längst geschlagen gegeben; das Kind gab den Disput nicht so leicht auf.

Während sie vorsichtig das Knäuel aus Decke und Gliedern aufdröselte, legte sie dem schlafenden Kind die rechte Hand auf die Brust, um zu verhindern, daß es vollends erwachte; der Trick funktionierte wie immer. Der Junge schlief friedlich weiter – bis zum nächsten Kampf mit der Decke. Im Vorzimmer stand kopfschüttelnd der Ehemann und wunderte sich über das nie endende Ritual.

Als sie zurückkam, sah sie, daß er sich Federhalter und Papier geholt hatte und gerade gedankenversunken die Feder in das Tintenfaß tauchte. Sorgfältig streifte er die überschüssige Tinte am Glasrand ab. Richtig entzifferte sie den Entschluß, der ihm ins Gesicht geschrieben stand, und bemerkte: »Vater wird denken, ich hätte mich geweigert zu kommen.«

»Ich werde schon deutlich machen, daß es meine Entscheidung war. Das heißt, ihm gegenüber werde ich nicht einmal zugeben, daß ich die Angelegenheit überhaupt mit dir besprochen habe. Wenn man's recht bedenkt«, ein schelmisches Grinsen huschte über seine Züge, »wovon redest du überhaupt? Ich weiß gar nicht, wovon du sprichst.«

Sie ging nicht auf sein Ablenkungsmanöver ein, sondern sagte: »Oh, er wird nichts sagen. Aber bei unserem nächsten Besuch wird er sich in den Schmollwinkel zurückziehen.«

»Vorausgesetzt, er taucht nicht hier auf, um die Sache persönlich durchzukämpfen.«

Dann schlug seine Stimmung unvermittelt um und verriet eine tiefe Besorgnis. Er schaute sie lange an und fragte endlich: »Wie geht es dir *wirklich*? Sei ganz ehrlich.«

Sie streckte die Hände mit nach oben gedrehten Handflächen aus und zog gleichzeitig die Schultern hoch. »Es ist noch zu früh, um etwas zu sagen. Ich habe es aufgegeben, jede Besserung meines Zustands gleich freudig zu begrüßen. Es kommt und geht. Manchmal dauert's ein paar Wochen, und dann geht's wieder von vorne los.«

»Dann hast du also nicht das Gefühl, die neue Behandlung ist besser als die vorherigen?«

»Ich weiß es nicht. Ich weiß es wirklich nicht. Ich kann nur hoffen und beten. Ich habe seither keine Schmerzen mehr gehabt, aber ... ich weiß es wirklich nicht. Wir müssen es weiter beobachten ... abwarten und beten, das ist alles.«

»Dein Appetit ist auch noch nicht wieder der alte«, insistierte er.

Da lachte sie schallend auf. »Das denkst du! Du warst ja nicht zu Hause, als ich heute Nachmittag mein *amala** zu mir genommen habe. Nur deshalb habe ich beim Abendessen nicht mehr so recht zulangen können.«

»Also, das hat dich noch nie abgehalten – nicht so ein kleiner Nachmittagsimbiß!«

»Oh, es war schon spät. Ich dachte nämlich, du würdest heute wegen der Sitzung des Hilfskomitees erst spätabends zurückkommen.«

»Das war bloß Routinesache. Die finanziellen Probleme, von denen ich dir erzählt hatte, haben wir gar nicht besprochen – die Aufstellungen waren noch nicht fertig.«

Beide schwiegen. Er hielt die Feder schreibbereit über dem Papier; sein Hirn arbeitete, er suchte nach den richtigen Worten, die seinen Vater besänftigen würden. Die Zeit drängte. Morgen würde der Kurier in aller Herrgottsfrühe kommen, um das Schreiben abzuholen und nach Ìsarà mitzunehmen. Während er schrieb, spitzte er die Lippen, und seine Gedanken wanderten zu einem anderen nagenden Problem.

»Auf jeden Fall müssen wir mit dem nächsten Kind ein wenig warten.«

Sie verstand sofort. Deinde war sehr bald nach dem ersten Kind, einer Tochter, geboren worden. Und diese unerklärlichen Schmerzen hatten nach der Geburt Deindes eingesetzt. Für Soditan waren und blieben diese beiden Dinge miteinander verknüpft. Vergeblich versuchte sie ihm klarzumachen, daß das gar nichts sei, verglichen mit der Geschwindigkeit, mit der andere Frauen ihre Kinder in die Welt setzten, so rasch hintereinander, daß die Hebammen manchmal witzelten, das neue Kind sei wohl noch am selben Tage gezeugt worden, an dem das andere den Schoß verlassen habe. In ihrem Fall hatten dagegen sechs volle Monate zwischen der Geburt Tolus und der neuen Schwangerschaft gelegen. Es war nicht so geplant gewesen, aber ... Sie zuckte die Achseln. Es war so geschehen, und so war es gut. Und es hatte keinerlei Komplikationen bei der Geburt gegeben. Die Wehen hatten länger gedauert, als erwartet, aber Komplikationen? Nein.

Das Ergebnis lag – zumindest für den Augenblick – friedlich schlummernd auf ihrem breiten Bett im Nebenzimmer. Und außer den ärgerlichen Krampfanfällen, die gelegentlich ihr Inneres zerrissen und tagelang anhielten, konnte Morola nichts finden, das einer erneuten Schwangerschaft im Wege stünde. Ihr Ehemann fuhr fort zu schreiben, während er gleichzeitig sprach und in anhaltender Verwunderung den Kopf schüttelte.

»Nicht mal dieser weiße Spezialist aus Lagos konnte was feststellen. Und das Krankenhaus in der Massay Street mit seiner supermodernen Ausrüstung – Fehlanzeige. Wo sollen wir uns hinwenden, wenn es wieder losgeht? All diese Tests und Arzneimittel und Injektionen – *otubante!* –, was genau haben die eigentlich behandelt? Ich werde den Verdacht nicht los, das war alles bloß Herumgestochere. Die wissen überhaupt nichts, die tappen völlig im dunkeln.«

Sie erkannte ihre Chance und hakte sofort ein: »Über eins sind sie sich aber alle miteinander einig – die Ärzte in Sokenu, im

Katholischen Hospital, der weiße Spezialist, der zur Hebammenstation bei Mrs. McCutter kam – sie alle bestätigen, daß es nichts mit Deindes Geburt zu tun hat.«

»So? Und was sagen sie, womit es zu tun hat? Sie wissen, was es nicht ist, jetzt sollen sie mal die Freundlichkeit haben zu sagen, was es ist. Die Arzneimittel, die sie dir verabreichen, was sollen die denn behandeln? Die Karteikarten, die du mir aus dem Krankenhaus mitbringst, sagen mir überhaupt nichts. Onkel Segun mit all seiner medizinischen Ausbildung – auch er steht vor einem Rätsel. Ich sage dir, was ich Vater antworten werde: Noch gehst du nicht nach Ìsarà – darüber sind wir uns einig. Im Prinzip wollen wir uns an die europäischen Behandlungsmethoden halten.« Zur Bekräftigung nickte er heftig. »Im Prinzip. Aber das geht jetzt schon seit mehr als einem Jahr so, wir haben uns lange genug Sorgen gemacht. Es gefällt mir nicht. Du hast jetzt ein neues Medikament bekommen, und wir warten noch ein wenig ab. Wir wollen sehen, ob das Wunder endlich geschieht. Ich gebe der Sache noch eine Woche – na, noch einen Monat. Aber wenn die Schmerzen wieder anfangen sollten, dann soll Vater freie Hand haben, sein *ebo** zu plazieren, und von mir aus genau vor der Kirchentür, wenn sein *onisegun* darauf bestehen sollte.«

Die Frau schaute ihn unsicher an. Es war nicht immer leicht, seine wahren Beweggründe zu erahnen. »Bist du sicher, daß wir das Richtige tun würden, Liebster?«

Er grinste breit, hocherfreut darüber, sich in seinem Lieblingsterrain tummeln zu können: »O nein, meine Liebe, *wir* tun überhaupt nichts. Nichts Falsches und nichts Richtiges. Vater will etwas tun; also bitte, dann soll er! Er wird dich nicht zwingen, irgendeine Medizin zu schlucken, und was immer er tut, wird uns nicht abhalten, weiterhin den Rat europäischer Ärzte einzuholen, die man uns empfiehlt. Ich entziehe ihnen lediglich für dieses eine Mal das Monopol.«

Sie hatte ihre Zweifel und zeigte es durch ihr anhaltendes Kopfschütteln. »Dieser heidnische Kram ...«

»Heidnisch? Wieso heidnisch? Na, und wenn schon? Veranstalten denn die Christen nicht auch von Zeit zu Zeit ein *saara**, mh?«

Sie merkte, daß ihnen das eigentliche Thema zu entgleiten drohte. Der Kampfgeist blitzte schon im Auge des Lehrers, gleich würde es kein Halten mehr geben. Sie kannte das Anzeichen zur Genüge – die sich blähenden, leicht bebenden Nasenflügel –, zu spät: Soditans Adrenalinausschüttung hatte eingesetzt, er war bereit, bis in die frühen Morgenstunden, ach was, bis nächste Woche zu disputieren, wenn ihm nur ein stimulierender Widerpart mit ebenbürtigem Durchhaltevermögen Nahrung gab. Was diese Sache anlangte, so hatte Morola eine sehr feste Überzeugung; also rüstete sie sich innerlich für einen Streit, wie kurz er auch sein mochte.

»Laß mich folgendes sagen, Liebster. Ich sehe das so – *saara* ist eine Art Dankgottesdienst. Ein Kind war krank und ist wieder gesund, also veranstalten wir ein *saara*. Oder auch nach einer gut verlaufenen Geburt. Die Leute hatten eine reiche Ernte, oder jemand ist nach einer langen Reise zurückgekehrt ... aber das ist etwas ganz anderes als das, was Vater vorhat. Vater schreibt in seinem Brief, daß er ein *etutu* veranstalten will – das ist wie ein Geheimritual.«

»Wieso geheim?« Er schob ihr den Brief hin. »Wo steht in dem Brief was von geheim?«

»Oh, du weißt sehr gut, was ich meine.«

»Nein, ich weiß nicht, was du meinst. Da ist nichts Geheimes weit und breit. Wenn du möchtest, können wir nach Ìsarà reisen – das setzt aller Geheimniskrämerei ein Ende. Er hat uns eingeladen – oder vielmehr: dich. Also, fahr hin, und überzeuge dich selbst. Wenn er irgend etwas unternimmt, das deinen christlichen Grundsätzen zuwiderläuft, kannst du der Sache gleich an Ort und Stelle ein Ende machen.«

Sie hob verzweifelt die Hände. »Ich versuche, ein ernsthaftes Gespräch mit dir zu führen, Liebster. Es geht um eine ernste Angelegenheit ...«

»Das versuche ich auch«, fiel er ihr ins Wort. »Auch ich möchte diese Angelegenheit mit dem gebotenen Ernst besprechen. Der alte Herr bietet an, zur Wiederherstellung deiner Gesundheit ein *etutu* abzuhalten, und an einem *etutu* ist absolut nichts Geheimes. Es ist weniger geheim als ein chirurgischer Eingriff. Diese Ärzte, lassen die etwa irgendwelche Zuschauer in ihr Theater, wenn sie den Leuten den Bauch aufschneiden, ihnen die Eingeweide herausholen und sie dann klammheimlich wieder zunähen?« Er hielt einen Augenblick inne, ein neuer Gedanke schoß ihm durchs Hirn; längst hatte die verspielte Stimmung überhand genommen. »Und wenn du's recht bedenkst, was wissen wir denn, was sie mit den rausgeschnippelten Organen machen, he? Woher willst du wissen, ob sie sie nicht für ein *etutu* der Weißen benutzen?« Er hob die Hand, um ihren Protest abzuwehren. »Nein, nein, antworte nur, wenn du ganz sicher bist, was sie mit diesen Organen machen. Sie ersetzen nichts; sie schneiden bloß raus. Stimmt's? Was passiert mit diesen Organen?«

»Das kann ich dir ganz genau sagen«, entgegnete sie zuversichtlich. »Sie tun sie in Gläser, in ein Konservierungsmittel – ja, Formaldehyd heißt es. Wahrscheinlich brauchen sie sie für Studienzwecke. Ich habe solche Gläser reihenweise mit eigenen Augen gesehen.«

Die Ernüchterung hielt nur einen Augenschlag lang an. »Einschließlich amputierter Gliedmaßen? Hast du Arme und Beine, ja sogar kleine Kinderhände und -füße in diesen Einmachgläsern gesehen?« Und wieder erschien das breite Grinsen. »Aber sag mir eins, wenn du auf den Markt gehst und da all diese getrockneten Schlangen und Eidechsen siehst, die Mäuse- und Affenschädel, die eingelegten Fledermäuse und all das Zeugs, wofür sind die? Und warum blicken die Europäer voll Verachtung darauf herab, als wären sie lediglich Mittel für satanische Riten?«

»Du schweifst vom Thema ab. Du verdrehst alles. Ich weiß überhaupt nicht, worauf du hinauswillst«, beklagte sie sich.

»Dann wart's eben ab, bis ich fertig bin«, ereiferte er sich. »Nur Geduld, in einem winzigen Augenblick wirst du wissen, worauf ich hinaus will. Laß uns zu deinem *etutu* zurückkommen. Nehmen wir mal an, es schließt die Schlachtung einer Ziege ein. Der Opferpriester entnimmt der Ziege ein paar Innereien – das weißt du natürlich. Bestimmte Teile des Tieres sind ihm vorbehalten, sein angestammtes Recht. Niemand anders darf sich diese Teile nehmen. Andere Teile gehören dem Baale, dem Haushaltsvorstand, dem Familienoberhaupt. Sollte ein *abiku** zur Familie gehören, steht auch ihm ein ganz bestimmter Anteil zu. Auch dem Zelebranten wird ein bestimmtes Stück zugesprochen, der Rest wird dann an Freunde und Nachbarn verteilt. Und die Helfer sehen auch zu, daß sie nicht zu kurz kommen. Kannst du mir soweit zustimmen? So, und jetzt laß uns zu unserem weißen Opferpriester zurückkommen, zu unserem – wenn du den Ausdruck vorziehst – unserem ›Chirurgen‹. Was macht der mit den ihm vorbehaltenen Teilen, den Stückchen, die niemand zu Gesicht bekommt? Nicht alles wird nämlich in diesen Gläsern eingemacht. Amputierte Gliedmaßen zum Beispiel, was passiert mit denen?«

Morola zögerte nicht: »Blöde Frage, der Chirurg ißt sie selbstverständlich auf. Er nimmt sie mit nach Hause und läßt sie sich von seiner Frau kochen.«

Soditan sackte enttäuscht in seinem Stuhl zusammen. »Ich muß dir die Geschichte schon mal erzählt haben.«

Sie schüttelte den Kopf. »Nein. Aber langsam kenne ich das Strickmuster.«

»Ich muß mir ein Patent geben lassen. Wenn ich Sipe das nächste Mal treffe, werde ich ihn um Rat fragen. Es geht nicht an, daß eine Frau ihrem Mann die Pointe klaut.«

Sie lachte. »Ich werde dich mit deinem Brief allein lassen. Und wenn es ein Ziegenbock sein sollte, dann vergiß nicht, daß wir hier im Hause ein wenig Fleisch gut gebrauchen könnten.«

»Du meinst, das könnte ich vergessen? Ich will mindestens die

Hälfte von dem Viech. Du scheinst nicht daran zu denken, wer die Kosten der Angelegenheit zu tragen hat.«

»O ja.« Sie seufzte. »Das ist die andere Seite der Medaille. Diese Dinge kosten eine Menge Geld, und was du bisher schon ausgegeben hast, ist auch nicht gerade ein Pappenstiel gewesen. Allein die Krankenhausrechnungen ...«

Soditan setzte sich kerzengerade auf. »Wie hatte ich das nur übersehen können. Jetzt weiß ich, warum du dich so hartnäckig gegen Vaters Kur wehrst. Bei der europäischen Behandlung, da kannst du die ganze Arznei allein verkonsumieren; du brauchst mit niemandem zu teilen. Bei unserer eigenen Medizin kriegt jeder was ab. Das ist es. Du egoistisches Frauenzimmer! Und ich Dummkopf bilde mir ein, dein Appetit wäre noch nicht wieder der alte!«

Sie gab es auf. Kopfschüttelnd erhob sie sich und sagte: »Ich gehe zu Bett. Schreib deinen Brief fertig – sieh zu, daß der Kurier morgen früh nicht deinetwegen den ersten Bus verpaßt.«

Für den Ehemann würde es noch lange nicht Schlafenszeit sein. Großputz pflegte er die Aktion zu nennen, die noch bevorstand, als er den Brief an den Vater fertig geschrieben und den Umschlag verschlossen hatte. Darauf wandte er sich den noch unerledigten Sachen auf dem Schreibtisch zu. Als erstes knöpfte er sich den jährlichen Schulbericht vor. Seufzend zog er dicke Striche durch den größten Teil des ihm vorliegenden Entwurfes – in dem Bedürfnis, Eindruck zu schinden, hatte der Junglehrer einen Bericht vorgelegt, der eher für einen Schreibwettbewerb oder vielleicht zur Veröffentlichung im *Nigerian Teacher* geeignet gewesen wäre. Besonders die Ogunba betreffende Passage schrieb Soditan völlig neu. Ogunba, sein liebster Kollege, der einzige unter den Lehrern, den er immer für unersetzlich und unentbehrlich gehalten hatte, verließ die Schule. Und Soditan betonte jetzt die Dringlichkeit eines Ersatzes, er mußte auf jeden Fall noch vor Beginn des neuen Schuljahres erfolgen.

Nachdem das Dienstliche erledigt war, gab sich Soditan seinen trüben Gedanken hin; der bevorstehende Abschied von seinem Freund bedrückte ihn schon lange. Die Nachmittage an den Wochenenden, die sie abwechselnd mal im Hause des einen, mal im Hause des anderen verbrachten ... Das ganz seltene Glück, einen Freund zu haben, auf den man sich bedingungslos verlassen konnte. Er dachte an die anderen aus dem *Kreis* und schüttelte den Kopf. Mit keinem anderen verknüpfte ihn ein so enges Band, weder innerhalb des *Kreises* noch im größeren Umfeld der Ex-Iléanten, jener übrigen Kinder Ìsaràs, die ihre Weihen in Ilesa erhalten hatten und sich selbst als die Besten unter den ausgebildeten Exilanten des Ijebulandes bezeichneten. Der Abschied von Ogunba war ein persönlicher Verlust. Selbst wenn sie ihm den tüchtigsten, erfahrensten Ex-Iléanten schickten, würde er, wenn seine Pflichten ihn für ein paar Tage von der Schule wegriefen, je wieder ohne ein Gefühl der Unruhe reisen können? Wenn Ogunba ihn vertrat, hatte Akinyode sogar manchmal seelenruhig einen Tag drangehängt, völlig sicher, daß die Schulangelegenheiten in allerbesten Händen waren – Ogunba konnte er blind vertrauen. Das war es: *Vertrauen.* Ja, darum ging es, dieses tiefe gegenseitige Vertrauen, das sie verband.

Er wußte selbst nicht warum, doch irgendwie fühlte sich der Rektor betrogen. Ogunba würde die Leitung einer Schule in Ijebu-Ode übernehmen. Das war der einzige Trost, ein Krümelchen nur, aber immerhin. Ìsarà lag nahe genug bei Ijebu-Ode, somit würde die Nähe des Freundes wenigstens die Ferien in Ìsarà sehr viel angenehmer machen. Und war es nicht ein ganz typischer Schritt Ogunbas gewesen, seinen ältesten Sohn Jimi hier unter Yodes Obhut zu lassen, so daß seine schulische Weiterbildung unter der Vormundschaft des Freundes stand? »Ich weiß nicht, wie gut diese Schule in Ijebu-Ode ist, aber ich weiß, es wird Jahre kosten, sie auf das hiesige Niveau zu bringen – selbst wenn wir beide dort zusammenarbeiten könnten; wieviel länger wird es dauern, wenn ich alleine ...« Es war Ogunbas Art, zum Ausdruck zu bringen, wie sehr auch er unter der Trennung litt. Reiß dich zusammen, du machst dich ja lächerlich, ermahnte

Akinyode sich streng, als er spürte, daß Tränen ihm den Blick trübten. Hastig schrieb er sein Memorandum zu Ende, in dem er die Missionsstelle noch einmal drängte, Ogunbas Stelle unverzüglich neu zu besetzen, auf jeden Fall noch vor Beginn des neuen Schuljahres im Januar, es sei sonst »unmöglich, den Bildungsstandard dieser Schule zu erhalten und weiterhin zu gewährleisten.« Ein wenig erleichtert wandte er sich der nächsten Angelegenheit zu.

Akanbi Beckley war ein widerborstiger Elfjähriger; viel zu alt für die dritte Grundschulklasse, die er gerade mit Ach und Krach erreicht hatte. Drei- oder viermal schon hätte dieser verwöhnte Sproß einer neureichen Emporkömmlingsfamilie von der Schule verwiesen werden sollen, doch immer war es dem Vater gelungen, seine Beziehungen spielen zu lassen und den eisernen Kodex des Lehrers zu unterlaufen. Was freilich die Fragen der Disziplin anlangte, so war der Lehrer nicht gewillt, eine solche Einmischung zu dulden. Sehr oft mußte Akanbi nach Schulschluß länger bleiben und irgendeine Strafarbeit ausführen – das Klassenzimmer putzen oder den Rasen auf dem Sportfeld schneiden. Es waren keine härteren Strafen, als andere sie für gleichgeartete Ungezogenheiten auferlegt bekamen, Akanbi jedoch weigerte sich strikt, die Arbeitsgeräte auch nur anzufassen. Manchmal trieb er diese Weigerung bis zum Einbruch der Dämmerung, wenn sein Vater (oder seine Mutter) kamen, um ihn abzuholen. Am nächsten Tag ging das Theater weiter: Akanbi stand, vom Schulunterricht so lange ausgeschlossen, bis seine Strafe abgearbeitet war, vor dem ihm zugewiesenen Rasenstück – das sich um den Zinsertrag aus der gestrigen Weigerung vergrößert hatte – und rührte keinen Finger. Das konnte sich durchaus eine Woche lang hinziehen, denn der Rektor war bekannt dafür, daß er einen einmal gefällten Urteilsspruch nie und nimmer zurücknahm. Schließlich brachte der Vater seinen Sohn persönlich zur Schule, und indem er ihn mit dem Versprechen lockte, seine Geburtstagsfeier um Wochen wenn nicht gar Monate vorzuverlegen, bewegte er ihn dazu, unter seiner eigenen Aufsicht die Strafarbeit zu erledigen. Zwei-, dreimal im Jahr wurde diese Komödie aufgeführt, schließlich hatte Akinyode endgültig die Nase voll.

Die Lehrer schäumten vor Wut, denn es war ihnen untersagt, auf die sehr viel praktischere, weil nicht verzögerbare Form der Bestrafung zurückzugreifen: eine Tracht Prügel. Der in seinen Sohn vernarrte Vater hatte ein Attest eines befreundeten Arztes beigebracht, das dem Buben eine schwache Gesundheit bescheinigte. Der Knabe Akanbi sei, so hieß es in dem Schreiben, von so extrem zarter Konstitution, daß ihm der Schock einer körperlichen Züchtigung unter keinen Umständen zugemutet werden könne. Da es zu Akanbis Lieblingsbeschäftigungen gehörte, sich besonders während der Unterrichtsstunden in Ring- und Faustkämpfe einzulassen, aus denen er immer als Sieger hervorging, denn seine Gegner suchte er sich sorgfältig aus, hatte sich Akinyode im stillen seine eigene Meinung gebildet und seine Strategie ausgearbeitet.

Der Tag der Abrechnung rückte näher; nicht unerwartet, denn das Schuljahr ging seinem Ende entgegen. Das war Akanbis Jagdzeit, dann beging er seine kleinen Gemeinheiten und weigerte sich, die dafür auferlegten Strafen auszuführen, denn, so räsonierte er, die Ferien würden dazwischenkommen, und danach wäre alles vergeben und vergessen. Da freilich täuschte er sich gewaltig; das winzige Akanbihirn würde nie weit genug reichen, um zu erfassen, wie unendlich lang die unerbittliche Geduld des Rektors sein konnte. Diesmal jedoch hatte Akinyode gar nicht vor, seine sonst üblichen Maßnahmen zu ergreifen, die darin bestanden hatten, das Zeugnis des kleinen Missetäters zurückzuhalten oder die Annahme des Schulgeldes so lange zu verweigern, bis die auferlegten Strafen zur Gänze abgearbeitet waren – meist unter der höchstpersönlichen Aufsicht des Herrn Papa. Als diesmal das Spektakel losging, angekündigt durch Akanbis unverwechselbaren, markerschütternden Schrei, der alle Wände im Schulgebäude durchdrang und sämtliche Schüler, die pflichttreu über ihren Prüfungsbogen saßen, erschrocken zusammenfahren ließ, da befahl Akinyode den Schüler und seinen Lehrer unverzüglich zu sich in sein Büro. Er stellte keine Fragen. Er langte nur in die berühmt-berüchtigte Ecke und gebot dem Lehrer: *»Gbe pon!«**

Der völlig verdutzte Lehrer stammelte konfuses Zeug. War der Rektor verrückt geworden? Er dachte gar nicht darüber nach, daß niemals zuvor einem Lehrer diese Rolle zugemutet worden war – normalerweise war es Sache eines älteren Schülers, das Opfer huckepack zu nehmen –, so sehr beschäftigte ihn die eigentliche Ungeheuerlichkeit des Ereignisses: Immerhin handelte es sich hier um das rohe Ei, das niemand anzufassen wagte! Mr. Soditan bog das Stöckchen zwischen beiden Händen, während Akanbi ihn mit einem Blick voll mitleidsvoller Verachtung musterte. Der Rektor unterstrich seine Absicht, indem er die Tür sorgfältig abschloß und dabei seinen Befehl wiederholte: »Sind Sie taub? Sie sollen ihn auf den Rücken nehmen!«

Der Knabe mit der zarten Konstitution kämpfte um sein nacktes Leben. Es nütze ihm nichts; er mußte seine Arme von hinten um den Hals des Lehrers schlingen, der sie vor seiner Brust wie mit Schraubzwingen festhielt. Während der Lehrer sich den Jungen wie einen Sack auf den Rücken nahm, schlängelte und wand sich das Opfer, trat und kickte in jede Richtung, nach dem Lehrer, nach dem Rektor, nach der Decke und den Wänden. Da griff sich Soditan den Knaben beim Kinn, drehte seinen Kopf so zu sich hin, daß er ihn anschauen mußte, und dessen Schreie übertönend, brüllte er ihn an: »Hör zu, Bürschchen, es ist in deinem eigenen Interesse, daß du stillhältst! Wenn dieser Stock hier statt deiner deinen Lehrer trifft, dann darf er dir drei Schläge geben für jeden Schlag, den er deinetwegen abbekommen hat. Hast du mich verstanden? Und ich werde dich nicht auf den Rücken nehmen. Ich werde ihm einfach den Stock in die Hand drücken, und er kann dich hinschlagen, wo er dich gerade trifft. Ich habe mich klar ausgedrückt, ja?«

Der kleine Beckley, der nun begriff, daß es in der Tat kein Entrinnen mehr gab, begann zu winseln, zu bitten und zu betteln. Zu spät. Akinyode verkündete das Urteil: »Zwölf von den Besten«, wie er es so gern auszudrücken beliebte, vollzog es sogleich und schickte den Knaben in seine Klasse zurück, wo er seinen Prüfungsbogen fertig ausfüllen sollte. Als der Lehrer nach Hause kam, nahm er eine Dusche, aß sein Abendbrot und wählte aus seiner Sammlung einen dicken Knüppel aus, den er neben seinem Schreibtisch in der Ecke des Vorzimmers bereitstellte. Dann setzte er sich hin und erwartete den Sturm.

Er war überrascht, daß er so lange auf sich warten ließ; vielleicht hatte Beckley sen. es auch für ratsam gehalten, sich erst mit einem guten Essen zu stärken, ehe er sich der Konfrontation stellte. Er hatte sich allerdings auch die Zeit genommen, seinen Sohn gründlich von seinem Hausarzt untersuchen zu lassen, und brachte gleich einen schriftlichen Bericht über den Zustand von Rücken und Hinterteil seines Sohnes mit. Bewaffnet mit diesem mächtigen Dokument, stürmte er über die Zementschwelle in das Haus des Rektors und war ziemlich überrascht, daß er mit umstandsloser Höflichkeit empfangen wurde. Soditan erhob sich und öffnete ihm die Tür.

»Ich habe Sie erwartet, Mr. Beckley. Bitte, nehmen Sie Platz.«

Mr. Beckley beäugte den Lehrer mit unverhohlener Feindseligkeit, dann ließ er seinen Blick inspizierend durch den ganzen Raum gleiten. Seine linke Gesichtshälfte, besonders die Region zwischen Nasenflügel und Oberlippe, zog sich verächtlich zusammen, als Zeichen seines Ekels darüber, sich in einer derartigen Umgebung aufhalten zu müssen. Er schaute Akinyode voll ins Gesicht.

»Ich glaube, was wir uns zu sagen haben, erfordert nicht, daß ich erst lange Platz nehme, Herr Rektor. Ich will nur eines von Ihnen wissen: Wollen Sie etwa leugnen, für die unmenschlichen Verletzungen, die mein Sohn Akanbi an Rücken und Gesäß erlitten hat, verantwortlich zu sein? Es dürfte Sie nicht überraschen zu hören, daß er ernsthaft krank ist und zu Bett liegen muß, möglicherweise bleibt ihm nicht einmal das Krankenhaus erspart! Ich bin gekommen, um zu hören, was Sie zu Ihrer Verteidigung vorzubringen haben.«

Soditan seufzte, setzte sich und lehnte sich bequem zurück.

»Ich hoffe, Sie haben nichts dagegen, daß ich mich setze, Mr. Beckley, denn ich glaube, unser Gespräch erfordert etwas Zeit. Ich möchte Sie also dringend bitten, doch auch lieber Platz zu nehmen.«

»Ich werde mich *nicht* setzen, Lehrer Soditan. Ich frage Sie nur schlicht und einfach – haben Sie meinem Sohn diese unmenschlichen Verletzungen beigebracht, ja oder nein?«

Der Lehrer antwortete nicht sofort. Unter einem Stoß anderer Papiere zog er einen dünnen Aktendeckel hervor, öffnete ihn und begann, Blatt um Blatt umzuwenden.

»Ihr Sohn, wenn ich mich nicht täusche, ist der Schüler Akanbi Beckley. Dieser Ordner enthält alle Berichte, die seine Lehrer im Laufe der vergangenen vier Jahre über ihn angefertigt haben, vier Jahre, in denen er lediglich zwei Klassen absolviert hat, da er jede Klasse einmal wiederholen mußte, während die anderen Schüler jedes Jahr um eine Klasse voranschreiten ...«

»Ich bin nicht hergekommen«, explodierte Mr. Beckley, »um mir einen Bericht über die Leistungen meines Sohnes geben zu lassen. Ich will wissen, ob Sie das Kind wie ein Wilder angegriffen haben, obwohl sie sehr gut wissen, daß es von schwacher Gesundheit ist. Nur darum geht es, über nichts anderes will ich mit Ihnen sprechen!«

Soditan schloß die Akte sorgfältig und legte sie auf den Stoß zurück. »Ich dachte«, sagte er ruhig, »Sie wären zu einer Art Elternberatung hierhergekommen. Ich hatte den Eindruck, Sie seien um die Zukunft Ihres Sohnes besorgt, da Sie es ja sogar für nötig befanden, mich hier während meiner Freizeit zu einem Gespräch aufzusuchen. Da dies jedoch ganz offensichtlich nicht der Fall zu sein scheint, es sich hier aber um mein Privathaus handelt« – Akinyode angelte nach dem vorsorglich in die Ecke gestellten Knüppel – »gebe ich Ihnen fünf Sekunden, sich zu entfernen. Sind Sie dann nicht draußen, werde ich mir die

Freiheit nehmen, Ihnen die gleiche Behandlung angedeihen zu lassen, die ich unerlaubter Weise schon Ihrem Sohn zukommen ließ. Denn sehen Sie, Mr. Beckley« – er erhob sich langsam von seinem Stuhl – »Sie sind es, den ich hätte durchprügeln sollen, schon vor Jahren. Vielleicht wäre uns dann die höchst ärgerliche Gegenwart ihres pflichtvergessenen Schwachkopfs von einem Sohn an unserer Schule erspart geblieben.« Während er sprach, zwängte sich Akinyode aus dem Eckchen hinter seinem Schreibtisch; seine Augen blitzten wie die eines Amokläufers. Beckley stotterte und hob den Arm in einer warnenden Geste, zuletzt aber hatte das irre Funkeln in Akinyodes Augen höchste Überzeugungskraft; Beckley drehte sich auf dem Absatz um und rannte aus dem Haus, ohne einen einzigen Blick zurückzuwerfen.

Und jetzt lag das Endergebnis vor ihm und starrte ihm ins Angesicht: Beckleys Beschwerdebrief an die Schulverwaltung, dem ein Memorandum des Schulrats beigefügt war. Die Affäre war offiziell geworden. Jeder Brief, jede Antwort lag in dreifacher Ausfertigung vor. Es war sehr wahrscheinlich – von Anfang an hatte er nichts anderes erwartet –, daß sogar die Diözese in Lagos über alle Einzelheiten informiert war. Schließlich hatte Beckley Verbindungen bis nach ganz oben. In einem besonderen Ordner lag Akinyodes letztmögliche Antwort – sein Kündigungsschreiben, unter dem nur noch Datum und Unterschrift fehlten. Diese wirklich allerletzte Lösung war vorbereitet als Ausdruck seiner festen Überzeugung, in der Angelegenheit Beckley jun. richtig gehandelt zu haben. Soweit, besagte der Inhalt des Aktendeckels, bin ich bereit, für meine Überzeugung zu gehen.

Er tunkte die Feder ein und bereitete den Entwurf für die Antwort auf die Anfrage des Schulrats vor. Er konstatierte die schlichten Fakten, machte deutlich, daß aus seiner Sicht Akanbis Betragen einen unverzüglichen Schulverweis bereits mehr als einmal gerechtfertigt hätte und daß er die Züchtigung lediglich als vorläufig geringere Bestrafung gewählt habe. Schließlich erbat er schriftliche Instruktionen von Mr. Beckley darüber, wie er sich die zukünftige Behandlung seines Sohnes vorstelle. Beckley, so schrieb er, solle dabei jede nur mögliche Eventualität im Verhalten seines Sohnes berücksichtigen, die man aus seinem früheren Verhalten ableiten könne, und auch das moralische Wohlergehen der anderen Kinder beachten. Er legte den Entwurf beiseite, um ihn am kommenden Morgen mit weiteren Gedanken zu ergänzen. Ein Lächeln spielte um seine Lippen, als er sich vorstellte, wie Sipe reagieren würde, wenn er ihm von dieser Episode erzählte. Für Typen wie Beckley zu arbeiten – ich hab's dir doch gleich gesagt! Häng deinen Beruf an den Nagel! Und was die Lehrtätigkeit im allgemeinen angeht, ich weiß wirklich nicht, was du an dieser undankbaren, gottlosen Profession, an dieser brotlosen Kunst eigentlich findest ...

Er nahm sich den nächsten Aktenordner vor. Auf diesem stand: PERSÖNLICH — ZUR BEANTWORTUNG. Die Nachricht vom Tode seines Onkels, Vater seines Cousins Akinsanya, plagte ihn. Die Antwort war schon formuliert, offen aber war die Frage, ob er ihn persönlich aufsuchen solle. Hätte er zum Jahresende nicht all diese Aufgaben zu erledigen, wäre er schon längst nach Lagos gereist. Nach Lagos? Sein Cousin konnte ebensogut schon in Ìsarà gewesen sein und sich gerade auf dem Weg zurück nach Lagos befinden, während er selbst dann wiederum in einer Lorry Richtung Ìsarà saß ... Nein, es war besser, auf neue Nachrichten bezüglich der Pläne für die Totenfeier zu warten. Und wenn er sich die Arbeitslast vom Hals geschafft hatte, warum danach nicht Lagos einen Besuch abstatten? Saaki würde sich bestimmt freuen, vorausgesetzt, Yode vergäße diesmal nicht wieder, ihm die erbetenen Zitronen mitzubringen.

Schneider Famade schrieb mit neuem Absender von der Nigerian Railways, Knotenpunkt Kaduna, wo er sich niedergelassen und eine Schneiderwerkstatt aufgemacht hatte. Der ständige Zustrom weiterer Schneider fing langsam an, ihn zu beunruhigen. Es schien sich im Lande herumgesprochen zu haben, daß Kaduna eine rasch wachsende Militärbasis mit einem großen

Geschäftsviertel war, was mit seiner Bedeutung als Verkehrsknotenpunkt zusammenhing – schließlich liefen hier die Strekken von Enugu im Osten und Lagos im Süden zusammen. Kürzlich war für die *West African Frontier Force* eine neue Kaserne gebaut und eröffnet worden. Die Soldaten brauchten Uniformen, auch die Polizisten, deren Zahl angemessen verstärkt worden war. Jeder hergelaufene Flickschneider, so klagte Famade, klemme sich seine Singer unter den Arm und komme hierher in den Norden. Zugleich aber weite sich der Handel aus, und die reichen Handelsherren brauchten nur *bubas* und *agbadas*. Er könne überleben, habe er doch längst schon seine Verbindungen geknüpft, aber der Konkurrenzkampf werde immer härter. Er denke daran, schrieb er, zum Jahreswechsel in den Süden zu kommen und Akinyodes Rat einzuholen.

Der Brief einer Junglehrerin, die von ihm ausgebildet worden war, versetzte ihm einen kurzen Stich schmerzlicher Erinnerung. »Mein verehrter alter Pädagoge«, hatte sie ihn angesprochen. Was für ein teuflisches Bündel verführerischer Energie sie doch gewesen war! Man hatte die Junglehrerin für ein paar Monate zur Ausbildung an seine Schule geschickt, damit sie dort praktische Erfahrung sammle; zum Schluß hatte er sich nur noch fragen können, wer hier der Lehrer und wer der Schüler gewesen war. Hübsch, attraktiv und provokativ, war diese Olarounpe eine der begabtesten Auszubildenden gewesen, die er je an seiner Schule gehabt hatte. Ganz selten brauchte sie wirkliche Hilfestellung oder gar Beaufsichtigung. Nach jedem praktischen Unterricht schrieb sie unverzüglich ihre Berichte und legte sie ihm zur Durchsicht vor – persönlich. Und dann ging das Spielchen los. Im Englischunterricht sei sie auf eine kleine Schwierigkeit gestoßen, behauptete sie: Sie könne den Schülern den Unterschied zwischen direkter und indirekter Rede nicht zu deren vollem Verständnis erläutern. Und sie gab ein Beispiel:

»Ich stellte der Klasse eine ganz einfache Aufgabe und war von dem Ergebnis sehr enttäuscht. Die Aufgabe lautete: *Setzt den folgenden Satz in die indirekte Rede: ›Der Lehrer sagte: Was ich an einem Mann am meisten schätze, sind Disziplin und Würde.‹«*

Und dabei schaute sie Akinyode in einer Art und Weise an, daß weder direkte noch indirekte Rede hätte enthüllen können, was sie im Schilde führte. Nachdenklich, aber mit einem deutlichen Hauch Sehnsucht in der Stimme, sagte sie dann: »Ich habe das Gefühl, das Ergebnis wird wohl immer dasselbe sein – Enttäuschung.«

Wirklich nervenaufreibend war es geworden, als sie unter dem Vorwand, im Yorubaunterricht auf Übersetzungsprobleme gestoßen zu sein, aus Fagunwas *Ogbodju Ode** jene Passage herausgriff, in der Kakos Frau um ihrer verschmähten Liebe willen eine leidenschaftliche Rede hält; ausgerechnet dieses Plädoyer hatte sie ihm überreicht – in ihrer eigenen Handschrift! Das, er mußte es zugeben, hatte ihn ganz schön nervös gemacht. Und jetzt nahm dieser Brief in seiner Hand das neckische Spielchen wieder auf: *»Ich haben noch immer meine Probleme mit der direkten und der indirekten Rede. Ich frage mich, ob ich wohl bei meinem lieben Pädagogen einen Auffrischungskurs machen sollte, doch ich fürchte, das Ergebnis wird immer dasselbe bleiben.«* Und dann folgte, als pflichtgetreuer Nachsatz: *»Fast hätte ich es vergessen. Bitte versichern Sie die glückliche Mrs. S. und die ganze Familie meiner aufrichtigen Liebe. Mit meinen allerbesten Wünschen für ein Frohes Weihnachtsfest und ein Schönes Neues Jahr bin ich ...«* Sie hatte das bevorstehende Weihnachtsfest als Vorwand gewählt, den alten Kontakt wiederaufleben zu lassen und unter der Hand noch einmal ihre Zuneigung auszudrücken.

Soditan seufzte und drehte den Brief hin und her. Tief in der Magengrube spürte er es, diese zu nichts führende Affäre würde ihn noch eine Weile verfolgen. Sipe, dem er sich in solchen Dingen am leichtesten anvertraute, schalt ihn wegen seiner Grausamkeit und schwor, daß er Olarounpes Interesse solange unterstützen werde, wie es eben anhielte, vorausgesetzt, ihre Ansprüche bedeuteten keine Übergriffe auf die Rechte der »vielen Schmetterlinge, die um deine täuschend bescheidene Kerze flattern, die ihr Licht unter den Scheffel stellt«.

Entgegen seiner inneren Überzeugung lehnte Akinyode sich aus dem Fenster, riß ein Streichholz an und beobachtete, wie sich Olarounpes Brief in der Flamme schwarz kräuselte. Er ließ das letzte Restchen erst fallen, als nichts mehr von dem weißlinierten »Liebesblau« übrig war. Es tat ihm jetzt leid, ihr keine von Sipes Weihnachtsgrußkarten geschickt zu haben, dann aber befand er, es sei wohl besser so. Er wandte seine Aufmerksamkeit der letzten noch verbliebenen Aufgabe zu. Eine besonders harte Nuß, die er sich absichtlich für die stillen Nachtstunden aufgehoben hatte – eine Ansprache vor der *Owu National Society*. Der Himmel allein wußte, warum er dem Drängen nachgegeben und sich auf das Wagnis eingelassen hatte, einen Toast auf die Owu-Elite auszubringen. Er selbst hielt sich für einen armseligen Ersatz für J.S. Odunjo, dessen Lehrbücher fast überall im Lande verwendet wurden. Während einer Debatte konnte der Lehrer sehr gut aus dem Stegreif sprechen, doch wenn es darum ging, eine formelle Rede vor großem Publikum zu halten, hatte er immer Lampenfieber. In der Kirche die Predigt verlesen, das war leicht. Aber ein Publikum, das fast ausnahmslos aus ihm unbekannten Zuhörern bestand? Was sollte er sagen? Es ging ja schon damit los, daß er selbst gar kein Owu war; weder durch Blut noch Wasser war er mit einem Owu verwandt. Eigentlich hatte man ihm die zweifelhafte Ehre durch Erpressung aufgezwungen. J. A. Ladipo, der Direktor des Gymnasiums in Igbore, war ein Owu. Ihn hatte Soditan vor einiger Zeit um seine Hilfe gebeten, als es um die Preisverleihungsfeier an seiner Schule gegangen war. Es war eine ganz besondere Gelegenheit gewesen, bei der Soditan alle Lokalgrößen an seiner Schule hatte versammeln wollen. Er brauchte sie als Gegengewicht zur Anwesenheit des Ehrengastes, Mrs. Melville Jones, Gattin des Oberschulrats. Ladipo, der typische Owu-Mann, der kein Blatt vor den Mund nimmt, sagte es ihm geradeheraus: »Ah, Gott ist gut. J. S.O. ist verhindert und kann an unserer Versammlung im

Dezember nicht teilnehmen. Wir brauchen aber unbedingt jemanden, der seinem gesellschaftlichen Status nach an ihn heranreicht. Wenn Sie sich also bereit erklären, uns die Ehre zu erweisen, dann erkläre ich mich bereit, Ihnen bei Ihrer Veranstaltung zu helfen und ein Gegengewicht zu Mrs. Melville Jones zu schaffen. Einverstanden?«

Der Lehrer war von dem eigennützigen Zweckdenken des Mannes so überrumpelt, daß er den Handel per Handschlag perfekt gemacht hatte, bevor er recht begriff, was er da tat. Und jetzt fiel ihm nicht mal ein Thema für seine Rede ein. Er hatte sich selbst einen festen Termin gesetzt – heute noch mußte der Entwurf stehen. Seine Notizen über die Geschichte der Owu lagen bereit; sie schloßen sogar eine Reihe blutiger Zusammenstöße mit den Ijebu ein, das heißt mit seinen eigenen Remo- und Ìsarà-Ahnen.

Zuerst eine Anekdote, um das Eis zu brechen – er hatte sich da schon was ausgedacht. Kein einfühlsamer Redner stürzt sich gleich in die Materie; ein Witz mußte den Weg ebnen. In seiner makellosen Handschrift, deren er sich immer bediente, selbst für die rohesten Entwürfe, hatte er die Einleitung schon festgehalten:

Ich war mehr als verblüfft, als man ausgerechnet mich bat, den Toast auf die Owu National Society *auszubringen, statt diese Ehre dem berühmten Erzieher und Lehrbuchautor J. S. Odunjo zukommen zu lassen. Ich glaubte, kein würdiger Ersatz zu sein, vor allem, als mir die Geschichte von jenem Wiener Wissenschaftler wieder in den Sinn kam, der mit allem gebotenem Stolz seinem Publikum verkündete, einen Ersatz für das menschliche Blut entdeckt zu haben. Nach einem kurzen Augenblick des erstaunten Schweigens, erhob sich ein Mann aus den Reihen des Publikums und rief: »Wie Sie sehen, hegen wir alle hier die größten Zweifel. Und glauben Sie bloß nicht, sie könnten die Einkommensteuerbehörde damit hinters Licht führen!«*

Der Schreibfluß stockte. Eigentlich hatte er vorgehabt, diese Geschichte mit seinem eigenen ehrenamtlichen Auftritt zu verknüpfen oder mit dem bekannten Ruf der Owu, sehr nüchterne

Geschäftemacher zu sein. Oder vielleicht sollte man eine Verbindung finden zur Reputation der Ijebu, denen man eine gehörige Portion Geiz nachsagte. Und die Anekdote selbst – vielleicht sollte man sie auf einen Kräuterkundigen aus Ìsarà übertragen? Ein Kräuterdoktor aus Ìsarà behauptet, einen Ersatz für menschliches Blut zusammengebraut zu haben. Der geschäftstüchtig denkende Owu-Mann sucht ihn auf, nachdem er mit dem Fahrrad gestürzt ist und eine Menge Blut verloren hat ... Nein, die Rollen müssen umgekehrt verteilt sein ... Ein Owu-Kräuterdoktor erfindet den Blutersatz; der Mann aus Ìsarà stürzt vom Rad und kommt zu dem Owu, um sich behandeln zu lassen. Als ihm der Blutersatz angeboten wird ... ja, was passiert dann? Auftritt Sipe als Repräsentant des Fiskus? Nein! Noch besser, der rausgeputzte Steuereintreiber müßte vom Fahrrad fallen. Er stutzte; hatte er den Witz wirklich irgendwo gelesen? War es nicht sehr viel wahrscheinlicher, daß er ursprünglich aus Sipes unerschöpflichem Geschichtenrepertoire stammte? Nein, er war sich hinreichend sicher, er hatte das in einem Buch gelesen, wenn er auch nicht mehr wußte, in welchem.

Er schaute sich seine Notizen über die Geschichte und die typischen Charakterzüge der Owu an. Nochmal von vorn. Fest steht – von den Owu behauptet man, sie seien zähe, unnachgiebige Feilscher, aber sie kommen nicht mal entfernt in die Nähe der Ijebu, von denen man sagt, sie könnten selbst einem Stein noch Geld entlocken. Oder Blut aus ihm quetschen. Ja, Blut, das ist besser ...

Eine Viertelstunde später gestand sich Soditan seine Niederlage ein. Er mußte die Sache bis zum nächsten Treffen mit dem *Kreis* verschieben, die Freunde würden ihm weiterhelfen können. Witze und Anekdoten, er mußte es zugeben, waren nicht gerade seine Stärke. Ihm fielen sie nie spontan ein, etwas, was er bei anderen sehr bewunderte. Also ließ er Raum für spätere Inspirationen und wandte sich dem Hauptteil der Rede zu: An Material zur Geschichte der Owu herrschte kein Mangel. Vielleicht aber doch erst noch ein wenig mehr über seine eigenen Unzulänglichkeiten? Die Tugenden der Owu würden dann um so deutlicher hervorstechen.

Selbstverständlich fühle ich mich hochgeehrt, gebeten worden zu sein, heute hier zu Ihnen zu sprechen, darf ich mich doch weder rühmen, dem Volk der Egba oder dem der Owu zu entspringen, noch über eine leichte Zunge oder eine angenehme Stimme zu verfügen. Da Ihnen all dies, bevor Sie mich zum Festredner bestellten, nicht unbekannt gewesen sein kann, wird, so hoffe ich, von Ihnen freundlich übersehen werden, in welch mangelhafter Form ich Ihnen meine Kenntnisse über die Errungenschaften nicht nur der Owu National Society, *sondern des ganzen Owu-Volkes enthüllen werde, hat diese Entdeckungsreise zu den Werken und Leistungen der Owu doch meinem Zustand der Unwissenheit abgeholfen.*

Er überflog die Zeilen und erlaubte seinem eigenen strengen Urteil zuzugeben, daß dies eine Überleitung zwischen der – noch fehlenden – einführenden Bemerkung und dem Kern der Rede war, wie sie ihm besser nicht hätte gelingen können. Als nächstes brachte er die Ernte seiner emsigen Nachforschungen ein:

Die Owu National Society, *vor einigen Jahren aus zweifelsohne patriotischen Überlegungen heraus gegründet, ist eine Gesellschaft, die man mit einem Baum vergleichen könnte; denn sie ist mit starken Wurzeln fest im Boden des Volkes verankert, und sie hat eine weit in Äste und Zweige sich ausbreitende Krone. Natürlich gibt es unzählige Gesellschaften, die sich den gleichen Zielen verschrieben haben, Gesellschaften mit ähnlichen Ambitionen und Zweigen, doch man muß sich fragen, welche von diesen hat erreicht, was die hier und heute gefeierte Gesellschaft seit den wenigen Jahren ihrer Gründung bereits an Leistungen und Errungenschaften vorzuweisen hat. Liegt es nicht im Bereich lebendigster Erinnerung, welche Rolle die* Owu National Society *spielte, als die Entscheidung getroffen wurde, der inzwischen verstorbene Olowu von Owu solle künftig von den Bauern Steuern eintreiben? Durch Ihre Einheit und beharrliche Entschlußkraft ist es Ihnen gelungen, diesem Vorhaben, das den Frieden bedroht hätte, ein Ende zu bereiten, denn es eröffnete die Möglichkeit zur Unterdrückung der Ärmsten der Armen unter den Bauern des Owu-*

landes. Und wer könnte die Rolle leugnen, die Sie bei der Wahl und Einsetzung des jetzigen Olowu spielten ...

Wieder hielt Soditan etwas unsicher inne. Könnte das nicht auch als eine unverschämte Einmischung eines Außenstehenden in die inneren Angelegenheiten der Owu aufgefaßt werden? Er hatte keine Ahnung, ob in der Tat ganz Owu geschlossen hinter der Wahl der *Owu National Society* stand. Schließlich mußte auch der verstorbene Vorgänger des Olowu seine eigenen Anhänger gehabt haben. Wieder war der Fluß der Feder für einige Minuten unterbrochen. Endlich ließ er erneut Raum frei, in den er später ein paar Worte über die Fortschritte der Owu einfügen würde; dann begab er sich auf den gesicherteren Boden der Geschichte: die Rolle der Owu in den Ijaiye-Kriegen. Doch schon im nächsten Augenblick landete der Federhalter mit wütendem Schwung auf dem Schreibtisch – gesicherter? Wieso glaubte er, sich auf sicherem Gelände zu bewegen? Die Ijaiye-Kriege mochten so manch bittere Erinnerung aufwühlen, schließlich weilten die direkten Nachkommen der unglücklichen Kriegsteilnehmer noch unter den Lebenden. Eine kurze Erwähnung vielleicht nur, ein kleiner historischer Einschub – mehr nicht. Damit füllte er den verbliebenen Raum dieser Seite, nahm ein neues Blatt und begann mit seinen Bemerkungen über den zwiespältigen Charakter der Owu. Es war Zeit, sein kleines Notizbuch mit den Zitaten heranzuziehen, einige würden sicher gut in diesen Teil der Rede einfließen können:

Das Volk der Owu hat sich einen besonderen Ruf erworben, der es in scharfen Kontrast zu vielen seiner Nachbarn stellt, sagt man von ihm doch, daß es einer Sache treu bleibe und sich niemals fürchte, seine Überzeugungen laut auszusprechen. Es war der große, bedeutende Erzieher Thomas Henry Huxley, der sagte: »Jedes Wort, das ein Redner äußert, bedeutet einen kleinen physischen Verlust; im striktesten Sinne meint dies, er brennt, damit andere Licht haben mögen. Je mehr er spricht, desto mehr löst sich sein Körper auf in Kohlensäure und ...«

Ach du lieber Himmel! Das war ja fast so schlimm wie Adeniyi-Jones mit seiner Definition des Lehrers als einer Kerze, die sich selbst verzehrt, während sie andere erleuchtet. Würde die Verwendung des Huxley-Zitats nicht den Eindruck erwecken, er stimme mit dem Vorsitzenden der Lehrergewerkschaft überein, wo doch in Wahrheit ausgerechnet er, Akinyode Soditan, ganz entschieden anderer Meinung war? Nein, in keinem Fall durfte er den Eindruck erwecken, er dresche zum Zweck der Lobpreisung leere Phrasen, wähle nichtige Attribute, die er selbst für die Einschätzung der Verpflichtungen und Verantwortungen eines Lehrers als übertrieben ablehnte. Akinyode fragte sich, ob er sich nicht mehr aufgeladen hatte, als er verkraften konnte. Immerhin, knapp zwei Seiten hatte er schon zusammengestellt. Er ging noch einmal seine Liste mit Notizen und Bemerkungen über die junge Gesellschaft durch, um ein Thema von weniger kontroverser Natur zu finden. Was gab es denn noch? Schade, daß er nie einen Maskenumzug der Owu gesehen hatte, oder richtiger, daß er nicht wußte, welche der Masken, die manchmal durch die Straßen Abeokutas paradierten, den Owu gehörten. Einige vergleichende Bemerkungen – Masken der Owu versus Masken der Ijebu –, das hätte seine Rede in den Bereich der Kultur geführt. Kultur war ein relativ risikoloses Thema. Noch einmal überlas er, was er geschrieben hatte, und faßte einen Entschluß: Die Eingangspassagen würde er beibehalten, um der Sache etwas Würze zu geben – ein paar gepfefferte politische Anspielungen konnten nicht schaden, aber im großen und ganzen wollte er sich auf die kulturellen Aspekte der *Owu National Society* konzentrieren ... Er gähnte, schloß die Akte, legte sie ordentlich auf den Stoß der anderen, dann ordnete er sie in die Reihenfolge, in der er sie sich am morgigen Tag wieder vornehmen wollte, und ging zu Bett. Insgesamt gesehen, so dachte er, hatte er den Tag gut genutzt. Er war seinem Zeitplan ein gutes Stück voraus.

Beim Morgengrauen erwies sich der Kurier als überflüssig. Als das Hausmädchen die Tür öffnete, um den zusammengefegten Staub hinauszukehren, ließ es einen so markerschütternden

Schrei hören, daß Soditan, aus seinen Morgenträumen gerissen, hellwach im Bett hochfuhr und kerzengerade sitzen blieb. Aus dem Nebenzimmer hörte er die Stimme seiner Frau: »Wer war das? Wer hat da so geschrien?«

Die nackten Füße des Hausmädchens patschten vernehmlich durch das Wohnzimmer, dann blieben sie stehen. Morola konnte den heftig gehenden Atem des Mädchens hören, das wohl versuchte, sich von seinem mächtigen Schrecken zu erholen.

»Bose, bist du das?«

»Ja, Ma.«

»Was gab's denn da zu schreien, so früh am Morgen?«

»Ein alter Mann, Ma. Er hockt vor unserer Haustür.«

Jetzt schlappte ein Paar offener Sandalen durch das Wohnzimmer, und eine grummelige Stimme machte ihrem Unmut über das Mädchen Luft: »Ist das Gör denn völlig übergeschnappt? Ein alter Mann! Wer ist hier ein alter Mann? Dein Vater vielleicht. Geh und bring mir ein Glas Wasser, du dumme Ziege.«

Später erzählte Bose ihren Kameradinnen, am Morgen, als sie die Tür geöffnet habe, da habe ein *sigidi** vor der Haustür gehockt. Es sei ja gut und schön, daß man sie bestrafen wolle, weil sie so früh am Morgen so laut geschrien habe, aber sie wage zu behaupten, jeder, je-der hätte da geschrien, sogar der Lehrer selbst, der ja wohl der unerschrockenste Mann von der Welt sei. Sogar der Lehrer hätte, wenn er in diesem Zwielicht des ersten Morgengrauens die Tür geöffnet und diesen hüfthohen Gnom in der riesigen *agbada* da gegen die Tür gelehnt gesehen hätte, also auch er hätte gedacht, während der Nacht hätte dort jemand einen *sigidi* abgesetzt. O ja, erklärte sie, jeder hätte geschrien und Fersengeld gegeben. Es sei überhaupt ein Wunder, daß sie nicht in Ohnmacht gefallen sei. Mama wäre mit Sicherheit in Ohnmacht gefallen, die mit ihrer zarten Gesundheit.

Ihr ungutes Gefühl war durchaus begründet. Die Ehefrau des Rektors hatte sich schon eine Strafe für sie ausgedacht: Wer in solcher Weise die Kontrolle über sich verlor, durfte nicht mit mildernden Umständen rechnen. Was Lehrer Soditan anging, so bedauerte er nur, daß er seiner morgendlichen Meditationsübung heute nicht würde nachkommen können – als Abonnent der Veröffentlichungen der Rosenkreuzer experimentierte er gelegentlich mit einigen ihrer Empfehlungen. Er hatte die Stimme auf Anhieb erkannt, wenn er auch einen Augenblick lang glaubte, seinen Ohren nicht trauen zu dürfen. Als er aus seinem Schlafzimmer kam, noch immer vergeblich bemüht, das Hüfttuch mit einem Knoten zu halten, hatte sein Vater Josiah es sich schon in einem der Sessel des Wohnzimmers bequem gemacht. Das Mädchen kam mit einem Tablett aus der Küche, auf dem ein Glas Wasser stand, das unter ihren mächtig zitternden Händen überschwappte.

Soditan ging langsam ins Wohnzimmer, warf sich vorsichtig vor seinem Vater zu Boden und setzte sich dann ihm gegenüber auf einen Stuhl. Er wartete ab, bis Pa Josiah das Glas mit dem Morgentrunk geleert hatte.

»Es war nicht meine Absicht, das ganze Haus aufzuwecken – dieses dumme Gör. Ich hatte vor, ruhig draußen sitzen zu bleiben, bis alle im Haus wach sind. Eigentlich war ich eingedöst. Ich habe ja die ganze Nacht nicht geschlafen. Und dann hat sie mir wie eine Verrückte ins Ohr gebrüllt. Hat sie mich etwa für einen Geist gehalten?«

»Mach dir wegen des Mädchens keine Gedanken, Vater. Ist zu Hause was passiert?«

Josiah war noch nicht hinreichend beschwichtigt: »Schreit da einfach los wie am Spieß. Sie hat mich ja fast zu Tode erschreckt!« Sein galliger Blick folgte dem Mädchen, das sich wieder in die Küche verzog. *»Iyawo nko?** Ich nehme an, sie wird auch aufgewacht sein, und dabei sollte gerade sie so viel Ruhe wie möglich haben. Sie muß eine Zeitlang zu Hause bleiben, sie braucht viel Ruhe, verstehst du? Sie soll ihren Handel mal für eine ganze Woche vergessen, den Laden zumachen – das jedenfalls rät Jagun. Sie muß stark sein.«

Soditan schaute seinen Vater verdutzt an. »Woher weißt du, daß sie aus Lagos zurück ist? Sogar in deinem Brief ...«

»Efuapes Sohn hat es mir gesagt. Er hat seine Frau mit Waren, die gerade im Hafen von Lagos eingetroffen waren, nach Hause geschickt, damit sie die Neujahrsvorbereitungen treffen kann. Alles kommt zu seiner Zeit, wie ich immer sage. Was glaubst du denn, wie ich so früh hierher gekommen bin? Das Auto, das Sipes Frau und die Waren nach Ìsarà gebracht hat, war ein Lastwagen der Regierung, der in Omi-Adio eine Ladung Palmkerne abholen sollte. Er ist mitten in der Nacht von Ìsarà aus weitergefahren, also habe ich mich entschlossen, meinem Boten hinterherzureisen. Der Fahrer hat mich sogar umsonst mitgenommen.« Er kicherte bewundernd. »Dieser Efuape! Gibt doch nichts, was der Kerl nicht anstellt. Läßt einen Lastwagen der Regierung, der nach Adio fahren soll, den Umweg über Ìsarà machen! Der Junge wird entweder Millionär, oder er endet im Zuchthaus.«

»Du meinst, er hat die Fuhre nicht mal bezahlt?«

»Natürlich hat er bezahlt«, sagte Josiah. »Aber du weißt schon: privates Arrangement. Daß ich umsonst hierher mitfahren durfte, war das *eni**. Der Junge weiß eben, wie man scharf kalkuliert und Profite rausschlägt.«

»Er geht große Risiken ein«, nickte Soditan. »Aber er scheint ein Glückspilz zu sein. Wie wär's mit einem guten Frühstück?«

»Alles zu seiner Zeit. Ich bin ja nicht bloß vorbeigekommen, um meine Neuigkeiten abzuliefern. Es ist etwas geschehen. Auch wenn Efuapes Frau nicht zufällig nach Ìsarà gekommen wäre, hättest du mich noch heute hier gesehen. Letzte Nacht hat Jagun nach mir geschickt, ich habe bis fast zwei Uhr früh mit ihm gesprochen. Ich habe die ganze Nacht nicht geschlafen, denn von Jagun aus kam ich gleich mit dem Lastwagen hierher.«

»Was diese Sache betrifft, Vater ...«

»Ich weiß, ich weiß, ich kenne die Einwände, die du erheben wirst, ganz genau. Glaub nicht, daß ich nicht all deine Zweifel vorausgeahnt habe.«

»Ich habe gestern abend einen Brief an dich geschrieben, in dem ich alles erkläre. Soll ich ihn dir vorlesen?«

»Nein, warte. Ich sagte doch, daß etwas geschehen ist. Jagun hat nach mir geschickt, um mir zu sagen, daß er etwas gesehen hat. Während einer ganz normalen, allgemeinen Ifa-Befragung – nicht für eine bestimmte Person oder so, einfach die Frage nach dem allgemeinen Wohlergehen aller. Und dabei ist ihm etwas aufgefallen, von dem er meinte, daß es mich angeht. Er schickte seinen Hausdiener zu mir, und dann haben wir uns gemeinsam das Orakel angesehen. Sag nichts. Warte, bis *Iyawo* aufgestanden ist. Ich werde ihr ein paar Fragen stellen, und dann werden wir sehen.«

Soditan sprach so sanft, wie es ihm nur möglich war: »Aber ja, Vater. Frag sie, was immer du sie fragen möchtest. Doch eins sage ich dir gleich, wir halten es nicht für richtig, daß sie nach Ìsarà geht. Was immer du ihretwegen veranstalten möchtest, gut und schön. Ich werde nicht versuchen, dich daran zu hindern. Aber Baba, du weißt, wie wir über diese Dinge denken, also bitte, ziehe uns nicht persönlich mit hinein.«

»So wart's doch ab, Junge! Warte, bis du gehört hast, was wir in Erfahrung gebracht haben. Es ist eine ziemlich schwerwiegende Angelegenheit. Du sagst, ich versuche, dich da persönlich hineinzuziehen. Ich? Nein, nicht ich! Beklag dich bei der Person, die euch wirklich hineingezogen hat!«

Er hörte eine Geräusch und wandte sich Morola zu, die jetzt aus ihrem Schlafzimmer kam.

»Ah, *Iyawo*! Ich hab's doch geahnt. Diese *alakori** von einem Hausmädchen muß dich mit ihrem Geschrei aufgeweckt haben.«

Morola kniete zum Gruß. »Papa, sei uns willkommen. Mach dir keine Sorgen, sie hat mich nicht aufgeweckt, ich war schon längst hellwach.«

»Du solltest aber so früh noch nicht wach sein. Und ich möchte auch, daß du in nächster Zeit deine Reisetätigkeit einschränkst. Du mußt deine Füße im Haus halten!«

»Ganz wie du wünschst, Papa. Möchtest du frühstücken? Ich gehe rasch und bereite etwas zu.«

»Setz dich«, sagte Josiah mit sanfter Stimme und klopfte mit der flachen Hand auf das Polster des Stuhls neben ihm. »Frühstück bekommen wir noch früh genug. Erst möchte ich dir ein paar Fragen stellen.«

Morola warf ihrem Ehemann einen kurzen Seitenblick zu, Yode zuckte kaum merklich die Achseln. Sie nahm Platz und wartete.

»Sag mir, Morola, teilst du deinen Laden mit irgend jemandem?«

»Nein. Der Laden ist ja für mich allein kaum groß genug.«

»Auch nicht den Bürgersteig vor dem Laden?« fragte er weiter. »Gibt es keine Frau, die ihre Waren in unmittelbarer Nähe deines Ladens anbietet? Eine, der du erlaubt hast . . .«

»Oh, der Bürgersteig? Jaja, ich habe einer Frau erlaubt, ihren *ate*, ihren kleinen Warentisch, da aufzubauen. Oft sitzt sie noch da, lange nachdem ich meinen Laden schon abgeschlossen habe.«

Triumphierend schaute Josiah zu seinem Sohn hinüber. »*Alate. Iya alate*, genau das ist es, was Jagun gesehen hat, eine Frau mit einem kleinen Warentisch. Und sie, Morola selbst, hat ihr angeboten . . .«

»Nein«, fiel Morola ihm ins Wort, »ich habe sie nicht gebeten . . .«

Josiah schüttelte nachsichtig den Kopf. »Kind, du verstehst nicht. Du hast sie gebeten, ohne es zu wissen. Zahlt sie dir etwa Miete?«

»Gott bewahre, nein!«

»Siehst du! Dadurch hast du sie dir selbst dahin gesetzt. Deinetwegen ist sie da. Weil du ihr die Erlaubnis gegeben hast. *Iwo re gba s'ile. Ota ile de ni.**«

Daraufhin herrschte ein längeres Schweigen, das Akinyode endlich unterbrach: »Und Jagun meint, diese Frau sei verantwortlich?«

»Das ist überhaupt keine Frage. In meinem Brief hatte ich dir ja schon mitgeteilt, was wir festgestellt haben, nämlich daß *Iyawos* Krankheit nicht *oju lasan** ist, aber das war ja ohnehin klar. Dafür hätte es gar keiner Konsultation bedurft. Zwölf Monate lang rein ins Krankenhaus, raus aus dem Krankenhaus, und kein Mensch weiß, was es ist, nicht mal diese neunmalklugen *oyinbo*-Ärzte. Wir haben Ifa trotzdem befragt, nur um sicher zu gehen. Dann, letzte Nacht, hat Jagun nach mir geschickt – na, ich hab's ja schon erzählt. Als wir uns das *odu* auf dem Brett anschauten, da haben wir's ganz klar gesehen – und Jagun hat es mir genau erklärt. Ich sage dir, wenn *Awo** seine Hand im Spiel haben will, dann bringt er seine Hand ins Spiel! Sag doch selbst. Wir alle dachten, deine Frau ist in Lagos. Da bringt Efuapes Frau die Nachricht, daß sie schon nach Abeokuta zurückgekehrt ist. Und genau in der Nacht sieht Jagun etwas auf seinem Ifa-Brett. Dann kommt auch noch – ganz zufällig – Efuapes Lastwagen vorbei, der über Abeokuta nach Omi-Adio fahren muß. Selbst ein Kind kann die Zusammenhänge sehen. Nicht nur, daß es an der Zeit war, daß etwas enthüllt wurde, es ist an der Zeit, daß etwas geschieht! Die üblen Machenschaften dieser Frau müssen aufgedeckt werden, ihre Kraft ist im Schwinden.«

Soditan lächelte. »Naja, wenn das so ist, dann ...«

Josiah fuhr ihn grob an: »Wenn das so ist, dann redest du mal wieder dummes Zeug wie ein kleines Kind! Wenn das so ist, dann kann man ja ruhig alles auf sich beruhen lassen, das wolltest du doch sagen, nicht wahr?« Er schüttelte ärgerlich den Kopf. »Ich sag's dir immer wieder. Ich wußte, was ich tat, als ich diesen Leuten erlaubte, mich zu taufen. Ich hatte nicht vor, all meinem früheren Wissen den Rücken zu kehren, wenn du das bitte endlich zur Kenntnis nehmen würdest. Zwölf Monate! Hin und her, vor und zurück, rein und raus. Meinst du vielleicht, ich kann die ganze Zeit dabeisitzen und bloß Däumchen drehen? Und jetzt, wo wir genau wissen, was los ist, da erwartest du, daß wir den Dingen ihren Lauf lassen?« Er hielt inne und blickte von einem zum anderen. »Was glaubst du denn, warum uns diese

Dinge überhaupt offenbart werden? Warum, wenn sie ihren eigenen Gang gehen sollten, wenn kein Eingreifen gefordert wäre, warum sollten uns diese Geheimnisse dann überhaupt enthüllt werden? Damit wir uns groß fühlen und uns damit brüsten können, es gewußt zu haben? O nein, mein Lieber. Für diese Art der Gunstbezeigung ist *Awo* zu beschäftigt!«

Soditan deutete mit einer Geste an, daß er sich geschlagen gab. Der ganze Streit war ohnehin eher symbolischer Natur. Josiah mußte ein wenig in Schach gehalten werden, wenigstens so weit, um einzusehen, daß sein Sohn entschlossen war, sein eigenes Leben zu führen. Er respektierte natürlich den starrsinnigen Willen des Vaters; was diesen Charakterzug anging, waren sie sich sehr ähnlich. Der Unterschied bestand allein darin, daß der Lehrer offene Auseinandersetzungen scheute; er machte große Umwege, um Konfrontationen auszuweichen. Ganz anders Josiah.

»Also gut. Was sollen wir tun?« fragte Yode und fügte dann wie beiläufig hinzu: »Selbstverständlich wird Morola, wie du ja eben selbst geraten hast, in nächster Zeit nirgendwo hin reisen. Ich bin froh, daß du noch einmal mit Nachdruck bestätigt hast, was ich ihr gestern abend auch schon dringend geraten habe. Was immer du also willst, das wir hier in Abeokuta tun sollen, das werden wir tun. Soll es aber in Ìsarà stattfinden, dann werdet ihr in ihrer Abwesenheit in ihrem Namen handeln müssen.«

Josiah starrte seinen Sohn an, der alte Verdacht schlich sich ein. War er in seine eigene Falle gegangen? Nicht zum ersten Mal dachte er mit gallebitterem Gefühl an das Seminar in Ilesa, das er verantwortlich machte für die glatte Zunge, mit der sein Sprößling bei jeder Diskussion seine Spitzfindigkeiten äußerte. Natürlich mußte er Morola nach Ìsarà bringen. Aber der Gang nach Ìsarà war etwas ganz anderes als ihre hektischen Handelsreisen. Darum ging es doch gerade, daß sie ihre Rumreiserei unterbrach, um Kräfte zu sammeln für die Reise nach Ìsarà und das *etutu* mit allem, was dazu gehörte. Nun, er mußte seinen Sohn wohl austricksen – Seminar hin oder her, er, Josiah Soditan, war schließlich noch immer das Oberhaupt von Ile-Lígùn.

»Hier ist die Liste der Dinge, die ich nach Ìsarà zurückbringen muß.« Er sagte es in einem Ton, der keinen Widerspruch erlaubte. Es war klar, der alte Herr war nicht in der Stimmung, sich auf einen weiteren Disput einzulassen. Er zählte die Gegenstände an den Fingern auf: »Ein Umschlagtuch von ihr, eins, das, seit sie es zuletzt trug, nicht gewaschen wurde, also keins, das gerade vom Wäscher kommt. Dann einen alten Hausschuh von dir.«

»Ein getragener Hausschuh von mir?« Soditan glaubte, sein Vater habe sich versprochen.

»Ja, einer von deinen Latschen. Der älteste, den du hast, am besten mit durchgelaufener Sohle. Jagun sagt, am liebsten wäre ihm einer, durch dessen Sohle dein Fuß schon den Boden berührt hat.«

Der Sohn lachte: »Angenommen, eine so alte Sandale habe ich gar nicht?«

Josiah verzog keine Miene, als er antwortete: »Dann wirst du eben eine neuere nehmen, ein Loch in die Sohle schneiden und damit durchs ganze Haus gehen. Hör auf, mir so dumme Fragen zu stellen. Außerdem brauche ich eine der Decken, mit denen ihr die Kinder zudeckt.«

Er wühlte in den Tiefen der Tasche seiner *agbada* und kramte einen Zettel hervor. »Hier ist die Liste der anderen Dinge – Schnecken, zwei Tauben, Pfefferschoten und so weiter. Morola selbst muß sie auf dem Markt kaufen – eigenhändig. Ich bin sicher, auf dem Markt von Itoko wird man alles kriegen können.«

Er reichte Morola den Zettel, die einen kurzen Blick darauf warf.

»Ja«, nickte sie. »Ich glaube, ich werde dort alles bekommen können.«

»Gut. Während du die Sachen besorgst, warte ich in deinem Laden auf dich. Ich möchte mir diese Frau genau anschauen. Sie kann von Glück sagen, daß ich jetzt ein Christ bin. Hätte sie ihre Machenschaften ausgeübt, bevor ich mich habe taufen lassen, dann hätte ich mehr unternommen, als sie mir nur genau anzuschauen. Jetzt muß ich mich damit zufriedengeben, die meinen zu beschützen, indem ich die Frau ihrer üblen Kräfte beraube, damit sie auch in Zukunft kein Unheil mehr anrichten kann.«

Morola stand auf. »Soll ich uns jetzt Frühstück machen?«

»Keine schlechte Idee«, gab Josiah zu. »Aber zuerst möchte ich ein Bad nehmen.«

»Ich laß dir heißes Wasser im Badezimmer bereitstellen.«

Sie ließ die beiden Männer allein. Josiah lehnte sich in den Sessel zurück, das Gefühl, nur einen Teil dessen erreicht zu haben, weswegen er gekommen war, bereitete ihm Unbehagen. Der Kampf war noch nicht ausgestanden; aber er würde Mittel und Wege finden, den Sohn daran zu hindern, die Frau zum Jahreswechsel von Ìsarà fernzuhalten und bei anderen Verwandten zu verstecken, wie er es letztes Jahr gemacht hatte. Nicht, daß es wirklich so wichtig gewesen wäre; Jagun hatte sie nur anschauen und ihr die Hände auf den Kopf legen wollen, die Hände, durch die das *etutu* gegangen war. Der Lehrer seinerseits blieb wachsam. Es war noch zu früh, um vor Erleichterung zu seufzen, daß alles so glatt gegangen war. Sein Vater war nicht der Typ, der so leicht aufgab.

»Und wie steht's mit Foluso? Irgendwelche Anzeichen, daß er Fortschritte macht?«

Akinyode warf die Hände in die Luft. »Es ist immer noch dasselbe, seit meinem letzten Bericht hat sich nichts geändert. Die Abendschule ist rausgeschmissenes Geld. Und was seine Ausbildung im Schneidereibedarfshandel angeht, so kommt sein Meister fast täglich und beklagt sich über ihn. Er nimmt die Sache einfach nicht ernst.«

*»Oloriburuku!«** Josiah stieß ein lautes, verächtliches Zischen aus. »Hat er sich mit dir besprochen, ehe er mir seinen letzten Brief mit seiner neuesten Bitte schickte?«

Der Lehrer runzelte die Stirn. »Was für eine Bitte?«

»Eine Frau. Wir sollen ihm eine Frau suchen. Dieser Faulpelz, der keinen Beruf hat, nicht einmal eine Arbeit, nicht genug Geld, um sich selbst ernähren zu können, dieser Tagedieb will, daß wir ihm einen Frau suchen. Ein junges Mädchen aus einer hart arbeitenden Familie soll dazu verdammt werden, ein Hungerleben zu fristen.«

»Er hat allen Ernstes darum gebeten, daß ihr ihm eine Frau findet?«

»Wäre ich nicht so sehr in Eile gewesen, hätte ich seinen Brief mitgebracht.«

»Ich glaube, der Junge ist nicht ganz richtig im Kopf«, bemerkte der Sohn endlich.

»Vergiß seinen kranken Kopf. Laß uns von Wichtigerem reden.«

»Schade, aber ich mußte ihn mit einigen Sachen für Saaki nach Lagos schicken. Ich hätte zu gern sein Gesicht gesehen, wenn du ihm deine Meinung über seine Heiratspläne auseinandergesetzt hättest.«

Josiah machte eine ungeduldige Handbewegung. »Der kriegt noch früh genug, was ihm zusteht. Ich bin froh, daß du Akinsanya erwähnst. Ich muß dir sagen, er hat sich wegen der Felder sehr nobel gezeigt. Er hat mir ein Pfund geschickt, damit ich Arbeiter bezahlen konnte, als ich ein paar Wochen krank war und selbst nicht auf die Felder gehen konnte. Ohne ihn hätten wir den größten Teil der Ernte verloren. Zu traurig, das mit seinem Vater. Du wirst natürlich zur Totenfeier kommen, nicht wahr? Ich bin sicher, ganz Lagos wird nach Ìsarà kommen.«

»Ich warte darauf, daß man mir das genaue Datum mitteilt. Akinsanya muß erst sein Auto reparieren lassen; irgendwas stimmt damit nicht, sonst hätte er Morola selbst zurückgebracht. Er hat mir durch sie eine Nachricht zukommen lassen.« Grinsend fügte er hinzu: »Er bittet um Früchte.«

»Früchte? Handelt er jetzt auch mit Obst in Lagos?«

»Nein, zum Selberessen. Er ist verrückt nach Südfrüchten, hat aber diese Vorliebe erst entwickelt, seit er in Lagos ist, und ausgerechnet da sind sie so teuer. Er ist ganz versessen auf Orangen und noch mehr auf Zitronen.«

Josiah schüttelte traurig den Kopf. »Unsere Leute in Lagos tun mir leid. Wirklich, sie tun mir aufrichtig leid. Sie sollten öfter mal nach Hause kommen. Und sag Akinsanya, er soll sich vor diesen Weißen in acht nehmen. Man sagt, er ist Sekretär einer Vereinigung von Leuten, einer Gewerkschaft, für die er arbeitet. Ist das nicht gefährlich für ihn? Du erinnerst dich doch noch, worüber wir zuletzt gesprochen haben?«

Soditan lächelte: »Du kennst doch Saaki. Er ist wie Sipe – in gewisser Weise. Es ist ihm einfach nicht bestimmt, ein ruhiges Leben zu führen.«

»So wie dir, he?« neckte ihn der Alte.

Mit der Hand beschrieb Akinyode einen weiten Bogen. »Das alles hier ist mir laut und umtriebig genug. Es hält einen mehr auf Trab, als du dir vorstellen kannst.«

Josiah nickte. »Ich weiß. Ich weiß. Deine Freunde berichten mir immerzu davon. Ahja, da wir von deinen Freunden reden ...«

Das Mädchen kam herein, und Josiah hielt mitten im Wort inne. Das Badewasser sei bereit, sagte es, und Josiah stand auf. Er wartete, bis das Mädchen wieder außer Hörweite war, dann setzte er seinen Satz fort: »Ja, deine Freunde. Du solltest ihnen nicht so viel Geld leihen.«

Soditan war platt. »Wer hat dir denn das erzählt?«

»Ich weiß es eben. Ich erfahre solche Dinge. Mit jemandem wie Sipe würden sie es nicht versuchen, aber mit dir können sie es ja machen. Sie nutzen dich aus!«

»Oh, Sipe. Hat er's dir erzählt?«

»Wer hat gesagt, Sipe hätte es mir berichtet? Aber hat nicht auch er Geld von dir geliehen? Er hat sein Auge auf den Handel geworfen, obwohl er gleichzeitig für die Regierung arbeitet. Deine sauberen Freunde wissen, daß du eine feste Arbeit hast, du riskierst kein Geld bei zweifelhaften Geschäften. Sie wissen, daß du regelmäßig sparst, also wissen sie auch, daß du immer ein wenig Geld locker hast. Und du gehst natürlich her und leihst es ihnen! Du kannst einfach nicht nein sagen. So ist das. Kannst einfach nicht nein sagen. Wie dein Vater.«

Der Sohn gab ein paar abwiegelnde Laute von sich; schließlich sagte er ziemlich eingeschüchtert: »Naja, ich weiß. Ich wollte dich eigentlich schon längst um Rat fragen. Wegen Sipe. Er möchte, daß ich mit ihm in ein Geschäft einsteige.«

Vor Staunen blieb Josiah der Mund offen stehen. »Efuape? Sipe hat dich gefragt? Ich dachte, der wäre als Geschäftsmann für so ein Angebot viel zu gewieft. Weiß er denn nicht, daß du vom Geschäftemachen rein gar nichts verstehst?«

»O doch, das weiß er sehr gut. Er möchte ja auch nur, daß ich investiere. Die Arbeit macht er allein.«

»Aha, das klingt schon mehr nach Sipe. Was für eine Art von Geschäft?«

»Alles mögliche. Er hat zu viele Ideen. Das ist sein Problem. Zunächst möchte er, daß wir eine Art Syndikat gründen, damit wir erstmal Geld beiseite legen können. Später sollen wir dann damit in irgendein Unternehmen einsteigen.«

Josiah dachte eine Weile nach, schließlich schüttelte er den Kopf. »Ich weiß nicht«, sagte er langsam. »Ich weiß nicht, was ich dir für einen Rat geben soll. Ich habe diesen Weg selbst nie eingeschlagen, ich habe keinen Sinn für die Geschäftemacherei. Trotzdem denke ich immer, früher oder später solltest du daran denken, dir neben deinem Lehrergehalt noch eine andere Verdienstquelle zu erschließen. Die Kinder werden schnell groß. Du wirst sie weiter wegschicken wollen als nur bis zum Lehrerbildungsseminar in Ilesa. So ist der Lauf der Dinge. Wir alle beten dafür, daß unsere Kinder es weiter bringen mögen als wir selbst, und wir versuchen, Gott zu helfen, unsere Gebete zu erhören. Wenn andere anfangen, ihre Kinder nach Europa oder Amerika zum Studium zu schicken, und du kannst nicht mithalten, dann wirst du dir das nie verzeihen. Ist das nicht der Gang deiner Gedanken?«

Der Lehrer nickte. Wie immer hatte sein Vater seine Gedanken richtig gelesen. Der alte Mann brummte ein selbstzufriedenes »Hm-hm«, als wollte er sagen, na siehst du, ich hab's doch gewußt. Dann ging er hinaus, um sein Bad zu nehmen. Wie gewöhnlich hatte er sich geschickt darum gedrückt, zu dem eigentlichen Problem Stellung zu beziehen – so oder so.

V

HEIMKEHR

Die erste, die Akinyode einen kurzen Besuch abstattete, war die Witwe, Mrs. Esan, und gleich stellte sie ihn zur Rede, weil er Morola nicht mitgebracht hatte. Sie war direkt aus Saki herübergekommen und hatte Ballen von *eleto eto** und Muster ihrer eigenen Sakivariante des importierten Samtstoffes *petùje* mitgebracht, die sie nun stolz vor ihm ausbreitete. Diese Importware, die den Markt zwischen Iseyin und Saki überschwemmte, stellte eine ernste Bedrohung für die einheimischen Webwaren dar. Einst Junglehrerin unter Soditan, hatte Mrs. Esan den Groll des Lehrers auf die Lagosianer aufrichtig geteilt, die in unglaublich verräterischer Weise diesen Import auch noch mit einem Preisnamen belegt hatten – »der Stoff, der *etù* aussticht«. *Etù!* Das edle Tuch, aus dessen Kette und Schuß das ganze Gewebe der Geschichte der Yoruba gewirkt war! In der Einsamkeit des Women's Training College, an das man sie versetzt hatte, dachte sie oft über den groben Frevel der gefühllosen Lagos-Elite nach, der sich gegen das heimische Produkt richtete. Es war schlimm genug, daß dieses sogenannte *petùje* unverschämt hohe Preise erzielte und sich dennoch größter Nachfrage erfreute, aber daß es sich obendrein durch die bloße Kraft eines Namens über ein unschuldiges Produkt von unzweifelhaftem Wert erheben konnte – das war gemeiner Diebstahl, zu dem die schamlosen Kinder des Hauses Beihilfe und Vorschub geleistet hatten! In der Lehrerbildungsanstalt unterrichtete sie Hauswirtschaft und Handarbeit, und mit der Unterstützung der Weber von Saki und Iseyin hatte sie ihre eigenen Webstühle in der Schule aufgestellt. Die Schülerinnen räufelten die dem verunglimpften *etù* entlehnten Muster der samtenen Hochstapler auf und füllten sie mit Baumwollgarnen, deren Farben den Originalmotiven entsprachen. Das Ergebnis war ein leichter, poröser Stoff, der dem Klima sehr viel angemessener war. Das neue Gewebe nannte sie *èye etù*. Und nun war sie angereist mit zwei vollständigen Garnituren, bestehend aus *bùbá, iró* und *gèlè** für sich selbst und Mrs. Soditan, aus ebenjenem neuen Tuch genäht. Zur Feier des Neuen Jahres hätte es in Ìsarà vorgestellt werden sollen. Was für ein Aufsehen hätte das erregt – nur sie zwei allein in *èye etù*! Und nun sah sie sich so bitter enttäuscht.

»Sie ist im Krankenhaus«, teilte Soditan ihr ruhig mit.

Sofort war Mrs. Esan zerknirscht, klagte sich selbst jeden Verbrechens in der Welt an, als hätte sie es wissen müssen. Gab Morolas Gesundheitszustand noch immer Anlaß zur Sorge? War noch immer kein Heilmittel gegen die hartnäckig wiederkehrenden Beschwerden gefunden worden?

»Sie kommt gerade wieder zu Kräften«, erklärte Soditan. Ihre Krankheit habe schließlich doch diagnostiziert werden können – Lungenentzündung sei es gewesen; immer wieder unterdrückt durch das eine oder andere Medikament, doch nie völlig ausgeheilt. »Es kam alles ans Licht, als sie zur Routineuntersuchung zur Mütterberatungsstelle ...«

»Zur Mütterberatung ...?«

Soditans Lächeln hatte einen Hauch linkischer Verlegenheit. »Ja, ich fürchte, sie ist wieder schwanger.«

Und Mrs. Esan ließ ihre Tasche fallen, riß ihr Kopftuch herunter, band es sich wie eine Schärpe um die Hüften und fing an zu tanzen, wobei sie sich mit ihrer eigenen Stimme begleitete:

Mo fe e su're
Aa se
Mo fe e su're o
Aa se
Iku o ni wo'le to wa
Aa se
Arun ko ni wo'le to wa
Aa yun aa yun a bi rodo

Aa se
Aa bi aa bi a bi rodo
*Mo fe e su're o . . .**

Vergeblich versuchte der noch gar nicht sichere Vater in spe sie zum Schweigen zu bringen. Sie war völlig aus dem Häuschen, drauf und dran, ihre überschäumende Freude in die Straße hinauszutragen und sich einem der lärmend vorbeiziehenden Maskenumzüge anzuschließen, die – die schrillen Stimmchen verrieten es – ausschließlich aus Kindern bestanden. Rasch schloß Akinyode die Tür hinter ihr, schob den Riegel vor und bot ihr statt weiterer Freudentänze ein Glas Dimple an. Die Schärpe wieder an den ihr zugedachten Platz bringend, nahm Mrs. Esan das von ihr statt Dimple gewünschte Glas Ananassaft entgegen, trank auf das Wohl des zu erwartenden Kindes, trug eine endlose Litanei von Segenswünschen vor und sagte das Geschlecht des neuen Erdenbürgers voraus.

»Ein Junge. Sie werden sehen, es wird ein Junge. Und Sie können ihn nur Obatunde nennen.«

»Setzen Sie sich, nehmen Sie doch Platz«, drängte Akinyode sie. »Was tut sich in Saki? Ich war hinterher sehr böse mit mir selbst. Ich hätte Ihnen schreiben sollen, um Ihnen mitzuteilen, daß ich eine Radtour unternehme . . .«

»Ja, ich war schon enttäuscht. Ich wäre doch trotz der Ferien dort geblieben, um Sie willkommen zu heißen. Ich habe mich richtig angeschmiert gefühlt! Ich hatte auch Salz für Sie aufgehoben, aber niemand, durch den ich es hätte schicken können. Da ich ja nur mit meiner Haushaltshilfe zusammenlebe, habe ich immer was von meiner Ration übrig. Und stangenweise Guinea Gold und Capstan-Zigaretten. Das sind die Lieblingsmarken der *akowe*. Bicycle-Brand gibt's überall, kein Problem, die zu beschaffen. Sie wissen ja, die Garnison Meko ist ganz in der Nähe von Saki; da verkaufen uns die Soldaten gewöhnlich ihre überschüssigen Rationen. Oder vielleicht klauen sie sie auch aus den Lagerbeständen – aber das geht mich nichts an. Diese Lieblingsmarken sind jetzt knapp, deshalb habe ich ein paar Schachteln für Morola aufgehoben. Ich hab sie bei Mama in 'Gborobe deponiert.«

»Ich werde sie mitnehmen, wenn ich wieder nach Hause fahre. Vielen Dank.«

»Das schwarze Nähgarn, das sie haben wollte, habe ich leider nicht kriegen können; dieser auf flache Kartonscheiben gewickelte Zwirn, den wir zum Haareflechten verwenden. Es gibt nur das auf Holzspulen gewickelte Garn. Sie hat mir schon vor Monaten geschrieben, daß ihr viele Waren ausgegangen sind – sie sollte wirklich vorbeikommen. Sobald sie sich wieder kräftig fühlt, lassen Sie sie ein paar Tage zu mir kommen, Lehrer Soditan, dann kann sie sich selbst alles aussuchen, was sie braucht. Es herrscht so viel Mangel hier unten; aber uns im Hinterland geht's gar nicht so schlecht, wissen Sie.«

»Ich werd's ihr sagen«, versprach Soditan. »Sobald sie reisen kann, wird sie Sie besuchen kommen.«

Mrs. Esan nippte nachdenklich an ihrem Saft. Vielleicht durch ihren Freudentanz ein wenig erschöpft, verfiel sie in eine Art Schwermut. Es dauerte eine Zeitlang, bis Soditan erkannte, wie weit ihre Gedanken abgedriftet, daß sie jedoch mit derselben Gründlichkeit gereist waren, mit der sie sich vorher ihrem Freudentaumel ergeben hatte.

»Ist etwas nicht in Ordnung?«

Die Besucherin seufzte: »Ach, ich weiß nicht, Mr. Soditan. Manchmal überkommt mich einfach die Angst. Wissen Sie, wir, die wir da in der Nähe von Meko leben, wir sehen doch alles, was die Soldaten so treiben. Wir kriegen den Krieg viel deutlicher zu spüren, vielleicht mehr als die in Lagos. Und die, die im Handel tätig sind – selbst wir, die wir das nur nebenbei betreiben –, wir wissen nur zu gut, wie sich das alles auswirkt. Die Bauern wissen es, auf den Markt ist kein Verlaß. Und die Lehrerbildungsanstalten – die Ausbildung, ob technische, naturwissenschaftliche oder was auch immer –, wenn die Lehrlinge und Studenten ihre Ausbildung abgeschlossen haben, gibt es keine

Arbeit für sie, nicht mal für die Absolventen der höheren Schulen. Die Frage, die ich mir immer wieder stelle, Lehrer Soditan, heißt schlicht: Wessen Krieg ist das eigentlich? Und wie hoch ist unser Einsatz in dieser Streiterei zwischen weißen Völkern?«

Soditan lächelte wehmütig. »Ich wünschte, ich könnte es Ihnen sagen. Ich weiß nur eins, wir sind in die Sache hineingezogen worden. Unglücklicherweise haben wir nicht mal die Wahl zwischen zwei Übeln; das eine von beiden hat uns schon völlig vereinnahmt.«

»Und danach?«

»Danach, Mrs. Esan, werden Sie wahrscheinlich feststellen, daß Leute wie Onyah, Akinsanya, Mrs. Kuti und Enahoro recht haben. Sie sollten den *West African Pilot* lesen, wenn sie ihn in Saki bekommen können. Auch die *Daily Times.* Sie wiederholen manchmal, was Mahatma Gandhi von der anderen Seite des indischen Ozeans her verkündet; dort sitzen sie nämlich im selben Boot wie wir. So oder so werden wir eines Tages über unser Schicksal zu bestimmen haben – wir selbst. Der Krieg wird die Dinge auf die Spitze treiben – für die Kolonien und die Kolonisatoren. Das sagen die, und ich glaube, sie haben recht.«

»Gerade das macht mir solche Sorgen, Sir. Werden diese Weißen uns gehen lassen? Ich habe gelesen, was unsere eigenen Leute über diese ›Gewinnt-den-Krieg-Kampagne‹ schreiben, warum sie sie unterstützen. Sie geben alle einen einzigen Grund an: Der Krieg wird uns die Freiheit bringen. Ich wünschte, ich könnte es glauben, manchmal versuche ich, mir einzureden, daß es einfach stimmen muß. Aber sehen Sie, Sir, dann muß ich auch an all die Dinge denken, die die Weißen schon über uns gesagt und geschrieben haben. Wird dieser Krieg ihnen helfen, ihre Ansichten über uns zu ändern? Das ist meine Frage. Wird es in ihren Herzen und Köpfen etwas bewegen? Erinnern Sie sich noch an die Zeit, als Sie mir Ihre ausgelesenen Zeitschriften zu schicken pflegten?«

Soditan nickte.

»Bevor ich Sie Ihnen zurückschickte, habe ich mir oft Dinge

herausgeschrieben – ich sage nicht, wem ich diese Angewohnheit abgeguckt habe!« Ihr helles Lachen füllte den Raum, während sie in ihrer Handtasche kramte und schließlich einen Briefumschlag hervorzog. Sie entnahm ihm zwei Bogen, beide eng mit ihrer Handschrift bedeckt. »Sie wären überrascht, wenn Sie wüßten, wie viele Ihrer ehemaligen Schüler Sie in dieser Hinsicht zum Vorbild wählten – und in manch anderer auch. Aber ich sage nicht, in welchen. Einer von ihnen liest jeden Abend erst voll Inbrunst in der Bibel, und dann folgt eine Passage, die er aus ihrem privaten Notizbuch stibitzt hat. Abend für Abend immer derselbe Text. Seine Frau hat es mir erzählt. Er hat sich in Ihr Büro gestohlen, als Sie nicht da waren. Er hätte sich im Leben nicht getraut, Sie um Erlaubnis zu fragen, die betreffende Passage abschreiben zu dürfen.«

Soditan schüttelte ungläubig den Kopf. Er konnte das gar nicht verstehen, aber sie beharrte: »O ja, wir hatten alle eine Mordsangst vor Ihnen, Sir. Außer Miss Olarounpe vielleicht.« Sie ließ ihre Augen schelmisch kreisen. »Hören Sie noch manchmal von ihr?«

»Gelegentlich. Sie schickt ihrem alten Lehrer meist die üblichen Weihnachtsgrüße.«

»Na, so alt nun auch wieder nicht!« protestierte sie, strich die beiden Blätter glatt und hielt sie ins Licht des Fensters. »Darf ich es Ihnen vorlesen? Ich glaube, es stammt aus dem *Elders Review*. Ich habe damals die Quelle nicht vermerkt; ich weiß, damit wäre ich schon durch die Prüfung gefallen. Aber der Artikel hat mich damals so maßlos aufgeregt, daß ich diesen Punkt völlig vergessen habe. Darf ich es vorlesen, Sir? Es wird mir helfen, mein Englisch zu üben, meine Aussprache, meine ich. Da draußen gibt es ja niemanden, der mich zurechtweist. Ich kann die englische Sprache schlimmer bombardieren als Hitler, und kein Mensch beschwert sich.« Sie räusperte sich, und etwas unsicher begann sie zu lesen:

» ›Der durchschnittliche Westafrikaner, so wie man ihm hier begegnet, ist ein guter Kerl. Ich mag ihn. Freilich hat er seine

Beschränkungen. Er ist Kaufmann, Elektriker, Bauer oder ein einfacher Ladenschwengel. Innerhalb seiner Grenzen ist er exzellent; aber eben nur innerhalb dieser Grenzen. Gelegentlich brilliert er als Rechtsanwalt, als Arzt oder Pater, doch das ist eine seltene Ausnahme. Den Westafrikaner, der eine große Erfindung machen, der das ganz große Geschäft aufziehen könnte, etwa mit einer Dampfschiffahrtsgesellschaft, einer Bank, einer Eisenbahnlinie, den gibt es nicht. Hier muß der weiße Mann einspringen. Der durchschnittliche Westafrikaner ist genausowenig in der Lage, seine eigenen Kolonien zu regieren, wie ein durchschnittliches englisches Parlamentsmitglied fähig wäre, das Britische Empire oder auch nur einen Teil desselben selbständig zu führen. Ließe man es den Afrikaner versuchen, würden wir dem Drängen unserer albernen Sentimentalisten nachgeben und zögen die Heimwehr ab, wie lange würde es dauern, bis das Chaos regierte? Fünf Jahre? Ein Jahr? Sechs Monate?‹«

Sie schaute auf. »Erinnert Sie das an was, Sir?«

Akinyode nickte. »Ja, natürlich. Es ist das Leitmotiv im kolonialen Lied. Das wissen Sie doch.«

Sie nickte heftig. »Ja, sicherlich, Sir. Aber eigentlich . . .«

»Warten Sie, ich glaube, ich erinnere mich an diesen Artikel. Ist schon ziemlich lange her, nicht wahr? Er hat einen Rattenschwanz von Leserzuschriften nach sich gezogen – hauptsächlich aus Sierra Leone.«

»Stimmt. Und die meisten Briefe stammten von anderen Kolonialbeamten, die genau in die gleiche Kerbe schlugen. Ich wollte selbst einen Leserbrief schreiben, doch zu der Zeit hörten Sie auf, mir die Zeitschriften zu schicken.«

Soditan schaute sie reumütig an. »Tut mir leid, daß ich das nicht fortgesetzt habe.«

»Nicht doch, das braucht Ihnen nicht leid zu tun. Sie hatten eine Menge Arbeit. Es war an uns, so gut wir konnten, weiterzumachen. Aber dann wird geheiratet, dann kommen Kinder, die Großfamilie wächst, und mit ihr wachsen die Sorgen. Aber sehen Sie, Sir, irgendwann passiert dann etwas, wie jetzt dieser

Krieg. Und dann erinnert man sich an Dinge, die man vergessen hatte, und plötzlich tauchen all die alten Fragen wieder auf. Wenn Sie nichts dagegen haben, lasse ich das Mittelstück aus und lese Ihnen nur den letzten Absatz vor. Hören Sie, was der Mann sagt:

»›Der Westafrikaner wäre gut beraten, sein jetziges Vasallentum mit beiden Händen festzuhalten, ja dafür zu beten, daß es noch straffer geführt wird. Niemand, der die Lage kennt, hegt auch nur die geringste Hoffnung, daß der westafrikanische Neger sich selbst wirkungsvoll regieren kann. Das Blutbad und das Kreuz von Benin City liegen noch nicht lange hinter uns.‹«*

»Da haben Sie's, Sir. Irgendwo mittendrin schreibt dieser Mensch sogar, daß es ihm völlig schnuppe wäre, würde irgendeine andere starke Nation die Herrschaft über uns übernehmen, so als wären wir ein Besitztum. Daß für den Fall, es würde eine westafrikanische Regierung eingesetzt, es ... lassen Sie mich die Stelle suchen ... ja, hier ist sie ... es würde, sagte er, ›eine Blut-und-Eisen-Regierung‹ sein, ›die sich nicht scheuen würde, mit Peitschen und Skorpionen zu züchtigen‹. Kurz und gut, Mr. Soditan, was ich dazu zu sagen habe, ist: Wenn diese Leute doch bereits ihr Urteil über uns gefällt haben, warum sollten wir uns dann noch den Kopf darüber zerbrechen, wer den Krieg gewinnt und uns als Eigentum übernimmt?«

Soditan ging zu ihr hinüber, nahm ihr das linierte, handbeschriftete Blatt aus der Hand, das seine neun oder zehn Jahre nicht leugnen konnte, und überlas den ganzen Auszug noch einmal. Er fühlte sich seltsam bewegt. »Und das haben Sie damals abgeschrieben?« fragte er.

»Ja, Mr. Soditan. Sehen Sie, Sie hatten einzelne Sätze mit roter Tinte unterstrichen. Wenn ich die Zeitschrift jetzt zur Hand hätte, könnte ich Ihnen mit geschlossenen Augen die jeweiligen Stellen auf der Seite zeigen.«

Er lachte. »Sie wollen also sagen, sie hatten neben dem Kleinhandel mit *eleto eto*, mit Stockfisch, Yams und *gari*, den Sie mit meiner Frau betreiben, neben Ihrer Lehrverpflichtung und all

Ihren anderen Aufgaben tatsächlich noch Zeit, sich an diese ... äh, diese Notizen zu erinnern und nun gegen die Kolonialmacht zu Felde zu ziehen?«

»Und dann diese Sache mit Abessinien. Ich bitte Sie, Mr. Soditan, was für eine Bande ist dieser Völkerbund? Ja, so sollte man sie nennen, Völkerbande. Sie haben sich gegen uns, die schwarzen Völker, verschworen!«

Soditan nickte nachdenklich. »Wenn Sie das nächste Mal nach Abeokuta kommen, sagen Sie Ihrer Partnerin, sie soll Sie zu Mrs. Kuti* mitnehmen. Sie kennen doch Beere, nicht wahr?«

Mrs. Esans Augen blitzten. »Wer kennt sie nicht, Lehrer Soditan, wer kennt sie nicht?«

»Ich glaube, sie beide hätten sich eine Menge zu erzählen.«

»Oh, entschuldigen Sie, Sir. Das hätte ich fast vergessen.« Sie reichte ihm das andere Blatt. »Bitte, wenn Sie die Zeit erübrigen können, dann lesen Sie das doch einmal durch, und sagen Sie mir, was Sie davon halten. Ein paar Auszüge daraus habe ich letzte Woche der Synode in Lagos vorgetragen. Ich hoffe, sie sind nicht zu entsetzt, wenn Sie erfahren, welche Reaktionen das ausgelöst hat. Ich wäre Ihnen wirklich sehr dankbar, wenn Sie einen Blick darauf werfen könnten, ehe ich es an den *West African Pilot* schicke. Ihre Korrekturen wären mir wirklich sehr willkommen.«

»Schon gut, ich werd's mir anschauen.«

Als sie aufstand, sah sie sehr erleichtert aus. »Ich muß los, sonst erwische ich meine hiesigen Kunden nicht mehr. Sie wollen alle ihre Lager für Weihnachten auffüllen, und wenn ich meine Sachen nicht loswerde, ehe die Meute aus Lagos einfällt ...«

»Jaja, natürlich. Es tut mir leid, daß Morola diesmal nicht mitkommen konnte. Sie hätten die Runde gemeinsam machen können.«

»Ich schaff das schon. Und die für Morola bestimmten Waren habe ich bereits beiseite gelegt. Ich habe aussortiert, was in den Neujahrsverkauf gehen soll. Ich werde die Sachen für sie verkaufen und ihr die Einnahmen schicken.«

Soditan blickte ihr nach, als sie ging. Er blieb noch lange neben der Tür stehen und schaute auf das Dorf, über dem sich die Dämmerung zusammenzog. Er fühlte sich merkwürdig nach diesem Besuch. Er konnte sich nicht erinnern, wann er sich das letzte Mal mit dieser Frau so lange allein unterhalten hatte; gewöhnlich kam sie, um mit seiner Frau zu sprechen, die wahrscheinlich ihre wichtigste Handelspartnerin war. Außer einer kurzen Bemerkung, einem beiläufigen Wortaustausch über irgendeine Belanglosigkeit, irgendeine Tagesmeldung, hatten sie nie viel miteinander gesprochen, seit sie nach Abschluß ihres Praktikums nach Saki versetzt worden war. Dort hatte sie ihren Mann kennengelernt und geheiratet – ebenfalls ein Lehrer und aus Ondo gebürtig. Er erkrankte an Tuberkulose und starb. Danach war sie jahrelang nicht nach Hause gekommen – die Angst der Menschen vor der berüchtigten Ansteckungsgefahr war zu groß. Damit nicht genug, hatte sie auch ihre beiden ältesten Kinder verloren, allerdings nicht durch dieselbe Krankheit. Nachdem ein, schließlich zwei Jahre vergangen waren und man sicher sein konnte, daß sie sich nicht angesteckt hatte – was man aufgrund der Nähe zwischen Mann und Frau für selbstverständlich gehalten hatte –, wurde ihr die Rückkehr leicht gemacht, und man nahm sie wieder in die Gemeinschaft ihrer Heimatstadt auf. Doch daß sie diesen Artikel, der auch ihn damals so maßlos empört hatte, daß sie den bemerkt, abgeschrieben und aufbewahrt hatte, diesen Artikel, der auch seine Gefühle in eine diffuse Alarmbereitschaft versetzt hatte, wegen der düsteren Prophezeiung von »Peitschen und Skorpionen«, die aus der Heiligen Schrift entwendet waren ...

Als er jetzt aufblickte, sah er die vertraute Gestalt seines früheren Kollegen Ogunba die Straße heraufkommen, und es ergriff ihn eine kindliche Freude. Ogunba ergänzte die ruhige Seite seines Wesens; sie kamen zusammen, begrüßten sich, setzten sich und redeten völlig entspannt und planlos über jedes beliebige Thema, das ihnen gerade in den Sinn kam. Doch als die Gestalt jetzt näher kam, erkannte er, daß es gar nicht Ogunba war, sondern dessen Cousin, der ihm aber so ähnlich sah, daß man sie für Zwillingsbrüder hätte halten können. Vor Akinyodes Haustür angekommen, blieb er stehen.

»Guten Abend, Sir. Mein Vetter schickt Ihnen seine Grüße.«

»Wo ist er selbst?«

»Noch in Ijebu-Ode. Er hofft, morgen kommen zu können.«

»Er wird Strafe zahlen müssen. Ich hoffe, er weiß das.«

»Er weiß es, deshalb schickt er sie schon im voraus. Das ist für Sie, Sir«, und er hielt ihm ein Jutesäckchen hin. Akinyode öffnete den Beutel ein wenig, schaute hinein und strahlte über das ganze Gesicht, während er die kleinen, säuberlich beschrifteten Samenpäckchen einzeln herausnahm.

»Gossypium brasiliense ... Ishan Typ Gossypium ... Südafrikanische U4 ... Vinifera afri ... He, das sind die Samen, die Akinsanya mir aus Achimota* besorgen wollte, er muß sie mir durch deinen Cousin geschickt haben, stimmt's?«

»Ich bin nur der Bote«, grinste der junge Mann.

»Na gut; aber er soll bloß aufpasssen. Wenn er glaubt, er kann mir das als sein Bußgeld andrehen ...«

»Morgen wird er ganz bestimmt kommen«, versprach der Bote.

»Jaja«, murmelte Akinyode, »aber mit Efuape kann ich mich heute abend allein rumschlagen.«

Anfangs nur ein dünnes Rinnsal, schwoll die Menschenflut auf den Pfaden und Seitenstraßen mit dem näherrückenden Neujahrsfest wie jedes Jahr langsam zum tosenden Strom an. Ìsarà füllte sich. Die Töchter und Söhne der Stadt kamen zu Fuß, in Lorries oder auf Fahrrädern, die mehr als Warentransporter persönlicher Habe denn als menschliches Fortbewegungsmittel dienten. Unter prallen Säcken, Kanistern, Körben und Schachteln verborgen, ächzten sie unter der Last wie Maulesel. Einzeln und in Familiengruppen spuckten die Lorries die Heimkehrer auf dem Busbahnhof aus. Ein paar Fahrzeuge kämpften sich tapfer die steile Lateritstraße hoch, die an Nodes Gehöft entlang mitten ins Herz der Stadt führte, zu jenem großen Platz, der mit seiner Umfriedung aus Bambuspfosten als Hauptmarkt diente. Während sie vorbeifuhren, überzogen sie das letzte Restchen Grün mit einer dicken rostfarbenen Patina. Es gab sogar ein paar Privatautos; ihr Einzug ließ regelmäßig bewundernde Gesichter in Fenstern oder Türöffnungen erscheinen, man wollte ja schließlich wissen, wessen Sohn es geschafft hatte und den Reichtum der Großstädte Lagos oder Kano nach Ìsarà trug. Wen kümmerte es schon, daß der Wagen vielleicht nur für die Fahrt nach Ìsarà gemietet war. Allein darauf kam es an, daß einer es überhaupt zu einer Limousine gebracht hatte, denn im Widerschein dieses Ruhms hob sich der Status der ganzen Stadt.

Am schwersten hatten es die Karrenschieber. Jeder Fußbreit gewonnenes Terrain mußte mit Holzkeilen gesichert werden, wollte man nicht Gefahr laufen, die schon bewältigte Strecke wieder zu verlieren. Sollte der Schiebende abrutschen, war die Katastrophe fast unvermeidlich. Da die zweiräderigen Schiebewagen sämtlich von den Händlern und Händlerinnen in Beschlag genommen waren, türmten sich die Ladungen auf ihnen und waren entsprechend schwer. Geduldig schritten die Mieter, zumeist Frauen, neben diesen muskulösen, schweißtriefenden und staubverkrusteten Gestalten her, die, sofern sie nicht vorzogen, ihre schwere Arbeit halbnackt zu verrichten, in die abenteuerlichsten Gewänder gehüllt waren, meist Kopien der Kostüme ihrer Lieblingshelden aus dem Wildwest-Film, der gerade in Ijebu-Ode oder Sagamu die Runde machte. Die Kopfbedeckungen waren am charakteristischsten. Unablässig riefen sie sich in ihrem unverwechselbaren Lagos-Ijebu-Dialekt muntere Spötteleien zu, wobei sie im Stil ihrer Lieblingsstars näselten. Ein Argot, das außer ihnen selbst niemand verstehen konnte. Es waren zweifellos starke Männer, doch mehr noch war es ihr Humor, der sie den steilen Hügel hinauf durchhalten ließ.

Wemuja hockte auf der Motorhaube seines Commer, der neben Nodes Gehöft abgestellt war, und überblickte die Szenerie mit einem altväterlich herablassenden Grinsen, wobei er abwechselnd in seinen Zähnen prokelte und dann wieder an seiner Tonpfeife nuckelte, eine neue Errungenschaft, erst vor wenigen Wochen aus Mariams Sortiment erworben. Seinen Pfadfinderhut mit der seitlich aufgesteckten Krempe hatte er sich tief in die Stirn gedrückt, und mit eng zusammengekniffenen Augen schätzte er ab, ob dem herannahenden *omolanke** der Platz, den sein Commer auf der verstopften Straße ließ, wohl ausreichen würde. Oder mußte er doch seinen Gehilfen Alanko wecken und ihn bitten, den Wagen aus dem Weg zu schaffen? Auf gar keinen Fall würde er, der Meister aller Fahrer, auch nur den kleinen Finger rühren, um einem Karrendrücker Platz zu machen. Als der krude zusammengezimmerte Klapperkasten Zentimeter um Zentimeter näher rückte, traf er seine Entscheidung. Schließlich war es schon mehr als einen Monat her, daß Alanko seine letzte Fahrstunde bekommen hatte. Über die Mauer hinweg schrie er etwas in Nodes Hof hinüber, rutschte lässig von der Motorhaube, kam auf seine Säbelbeine zu stehen und schlenderte gemütlich zur Palmweinbude beim Markt. Auf diese Weise, sagte er achselzuckend zu sich selbst, hatte schließlich auch sein Lehrmeister ihm das Fahren beigebracht: Wann immer ein Manöver angestanden hatte, bei dem es um zehn oder zwanzig Meter Fahrt ging, hatte sein Tutor ihm die Autoschlüssel zugeworfen und ihn seinem Schicksal überlassen.

Ein Hauch festlicher Vorfreude durchzog die Straßen, die Häuser, ja selbst den Kirchhof und den Markt, auf dem die angebotenen Waren eindeutig zur Kategorie *oja odun* gehörten, nicht das langweilige, alltägliche Zeugs, das lediglich zur Befriedigung der Grundbedürfnisse diente. Die Schiebekarren hatten sich nicht umsonst den Hügel hinaufgequält, noch hatten die Gäste in den Kleinbussen ohne Grund den Aufpreis berappt, der den Chauffeur verlocken sollte, seinem Motor die Strapaze zuzumuten, die einzige Fahrstraße nach Ìsarà hinauf zu bewältigen. Schon konnte man vor den Häusern die rivalisierenden Schüsse aus den »Zündblättchen-Revolvern« hören, die die einheimischen Schmiede hergestellt hatten. Die Metallkammer wurde mit abgeschabten Streichholzköpfen gefüllt, dann ein Nagel mitten hineingesteckt; die ganze Ladung explodierte, wenn man den Nagel gegen einen Stein oder eine Betonmauer schlug. Je größer die Ladung, desto lauter der Knall; manchmal riß es die ganze »Kanone« in Stücke, so daß sie zur Reparatur zum Schmied gebracht werden mußte. Es war dieselbe Gang der kleinen Krachmacher, die sich auch die Masken überstülpten und, begleitet von ihren Musikern, die mit Blechkanistern und Schlaghölzern aufspielten, von Haus zu Haus tanzten. Gelegentlich fand sich unter ihnen auch ein Trommler mit einer ausgeborgten *dùndún*, einer Sprechtrommel*, unterm Arm. Sie tanzten wie besessen und voller Erfindungsreichtum, während andere ihren Tanzeifer mit ihren Böllerschüssen anheizten. Forderte der Chor gar den einen oder anderen Erwachsenen auf, einen Halfpenny aus der zugeknöpften Tasche locker zu machen, dann wurde das Tanzen noch wilder und verrückter, und aus den jungen Kehlen plärrte es:

Olopa ko le mu wa.
*Odun to de la nse.**

Eine Herausforderung, der man zu dieser Zeit des weltweiten Feierns nichts entgegensetzen konnte.

Wie ganz und gar anders waren die Tänze der Erwachsenen. Nur oberflächlich vermittelte die Musik der Trommler, die am Hause Olisas, des Regenten, vorbeizogen, den Eindruck der Sorglosigkeit. Mehr als nur ein Kriegsfieber hatte Ìsarà erfaßt, und die Luftsprünge, die in den offenen Höfen vollführt wurden, wirbelten mehr als den bloßen Staub auf. Für den Aufritt der Masken gab es schwerwiegendere Gründe als den, die Zeit des Wartens auf die Neujahrsfeiern zu verkürzen. *Orin ote*, Lieder von Ränkespielen, nahmen den Platz der üblichen Klänge von *sákárà** und *agídígbo** ein. Bekannte Melodien und Texte wurden verändert und fast unmerklich ergänzt und ausgefeilt, wenn die vorbeiziehenden Musikanten und Sänger sich bestimmten Haustüren näherten oder den Verwandten bestimmter Persönlichkeiten begegneten. Der Odemo war schon lange tot. Der Kampf um seine Nachfolge hatte eingesetzt. Der Krieg, der im fernen Europa tobte, diente als Hintergrundszenerie für die rivalisierenden Kapellen, die bis an die Zähne mit *agogo**, *sèkèrè**, *omele**, *gángan** und *dùndún** bewaffnet waren.

Aafa, a bge'ke yan
Labalaba oluwo
Aafa, a bge'ke yan
*Oko iya Talatin**

Nicht etwa, daß man Hitlers Krieg erlaubt hätte, gänzlich in Vergessenheit zu geraten. So war Sipe Efuapes erste Anlaufstelle Pa Josiahs Haus, wo er – darauf wollte er jeden Eid schwören – sicherlich den schwierigen Sohn des Mannes dabei antreffen würde, wie er gerade im Hinterhof ein tiefes Loch für seine Ersparnisse buddelte, um so zu verhindern, daß sie dem Großen Bösen Wolf aus Deutschland in die Hände fielen. Akinyode beobachtete seinerseits mit einem breiten Grinsen auf dem Gesicht, wie Sipe den geliehenen Morris den Hügel hinaufsteuerte. Es bedeutete ihm Trost, daß er drei Tage vor Sipe nach Ìsarà gekommen war. So hatte er die letzten Nischen der Ruhe voll auskosten können, ehe die jahreszeitliche Invasion einsetzte. Sipe stieg aus dem Wagen, strich seine *buba* glatt und ließ seinen Blick gelassen über die Nachbarhäuser schweifen. In vollen Zügen genoß er die bewundernden Blicke, die ihm aus allen Richtungen zugeworfen wurden, dann stolzierte er majestätisch in Pa Josiahs Wohnzimmer und erfüllte es mit seiner ganzen Vitalität.

»Soso, da bist du also schon vor mir in Ìsarà eingetroffen.«

Akinyode zuckte die Achseln. »Wie üblich.«

Sipe schaute zur Decke, inspizierte minuziös das Zimmer, ehe er sich in einen Sessel niederließ.

»Er scheint nicht getroffen zu haben«, stellte er trocken fest.

Der Lehrer starrte ihn an. »Wer? Und überhaupt, was hast du hier versteckt? Wonach suchst du?«

»Na, ein Loch in der Decke oder im Boden. Oder willst du behaupten, dieser Hitler hätte Ìsarà noch nicht bombardiert?«

Als ihr Lachen verebbt war, fing Sipe an, den Lehrer auszuschimpfen: »Wirklich, Yode, du bist einfach unmöglich. Ich schreibe dir, biete dir ernsthafte, geradlinige Geschäfte an, und was kriege ich? Jede Menge Ausreden und Verzögerungstaktiken. Scheinbar von gründlichen Überlegungen getragen, entpuppen sie sich bei genauerem Hinsehen alle als pedantische Winkelzüge ...«

»Oh-oh-oh-oh!« Akinyode hielt sich die Hände vor den Kopf, die Innenflächen nach außen, als müßte er Schläge abwehren. »Mein Kopf, Sipe, mein Kopf! Du schlägst mir ja den Schädel ein!«

»Du, ich meine es ernst. Was soll ich bloß mit dir machen? Du hockst da in diesem hinterwäldlerischen Kaff namens Abeokuta, und dein Temperament hat sich schon völlig dieser Stadt der Felsen angeglichen – nichts kann den großen Felsen von Abeokuta rühren, und mit dir ist es genau dasselbe.«

»Lagos ist für mich ...«, hob Akinyode an.

»Ach, vergiß es! Warum mußt du immer rückwärts gehen? Ich weiß schon, warum. Dann brauchst du dich den wahren Problemen nicht zu stellen. Die Idee, daß du jemals nach Lagos kommst, habe ich schon längst begraben. Ich hab's versucht, wirklich. Aber schließlich habe ich mir gesagt, Sipe, Sohn des Efuape, den Mann kannste vergessen. Er ist ein ewiger Steckenbleiber, ein Mann der unerschöpflichen Ausflüchte und Selbstrechtfertigungen. Der wird nie auch nur einen Millimeter vorankommen. All die Anstrengungen, die du seinetwegen unternommen hast, all die Wege, die du ihm mit Hilfe von Freunden geebnet hast, hier mal eine Hand geschmiert, da mal ein bißchen nachgeholfen, all das ... oh, übrigens, hab ich dir schon erzählt, daß der Kerl ins Gefängnis gekommen ist?«

»Nein. Was ist passiert?«

»Er hat sich selber übertroffen. Hat denselben Trick einmal zu oft angewandt. Das muß man sich mal vorstellen: Behauptet, die Bestechungsgelder im Namen des europäischen Bürovorstehers abzukassieren! Na, wie auch, sein letztes Opfer war ein Botenjunge von Joe Allen ...«

»Saakis Dienstbereich?«

»Ja. Genau da hat unser schlüpfriger Aiyedipe seinen Fehler gemacht. Zehn Pfund von einem ganz normalen Büroboten! Was verdient denn so ein Bürobote im Jahr, von dem, was er dabei sparen kann, ganz zu schweigen. Na, wie auch immer, der Knabe hat es geschafft, diese horrende Summe irgendwie aufzutreiben, hat ihm das Geld übergeben, und dann ging das Warten los. Kommt heute nichts, kommt's vielleicht morgen ... drei Monate, dann fünf, sechs, nichts. Schließlich hat ihn die Verzweiflung gepackt. Wenn sich schon nichts tut in Sachen besserem Job, dann gib mir wenigstens mein Geld zurück, jammerte er. Wie heißt es doch im Lied: ›*Orisa**, wenn du mich nicht retten kannst ...‹«

»›... dann laß mich wenigstens, wie ich war.‹«

»Jawoll. Na, um's kurz zu machen, der Bürobote und Möchtegern-Angestellte ging zu Saaki und trug ihm seinen Fall vor. Hm, du kennst unseren Freund. In seinem schärfsten Englisch formulierte er einen brandheißen Brief an den britischen Bürovorsteher, unterzeichnete ihn mit allem, was er vorzuweisen hat, als S. A. Akinsanya, Generalsekretär der Automechanikergewerkschaft, Lagos, und Sekretär der Nigerianischen Jugendliga, und überbrachte ihm den Brief persönlich.«

»Hoho! *Sangba tu s'epo!*«*

»Genau! Der Bürovorsteher benachrichtigte sofort die Polizei. Das Ende vom Lied ... achtzehn Monate. Und schon wieder eine wunderbare Chance verpatzt!«

»Ja. Es ist wirklich zu schade, wenn sich jemand in einer solchen Position seine Zukunft so leichtfertig zerstört.«

Sipe legte den Kopf schief und fragte mit spöttischem Unterton: »Von wem reden wir denn hier?«

»Von Aiyedipe natürlich. Von wem denn sonst?«

»Von dir! Dir, dir, dir. Ich rede von Akinyode *omo* Soditan! Da war wieder einmal eine Stelle frei, du hättest nur zugreifen müssen. Eine plötzlich geschaffene Vakanz – Aiyedipe raus, Soditan rein. Hauptbuchhalter bei der Stadtverwaltung von Lagos. Du hättest dich im Mittelpunkt des Geschehens befunden, da, wo alle vernünftigen Leute zusammenkommen, die ihre Zukunft im Auge haben.«

Akinyode stand auf und ging zum Schrank hinüber. »Ich habe noch einen Rest Dimple in der Flasche, die Opeilu mir geschickt hat.«

»Jaja, immer dieselbe Tour, lenk du nur vom Thema ab! Leute wie dich will in Lagos sowieso keiner, zu deiner Beruhigung wollte ich dir das eben gerade sagen. An Leuten wie dir besteht in Lagos wahrhaftig kein Bedarf. Aber heißt das, daß du dich auch weigern mußt, in Lagos zu *investieren*? Was hält dich von einer Investition in Lagos ab?«

Der Lehrer lächelte, und Sipe höhnte, als sie beide wie aus einem Mund die Antwort gaben: »Der – Krieg.«

»Also, warum hörst du nicht auf, diesen hoffnungslosen Hinterwäldler zu behelligen?«

Sipe seufzte: »Es ist schade, es ist so unendlich schade!«

Er erinnerte sich all der vielen versäumten Gelegenheiten und schüttelte traurig den Kopf. Er selbst hatte Immobilien in Lagos gekauft, ungerührt von der Möglichkeit, daß Hitlers Bomben darauf fallen könnten. Wenn Lagos sich gleichgültig gab, dann konnte er, Sipe, Sohn des Efuape, das schon lange. Bis der Gouverneur anfing, seine Siebensachen zu packen, und seinen Auszug aus der Residenz vorbereitete, erachtete Sipe seine Einlagen als bombensicher. Er hatte nur eine Vorsichtsmaßnahme getroffen – das Geld, das er auf seinem Postsparbuch hatte, transferierte er auf das Konto einer ordentlichen Bank und riet allen Ex-Iléanten, das gleiche zu tun. Die bei der Post hinterlegten Spargelder konnten möglicherweise für die Kriegsanstrengungen requiriert werden, in Form eines Zwangsumtauschs gegen Kriegsanleihen. Was das anlangte, erwies es sich eindeutig als Vorteil, in Regierungsdiensten zu stehen: Man kriegte immer ein paar von diesen lebenswichtigen Informationen mit und konnte rechtzeitig was unternehmen, um sich vor derartigen schmerzlichen Entwicklungen zu schützen. Es gab noch ein paar andere wohltuende Nebenprodukte, und Sipe tat sein Bestes, sie mit den Freunden im *Kreis* zu teilen. Irgendwie war Sipe schon längst zu dem Schluß gekommen, daß die anderen vollkommen weltfremd waren, daß er allein der Auserwählte war, dazu bestimmt, ihnen zu helfen, auf dieser unwirtlichen Erde ihren Weg zu finden.

Als läse er seine Gedanken, reichte ihm Akinyode ein Glas, den Whisky und eine Flasche Soda und fragte: »Läuft gerade was beim ›Privatvertrag‹?«

Efuape zischte: »Was geht dich der ›Privatvertrag‹ an? Weißt du überhaupt, wie viele Gelegenheiten du schon vertan hast?«

»Reg dich ab, es ist ja nicht für mich; Osibo sagte mir, daß er unter Umständen interessiert sei.«

Der sogenannte Privatvertrag, das war auch so ein Bonus für diejenigen, die in den Diensten der Regierung standen oder in Lagos lebten. Leute mit Geschäftssinn – also nicht jeder x-beliebige – wurden unter der Hand mit Gerichtsvollziehern und öffentlich bestellten Auktionatoren zusammengeführt; da erfuhren sie dann, wessen Immobile demnächst unter den Hammer kommen würde. Der Privatvertrag war eine feste Vorabsprache, der öffentliche Hammer diente nur noch der formalen Wahrung des Scheins. Der Auktionator bekam seinen Anteil, der Vermittler natürlich auch, sofern es einen gab. Sipe war es schon ein oder zweimal gelungen, einen Vertrag zu vermitteln; der Gewinn war groß genug gewesen, daß er beim nächsten Vertrag selbst hatte zugreifen können. Ein bescheidener Bungalow in Ebute Metta, dessen einen Flügel bis vor wenigen Wochen ein Schild geziert hatte, das die Verwirklichung eines langgehegten Traumes verkündete: KÜSTEN-KRÄUTER-INSTITUT. Die zwangsweise Entfernung dieses Schildes –

Sipe schwor, es handele sich lediglich um eine zeitlich begrenzte Maßnahme – war Ergebnis einer konzertierten Aktion der Ärztekammer und der fast ebenso einflußreichen Apothekerkammer. Die Diskussion, die Osibo und Soditan im Hause des Grundschulrektors in Aké so unbekümmert miteinander geführt hatten, war in den öffentlichen Ring gezerrt worden und hatte sich zu einer handfesten Konfrontation gegen den Jungunternehmer Sipe entwickelt. Ein Kräuter-Institut? Was für eine Monstrosität, bitte schön, sollte denn das sein? Und Sipe konnte nur im Hintergrund toben und wüten. Als Staatsdiener konnte er nicht persönlich in den Streit eingreifen, denn er hatte ja gegen die Bedingungen seines Anstellungsvertrages verstoßen, indem er sich überhaupt auf ein privates Unternehmen eingelassen hatte. Jeder tat das – es war allgemein bekannt. Wer will schließlich mit einer Knickerrente der Regierung in Pension gehen? Man durfte sich nur nicht erwischen lassen, das war alles. Ein Strohmann führte das Unternehmen, Berge von Aktenordnern tarnten den eigentlichen Geschäftsinhaber. Die Angelegenheit wurmte Efuape. Akinyode dagegen war nicht einmal auf die Idee gekommen, seinen Freund Osibo mit den Aktionen der Vertreter seiner Zunft in Verbindung zu bringen. Efuape setzte sein Glas ab und starrte den Lehrer an, als wäre der übergeschnappt.

»Hast du Osibo gesagt?«

»Ja.«

»Welcher Osibo?«

»Na eben der Osibo, der Geist aus der Flasche: Du kennst ihn doch.«

»Und du möchtest, daß ich dem zu einem Privatvertrag verhelfe?«

»Ja, na klar doch. Ist das denn nicht dein liebstes Steckenpferd, dein lukrativstes, sollte ich vielleicht sagen.«

Sipe schien die Worte nur mit Mühe zusammenzubringen: »Du – möchtest, daß – ich – diesem – Apotheker – helfe?«

»Was ist denn los?«

»Hat er dich beauftragt? Oder fragst du das von dir aus?«

»Sipe, was hast du denn? Was hat er getan?«

»Was er getan hat? Frag lieber, was *sie* nicht getan haben, diese Europäer und ihre schwarzen Quacksalber, die sich Ärzte hier und Apotheker da nennen! Hast du vergessen ...?«

»Oh.« Und erst jetzt fiel Akinyode das noch unbeendete Scharmützel ein. »Na ja, aber trotzdem. Ich meine, was hat der Geist damit zu tun?«

Sipe fuchtelte wütend mit den Armen, als müßte er sich aller Angreifer auf einmal erwehren, die sich gleich in Akinyodes Kopf zusammenrotten würden.

»Was du dir da gerade so wunderschön zurechtlegst, das kannst du alles vergessen. Das hier ist kein Witz, und ich werde mir keines deiner schönen Argumente anhören. Sag deinem Geist, er soll sich in eine seiner Medizinflaschen verziehn, vorzugsweise in eine mit der Aufschrift: GIFT! Das heißt, wenn er seine europäische Hakennase durch den Flaschenhals kriegt ... Typisch. Nur ein Mensch mit so einer Nase kann auf die Idee kommen, Pharmazeut zu werden. Paßt haargenau zu der weißen Sippschaft, mit der sein Job ihn ständig zusammenführt ... Nein – sag jetzt nichts. Was ist denn gegen unsere Medizinen einzuwenden? Jeder rümpft die Nase über unsere einheimischen Heilkräuter – aber was haben unsere Großeltern benutzt, um uns gesund großzuziehen? Wagen sie es, nach Ìsarà zu kommen und mir zu verbieten, einen Kräuterladen in Ita Oba aufzumachen? Wagen sie es, die Verkaufsstände der Kräuterheiler im Ereko-Markt in Lagos zu schließen? Nein. Nein, das trauen sie sich nicht, weil sie ganz genau wissen, daß sie dann den Kopf ihres Vaters in der nächstbesten *salanga** finden würden. Aber ein anständiger Laden in einem feinen Viertel in Lagos ist eine Schande, ja? Die Straßen von Ebute Metta sind zu europäisch für die Buschmedizin des schwarzen Mannes!«

Akinyode schlürfte seinen Whisky-Soda und wartete, daß Sipe sich beruhigte. »Bist du fertig?«

»Nein!« ging er wieder hoch. »Weißt du, daß mein Angestellter und mein Bevollmächtigter beide verhaftet wurden? Sie wurden zum Polizeihauptquartier gebracht und verhört!«

»Du hast mir geschrieben, du hättest sie gegen Kaution freigekriegt, oder etwa nicht?«

»Ja. Aber sie kamen vor Gericht ...«

»Oh. Das wußte ich nicht.«

»Das war letzte Woche. Aber sie ahnen nicht, mit wem sie sich da eingelassen haben. O nein, sie haben keinen Dunst! Sie haben es nämlich mit Sipe zu tun, dem Sohn des Efuape, der, so Gott will, ein selbstgemachter Millionär sein wird, ehe die ersten grauen Haare in seinem Schopf sprießen und lange bevor sein Haupthaar sich zu lichten beginnt.«

»Der Forsche Fant!«

»Und immer Hahn im Korb!«

»Mephisto-Fant!«

»Tod den Beestons dieser Welt und ihren eingeborenen Verbündeten. Anathema und Maranatha!« Und schlagartig änderte sich seine Stimmung, löste sich in einem Lachen, mit dem er über sich selber herzog.

»Momentchen mal, was war das für ein schrecklicher Fluch, den du da eben ausgestoßen hast?«

»Anathema und Maranatha, dazu Feuer und Schwefel und die Sieben Plagen Ägyptens!«

Akinyode schüttelte den Kopf: »Ist mir alles bekannt, aber was ist Maranatha?«

»Was weiß ich? Da war dieser Zauberer, der in der Glover Hall auftrat, und ›Anathema und Maranatha‹ schien sein allmächtiger Zauberspruch zu sein, außer dem üblichen ›Abrakadabra‹ und dem ›im Namen des Soundso verwandle ich dich‹.«

Akinyode ließ sich die Phrase über die Zunge rollen, schmeckte sie regelrecht ab. »Anathema und Maranatha. Hm, muß ein Inder gewesen sein.«

»Sie behaupten doch alle, daß sie aus Indien kämen. Zumindest, daß sie dort ihre Künste erworben hätten. Wie auch, diese Herren Apotheker werden feststellen müssen, daß die Medizin aus Ìsarà stärker ist als ihre. Wir werden ihren Leib schrumpfen, sie in ihre Medizinflaschen sperren und nach England verschiffen.«

»Schon gut, schon gut. Du weißt ganz genau, daß Osibo damit nichts zu tun hatte. Es war ganz offensichtlich eine Akion der Regierung. Wäre Onkel Segun zu Hause gewesen, hätte er es vielleicht verhindern können. Er arbeitet im Städtischen Krankenhaus und hat Einfluß in Regierungskreisen.«

»Dieser Rosenkreuzer? Er ißt nur Gemüse, hast du mir mal erzählt.«

»Und was hat das mit deiner Kräutermedizin zu tun? Wenn überhaupt, dann sollte ihn das doch höchstens sympathischer für dich machen.«

Efuape grübelte. »Vielleicht hast du recht. Ich weiß nur, daß er ganz und gar das Gegenteil seines Bruders I. O. ist. Was gibt's denn für Neuigkeiten von dem alten Dandy? England muß ihm doch bestens zusagen – er kann so viele Tee-Gesellschaften besuchen, wie sein Herz begehrt, und jede Menge Schmetterlingsschleifen tragen. Ich beneide ihn trotzdem nicht. Ich hoffe, er weicht den Bomben in London aus. Leute wie er kümmern sich nicht um ihren persönlichen Schutz, bevor sie reisen. Sie finden es nicht mal der Mühe wert, sich mit *egbe** oder ähnlichem zu bewaffnen.«

Sie schwiegen beide. Der Krieg war fern und doch so nah. Jedesmal, wenn ein Sohn Ìsaràs, ein anderer Freund oder Kollege sich der Gruppe der Auserwählten anschloß, die sich aufmachte, das Goldene Vlies zu suchen, hatten sie die Vorbereitungen beobachtet und die tumultuösen Szenen am Hafen miterlebt. Die Gebete waren jetzt inbrünstiger, und es wurde sehr viel mehr gebetet, in den Kirchen fanden nicht mehr die bloßen Routinegottesdienste statt; die guten Wünsche zum Abschied wurden leidenschaftlicher, und es wurde immer schwieriger, die wohlmeinenden Begleiter davon zu überzeugen, daß es nun Zeit werde, die Gangway hinunter an Land zu gehen, denn das Schiff wolle die Anker lichten. Die Dankgottesdienste, die für die Rückkehrer abgehalten wurden, waren ausgelassene Feste, nicht nur schlichte Predigten und stolze Hymnen, weil es gelungen war, den europäischen Kontrolleuren nigerianischen Lebens ein Schnippchen zu schlagen.

Sein Gesicht umwölkte sich, und Akinyode sagte mit ernster Stimme: »Ashtabula steckt plötzlich voller neuer Gefahren.«

Draußen hörte man den Verkäufersingsang eines Mädchens, das *ebiripo* anbot. Doch er wurde von einer angriffslustigeren Melodie übertönt, und als die beiden Männer ein paar Worte des Gesangs ausmachen konnten, war ihnen klar, daß eine Abordnung des Regenten auf dem Weg war, Pa Josiahs Haus einen kleinen Besuch abzustatten. Akinyode schloß das Fenster, das zur Straße hinausging, ließ aber die über der Tür angebrachte Luftklappe offen. Die vorüberziehenden Nachtschwärmer waren nicht bösartig, dennoch war die Herausforderung unverhohlen. Genau vor dem Haus machten sie halt, stampften den Boden mit ihren jubilierenden Füßen, als wären sie ihres Sieges längst gewiß. Der Name ihres Kandidaten war Motiv genug für ihre Improvisationen: Und wie auch sollte ein Kind in der Lage sein, einen Elefanten beiseite zu schieben?

Atari ajanaku
E mi s'eru omode
Eni ema a m'erin yi'se
*A r'orun bo, a f'ina bori.**

Doch nicht einmal dieses fortgesetzte Geplänkel schaffte es, jenes andere zu bannen, das sich täglich in allen Kleinigkeiten des Alltags in Erinnerung brachte. Und es waren nicht bloß die üblichen Gerüchte, die den Krieg nach Lagos und später sogar nach Meko trugen.

Nachdem die ersten Bomben auf London gefallen waren, wurden auch in den Kolonien die Kriegsanstrengungen verstärkt. Der Geist patriotischer Verbundenheit mit der Kolonialmacht wurde berechnend angepeitscht und nahm gelegentlich die Dimension eines Wettstreits an. Da war der Spitfire-Fonds: Massenversammlungen, Konzerte, Ausstellungen, Tanzveranstaltungen, Theateraufführungen wurden organisiert, um eine weitere Spitfire für England finanzieren zu können. Sowohl in ihren Heimatorten als auch in Lagos wetteiferten die Spitfire-Clubs miteinander, um ihre besondere Loyalität als Untertanen der Krone und Verteidiger der britischen Besitztümer unter Beweis zu stellen. Regierungsvertreter und Distriktsbeamte reisten durchs Land, förderten und unterstützten die zahllosen Unternehmungen, verkündeten das stetige Wachstum der Einnahmen der Kollekten und trieben damit die Konkurrenten zu noch größeren Anstrengungen an. Spitfire-Anstecker wurden an die verteilt, die sie sich redlich verdient hatten, die erfolgreichsten Organisatoren aber wurden mit einer Einladung zum Tee in die Residenz des Gouverneurs geehrt.

Andersdenkende wurden scharf kritisiert. Die unerschrockene Mrs. Esan ergriff die Gelegenheit beim Schopfe und erklärte öffentlich, der Krieg werde Afrika befreien, und dann werde man sehen, daß die Afrikaner in der Lage seien, »die Themse in Flammen aufgehen zu lassen«. Es geschah während der öffentlichen Sitzung der Ratsversammlung ihrer Kirche in Lagos, nachdem der offizielle Teil abgeschlossen war. Ganz harmlos hatte ihre Ansprache begonnen. Sie hatte ihre Zuhörer mit ihrer Vorstellung von der Institution Ehe damit erheitert, daß sie diese Vereinigung mit Webstuhl und Weberschiffchen verglich. Als sie dann aber so richtig in Fahrt kam und fragte, welche Rolle die afrikanische Familie in diesem Krieg spielen solle, ließen die versammelten Prälaten erste Anzeichen von Unruhe erkennen. Blicke wurden gewechselt, schließlich, als die Sache immer heikler wurde, gingen sogar Notizzettelchen in Umlauf. Der Bischof zerrte an seinem eng anliegenden Rundkragen, doch allen waren die Hände gebunden; sie mußten abwarten, bis die nur allzu bekannte Händler-Lehrerin aus Saki ihre Thesen vorgetragen und unter sehr zurückhaltendem Applaus der Zuhörer ihren Platz wieder eingenommen hatte.

Der Krieg erzeugte auch Erwartungen. Würde die Regierung wirklich den Kriegsbonus von vierzig Prozent auf alle Gehälter der Staatsdiener zahlen, von dem so viel gemunkelt wurde? Der zusätzliche Etat von sechsundzwanzigtausend Pfund für die Lehrerschaft des Landes war freilich kein Gerücht. Von Oniya als völlig unzureichend gerügt – er sollte ja Ausgleich schaffen für die nur zu deutlich gestiegenen Lebenshaltungskosten –, sollte er gerecht verteilt werden. Doch gerechte Verteilung auf welcher Grundlage, bitteschön?

Und Salz verwandelte sich in Goldstaub.

Es war ein Mysterium. Wie konnte ganz hundsgewöhnliches Kochsalz plötzlich vom Markt verschwinden? Und wenn noch welches zu ergattern war, dann nur zum zehnfachen Preis. Und jetzt wurde sogar dieser Rest noch rationiert. Salz! Rationiert? Wie konnte sowas passieren? Nicht mal in den Zeiten der alten Kriege war je ein solches Ereignis eingetreten – und dies war ein Krieg, der sich Tausende von Meilen weit weg abspielte. Brauchte man Salz, um Gewehre und Spitfires herzustellen? Oder wurde es für die Herstellung von Schießpulver benötigt?

Den Schneidern ging es gut. Am anderen Ende Ìsaràs erwartete man Schneider Famade vergeblich; dieses Jahr würde er nicht zum Neujahrsfest nach Hause kommen. Viel zu viel Geld konnte er im Norden verdienen. Mehr als zweihundert Schneider, so schrieb er, seien von der Regierung eingestellt worden, um Uniformen zu nähen. Es bleibe ihm leider nichts anderes übrig, als das Neujahrsfest zu einem anderen Zeitpunkt nachzuholen, jetzt müsse er dankend ablehnen. Sein Geschäft hatte Hochkonjunktur, und er wäre kein wahrer Sohn Ìsaràs gewesen, hätte er diese Chance ungenutzt verstreichen lassen, nur um zum Feiern nach Hause zu kommen. Schon nächste Woche konnte der Krieg vorbei sein; und er würde sich vor Wut in den Hintern beißen.

Auch die selbständigen Transportunternehmer erlebten einen Boom. Lastwagen aus Privatbesitz wurden für den Transport von kriegswichtigen Gütern und Soldaten konfisziert –

gegen eine Kompensationszahlung von dreißig Shilling täglich! Und das Gerangel um die Abgabe von Lastwagen setzte ein. Schmiergelder gingen an Polizisten und Regierungsbeamte: Nimm meinen Lastwagen, bitte, laß meinen konfiszieren! Die Lebensmittelpreise, die Kosten für Gebrauchsgegenstände, für Kleidung, Arbeitsgerät, ja selbst für die einheimischen Lebensmittel und Versorgungsgüter stiegen, bis von den Kanzeln herunter die Abmahnungen erschallten. Geld sei der neue Götze, der Geist der Religion sei abgestorben in den Menschen. Warum, so fragten die Prediger, warum läßt dieser Krieg das Böse in uns zum Ausbruch kommen? Und was wird er erst in jenen bewirken, die wirklich in ihn verwickelt sind – werden die Mütter dort bereit sein, ihre eigenen Kinder für ein schnelles Schnäppchen zu verschachern?

In einigen Haushalten in Ìsarà herrschte Panik. Daß Osode zur Armee gehen würde, hatten alle erwartet. Er war bis über beide Ohren verschuldet, und so blieb ihm eigentlich keine andere Wahl. Selbst die lautesten Schreihälse unter seinen Widersachern hatte er in Erstaunen versetzt, als er seinen ersten Sold per Scheck an Akinyode überwies, mit der Maßgabe, einige seiner Gläubiger zu befriedigen. Und mit dem zweiten Sold ging es ebenso. Dann kam ein Brief, dem ein Bild beigelegt war. Es zeigte Osode in voller Uniform mit allen Abzeichen. Stolz verkündete er seine Beförderung zum Munitionslagerverwalter. Während der ganze Rest der Nation hinter Salz her sei wie der Teufel hinter der armen Seele, berichtete Osode, herrsche ausgerechnet an diesem Artikel in der Armee kein Mangel. Er schickte dem Lehrer einen Sack voll und versprach, mehr zu schicken, falls Bedarf bestehe. Als Gegenleistung wünschte er sich Bücher, denn, so schrieb er, er nutze die Gelegenheit, in der armee-eigenen Berufsschule Kurzschrift zu lernen, und wolle seinen englischen Wortschatz erweitern. Könne sein Freund, der Schullehrer, ihm bitte alle Bücher, die nicht mehr gebraucht würden, zukommen lassen?

Nun gut, das war Osode. Seit jeher ein rechter Wüstling, was ja auch niemanden verwunderte, hatte er doch einen Saufaus von Vater, der die gesamten Ländereien der Familie – einschließlich der Äcker – verkauft hatte, um in Lagos bleiben und dort von Bar zu Bar torkeln zu können. Was jedoch sollte man von dem Sohn des ehrenwerten Reverend Opelami halten, einem wohlerzogenen Jungen, dem es an nichts mangelte, der sogar ein Studium in Yaba an der Hochschule für Gesundheitswesen abgeschlossen hatte und der offensichtlich zu Höherem berufen war? Alles war vorbereitet, seine Zulassung an ein weiterführendes Institut in Bristol war bereits bestätigt. Seine Schiffspassage war gebucht, der »in London ausgebildete« Herrenausstatter an der Broad Street hatte ihm eine komplette neue Garderobe geschneidert. Sogar der Abschiedsgottesdienst war schon gehalten worden – oder richtiger: zwei Gottesdienste, einer in Lagos und einer in Ìsarà. Jetzt brauchte nur noch das Schiff im Hafen von Lagos anzulegen, und der junge Opelami konnte, begleitet von Myriaden von Freunden und Verwandten und deren Freunden und Verwandten, den gnädigen Händen des Gottes aller Meere überantwortet werden. Nur ... auf wundersame Weise ging der junge Opelami verschütt, und es bedurfte eines Briefes von Osode, seinem Jugendfreund, um zu enthüllen, daß Opelami in Kaduna gelandet war, angeworben von der Infantrie. Die Weisen Ìsaràs schüttelten die Köpfe; nein, da gab es gar keinen Zweifel. Neidische Feinde der Familie hatten ihre Finger im Spiel. Sie hatten ihm mit düsteren Machenschaften den Kopf verwirrt. *Efun!* Jedes Kind konnte das sehen – *efun*!*

»Ich nehme an«, unterbrach Akinyode plötzlich das Schweigen, während dessen Sipe und er auf völlig verschiedenen Pfaden ihren Träumereien gefolgt waren, »ich nehme an, du hast schon mal daran gedacht, ins Druckgewerbe zu gehen?«

Sipes höhnischer Schnauber bedurfte keiner weiteren Erläuterungen. Dennoch beharrte der Lehrer: »Ich frage aus gutem Grund. Ich habe da nämlich einen interessanten Vorschlag unterbreitet bekommen – und du wirst nie raten, von wem.«

»Kann ja wohl nur ein Wirrkopf von Lehrer so wie du sein. Schau, ich habe über diese Angelegenheit sehr gründlich nachgedacht. Den ganzen Bereich des Druckgewerbes und des Verlagswesens sollte man der Regierung und den kirchlichen Missions-Gesellschaften überlassen. Die Verlegerei ist kein wirkliches Geschäft für Leute wie mich.«

Akinyode seufzte. »D. O. Fagunwa denkt da anders.«

Sipe fuhr kerzengerade hoch. »Fagunwa? Der Typ, der *Ogboju Ode* geschrieben hat?«

Akinyode nickte. »Genau der.«

»Und der will ins Verlagsgeschäft einsteigen?«

»Nein, nicht direkt. Aber er macht einen ... na ja, er hat eine Idee, die einen jungen Unternehmer wie dich reizen sollte. Er will eine Schrift rausgeben, die für Sixpence pro Exemplar Hintergrundinformationen zum Krieg enthält, um unseren Leuten verständlich zu machen, was vorgeht. Natürlich könnte das dann auch Teil unserer Geschichtsbücher werden, sollte sich das Pamphlet als so erfolgreich erweisen wie *Ogboju Ode*. Nur ein dünnes Heftchen. Aber er sucht einen Drucker. Er hat schon Rückenstärkung vom Provinzgouverneur von Oyo, aber das genügt nicht, damit hat er noch keine Erlaubnis zur Benutzung der Staatsdruckerei.«

Sipes Kopfschütteln war Ausdruck seines Zweifels. »Hm. Ich glaube nicht, daß er damit so erfolgreich sein wird.«

»Obwohl die Schrift aus der Feder eines so berühmten Schriftstellers wie Fagunwa stammt? Er hat außerdem vor, es zweisprachig zu machen; yoruba und englisch. Und das ist nur der Anfang. Später soll es weitere zweisprachige Ausgaben geben. Englisch-ibo; Englisch-hausa, vielleicht sogar eine Ausgabe in Tsekiri und noch ein oder zwei anderen Sprachen.* Der Titel ist *Iwe Itan Ogun.*« Soditan hielt inne, dann legte sich ein spitzbübisches Lächeln auf sein Gesicht. »Wir sollten ihm Mrs. Esan empfehlen, ich meine – sie könnte doch das Vorwort schreiben.«

»Eparipa!«

»War ja nur so eine Idee. Zwei Kämpfernaturen in einem

Buch über den Krieg – warum denn nicht? Jedenfalls denkt er an einen Vorverkauf zum Subskriptionspreis. Er nennt in diesem Zusammenhang das Beispiel von Dr. Azikiwe* mit seinem *West African Pilot*, das schon eine garantierte verkaufte Auflage von fünftausend Stück hatte, noch ehe das erste Exemplar überhaupt gedruckt wurde.«

Sipe schnaubte verächtlich. »Da hast du's. Ihr seid doch alle gleich – Lehrer, Phantasten, Einfaltspinsel. Wie kannst du ein einzelnes Kriegspamphlet mit einer Zeitung vergleichen? Wen interessiert denn dieser Krieg? Nur weil wir uns alle ein Bein ausreißen für den Sieg der Alliierten? Ja glaubst du denn, Leute wie Onyia und Esan und dieser Mann aus Saro, dieser Clinton, glaubst du denn, all diese Leute seien in der Minderheit? Du kannst den Sohn von Efuape getrost zu jenen zählen, die schwören, daß dieser Krieg den Afrikanern und den Asiaten die Freiheit bringen wird!« Er sprang auf, schlich auf Zehenspitzen zur Tür, öffnete sie einen winzigen Spalt weit und spähte vorsichtig hinaus. »Aber sag nicht«, flüsterte er, »daß du Sipe selbst das hast sagen hören, denn er wird es leugnen und bei den Knochen seines Großvaters schwören! Denn das Gesetz erkennt bloßes Hörensagen oder – indirekte Rede nicht an.« Und dann warf er den Kopf in den Nacken und lachte aus vollem Halse. »Hörst du übrigens noch manchmal von ihr?«

Die Tür flog auf, und ein Tornado wirbelte ins Zimmer. Keiner der beiden jungen Männer hatte Pa Josiah zu sehen erwartet. Heimkehr während der Saison, so wie jetzt, bedeutete, daß Josiah sein Haus seinem Sohn und dessen Freunden überließ, während er selbst Unterschlupf bei einer seiner Frauen oder – lieber noch – bei Jagun suchte. Besonders in den ersten Tagen der Wiedervereinigung, wenn alle von Haus zu Haus gingen, sich an der Ausbeute der langen Abwesenheit berauschten und Anekdoten austauschten. Josiahs Stirn war durchfurcht von Zornesfalten, er blickte von der einen Gestalt zur anderen, preßte einen Laut zwischen den Lippen hervor, schnickte dann den Kopf nach hinten und sagte zu Jagun, der nach ihm eingetreten war:

»Die Herrschaften lachen. Sie sind zur Feier des Neuen Jahres nach Hause gekommen, und alles ist in bester Ordnung.« Er stapfte in die Mitte des Raumes und fixierte die beiden mit gallebitterem Blick. »Ich denke, ihr werdet Grund haben für eure Ausgelassenheit. Und daß hinter diesen Mauern der Krieg ausgebrochen ist, interessiert euch einen feuchten Kehricht, was?«

Sipe und Akinyode wechselten verdutzt fragende Blicke, was den alten Herrn nur noch wütender zu machen schien.

»Jawohl, Krieg!« Er schrie jetzt fast. »Während ihr gemütlich hier herumhockt und Grammatik redet. Und ausgerechnet du, Akinyode, auf den ich glaubte, mich verlassen zu können, ich glaubte, du würdest die in Lagos warnen. Habe ich dich etwa nicht wissen lassen, daß die Angelegenheit die äußerste Dringlichkeitsstufe erreicht hat?«

Hitler! War er in Lagos einmarschiert? Im Kopf des Lehrers überschlugen sich die Gedanken. Also hatte er recht. Hitlers Sturmtruppen waren möglicherweise schon dabei, Sipes Privatvertrags-Grundstücke zu beschlagnahmen und die Bewohner der Stadt in die Sklaverei zu verschleppen. Der Bevollmächtigte und der Angestellte mochten wünschen, der Forsche Fant habe keine Kaution für sie gestellt. Die Zellen im Untersuchungsgefängnis mochten sicherer erscheinen. Da war nur eins, was er nicht verstehen konnte: Was um alles hätte er tun können, um dem Furor teutonicus Einhalt zu gebieten?

Sipes Gedanken eilten sogar noch weiter. Wieder einmal hatte ihn seine Vorahnung schmählich im Stich gelassen! Das also war seine sorgfältige Planung. Er, der sich immer lustig machte über den übervorsichtigen Yode. Und schon drängte sich ihm die Frage auf, wie lange es noch dauern konnte, bis Hitlers marodierende Horden in Ìsarà einfielen. Schlimmer noch, er war ja noch immer in Epe stationiert, und wenn er je irgend etwas gelernt hatte, dann dies: Das erste Ziel einer angreifenden Macht ist immer der Hafen. Nach Lagos mußte logischerweise Epe an der Reihe sein. Er besaß noch kein Haus in

Epe, aber ein Grundstück hatte er sich bereits gesichert – direkt an der Küste. Und als nächstes hatte er den Kauf eines Bootes mit Außenbordmotor ins Auge gefaßt. Nicht gleich eine Yacht wie der Statthalter sie sein eigen nannte, aber auch kein simples Kanu mit nachträglich angebrachtem Motor, nein, ein Boot mit fest installiertem Motor. Er hatte solche Boote in der täglich größer werdenden Schiffswerft von Epe gesehen und bereits eine bescheidene Anzahlung geleistet. Und jetzt war es vielleicht schon requiriert worden, so wie die Briten die Lastwagen konfiszierten. Und das, wenn man glauben durfte, was so über diesen Herrn Hitler verbreitet wurde, ohne das geringste Angebot einer Ausgleichszahlung.

»Na, was ist jetzt? Wollt ihr da stehenbleiben und mich weiterhin anstarren wie *ileya*-Böcke? Steigt in die Blechkiste, die ihr da vor meiner Tür abgestellt habt, und seht zu, daß ihr so schnell wie möglich nach Lagos kommt und denen sagt, was hier vorgeht. Die Olisa-Clique hat ihren Odemo in sein Amt eingesetzt!«

Die Zwei-Mann-Zuhörerschaft gab Rufe des Unglaubens, der Empörung und des Entsetzens von sich. Inzwischen war auch Jagun mitten ins Zimmer getreten. Er nahm Pa Josiah beim Arm und führte ihn zum Sessel neben dem Fenster. Selbst setzte er sich auf den Stuhl, von dem Efuape aufgesprungen war.

»Doch, doch. Was ihr gerade gehört habt, stimmt. Heute nachmittag ist es passiert.«

Josiah spuckte durch die Lücke zwischen seinen Schneidezähnen schnupftabakschwarzen Speichel auf den Boden. »Ja, der Regent. Oder richtiger, der, den wir nach dem Tod des Odemo für die Übergangszeit zum Regent ernannten. Aber ich weiß, wer ihm dazu Mut gemacht hat. Es ist dieser senile Knacker, dieser Agunrin Odubona, der sich selbst Agbari Iku* nennt. Odubona, der sich kategorisch weigert, auch nur zur Kenntnis zu nehmen, daß es in dieser Welt inzwischen Eisenbahnen, Autos und Lastwagen gibt.«

Sipe hob beide Hände. »Genug, Baba. Gleich morgen früh

fahren wir los. Awobodu wird noch in Lagos sein, und Akinsanya auch. Wir werden all unsere Freunde zusammentrommeln, in die Zeitungen werden wir's bringen, dem Gouverneur persönlich werden wir in den Ohren liegen, einen vernichtenden Schlag zu führen.«

»Es ist eine Götteslästerung!« sagte Jagun mit Nachdruck. »Sie konnten nicht einmal die nötigen Riten vollziehen. Wie denn auch? Aber Olisa zerrte seinen Kandidaten in den *iledi* ...«

»Wen?«

»Wen? Erinle natürlich!«

»Ich wollte mich nur vergewissern, ob es noch immer derselbe ist.«

»Wer soll es denn sonst sein?« fauchte Josiah. *»A nki, a nsa, o ni oo m'eni to ku!«**

»Seine Anhänger sind vorhin singend am Haus vorbeigezogen«, erklärte Akinyode, als wollte er ihn damit besänftigen, »aber wir hatten keine Ahnung, daß Erinle diesem illegalen Schritt zugestimmt hatte. Das ist wahrhaftig tollkühn ...«

»Tollkühn? Ha! Erinle hat *eewo** begangen. Die königlichen Insignien zu tragen, ohne daß die vorgeschriebenen Riten vollzogen wurden. Er glaubt, er kann auf der Ehrerbietung reiten, die wir diesem Agbari Iku zollen, der einfach alles unterstützt, was genauso zahnlos ist wie er selbst!«

»Wir werden noch vor Morgengrauen aufbrechen«, versprach Akinyode und nickte Sipe dabei zu. »Heute abend treffen wir uns noch mit den anderen hier. Einige werden dann nach Ibadan fahren und die Angelegenheit dem dortigen Distriktsbeamten vortragen. Eine andere Delegation wird zum Statthalter fahren – wir werden alle Hebel in Bewegung setzen; laß uns nur machen, Baba. Wir sollten daran denken, daß wir eventuell einen Anwalt bemühen müssen. Ich sehe schon, daß die ganze Sache vor Gericht enden wird.«

Jetzt schaltete sich Sipe ein. »Da ist noch was. Die ganze Stadt kennt Olisas Kandidaten. Uns allen war er seit geraumer Zeit bekannt. Aber alles, was wir betreffs des Kandidaten der Gegenseite haben, sind Gerüchte. Das letzte, was wir hörten, war, daß den Königsmachern insgesamt fünf Namen genannt worden sind – einschließlich Erinles. Wer sind die anderen vier?«

»Die anderen vier?« Jagun starrte ihn mit offenem Mund an. »Diese Weide haben wir doch schon vor langer Zeit abgegrast.«

»Willst du etwa auch sagen, daß du es nicht weißt?« Und Josiah blickte seinen Sohn mit großen, ungläubigen Augen an.

»Alles, was du mir gesagt hast, Baba, war, daß die Sache uns in Ile Lígùn betrifft. Daß wir am Wahlergebnis größtes Interesse haben müßten.«

Jagun blickte Josiah an, der die Hände in die Luft warf, aber zustimmend nickte. »Also gut«, sagte er. »Kommt näher.«

Ray Gunnar, ein Trinidadianer indischer Abstammung und mittleren Alters, hatte einen Hang zum Abenteuer. Mitten auf dem weiten Ozean wachte er eines morgens im Oktober 1939 auf, überwältigt von der zu späten Erkenntnis, den größten Fehler seines Lebens begangen zu haben. Bisher hatten die Torpedos keine Notiz von ihm genommen, doch die täglichen Radioberichte über die Verheerungen, die sie allenthalben verursachten, dazu die täglichen Notübungen an Deck des Schiffes, an denen Passagiere und Mannschaft teilnehmen mußten, wirkten nicht gerade beruhigend. Auch hatte er in den Rundfunkübertragungen die bombastischen Wortergüsse des Mannes mit dem einzigartigen Schnauzbärtchen verfolgt und, obwohl Ray Gunner kein einziges Wort Deutsch verstand, war er doch felsenfest davon überzeugt, daß dieser untersetzte Deutsche, ein ihm völlig fremder Mensch, es persönlich auf ihn und sein Leben abgesehen hatte. Gunnars Träume waren lange Sitzungen hochnotpeinlicher Folter, aus denen er schreiend erwachte. Verschwitzt und zitternd rief er die Hilfe seines persönlichen *obeah** an und erflehte den Beistand und Schutz der hundert und einen Gottheiten seiner vergessenen Hindu-Ahnen.

England, das »Mutterland« selbst, zitterte – wenn man den Nachrichten glauben durfte – vor der Bedrohung, wer also war er, der gemeine Matrose, im Status kaum höher einzustufen als ein blinder Passagier, daß er es hätte wagen dürfen, die Gefahr der Vernichtung seiner Existenz nicht ernst und persönlich zu nehmen?

Seine Gegenwart auf diesem Frachtschiff, das auch ein gutes Dutzend Zwischendeckpassagiere an Bord hatte, war eindeutig Folge eines Zwanges: Aus Gründen, die zu vergessen er vorzog, war Ray Gunner vor die Wahl gestellt gewesen, entweder auf diesem Pott anzuheuern oder eine Runde Knast zu schieben. Die heftigen Kontraktionen seines Magens während dieser Seereise ließen ihn freilich nur zu bald voll heftigen Verlangens an die ausgeschlagene Möglichkeit denken, die noch dazu sicherlich weder Bomben noch Torpedos auf hoher See eingeschlossen hätte. Noch ehe er Liverpool erreichte, stand sein Entschluß fest: Die Rückreise würde die letzte Seepassage seines Lebens sein. Doch als das Schiff anlegte und er wieder die gute Mutter Erde unter seinen Füßen spürte, da wußte er, daß er seine letzte Schiffsreise bereits gemacht hatte. Ray Gunnar heuerte ab. Die Luft von Liverpool war ein schmutziger Dunstbrodem, doch ihm roch sie unendlich viel gesünder als die Nebel und Sturmböen der rauhen See, in deren Tiefen ständig unsichtbare Minen lauerten, die es auf ihn und sonst niemanden in der Welt abgesehen hatten, ganz gleich in welchen Winkel des Laderaumes er sich auch verkriechen mochte.

Freundschaften schließen war die zweite Natur Ray Gunnars; jeder, der sein Leben mit solch entwaffnender Offenheit und Freundlichkeit führte, mußte Sympathien erwecken. Ganz besonders fühlte er sich zu den Westafrikanern hingezogen, die den trinidadianischen Schwarzen so ähnlich waren, deren Freundschaft ihm den Schlamassel mit der Polizei eingebrockt hatte. Eine Reihe verschiedener Handlangerjobs katapultierte ihn von einem schwarzen Zentrum zum nächsten – Birmingham, Hull, Glasgow und schließlich London. Seine westafrikanischen Bekannten waren fasziniert von seiner Sammlung verkratzter, aber authentischer Calypsoplatten, und außerdem schien er unerschöpfliche Vorräte einer Sorte von Marihuana zu besitzen, die, darauf wollten sie jeden Eid leisten, aromatischer war als jede andere Sorte, die sie je gekifft hatten. Als er sich entschloß, nach London überzusiedeln, statteten ihn seine Freunde aus Dankbarkeit mit einem Empfehlungsschreiben aus und gaben ihm die Adresse der Westafrikanischen Studentenvereinigung, eine Heimat für die immer größer werdende Zahl der heimatlosen afrikanischen Studenten in London.

Ray Gunnar war von der Organisation ziemlich beeindruckt. Keine geringere als eine echte Prinzessin, die Tochter des obersten Herrschers des Yorubalandes, des Alake von Abeokuta, hatte den Posten der Schatzmeisterin inne. Der Generalsekretär der Vereinigung, ein brillanter, wortgewaltiger Rechtsanwalt namens Ladipo Solanke, hielt Versammlungen mit wichtigen Beamten des Kolonialbüros in Whitehall ab. Und sie zögerten nicht, in ihrer eigenen Zeitung die britische Kolonialpolitik in unglaublich derber Sprache zu geißeln. Ein Artikel über das Verhalten des Völkerbundes im Konflikt zwischen Abessinien und dem italienischen Diktator Benito Mussolini verschlug ihm regelrecht den Atem. Einige Mitglieder der Organisation waren selbsternannte Kommunisten, ein nigerianischer Prinz hatte bei den Internationalen Brigaden gekämpft. »Hut ab vor Hitler«, lautete der Titel eines Vortrags, den Gunnar besuchte. Ganz offensichtlich fürchteten diese Studenten den Zorn der britischen Regierung nicht. Nichts war ihnen heilig, und, um die Wahrheit zu sagen, Gunnar war mehr als eingeschüchtert von dieser Respektlosigkeit gegenüber den wundesten Punkten der Regierung des Gastlandes.

Es dauerte nicht lange, und Gunnar hatte eine Stelle als Putzer und Faktotum im afrikanischen Studentenwohnheim in der Camden Road in London. Er lernte die Studenten sehr gut kennen, erfuhr alles über ihre Probleme und ehrgeizigen Pläne. Längst schon hatte er eine verblüffende Erkenntnis gewonnen: Die hervorstechendste Eigenschaft der Westafrikaner, ob hier in Britannien oder bei sich zu Hause, war ihre Bildungswut, ihre

Besessenheit zu lernen. Das Fach und die endgültige Qualifikation spielten dabei überhaupt keine Rolle. Ob ein in London gemachtes Abitur, ob Bakkalaureus oder Magister, ob Grund-, Vor-, Haupt- oder Staatsexamen in den verschiedensten Studienfächern wie Jura, Medizin, Pharmazie, Buchführung oder Betriebswirtschaft – der Westafrikaner blätterte ungeheure Summen hin, um Fernkurse bei berühmten, renommierten Schulen wie beispielsweise Wolsey Hall in Oxford zu belegen, und noch größere, um sich bei höchst zwielichtigen Instituten einschreiben zu können, die bloß abkassierten und den Studenten nichts weiter lieferten, als völlig unbrauchbare Informationsschriften. Anders als die staatlich anerkannten wie Wolsey, benoteten sie weder die eingereichten Übungen und Examenspapiere, noch bewerteten sie die Fortschritte ihrer Studenten.

Gunnar war am Potential dieses Bildungshungers brennend interessiert. Er studierte den Wortlaut der Kleinanzeigen, die die Fernlehrinstitute regelmäßig in den Fachzeitschriften plazierten, und machte selbst den einen oder anderen Formulierungsversuch. Das Ergebnis beeindruckte ihn tief. Eines Tages nahm er den Bus nach Kensington, am anderen Ende von London, und mietete sich ein Postfach. Dann ließ er Flugblätter und kleine Broschüren drucken, pickte sie ans Schwarze Brett im Studentenwohnheim, ließ ein paar auf den Eßtischen im Speisesaal liegen, verteilte welche in den Aufenthaltsräumen und schob einige unter den Türen der Schlafräume durch. Er beschaffte sich die Anschriften einiger großer westafrikanischer Zeitschriften, wie der des *Nigerian Teacher* und des *West African Review* – um die WASU, die eigene Zeitschrift der Studentenbewegung, machte er allerdings schlau einen großen Bogen –, und investierte einen Teil seiner Ersparnisse für Anzeigen in diesen Blättern. Dann faßte er sich in Geduld. Während er weiterhin bescheiden seinen diversen Tätigkeiten im Studentenwohnheim nachging und Botendienste für Studenten und Besucher verrichtete, wartete er auf den Eingang der Postanweisungen.

Aus schierer Langeweile blätterte Ray Gunnar eines Tages im

Lesesaal ein paar alte Ausgaben der WASU durch und stolperte dabei zufällig über einen Artikel, in dem berichtet wurde, der weltberühmte Neger-Bariton Paul Robeson habe nun doch endlich das Studentenzentrum besucht. Gunnar hatte zu dieser Zeit noch seine Duelle mit der Polizei von Trinidad ausgefochten. Paul Robeson hatte damals eine Rede gehalten, die noch immer Thema so mancher Leserbriefe an die Redaktion der WASU war, Briefe, in denen die Rede als »bestärkend«, »ermutigend«, »ein Kulturmanifest«, »eine Aufforderung zur schwarzen Renaissance« etc. bezeichnet wurde. Was aber war aus dem groß angekündigten Projekt geworden, wollten alle diese Schreiber wissen. Gunnars Kichererbsenaugen fielen ihm fast aus dem Kopf, als er die lange Liste der afrikanischen Zelebritäten sah, die das Ereignis mit ihrer Anwesenheit geehrt hatten und die ihrerseits Paul Robeson mit dem Preisnamen Babasale ehrten, was so viel hieß wie »Schirmherr der Vereinigung«. Seiner Frau verlieh man das weibliche Gegenstück zu diesem Titel: Iya Egbe. Ray Gunnar legte Staubwedel und Wischlappen beiseite, suchte sich in der kleinen Bibliothek des Lesesaals die berühmte Rede heraus und setzte sich nieder, um sie gründlich zu studieren. Der große Mann hatte kein Blatt vor den Mund genommen, noch hatte er sich in schwammiger Rhetorik verloren, o nein! Paul Robeson stellte ein Projekt vor, und dieses Projekt berührte die kreative Saite in Ray Gunnar: Robeson würde sein Neger-Theater im West End von London eröffnen!

Das Theater war ein Feld, zu dem Ray Gunnar sich ganz instinktiv hingezogen fühlte; schließlich war sein ganzes Leben nichts als ein einziges Theater gewesen. In seiner nächsten Anzeige gab »Professor« Gunnar seiner ganz besonderen Freude darüber Ausdruck, nun endlich im Internationalen Ray-Gunnar-Fernlehrinstitut auch Kurse in allen Theater- und Cinematographiekünsten anbieten zu können. Des weiteren sei die Eröffnung einer Schauspielschule mitten im Herzen von London geplant. Sie biete freilich mehr als nur Unterricht für zukünftige Schauspieler und Filmstars; in Gunnars Schauspielschule könne man darüber hinaus »Selbstsicherheit, öffentliches Auftreten, Rhetorik für Anwälte, Prediger, Offiziere, Prinzen und Politiker« lernen. Am Fuß der Anzeige fand sich, hübsch in einen Rahmen gestellt, ein Zitat aus der Rede Paul Robesons:

> Aus diesen Traditionen wird mit Spontaneität und Kraft eine Kunst erwachsen, die vielleicht nur mit dem Theater des Elisabethanischen England zu vergleichen sein wird – eine einzigartige Kunst, Negerkunst, und doch so weit entfernt von der uns bekannten Negerkunst, wie die moderne englische Lyrik entfernt ist von Chaucer. Ich halte dies nicht für einen unerfüllbaren Traum.

Zum guten Schluß setzte Ray Gunnar noch eine Kopfzeile in Großbuchstaben über seine Ankündigung:

> DER TRAUM DES BABASALE, PAUL ROBESON, HAT SICH VERWIRKLICHT! SEIEN SIE DABEI! MACHEN SIE MIT! SCHAFFEN SIE DIE GROSSE NEGERKULTUR!

Im fernen Sierra Leone, an der Goldküste, in Liberia und Nigeria hegte kein junger Leser dieser Anzeige auch nur den geringsten Zweifel daran, daß dieses Schulprojekt ein authentisches, dem Geist von Paul Robeson entsprungenes Vorhaben war. Das Ray-Gunnar-Fernlehrinstitut versprach sogar Stipendien. Antragsformulare gegen Voreinsendung der bescheidenen Summe von einer Guinee – nur Postanweisungen!

Für die meisten Aspiranten begann der Kontakt zu Ray Gunnar mit den Anzeigenseiten der diversen Journale und endete mit der Überweisung ihrer Aufnahmegebühren. Es gab allerdings auch die berühmten Ausnahmen. Da waren die vom Bühnenfieber infizierten, deren Hunger nach den Brettern, die die Welt bedeuten, zu groß war, als daß er durch das beredte Schweigen hätte gestillt werden können, das auf die Entsendung des Geldes folgte. Sie fügten den Gebührenüberweisungen leidenschaftliche Bittschreiben bei, erklärten ihre Bereitschaft, als blinde Passagiere persönlich nach London zu reisen, sollte denn ein Stipendium für sie nicht zur Verfügung stehen, und dort die niedersten Arbeiten zu verrichten, um ihre Ausbildung selbst zu finanzieren. Ray Gunnar floß über vor Sympathie, stellte ihnen das heißersehnte Stipendium in noch nähere Aussicht, das aber – zu seinem größten Bedauern – »für die Erledigung von Formalitäten, die die britische Gesetzgebung unumgänglich vorschreibt«, weiterer Anzahlungen bedürfe. In vielen Fällen wurden im Laufe von sechs Monaten oder gar eines ganzen Jahres unter größten Opfern und Anstrengungen die Gelder für die Anzahlung zusammengespart und an das Ray-Gunnar-Institut überwiesen.

Efuape war ein viel zu bodenständiger Charakter, als daß er ernsthaft vom Bühnenfieber hatte gepackt werden können. Nichtsdestoweniger hatte er längst erkannt, welches geschäftliche Potential das Theater im vergnügungssüchtigen Lagos barg. Nachdem er ein paar Weihnachts- und Oster-»Kantaten« besucht, sich hier und da die Laienaufführung eines Historienspiels oder einer biblischen Geschichte angesehen und dabei die Zahl der Zuschauer gezählt und die geschätzten Produktionskosten dagegegengehalten hatte, war er zu dem Schluß gekommen, es müßte sich lohnen, diesen Weg zur Beschaffung von Kapital zu beschreiten, mit dem dann andere Vorhaben finanziert werden könnten. Darüber hinaus hatte er Akinyodes Bemühungen in Aké beobachtet, als sein vielseitig begabter Freund ein Schauspiel zur Feier des hundertjährigen Jubiläums der ersten Errichtung einer Missionsstation in Abeokuta auf die Beine brachte – ein Spektakel, das zwei Tage dauern sollte und äußerst kunstvoll zu werden versprach. Es bezog fast die gesamte erwachsene Bevölkerung Abeokutas und sogar deren Kinder ein. Nicht zu vergessen die bewegende Faustaufführung, bei der er zusammen mit den anderen jungen Burschen beim übrigen Publikum solches Aufsehen erregt hatte; auch diese Aufführung hatte ihre Spuren hinterlassen, auch bei dieser Gelegenheit hatte der aufmerksame junge Mann das Ergebnis seiner Berechnungen aus Kopfzahl des anwesenden Publikums multipliziert mit dem Betrag der Eintrittsgelder minus geschätzter Produktionskosten sehr gut im Gedächtnis bewahrt.

So faszinierend sich das bunte Festspiel zur Jahrhundertfeier auch entwickelte, letztlich war es das Drama Akinkores, des Librettisten, das Sipe am meisten gefesselt hatte. Während die Vorbereitungen für das große Historienspiel auf Hochtouren liefen, hatte er seinen Jahresurlaub genommen, den er zum größten Teil im Hause des Lehrers verbrachte; so hatte er den Sperrsitz inne und konnte, während er sich von den Raffinessen der dramatischen Muse einlullen ließ, beobachten, wie das Bühnengeschehen langsam Gestalt annahm.

Als erstes kam das von der anglikanischen Diözese ernannte Organisationskomitee zu einer Sitzung zusammen und legte die Höhepunkte des Schauspiels fest. Der erste Besuch von Reverend Henry Townsend wurde allgemein als Ausgangspunkt akzeptiert, doch sollte sein zweiter Besuch, in Begleitung von Reverend Gollmer und Gattin, der lediglich der Stadt Goloba im Egbaland galt, im Mittelpunkt des Historienspiels stehen. Denn es war dieser zweite Besuch, der zur endgültigen Etablierung der Kirche geführt hatte, der jedoch – noch wichtiger – in eine höchst gefährliche Zeit gefallen war, lag doch ausgerechnet in jenen Tagen Egba mit Ado im Krieg. Solche schwerwiegenden Ingredienzien der Geschichte konnten nicht mit einem einfachen Dankgottesdienst abgetan werden, und so führte vor allem diese Tatsache dazu, daß ein mehrtägiges Festspiel in Auftrag gegeben wurde.

Der Schulrektor spürte Mr. Kilanko, den wandernden Bänkelsänger, auf und bat ihn, ihm bei der Komposition der Musik behilflich zu sein. Einige Personen waren von vornherein auf bestimmte Rollen festgelegt – so war Osibo, der Apotheker, mit seinem langen Gesicht und der Hakennase wie geschaffen für die Rolle einer der europäischen Besucher. Genauso der Standesbeamte von Igbore, Bandele Dosumu, mit seiner hellen Hautfarbe und seinem schüchternen Gehabe. Und Sipe, der sich zu langweilen begann, weil er nichts anderes zu tun hatte, als seinem Gastgeber zuzuschauen, wie er in die Pedale des Harmoniums trat und Anweisungen zu ungezählten Details erteilte, fand sich bereit, eine kleine Rolle zu übernehmen. Sein Part sollte der Geist von Chief Sodeke sein, der genau zu der Zeit gestorben war, als aus Badagry die Nachricht kam, näselnde weiße Prediger seien auf dem Weg ins Egbaland, um dort eine christliche Mission zu errichten. Für die eigentliche Aufführung würde Sipe sich Sonderurlaub geben lassen und extra nach Abeokuta reisen müssen, doch Akinyode hatte alle Einzelheiten der für ihn geschaffenen Rolle schon vor seiner Abreise gründlich mit ihm durchgesprochen und geprobt.

Den geeigneten Librettisten zu finden war ganz einfach: Akinkore, Beamter des Gesundheitsamtes, hatte bereits rühmliche Erfahrungen als Schreiber von Weihnachts- und Osterkantaten gesammelt. Er stürzte sich mit ungeheurem Enthusiasmus in die Arbeit, erstellte ein endloses Rollenverzeichnis, grub jede Menge unbedeutende Personen aus, die einst in die Angelegenheit verwickelt gewesen waren, deren Beiträge aber längst in Vergessenheit geraten waren, ja er schuf neue Charaktere, um alle vernarrten Thespisjünger im Stück unterbringen zu können. Chiefs, Staatsbeamte, Steuerprüfer, Krankenschwestern, Polizisten – alle waren gehalten, ständig Gewehr bei Fuß zu stehen. Die Egba-Nation brauchte sie! Dies war ein Ereignis, das nicht nur in Lagos Widerhall finden würde, sein Ruf würde bis ins Innenministerium in London erschallen. Zunächst teilte Akinkore Zeit und Ort der Handlung ein, wie es sich für einen professionellen Stückeschreiber gehört:

1. Akt, 1. Szene: Ort der Handlung – Badagry
1. Akt, 2. Szene: Ort der Handlung – Ado
1. Akt, 3. Szene: – Hatte vorläufig noch keinen Handlungsort, doch wurde dieser Mangel ausgeglichen durch die erläu-

ternde Unterzeile: OKUKENU SETZT DEN SAGBUA VON EGBA ANSTELLE VON SODEKE ZUM BALOGUN VON EGBA EIN.
2. Akt, 1. Szene: Ort der Handlung – Abeokuta (Stadt)
2. Akt, 2. Szene: Ort der Handlung – Abeokuta (Rathaus)
2. Akt, 3. Szene: Ein Gottesdienst im Hause des Oso Ligegere

Auch diese letzte Szene sollte wohl irgendwo in Abeokuta spielen, denn die Zusammenfassung ihres Inhalts lautete: ABREISE VON REV. UND MRS. TOWNSEND AUS ABEOKUTA AUFGRUND DES SCHLECHTEN GESUNDHEITSZUSTANDS VON MRS. TOWNSEND.

Nachdem er soweit gekommen war, saß Akinkore hoffnungslos fest. Überwältigt von der Fülle historischer Daten, Fakten und Details, weigerte sich sein Hirn weiterzuarbeiten. Bei jeder weiteren Sitzung des Organisationskomitees legte er das immer gleiche Blatt Papier vor, bis er eines Tages, nach einem plötzlichen Kreativitätsschub, mit zwei weiterführenden Änderungen aufwarten konnte. Zum ersten hatte er in der Zeile 1. Akt, 3. Szene das Wort »anstelle« dick durchgestrichen und durch »als Nachfolger« ersetzt, so daß die Zusammenfassung der Szene nun lautete: OKUKENU SETZT DEN SAGBUA VON EGBA ALS NACHFOLGER VON SODEKE ZUM BALOGUN VON EGBA EIN.

Das zweite war eine wahrhaft dramatische Weiterentwicklung. Akinkore legte nämlich – wie er der Versammlung erklärte – ein Musterbeispiel für einen typischen Dialog zwischen den Missionaren vor. Es gehe jetzt nur noch darum, dieses Muster den einzelnen Szenen und Situationen der Gesamthandlung jeweils anzupassen und entsprechend einzufügen, und das Stück sei fertig. Das beispielhafte Dialogstück wurde daraufhin sogleich vom Dramatiker persönlich dem versammelten Komitee zu Gehör gebracht:

REV. TOWNSEND *(zu Chief Ogunbona)*: Guten Tag, Chief Ogunbona. Soeben erreichte uns in Badagry die Nachricht, daß das Volk der Egba mit Ado im Krieg liegt, und da wir die Absicht hegen, in Kürze nach Abeokuta vorzustoßen, hielten wir es deshalb für geraten, Ihnen einen Besuch abzustatten. Außerdem hörten wir mit großem Bedauern, daß unser Freund Sodeke tot ist.

Akinkore insistierte, dies sei haargenau die Art und Weise, wie Missionare im 19. Jahrhundert mit den Chiefs der Egba gesprochen hätten, und niemand konnte ihn wiederlegen. Nach dieser Sitzung verschwand Akinkore wiederum für zwei Wochen, und alles, was man über ihn in Erfahrung bringen konnte, war, daß er krank sei. Er aber schickte eine Nachricht, daß er eine weitere Rolle geschaffen habe – die des Geistes von Chief Sodeke.

Als drei Wochen nach der Ausarbeitung des Modelldialogs zwischen Reverend Townsend und dem schweigenden Chief Ogunbona eine Krisensitzung einberufen wurde, offenbarte sich, daß Akinkores Muse alle Charaktere des Stückes mit einem geheimnisvollen Virus angesteckt hatte, der völlige Stummheit bewirkte. Da er selbst als erster der Krankheit zum Opfer gefallen war, konnte er an der Sitzung nicht teilnehmen. In seiner Abgeschiedenheit widmete er sich der Frage, warum Weihnachts- und Osterkantaten, die doch von Gott, seinem Sohn, den drei Weisen aus dem Morgenland und den Heiligen handelten, so leicht zu schreiben waren, nicht aber eine schlichte Episode aus der Geschichte der Egba, in der doch bloß normale Sterbliche wie Chiefs und Missionare vorkamen.

Akinyode Soditan, Komponist und Impresario, nahm alles mit ruhiger Gelassenheit hin. »Vielleicht hätte Akinkore erst einen Kurs bei Ray Gunnar belegen sollen«, sagte er achselzuckend.

»Bei wem?« fragte Sipe.

»Oh. Hast du seine Anzeigen nicht gesehen? Er leitet eins von diesen *gbogbonse*-Fernlehrinstituten. Um ehrlich zu sein, ich weiß nur von ihm, weil die Studentenvereinigung aufgefordert wurde, Erkundigungen über ihn einzuziehen.«

»Ein Schwindelunternehmen?«

»Wir wissen es noch nicht. Daodu hat sich wegen der Sache an das Erziehungsministerium gewandt. Wir warten noch auf die Antwort.«

Wenige Tage später mußte Sipe nach Lagos abreisen. Es stimmte ihn traurig, daß er seinen Freund mitten in einer solchen Krise allein lassen mußte. Doch schien es, als wäre der Lehrer durchaus in der Lage, die Dinge zu meistern, hatte er doch bereits die Aufgabe des Librettisten übernommen. Auch Efuape brachte ein paar Verse – samt der dazugehörigen Musik – zu Papier, einen gar kummervollen Grabgesang, wie man ihn aus dem Munde des Geistes des verstorbenen Sodeke wohl erwarten sollte, wenn er den Egba im Kriegslager von Ado erscheint. Zu seiner eigenen Überraschung hatte auch ihn die Theatermuse gepackt. Noch überraschter war er allerdings, als sein Freund seinen Beitrag als unpassend ablehnte und schließlich den Totengeist des Sodeke ganz und gar aus dem Stück strich, weil, so erklärte der Lehrer, er weder geschichtlich nachweisbar noch für die Entwicklung des Dramas von Bedeutung sei. Da auch Sipe nichts von verschwendeter Energie hielt, packte er seine Verszeilen nur vorübergehend beiseite; denn noch ehe das zwei Tage füllende Epos über die Ankunft der Missionare im Egbaland zur Aufführung kam, bildeten sie den Grundstein für Sipe Efuapes Debut als Autor und Komponist der »Volksoper«* *Ali Baba und die vierzig Räuber*, die auf einer Bühne in Lagos uraufgeführt wurde.

Das Phänomen Akinkore gab Sipe noch lange zu denken. Wie konnte ein Mann, dem sich die vielfältigsten Möglichkeiten wie ein geöffneter Fächer dargeboten hatten, derart versagen? Wie hatte es sein können, daß ihm das Hirn einfach eingetrocknet war? Unfähig, die Lösung dieses Rätsels zu finden, doch wildentschlossen, für sich selbst ein solches Fiasko auszuschließen, schrieb er an Akinyode und bat um den Namen der Zeitschrift, die das en passant erwähnte Angebot des Herrn Gunnar enthielt. Vielleicht hielt Ray Gunnar den Schlüssel zum Theatererfolg in Händen? Eine Guinee war in jedem Fall eine vertretbare Investition. Also besorgte sich Efuape eine Postanweisung, füllte das Anmeldeformular aus und schickte es auf die Reise, begann aber gleichzeitig mit seinen Vorbereitungen für eine eigene, streng nach geschäftlichen Gesichtspunkten ausgerichtete Theaterkarriere. Wochen vergingen, keine Antwort von Ray Gunnar. Sipe versammelte seine Truppe um sich – sie bestand aus Arbeitskollegen, dem Bevollmächtigten für seine Privatgeschäfte, zwei oder drei Ex-Iléanten und deren Freundinnen sowie einem abgesprungenen Mitglied des Tunde-Young-Juju-Orchesters, das sich ein weiteres Feld für die Erfüllung seiner Träume wünschte.

Ein junger Mann aus Lagos, der irgendwann während der Proben zufällig dahergekommen war, half Sipe bei der Organisation hinter der Bühne. Ganz eindeutig ein Opfer des Kinofiebers, verpaßte er keinen Film, der in einem der Lichtspielhäuser von Lagos, Yaba oder Ebute Metta gezeigt wurde. Er tigerte durch alle Kinosäle und sammelte die auf den Boden gefallenen Starbildchen aus den Zigarettenschachteln auf. Shirley Temple war sein absoluter Liebling. Bald war er Sipe unentbehrlich, er rührte die Werbetrommel für Efuapes Theatergruppe und betätigte sich als Schildermaler. Da er mit vielen der »repatriierten« Yoruba* in Lagos bekannt war, konnte er sicherstellen, daß zumindest sie die Uraufführung des Musikdramas über Ali Baba besuchen würden, das, da man es müde war, länger auf den Erfahrungsschatz des Herrn Ray Gunnar zu warten, nun ohne dessen lehrreiche Unterstützung auf die Bretter kam. Als Defacto-Manager hatte der junge José Santero die Verfolgung Ray Gunnars jedoch zu seinem privaten Anliegen gemacht und war von sich aus in die zweite Korrespondenzphase getreten. Die Aussicht auf ein Stipendium stürzte ihn in einen Taumel der Erwartung, in den er gleich auch seinen besten Kumpel unter den Thespisjüngern mit hineinzog, Kolawole, den ausgebüxten

Musiker der Juju-Band. Der finanzielle Erfolg von Ali Baba war verblüffend, doch war er wohl vor allem dem unermüdlichen Einsatz des jungen Santero mit seinen hochfliegenden Zukunftsplänen zu danken.

Während der Morris jetzt gen Lagos rollte, wandte Sipe sich mit der Warnung an Akinyode, daß außer der Angelegenheit um die Nachfolge des Odemo noch eine andere Aufgabe in Lagos auf sie warte.

»Kennst du die Santeros?«

»Ja. Ich habe schon von ihnen gehört. Ein Zweig der Familie lebt in Abeokuta.«

»Na wunderbar. Im Grunde ist diese unerwartete Fahrt nach Lagos gar nicht so schlimm. Wir können zwei Fliegen mit einer Klappe schlagen.«

»Welches ist die zweite Fliege?«

»Das sag ich dir, wenn wir die Sache mit Akinsanya geklärt haben. Ich sage dir, in der Angelegenheit haben wir die Götter auf unserer Seite. Aber wir sollten unseren Feldzug genau planen. Erstmal Akinsanya – wie sollen wir das anpacken?«

»Ja, darüber sollten wir uns im klaren sein, damit er gar nicht erst anfangen kann, Schwierigkeiten zu machen.«

Sipe grinste. »Oh, das überlasse ich ganz dir; er ist schließlich dein Vetter, also kümmere du dich um ihn.«

»Was glaubst du wohl, weshalb ich die Zitronen mitgenommen habe? Während ihm schon beim bloßen Anblick das Wasser im Mund zusammenläuft, werde ich aus allen Rohren auf ihn schießen.«

»Gut. Trotzden wünschte ich, unser Freund Hiob wäre rechtzeitig angekommen, so daß er mit uns hätte fahren können. Er scheint einen guten Draht zu ihm zu haben, er weiß am besten, wie man diesen Hitzkopf von Akinsanya beruhigen kann.«

Akinyode griemelte in sich hinein. »Hiob ist gut. Welcher Prüfung war er denn ausgesetzt, als er dir das letzte Mal schrieb?«

»Seiner Frau. Davor waren es Furunkel. Plural bitteschön,

denn für ihn wäre ein einziger Furunkel, wenn er auch in einer peinlichen Spalte sprösse, wie der des Sipe, Sohn des Efuape, niemals genug. Nein. Opeilu ist erst mit Multipler Furunkulose zufrieden, die am besten noch von Hämorrhoiden und vielleicht *sobia* als kostenloser Zugabe begleitet sein sollte. Dann kam ein Zusammenstoß mit betrunkenen Soldaten, aus dem er sich nur retten konnte, indem er den 21. Psalm betete ...«

Sipe warf seinem Beifahrer einen kurzen Seitenblick zu und überlegte, ob diese langweilige Fahrt nicht eine gute Gelegenheit böte, die Ansichten seines Freundes über die Sache mit dem Geist von Layeni auszuloten. Es würde während der Fahrt sonst keine Ablenkungen und Unterbrechungen geben. Akinyode konnte seiner Lieblingsbeschäftigung frönen und argumentieren, bloß um des Argumentierens willen, bis er selbst genug davon hatte. Zum Schluß aber würde er wenigstens den Standpunkt des Lehrers zu dererlei Angelegenheiten kennen. Dann konnte er endlich seine eigene Entscheidung treffen.

Es gab noch eine Reihe anderer wichtiger Dinge, zu denen er gern erst Akinyodes Meinung eingeholt hätte, ehe sie bei der saisonalen Zusammenkunft mit den anderen Ex-Iléanten aus Kano, Port Harcourt, Saki, Samaru in Zaria oder Lagos öffentlich breitgetreten wurden. Die Umgestaltung der Kolonialdistrikte in Verwaltungsbezirke unter einheimischer Führung war so ein Thema – fünf neue Verwaltungseinheiten waren allein aus Ijebu-Ode geschaffen worden. Ìsarà gehörte jetzt zu Remo. Doch nicht einmal dieses folgenschwere Ereignis erregte Sipe so sehr wie der geplante Bau der Straße zwischen Ìsarà und Ibadan. Die ganze Arbeit, die vom Straßenbaukomitee in Ìsarà mit Unterstützung der Ìsarà-Hilfsorganisation in Lagos geleistet worden war, wurde vom Alake von Abeokuta untergraben und zunichte gemacht. Er hatte einfach dem Oberaufseher der Straßenarbeiter befohlen, das Teilstück zwischen Asa und Ìsarà über Fidiwo zu führen, statt – wie vom Straßenbaukomitee beschlossen – über Ipara. Sie waren es gewesen, die die Gelder gesammelt, die die Petitionen geschrieben, die die Voraussetzungen geprüft und die öffentliche Meinung mobilisiert hatten, besonders durch die Zeitungen. Und da ging dieser Alake her und faßte den einsamen Entschluß, die Trassenführung nach seinem eigenen Gutdünken durch Fidiwo umzuleiten, und ihre Freunde und Verwandten in Ipara guckten in den Mond. Das würde einen Kampf geben, für den Sipe sich schon gut gewappnet hatte, denn er wollte den Ex-Iléanten aus Abeokuta gehörig die Meinung geigen, wenn sie sich das nächste Mal wieder alle in Ìsarà unter einem Dach versammelten. Vielleicht hatte ihre Nähe zum Alake ihre Entschlußkraft geschwächt, nun gut, er würde sie daran erinnern, daß sie zuerst und zuletzt und Tag und Nacht *Afotamodi* waren. Sie waren in Ìsarà geboren, und dahin würden sie zurückkehren, um zu sterben. Hier herrschte Krieg; nur mit dieser Einstellung käme man weiter. Plötzlich hatte er das Bedürfnis, sich jetzt und hier auf Akinyode zu stürzen und ihn zur Rede zu stellen, doch dann besann er sich. Es war gescheiter, seine Kräfte für den großen Schlag zu schonen. Vielleicht war es ohnehin besser, das Thema erst auf dem Rückweg anzuschneiden, dann hätte er außerdem Rückendeckung durch Awobodu und Akinsanya. Obwohl der auch schon viel zu sehr in die Landespolitik und seine Gewerkschaftsarbeit verstrickt war, um noch hinreichend zur Kenntnis zu nehmen, was zu Hause geschah. Nun, er würde sein blaues Wunder erleben! Der Gedanke an den Blitz aus heiterem Himmel, der den Gewerkschaftsmann treffen würde, ließ Sipe freudig erschauern – und wenn das alles gelaufen war, dann sollte er noch einmal wagen, den Angelegenheiten Ìsaràs nicht die Präferenz einzuräumen!

Die Dinge entwickeln sich einfach zu rasch, dachte Akinyode. Würden sie genügend Zeit haben, die Pläne für die Geburtshilfestation in Ìsarà durchzusprechen, die er mit Otolorin entworfen hatte? Immer wieder das Problem der Prioritäten. Die Gruppe in Lagos, das wußte er, war ganz besessen von dem Straßenbauprojekt Ìsarà – Ibadan. Es war eine logische Erweiterung ihres noch ehrgeizigeren Planes, binnen Jahresfrist Lagos, Ikorodu und Ìsarà mit einer ganzjährig befahrbaren Straße zu verbinden. Der Gang der Ereignisse hatte alle routinemäßig zu absolvierenden Programmpunkte über den Haufen geworfen, es war fraglich, ob die heiteren Zusammenkünfte diesmal überhaupt stattfinden konnten oder die schon fast zu Ritualen gewordenen Jahresbilanzen und die Planungen für das neue Jahr. Es sah so aus, als ob es diesmal ein Neujahrsfest nur für die Kinder geben würde; es tat ihm jetzt leid, daß er seine eigenen Kinder in Aké gelassen hatte. Wenigstens sie hätten das Wiedersehen mit den Cousins und Cousinen und den anderen kleinen Spielkameraden sicher sehr genossen, hätten sich nur zu gern von Onkeln, Tanten und Großeltern verwöhnen lassen, während die Väter sich dem harten Geschäft der Lokalpolitik widmeten. Immerhin, Morolas Krankheit war endlich diagnostiziert worden, im stillen sagte er dafür Dank. Sein Vater und Jagun hätten sicherlich nicht geruht, bis sie sich diesem *etutu* unterzogen hätte, und wäre sie erst einmal in Ìsarà gewesen, dann hätten sie alle Trümpfe in der Hand gehabt. Dann seine Großmutter – drei Tage war er schon in Ìsarà, doch immer ging er an ihrem Haus vorbei wie ein Fremder, obwohl er sie hatte besuchen wollen. Diese makabre Vorführung wollte er nicht noch einmal erleben. Stattdessen war er zu dem Grundstück gegangen, auf dem er sein eigenes Haus bauen wollte. Dort hatte er gestanden und Pläne geschmiedet, in Gedanken den Grundriß des Hauses entworfen, die möglichen Kosten überschlagen und einen Zeitplan für die Etappen der Fertigstellung ausgearbeitet. Schade, daß Ogunba noch nicht eingetroffen war, bevor sein Vater mit der Schreckensnachricht ins Haus platzte. Er wäre sicherlich mitgekommen. Wie auch immer – in seine Hände würde er die Bauaufsicht legen, er war ja jetzt in Ijebu-Ode und somit viel näher an der Sache als Akinyode in Abeokuta. Opeilus Ankunft erwarteten sie fast alle mit größter Ungeduld. Durch seine Arbeit als Agrarinspektor war er mehr noch als Efuape am Puls der wirtschaftlichen Entwicklungen, er konnte voraussagen, welche Preise fallen, welche steigen würden, er wußte, welche Waren knapp werden und welche den Markt überschwemmen würden, welche wirtschaftlichen Auswirkungen der Krieg haben würde. Opeilu würde ihm raten können, ob es besser war, die Wellblechplatten für das Dach schon jetzt zu kaufen und irgendwo zu lagern oder doch lieber zu warten, weil die Preise sinken würden. Und Zement, Nägel, Bauholz ...

»Weißt du«, sagte Sipe, »es ist ja ganz gut und schön, daß wir über Opeilus Mißgeschicke lachen, aber manchmal werde ich doch nachdenklich. Und dann seine Mittelchen, um seine Schrammen und Wehwehchen zu heilen. Ich meine – ich frage mich, man hört doch so viel über das Sechste und Siebte Buch Mose. Warst du nie neugierig zu erfahren, was diese Bücher enthalten?«

»Na und ob! Ich habe sie sogar mal bei diesem Ray Gunnar bestellt. Er hat da einen Kurs über orientalische Mystik in seinem Angebot und natürlich auch Bücher dazu.«

Sipe nickte grimmig. »Ja, das glaub ich gerne! Selbst wenn diese Bücher existierten ...«

»Gar keine Frage, ich bin ganz sicher, daß es sie gibt.«

»Na ja, aber was könnte schon drinstehen, außer dem, was sowieso schon in der Bibel steht. Und wenn man Verse daraus zitierte, um das Glück zu bannen oder Reichtümer zu gewinnen, wäre das dann was anderes, als – na, sagen wir mal, so wie Opeilu, wenn er den 21. Psalm zitiert, um einer Gefahr zu entkommen?«

»Und was ist mit den anderen Sachen, die er schon unternommen hat, um die Anschläge, Komplotte und Intrigen seiner Frau gegen ihn zu konterkarieren? Die kann man ja wohl schwerlich als biblische Heilmittel bezeichnen!«

»Na und? Ist es etwa nicht erlaubt, Feuer mit Feuer zu bekämpfen?«

Nachdem Opeilu in Aké seinen Freund Oduneye im Beisein von Bischof Vining so energisch und erfolgreich verteidigt hatte, durfte er sich mit gutem Grund entspannt zurücklehnen und stolz sein auf die den Freunden erwiesene Treue. Oduneye müsse für schuldig befunden werden, die Bücher schlampig geführt zu haben, darüber hinaus jedoch sei er in allen Punkten unschuldig. Vining selbst ging sogar noch weiter: Er beschuldigte Oduneyes Hauptankläger, D. Kuye, der gemeinen Rachsucht, was »unchristlich und gottlos« sei. Vining war von Opeilus Objektivität so beeindruckt, daß er ihn einlud, die Nacht in BishopsCourt zu verbringen; er wollte ihn in einer Reihe weiterer Entscheidungen um Rat fragen. Das Lokalkomitee würde erst in der Karwoche des kommenden Jahres wieder zusammentreten, vorher aber würde es bereits ein paar Versetzungen geben. Opeilu kam als Agrarinspektor viel im Land herum und besuchte die Gottesdienste, wo immer er sich gerade befand. Sein sanftes, gutmütiges, leicht von den in Kindertagen durchlittenen Windpocken gezeichnetes Gesicht war in den meisten Gemeinden des Südens bekannt, besonders aber in denen, die an der Bahnlinie lagen. Man wußte, daß er über alle Kirchenpolitik erhaben war, weshalb man ihn oft einlud, bei kleineren Auseinandersetzungen als Schlichter einzugreifen. Aber es war das erste Mal, daß man ihn gebeten hatte, für einen Freund als Zeuge auszusagen, und noch dazu vor einem weißen Bischof! Und nun schüttete ihm dieser Bischof Vining sein Herz aus und bat ihn um Rat. Oduneye zum Beispiel. Soviel war klar, in der Diözese Ibadan konnte er nicht bleiben; da hatte er viel zu viele Feinde. Meinte Opeilu, er würde in Abeokuta besser aufgehoben sein? Oder sollte er ihn noch weiter weg schicken, nach Ondo? Reverend Alalade war alt und hatte seinen Ruhestand längst verdient. Vining wollte dem Ausschuß zur Stellenvergabe eine diesbezügliche Empfehlung unterbreiten – hielt Opeilu diese Entscheidungen für richtig? Und dann Erzdiakon Phillips, der unter keinen Umständen nach Abeokuta gehen wollte – nicht für Geld und nicht für gute Worte. Opeilu stand doch dem Grundschulrektor von Aké sehr nahe – ob er wohl ganz diskret herausfinden könne, warum zwischen ihm und Oberschulrat Melville Jones böses Blut herrschte? Und Reverend Adegoroye bereitete ihm Kopfzerbrechen. Igbara-Oke war doch eine gute

Stationskirche – warum bloß wollte er da nicht hingehen? Er hatte sogar gedroht, er werde aus der Kirche austreten, sollte man es wagen, ihn von seiner jetzigen Station abzuberufen und dorthin zu versetzen.

»Bitte, verstehen Sie mich nicht falsch, Mr. Opeilu, ich möchte Sie nicht verletzen, aber ich muß schon sagen, daß einige unserer afrikanischen Brüder in Christo einen deutlichen Mangel an missionarischem Eifer erkennen lassen. Sind sie denn nicht alle Mitglieder eines einzigen Volkes? Warum kämpft ein Priester aus Ifo mit Klauen und Zähnen darum, in Rufweite seiner Heimatstadt zu bleiben? Wir in England gehen klaglos dahin, wohin man uns schickt. Schließlich, schauen Sie mich an! Bis nach Westafrika hat man mich geschickt, und selbstverständlich habe ich mich dieser Anordnung gebeugt. Wir alle müssen dahin gehen, wo unsere Missionsdienste gebraucht werden. Auch die Methodisten haben diese Probleme, wie ich höre. Der junge Mr. Ogunbayo hat gerade seinen Posten bei der Mission gekündigt; und nur wegen seiner Versetzung nach Ilesha. Irgend jemand muß doch die Methodisten in Ilesha seelsorgerisch betreuen, oder etwa nicht? O nein, bitte glauben Sie nicht, ich wollte Schwarzmalerei betreiben. Wir haben auch sehr viele, die es gar nicht abwarten können, ihre Siebensachen zu packen und sich an ihren neuen Standort zu begeben. Mr. Okusanya, um nur einen zu nennen, ist da mit sehr gutem Beispiel vorangegangen. Er bekam die Nachricht von seiner Versetzung nach Owo genau an dem Tag, als er aus dem Urlaub zurückkehrte; er schnappte sich seine noch unausgepackten Koffer und ging. Nun freilich, er ist kein Prälat. – Sie kennen ihn, nicht wahr? Er ist der neue Direktor der Lehrerbildungsanstalt. Vielleicht sind die Lehrer abenteuerfreudiger als die Geistlichen – was meinen Sie? Mr. Ogunba ging ohne einen Muckser nach Ijebu-Ode, nicht wahr? Ich bekam einen Brief von Mr. Soditan, in dem er mich um einen Ersatz für Mr. Ogunba bittet. Nach dem, was ich so hörte, sind die beiden enge Freunde, und in St. Peters waren sie ein ausgezeichnetes Gespann. Aber das ist genau der springende Punkt. Als Pioniere brauchen wir gute Arbeiter; Arbeiter, die sich bereits bewährt haben. Das gleiche gilt für die Geistlichkeit. Ach, ich wünschte, die Betroffenen würden das verstehen. Schauen Sie doch nur mal, wie I. O. Ransome-Kuti das Gymnasium von Abeokuta beim Genick gepackt hat. Er vollbringt hier noch einmal das gleiche Wunder, das er schon in Ijebu-Ode vollbracht hatte. Ein außergewöhnlicher Mann, ein ganz außergewöhnlicher Mann. Er ist mit Soditan verwandt, nicht wahr? Oh, übrigens, ich hoffe, man war nicht zu enttäuscht darüber, daß ich bei Elliot's Trauung nicht selbst den Gottesdienst halten konnte. Es war nach allem, was ich so höre, das Ereignis des Jahres in Ibadan. Bischof Akinyele hat mir ausführlich darüber berichtet, er gab mir auch eine Abschrift seiner Predigt. Mehr als zweitausend Leute. Alles soll mit Fahrrädern vollgestellt gewesen sein. Und natürlich auch eine ansehnliche Reihe von Automobilen. Nun, ich hoffe, man hat den Spitfire-Fonds nicht vergessen. Das ist eine der gottgegebenen Gelegenheiten, bei denen die gutsituierten, modernen, fest im beruflichen Sattel sitzenden Nigerianer die Kriegsanstrengungen des Mutterlandes unterstützen können. Die Creme der nigerianischen Creme war wohl versammelt, nicht wahr ...?«

Opeilu machte es nichts aus. Er fühlte eine tiefe Gemütsruhe, als er hier diesem weißen, gutmütigen Gesicht gegenübersaß, das mit der in BishopsCourt einfallenden Dämmerung regelrecht zu glühen anfing. Es war ein harter Tag gewesen, aber er war zufrieden mit dem, was er erreicht hatte. Sein einziges Bedauern galt dem Umstand, daß Soditan schon nach Ìsarà abgereist war; es wäre schön gewesen, hätte er den Abend mit ihm verbringen und die Punkte der geschlagenen Schlacht um den Fall Oduneye mit ihm durchsprechen können, ein Verfahren, bei dem er als unparteiischer Zeuge und als ein Mann mit kommerziellem Sachverstand hinzugezogen worden war. In Gegenwart von Europäern fühlte er sich normalerweise nie sonderlich wohl, doch Vining kam ihm schon fast wie ein Einheimischer des Egbalandes vor, so zwanglos gab er sich, so familiär war sein Umgang und so leutselig seine Art. Es schien, als wollte er eine endlose Unterhaltung mit jemandem außerhalb seines normalen Wirkungskreises führen und, wenn möglich, die ganze Nacht durchmachen.

Und Opeilu erkannte, daß es ihm genauso ging. Bishops-Court war eine andere Welt als das Ekotedo-Viertel in Ibadan, das er täglich auf dem Weg zur Arbeit durchqueren mußte. Ekotedo war ein berüchtigter Stadtteil Ibadans, ganz in der Hand der Prostituierten und jetzt, natürlich, der Soldaten, die hier ihr Vergnügen suchten. Die Schnapsleichen, zwischen denen er sich spät abends, wenn er vom Dienst in Adio kam, einen Weg bahnen mußte, hatten, da war er sich ganz sicher, etwas mit den Furunkeln zu tun, die ihn ständig plagten, ganz zu schweigen von den anderen Leiden, die seinen Körper ununterbrochen heimsuchten. Es war ein beschwerliches Jahr gewesen, das seinem Allgemeinbefinden wenig Gutes hatte angedeihen lassen.

Wenn doch seine eigenen Probleme auch so trivial wären und so einfach aus der Welt zu schaffen, wie diese geringfügige Nachlässigkeit Oduneyes. Doch seine Arbeit war mit großen persönlichen Risiken verbunden; schon lange fragte er sich, ob die Schutzmaßnahmen, auf die er sich bisher verlassen hatte, einem entschlossenen Angriff wirklich würden standhalten können. Der Krieg schien das Raubtier in jedem zum Vorschein zu bringen. Achtundvierzig Säcke Salz direkt vor seiner Nase aus dem Lagerhaus geklaut! Die Arbeiter dachten, er hätte seine Arbeit für den Tag beendet, weil er das Lager und sein Büro abgeschlossen hatte und gegangen war. Bei seiner Rückkehr hatte er sie auf frischer Tat ertappt – achtundvierzig Säcke insgesamt, und der Kopf des Coups war kein anderer gewesen als sein eigener Assistent! Er überlegte, wieviel das auf dem schwarzen Markt eingebracht haben dürfte. Sogar ein hoher Beamter wie er mußte mit einer vierzehntägigen Zuteilung von 625 Gramm über die Runden kommen, und erst letzte Woche hatte die Regierung angekündigt, diese Zuteilung werde weiter drastisch reduziert auf 120 Gramm. Wie sollte eine normale

Familie mit all ihren Anhängseln damit zurande kommen? Noch nicht bedacht waren dabei all die Freunde, die nicht im Staatsdienst standen, folglich überhaupt keine Zuteilung erhielten und deshalb gern als Bittsteller auftraten. Die Gewinnspannen auf dem freien Markt hatten wahrhaft astronomische Proportionen angenommen. Achtundvierzig Säcke – ein dreister Versuch. Und das Strafmaß war empfindlich hoch ausgefallen. Drei Jahre ohne Bewährung für den Assistenten Mr. Kadiri Toye und zwei für den Polizeihauptmann, mit dem er den Lauf der Gerechtigkeit zu untergraben geplant hatte. Die Arbeiter wurden freigesprochen – und das schien nur gerecht; sie hatten sich nicht bereichert, sie hatten nur die Befehle ihres Vorgesetzten ausgeführt.

Unmittelbar nach dem Diebstahl war das ganze Warenlager abgebrannt. Die Brandstifter waren noch auf freiem Fuß. War das ein Teil des Raubplanes gewesen? Das Lager abbrennen, um den Verlust der Säcke zu kaschieren? Oder war das Feuer ein Racheakt für die Festnahme der Übeltäter? Sollte es eine Warnung für ihn, Opeilu, sein? Es war kein Wunder, daß er nachher einen scheußlichen Husten bekam – wahrscheinlich hatte er viel zu viel von dem ungesunden Rauch eingeatmet, all der Qualm, der aus den angekohlten Waren aufstieg. Trotzdem empfand er es als große Erleichterung, als der Arzt ihm mitteilte, er habe sich nicht, wie befürchtet, an Tuberkulose infiziert. Es ging das Gerücht, Tbc grassiere wie nie zuvor im Lande; vielleicht hatten die Soldaten die Infektion eingeschleppt und verbreiteten sie.

Überhaupt, die Soldaten! Sie stellten die größte Bedrohung dar. Es war durchaus möglich, daß sie hinter der Brandstiftung steckten, der Polizeihauptmann oder Toye selbst konnte sie aufgehetzt haben. Waren sie nicht auch in das Warenlager in Ilaro eingebrochen, auf dem Weg zu ihrer Verlegung in die Grenzstadt Meko, wo sie der Invasion, von der man gerüchteweise sprach, Einhalt gebieten sollten? Keiner fragte mehr nach den Fäßchen voller Palmöl und den Säcken voller *gari*, die die

Soldaten weggeschleppt hatten. Leben stand auf dem Spiel, wen also sollten geplünderte Läden kümmern, wenn sogar die staatlichen Warenlager ungestraft von Soldaten überfallen werden konnten? Die schwere Durchfallerkrankung, die ihn nach diesem unaufgeklärten Überfall heimgesucht hatte, dauerte mehr als zwei Wochen und kehrte noch anfallsweise zurück, nachdem das Gerücht von der Invasion schon längst wieder aus der Welt und ein Teil des Plündergutes bei den Soldaten sichergestellt worden war.

Diese Soldaten – jeder einzelne von ihnen war ein Nagel zu Opeilus Sarg. Seine schlimmste Fieberattacke hatte er erlitten, nachdem er in der von Unrat starrenden Gasse hinter dem Kino von Ekotedo mit ihnen zusammengestoßen war. Nur seine körperliche Erschöpfung hatte ihn verleiten können, diese Abkürzung zu nehmen, die zu jenem Zeitpunkt sicher zu sein schien. Ein paar betrunkene Nachtschwärmer waren unterwegs. Doch weit und breit keine Soldaten. Er hatte die düstere Gasse zur Hälfte hinter sich gebracht, als die Hintertüren der Starlight-Konkoma-Bar aufflogen und sie herausstolperten – fünfzehn oder zwanzig mochten es gewesen sein – und den schmalen Durchgang, von Wand zu Wand torkelnd, vollkommen blokkierten. Er saß in der Falle, und hätte er nicht unverzüglich angefangen den 21. Psalm zu beten, niemals hätte er den winzigen, halb im Dunkel versteckten Türstutz gesehen, in dem ein Kind sich kaum hätte verbergen können, ihm aber gelang es, sich hineinzuquetschen. Und da stand er, betete wie verrückt und psalmodierte lautlos. Einer von der Bande brüllte etwas; es mußte wohl ein Befehl gewesen sein, denn alle versuchten, so etwas wie Haltung anzunehmen. Dann fingen sie an, sich die Hosenschlitze aufzuknöpfen. Wieder ein Befehl, und alle pinkelten gleichzeitig los, gegen die Hauswände, in die Gasse, ja auf die eigenen Hosen und Stiefel, so besoffen torkelten sie herum. Aber das Merkwürdigste sollte erst noch kommen.

Als der nächste Befehl kam, knöpften sie sich die Hosenschlitze zu – oder richtiger, diejenigen, denen überhaupt zu

Bewußtsein kam, daß ihr Ding noch aus der Hose baumelte; die anderen waren so gierig darauf, den nächsten Befehl auszuführen, daß sie ihren offenstehenden Latz völlig vergaßen. Dieser neue Befehl lautete: Nehmt die Koppel ab! Und dann fingen sie an, sich gegenseitig mit den Gürteln zu verdreschen! Opeilu hatte schon eine Menge *egungun*-Feste miterlebt, er hatte alle Arten von Maskenumzügen gesehen und wußte, daß es Aufzüge gab, bei denen sich Mitglieder eines Maskenbundes als Flagellanten betätigten. Sie benutzten Palmwedel und elastische *atori*-Zweige, zielten mit ihren Geißeln aber nur auf die Beine, die ohnehin durch dünne Hosen geschützt waren. Diese Soldaten jedoch schlugen mit den schweren Metallschnallen ihrer Koppel aufeinander ein – und sie schlugen überall hin. Blut floß reichlich, was sie nur anzuheizen schien. Einige brachen zusammen, man ließ sie mitten in der Urinpfütze liegen. Die Übung – wie anders soll man es nennen?, hatte Opeilu sich gefragt –, die Übung dauerte etwa eine Dreiviertelstunde. In der Ferne hatte sich eine Schar von Zuschauern zusammengerottet, doch er saß quasi mittendrin, in unmittelbarer Nähe, und der Tod war ihm sicher, sollten sie ihn entdecken, der er sich da in den Türrahmen drückte und sich ganz der rettenden Kraft des 21. Psalms überantwortete. Als ihre Übung, diese »Panik auslösende, alarmierende Schaustellung purer Barbarei«, sie schließlich völlig erschöpft hatte, zerschmetterten sie ihre leeren Bierflaschen an den Hauswänden, warfen noch ein paar Scheiben ein, hievten sich ihre verwundeten Kameraden auf die Schultern und torkelten Richtung Kaserne, wobei sie grölten, was ihre Stimmen hergaben.

Opeilus Fieber wollte nicht fallen, dennoch mußte er jeden Tag zur Arbeit gehen. Er hatte sich einen dicken Wollschal um den Hals gewickelt und war in eine Wolke von Mentholduft gehüllt. Nur seine Krankheit hatte ihn gehindert, Bolaji, seinem neuen Assistenten, der die Stelle des verurteilten Kadiri eingenommen hatte, von Anfang an besser auf die Finger zu sehen. Der junge Bolaji war hoffnungslos inkompetent. Seine Qualitätseinstufung der Kakaobohnen und der Palmkerne war so haarsträubend stümperhaft, daß Opeilu die ganze Arbeit noch einmal selber machen mußte, um einen Skandal zu verhindern. Schon reifte in Opeilu der Verdacht, der neue Assistent ließe sich bestechen. Doch was ihn wirklich wurmte – und was, wie er vermutete, Bolaji überhaupt auf diesen Posten hatte kommen lassen –, war dessen illoyale Haltung gegenüber den Kollegen. Soweit er wußte, hatte nur dieses Individuum sich geweigert, der Beamtengewerkschaft beizutreten. Er weigerte sich nicht nur, die Beitrittserklärung zu unterzeichnen, er schien auch noch stolz darauf zu sein, als Ja-Sager eingeordnet zu werden. Auch ohne solche Radfahrermethoden anzuwenden, hatte er, Opeilu, immer die besten Beurteilungen in den Übergabeberichten des europäischen Leiters der Sektion Oyo. Gott sei Dank erlöste ihn Otugbiles unerschütterliche Bündnistreue von der bedrückenden Gegenwart Bolajis. Denn Opeilu hatte herausgefunden, daß Bolaji die Hauptursache für seine immer wieder auftretenden Migräneanfälle war. Er beschuldigte ihn nicht irgendwelcher zielgerichteter Aktionen – nein, noch nicht. Aber er konnte nicht umhin, eine Verbindung festzustellen. Ehe dieser Bolaji bei ihm seinen Dienst angetreten hatte, war Migräne eine ihm vollkommen unbekannte Krankheit gewesen ...

Und plötzlich erkannte Opeilu, daß er sich ja hier im Hause des Bischofs in einer ganz außergewöhnlichen Situation befand, aus der er noch gar keinen Nutzen gezogen hatte. Vielleicht würde ein anderer Psalm sich gegen Bolaji und Konsorten als viel wirkkräftiger erweisen als der von ihm zu diesem Zweck immer bemühte 21. Psalm? Er wollte gerade den Mund aufmachen, um zu fragen, aber der Bischof zog schneller und feuerte zuerst: »Nun sagen Sie doch, Mr. Opeilu, wer wird denn nun der nächste Odemo von Ìsarà? Oder ist das ein Geheimnis?«

Da auf ihr Klopfen niemand antwortete, öffnete Akinyode die Tür und trat ein. Kaum hatte Sipe auf dem erhöhten Bürgersteig vor dem Haus den Wagen eingeparkt und den Motor abgestellt, hörten sie von drinnen bereits laute Stimmen. Akinsanya wohnte in der Denton Street, nicht weit von einer der Lagunen, in denen das Brackwasser stand und die Schlammspringer hausten. In Ufernähe, nur wenige Meter vom Friedhof von Alagomeji entfernt, waren Fischzäune aufgestellt, und am Lagunenrand – denn Küste konnte man das eigentlich nicht nennen – waberte schwarzer Schlick; wahrscheinlich ließ jedes seetüchtige Gefährt sein überschüssiges Öl in dieser Bucht ab, die sich von Ereko an der Seeseite der Insel bis zum Ersatzteillager von Zarpas Spedition hinzog, die anderthalb Meilen vor der Bahnstation von Iddo lag. Jenseits der Schlick- und Schlammzonen sah man vertäute Boote auf den Wellen hüpfen. Dort lagen auch die großen Frachter mit ihren Nutzholzladungen vor Anker, bereit, auf die weite See hinauszufahren, ferne Häfen anzulaufen, in denen ihre Fracht zu Spitfirerahmen und Schiffsrümpfen verarbeitet würden, die dann Einsatz fänden im Krieg gegen Hitler. Kinder rannten über die Straße und versuchten, die weichschaligen Krabben zu fangen, die aus ihren sumpfigen Löchern gekrochen kamen, vor ihren Verfolgern aber rasch den Rückzug antraten und in ihre unterirdischen Verstecke zurückhuschten. In einer Aladura-Kirche* ganz in der Nähe hatte der Abendgottesdienst begonnen. Man konnte das Singen, den Klang der Eisengongs, das Stampfen der nackten Füße auf dem Zementboden hören, und sicher wurden zahlreiche Weihrauchfässer geschwenkt. Dieser Teil Yabas war ein eigner Stadtbezirk und unterschied sich vom eigentlichen Lagos; es schien ein mit Wasser vollgesogenes Ìsarà zu sein, völlig abgeschieden von der Insel selbst, die einem mit ihrem Lärm und Getriebe alle Sinne raubte. Die einzige Verbindung zur Inselkolonie war die Carter Bridge, die als Ersatz für die ältere Bailey Bridge von den *West African Royal Pioneers* errichtet worden war. Wenn die Dämmerung hereinbrach, wurde das ganze Viertel von einer Atmosphäre gespenstischer Einsamkeit durchhaucht, und die Kinder, die noch draußen spielten, blieben nahe bei der Tür, in Sicht- und Hörweite der Erwachsenen im Haus. So ganz und gar abhängig war man von der Carter Bridge, daß noch immer die Geschichte von jenem Lagosianer erzählt wurde, der als erster Einheimischer eine Spitzenposition im Staatsdienst errungen hatte und der eines Abends in seiner brandneuen Austinlimousine über die Brücke zur Insel hinübergefahren war, um eine Abendgesellschaft zu besuchen. Es war das erste Mal gewesen, daß er bei Nacht über die Brücke fuhr. Schon fast gegen Morgen kam er ziemlich betrunken nach Hause zurück. Seine Frau zog ihm die Kleider aus, brachte ihn zu Bett und ließ ihn seinen Rausch ausschlafen.

Als der Staatsbeamte am nächsten Morgen aufwachte, war er unfähig aufzustehen. Es war längst über der Zeit, daß er sich fürs Büro hätte fertig machen müssen, aber er schlief fest – das jedenfalls dachte seine Frau, bis sie, beunruhigt über die ungewöhnliche Stille im Schlafzimmer ihres Mannes, vorsichtig die Tür einen Spalt weit öffnete, um zu sehen, was mit ihm los sei. Zu ihrer größten Überraschung war er offensichtlich hellwach, denn er lag auf dem Rücken und starrte mit weit aufgerissenen Augen an die Zimmerdecke. Die arme Frau bekam einen gehörigen Schrecken. War ihr Mann krank? Sie kam näher.

»Liebling, ist alles in Ordnung? Möchtest du denn heute gar nicht zur Arbeit gehen?«

Ganz langsam wandte der Mann ihr das Gesicht zu, schien sie schließlich zu erkennen und machte ihr ein Zeichen, näher zu kommen. Beklommen trat sie an das Bett. »Soll ich einen Arzt rufen ...?«

Die Antwort des Ehemannes war sehr entschieden: »Nein!«

Er nahm ihren Arm und bat sie, sich neben ihn auf die Bettkante zu setzen. Mit sanfter Stimme, doch mit der ganzen Pathetik eines Menschen, der ein Geheimnis enthüllt, dessen Einzelheiten er selbst erst noch ergründen muß, vertraute er sich ihr an: »Ich versuche, mich zu erinnern, wie ich letzte Nacht gefahren bin, denn weißt du was, Liebste? Zwischen dem Festland und der Insel gibt es noch eine andere Verbindung. Ich habe sie letzte Nacht benutzt. Man muß überhaupt nicht über die Carter Bridge fahren. Und sie ist kürzer. Man braucht weniger als ein Viertel der Zeit, die es kostet, um über die Brücke zu fahren. Das Dumme ist, ich kann und kann mich nicht erinnern, wie und wo ich diese geheime Straße gefunden habe.«

Die Verwirrung der Frau dauerte nur wenige Sekunden. Sie riß die Augen weit auf, erhob sich im Zeitlupentempo, stand ein paar Augenblicke lang wie angewurzelt, dann entrang sich ihren Lippen ein sanfter Seufzer, und mit einer halben Drehung kippte sie nach hinten und sank rücklings über dem Körper ihres Ehemannes in eine tiefe Ohnmacht...

Während Yode und Sipe unbemerkt durch den Flur gingen, hörten sie aus dem Wohnzimmer zwei Stimmen. Der spärlich möblierte Vorraum war schmal, rechts und links an den Wänden hingen gerahmte Fotografien, und auf einem runden Tischchen in der Ecke standen noch ein paar von technisch besserer Qualität. Soditan bemerkte diese neue Sammlung sofort. Er ging um die ledernen Sitzkissen herum, die ordentlich um eine Strohmatte arrangiert waren, und nahm das Bild eines lächelnden jungen Mannes in einem dicken Wintermantel zur Hand. Der Mann stand vor einem Brunnen, hinter ihm, auf einer Säule, die Statue eines Berittenen. Rundum flatterten Tauben in leicht grauem Dunst. Einige der Vögel hatten sich auf dem ausgestreckten Arm des Mannes niedergelassen, als hätten sie der Bitte des Fotografen höflich Folge geleistet.

»Schau dir S.O. an«, sagte Yode und hielt Sipe die gerahmte Fotografie hin. »Das Bild, das er mir geschickt hat, war an einer Mole aufgenommen, angeblich in Brighton.«

»Aha – und wer kommt als nächster dran?«

Akinyode antwortete nicht auf die Frage. »Das hier muß der berühmte Trafalgar Square sein oder vielleicht Piccadilly Circus – vielleicht hat er's auf die Rückseite geschrieben.«

Sipe stellte das Bild an seinen Platz zurück und seufzte: »Was mich an Awokoya stört, ist seine mangelnde Kooperationsbereitschaft. Alles, was ich von ihm will, ist eine Adressenliste von angesehenen Firmen, stattdessen schickt er mir lyrische Ergüsse über den Schnee! Wer interessiert sich denn für Schnee?«

Ein sehnsuchtsvoller Blick kam in Akinyodes Augen, als er all diese Fotografien in ihren Standrahmen betrachtete. Jeder Hintergrund war anders und fremd. Es lag ein Hauch von Hoffnungslosigkeit über allen Aufnahmen, wie eine nie zu überbrückende Distanz, trotz der entschlossen lächelnden Gesichter der Abgelichteten. Die Gebäude hatten mit nichts in Lagos Ähnlichkeit, die Straßen waren breit und sahen hygienisch sauber aus, aber nicht einladend. Er schaute diese Parade der doppelt exilierten Ex-Iléanten an und sagte mit traurigem Unterton: »Ein Sockel für Ashtabula.«

Sipe blieb stehen und warf noch einmal einen Blick auf die Sammlung. »Jaja. All jene, die den Gefahren der See trotzten und im Hafen eingelaufen sind.«

Akinyode schnickte mit dem Kopf in die Richtung, aus der die Stimmen kamen: »Sollen wir warten oder zu ihnen hineingehen?«

Hinter der geschlossenen Tür nahm eine ärgerliche Stimme an Lautstärke zu. »Bowen muß gehen! Es ist mir absolut wurscht, was die europäischen Lehrer zu Hause in ihren eigenen Schulen tun. Aber hier hat ein Weißer, der versucht, einen Sohn Ìsaràs zu verführen, nichts verloren. Und er muß nicht meinen, er käme ungeschoren davon. King's College muß ein für allemal von Grund auf gesäubert werden!«

»Aber ich versichere Ihnen, Mr. Akinsanya, es ist bereits eine offizielle Beschwerde eingereicht worden.«

»Wann? Wann? Jeder Tag, den er länger in diesem Land verbringt, ist ein Beleidigung!«

»Es tut mir leid, Sir.« Die Stimme des anderen war gedämpft. »Es war das einzige, was ich tun konnte ... Nichts lag mir ferner, als Ihre Gefühle zu verletzen ...«

»Nein, nein! Sie nehmen die Sache immer noch persönlich. Sehen Sie Mr. McEwen, es war anständig von Ihnen, zu mir zu kommen und mir zu sagen, daß Sie ihm Unterschlupf gewährt haben. Sie haben christlich gehandelt, und Ihnen werfe ich auch nichts vor. Bitte, nehmen Sie das zur Kenntnis. Aber die Ìsarà-Gemeinde hat eine formelle Klage eingereicht und verlangt, Taten zu sehen, und damit meine ich offizielle Maßnahmen. Sie können meine Worte dem Erziehungsministerium überbringen. Wir würden genau dasselbe verlangen, wenn irgendein anderer Schüler dieses Landes von dieser Abscheulichkeit betroffen wäre! Und ich darf Ihnen außerdem sagen, daß auch die Nigerianische Jugendbewegung sich der Sache angenommen hat. Bowen muß dieses Land verlassen. Wie sollen wir wissen, wie oft er sich vorher schon an Jungs herangemacht hat? Vielleicht hat er sogar Erfolg gehabt? Unzucht mit Abhängigen! Ist das die Art von Zivilisation, mit der die Europäer uns beglücken wollen?«

»Ich verstehe Sie ja, Mr. Akinsanya. Es ist eine höchst bedauerliche Angelegenheit. Wir versuchen doch nur, einen Skandal zu verhindern ...«

»Wer will denn einen Skandal? Wissen Sie, wer der Mann war, der vor wenigen Minuten noch hier bei uns gesessen hat? Das war J.V. Clinton von der *Eastern Mail.* Wenn ich gewollt hätte, daß man nächste Woche in Calabar von der Sache weiß, hätte ich ihm nur ein Wort davon sagen müssen. Ganz zu schweigen von der *Daily Times* und dem *West African Pilot.* Wir wollen Bowen hier nicht mehr sehen, das ist alles. Aber wenn das Erziehungsministerium sich weiterhin als Bremsklotz erweist, dann werden Sie erleben, was ein Skandal ist!«

Man hörte Stuhlbeine über den Boden schaben und danach einen resignierenden Seufzer. »Also gut, Mr. Akinsanya, ich werde es weiterleiten.«

»Machen Sie deutlich, daß es sich um eine Bedingung handelt. Entweder Bowen geht, oder ich kann für nichts garantieren.«

Die Tür ging auf, und die beiden Sprecher wurden sichtbar. Der eine war ein spindeldürrer, hellhäutiger Mann – offenbar ein Mulatte. Nervös drehte er seinen Schlapphut zwischen den Händen. Obgleich er noch jung war, bildete sich auf der Mitte seines Kopfes bereits eine Glatze. Der andere zeigte einen deutlichen Ansatz zum Schmeerbauch und war von sehr dunkler Hautfarbe. Als er der beiden Besucher ansichtig wurde, stieß er einen überraschten Freudenschrei aus, und sein rundes Gesicht teilte sich in voller Breite zu einem Grinsen, dick wie eine großzügig geschnittene Scheibe Papaya. Über einem Hüfttuch aus einheimischem Webstoff, das an der Seite mit einem Knoten gehalten war, trug er ein lose hängendes Hemd. Dieses Freizeitensemble wurde von einer *ikori*-Mütze gekrönt, deren Zipfel ihm über das eine Ohr hing und flappte wie die buntgemusterten offenen Sandalen an seinen Füßen.

Der Mann namens McEwan schaute das Paar an und warf seinem Gastgeber einen besorgten Blick zu. Akinsanya verstand und beeilte sich ihn zu beruhigen, obwohl der Mann diese Art Beruhigung nicht gesucht hatte. Das Lächeln war verschwunden, seine Stimme klang fast streng: »Wenn Sie beunruhigt darüber sein sollten, daß diese Herren uns gehört haben könnten, dann kann ich Ihnen versichern, Ihre Bedenken sind unnötig. Ich werde die beiden nämlich ohnehin einweihen. Sie sind nicht nur sehr enge Freunde, sie haben auch Söhne, die eines Tages ihren Fuß in das King's College oder in irgendeine andere der staatlichen Schulen des Landes setzen werden. Und wie ich Ihnen bereits sagte, diese tätliche Bedrohung galt einem Sohn Ìsaràs. Niemand versucht ungestraft, einen *Afotamodi* zur Frau zu erniedrigen, Mr. McEwan. Niemand!«

Eine stille Bitte stand McEwan ins Gesicht geschrieben, als er sich höflich von den beiden neuen Gästen verabschiedete. Akinsanya begleitete ihn bis zur Haustür, dann kam er, deutlich erleichtert, zu seinen Freunden zurück.

»War das McEwan, der Sekretär des Ministeriums?«

Akinsanya nickte. »Ja. Kennst du ihn?«

»Nur via Korrespondenz. Wir haben brieflich wegen der Sonderzulage für Lehrer mit ihm verhandelt. Sieht so aus, als wollte die Regierung einen Rückzieher machen.«

»Das sollen sie versuchen! Wie's der Zufall so will, habe ich

Neuigkeiten für euch. Schade, daß ihr Clinton verpaßt habt. Er ist extra von Calabar herübergekommen. Er wollte mit Kuti reden. Setzt euch doch, setzt euch. Ich habe den Mann nur in mein Arbeitszimmer geholt, weil wir über eine schmutzige Angelegenheit zu reden hatten. Ich hole uns schnell ein paar Gläser – oh, hast du mir Zitronen mitgebracht?«

Sipe und Akinyode tauschten rasch einen Blick. »Sie sind draußen im Wagen. Wenn wir miteinander gesprochen haben, werde ich entscheiden, ob du sie verdient hast oder nicht.«

Akinsanya blieb wie vom Donner gerührt stehen. Dann schaute er sich ihre Gesichter genau an. »Ja. Wenn ich's recht bedenke, solltet ihr beide doch schon längst zu Hause sein. Außerdem bin ich doch gestern erst H.O.D. über den Weg gelaufen, der mir sagte, daß du, Sipe, erst noch einen Umweg von Epe über Lagos gemacht hättest, um ihm einen Besuch abzustatten.«

»Hm-hm, stimmt. Er sollte für mich in der Angelegenheit Santero intervenieren.«

»Ah ja? Wie steht's denn? Ist die Mutter bereit, für diesen Taugenichts Kaution zu stellen?«

»Ich weiß es noch nicht. Die Ereignisse haben sich überschlagen. Mir ist da eine Möglichkeit eingefallen, wie man aus der vertrackten Sackgasse heraus könnte. Letzte Nacht ist mir das eingefallen.«

»Warte, warte einen Moment. Immer eins nach dem anderen. Erstmal was zu trinken. Johnnie Walker oder Haig? Keo gibt's natürlich auch – Brandy und Sherry.«

»Waaas? Du hast keinen Bristol Cream für mich?« Sipe spielte den Beleidigten.

»Meine Vorliebe für süße Sachen geht dich gar nichts an!« blaffte Akinsanya und verschwand im Nebenraum. Bepackt mit Flaschen kam er einen Augenblick später zurück. Er stellte sie auf dem Schreibtisch ab, ging zum Hängeschrank, der voll war mit Porzellantellern mit bunten Randverzierungen, mit Gläsern und anderem Geschirr, und nahm drei Gläser heraus. Dann stürzte er wieder hinaus und kam mit einer Karaffe voll Wasser und einigen Flaschen Fruchtsaft an. Schließlich pflanzte er sich breitbeinig vor dem Tisch auf, stemmte die Hände in die Hüften, betrachtete das Sortiment genau und nickte zufrieden.

»Gut. Wir werden eine Weile nicht aufzustehen brauchen, um Nachschub zu holen. Tja, wenn ihr den ganzen Weg von Ìsarà nochmal zurückgekommen seid, dann muß es sich wohl um eine ernste Sache handeln. Ah, Moment...« Er flitzte noch einmal ins Nebenzimmer und kam mit einem Brief und einem Stück Papier zurück.

»Clinton hat das für I.O. dagelassen. Auch er will das Neujahrsfest bei seiner Familie verbringen, also mußte er sich sputen, um die Fähre nicht zu verpassen. Er hatte gehofft, Daodu in Lagos zu erwischen – irgend jemand hatte ihm gesagt, die Synode würde noch bis morgen tagen; stellt euch mal vor! Dabei war sie letzte Woche schon zu Ende gegangen. Aber wir haben den Inhalt des Briefes diskutiert, und ich habe mir ein paar Notizen gemacht. Ich werde dasselbe Programm bei mir in der Gewerkschaft durchziehen; ist eine hervorragende Idee. Und dann soll die Kolonialbehörde mal der Macht der Statistik widersprechen, wenn sie kann.«

»Worum geht's denn eigentlich?« wollte Akinyode wissen.

»Steht alles hier drin«, sagte Akinsanya und schlug mit dem rechten Handrücken gegen die Blätter, die er in der linken Hand hielt. »Er möchte, daß die Lehrergewerkschaft eine Liste ausarbeitet, die alles enthält, was den idealen Speiseplan einer durchschnittlichen Lehrersfamilie ausmacht: also, Mann, Frau, zwei Kinder. Die Liste soll ausweisen, was an Vitaminen, Eiweiß, Kohlehydraten, Ballaststoffen, Spurenelementen etc. pp. nötig ist. Die Angaben werden dann für ein Gewerkschaftspamphlet verwendet, das über richtige und gesunde Ernährung informiert. Von der Ärztekammer wird das Vorhaben natürlich unterstützt – sie muß auch die Richtigkeit der Angaben bestätigen. Dann listen wir die durchschnittlichen Kosten für Lebensmittel, Miete, Kleidung und so weiter auf und zählen alles zusammen.

In einer Parallelspalte geben wir einen tabellarischen Überblick über die Bezüge der Lehrer in verschiedenen Amtsstufen. Ah ja, nicht zu vergessen die unvorhergesehenen Ausgaben für Notfälle wie Arztrechnungen und so weiter. So, und dann wird die *Mail* ihrerseits die tatsächlichen Marktpreise der nötigsten Waren und Güter in den jeweiligen Landesteilen ermitteln ... na, ihr versteht schon, wie der Hase läuft?«

Sipe applaudierte laut, während Akinyode bedächtig nickte. »Ja, ich glaube, ich weiß, worauf das abzielt. Der koloniale Entwicklungs-Fonds.«

Akinsanya nickte heftig. »Richtig. Es sind nicht nur die *Times* und der *Pilot*, die man neuerdings in England ließt. Sogar im *World Review* haben sie letzten Monat ein Editorial der *Mail* übernommen. Clinton ist sehr darauf bedacht, die Entscheidungen, die da drüben gefällt werden, ein wenig mit zu beeinflussen. Natürlich werden wir die Methode etwas abändern, wenn wir sie beispielsweise für die Maschinenbauindustrie einsetzen. Unsere Probleme sind etwas anders gelagert, wir haben es mit Privatfirmen zu tun. Aber die *Mail* will die Serie drei, vier, vielleicht sogar sechs Monate lang laufen lassen, bis eine Provinz nach der anderen abgehakt ist. Mir gefällt das Projekt, es hat Methode.« Er schlug mit der flachen Hand auf die Lehne seines Sessels. »So, das war's, was der Gewerkschaftsmann zu sagen hatte. Jetzt seid ihr dran. Warum seid ihr zurückgekommen?«

Akinyode holte tief Luft. »Saaki, wie steht's augenblicklich mit der Jugendbewegung?«

»Oh.« Er klang enttäuscht. »Seid ihr etwa deswegen hergekommen?«

»Es hängt damit zusammen. Also sag schon, wie ist die Lage?«

»Na gut. Der letzte Stand der Dinge: Wir waren alle ziemlich sauer wegen dieses Artikels im *Pilot*, aber das wißt ihr ja schon. Was ihr vielleicht nicht wißt, Ernest Ikoli war hier, um persönlich mit mir zu sprechen. Er hat sogar Briefe geschrieben – ich zeige sie euch später. Was mich anlangt, ich habe die Provokationen längst verdaut, aber, na ja, wir haben unsere Heißsporne. Sie warten zwar angeblich auf ein Zeichen von mir, doch bei allen Zusammenkünften, die sie auf eigene Faust veranstalten, werden sie kompromißloser. Zik hat natürlich auch Annäherungsversuche gemacht. Ich stimme mit ihm überein; das Wohl Nigerias geht in jedem Fall vor. Doch er muß seine eigenen Hitzköpfe zur Raison bringen.«

»Mit anderen Worten«, sagte Sipe, »du bist im Augenblick nicht gerade sehr aktiv in der Bewegung.«

Akinsanya ging sofort in Verteidigungsstellung. »Die Bewegung ist aktiv, und das ist die Hauptsache. Ich habe wirklich genug damit zu tun, mit den Privatfirmen neue und bessere Arbeitsbedingungen auszuhandeln.«

Wieder tauschten Sipe und Akinyode einen vielsagenden Blick, schließlich nannte der Lehrer das Ding beim Namen: »Ìsarà braucht dich. Und die Dringlichkeit der Sache duldet keinen Aufschub mehr; der Ärger ist schon losgegangen.«

Akinsanya traf sofort ins Schwarze: »Geht es um die Nachfolge?«

»Richtig geraten«, bestätigte Sipe. »Der Olisa hat sich einen Fehlstart geleistet; er hat Erinle auf den Thron gesetzt und ihm bereits die Regalien ausgehändigt. Saaki, man muß zuerst an die eigenen Leute denken; du wirst jetzt zu Hause gebraucht. Du mußt die Bewegung mal eine Zeitlang vergessen – und nicht nur die Bewegung, sondern die ganze Politik, die damit zusammenhängt. Du mußt mit uns nach Ìsarà kommen und uns helfen, die Krise zu meistern.«

Akinsanya war verdutzt. »Ich verstehe nicht, was die Bewegung mit der Situation in Ìsarà zu tun hat ... vor allem müssen erst einmal ein paar Schritte unternommen werden.«

»Schon erledigt«, versicherte ihm Akinyode. »Während wir nach Lagos fuhren, ist eine andere Gruppe nach Ibadan zum Distriktsbeamten unterwegs. Amoda, Olusoga und Sowole haben das übernommen; der Sekretär des Akarigbo begleitet sie. Mein Vater sagt, der Akarigbo habe schon früher die Vermutung geäußert, der Olisa könne illegale Schritte unternehmen; er sagte, er habe ihn gewarnt und daraufhin angenommen, der Olisa habe sein Vorhaben aufgegeben. Erinle ist ein Ehrgeizling, aber er ist schwach – man kann ihn führen. Das Ganze ist allein eine Machenschaft des Olisa. Er will die Regentschaft nicht abgeben, also braucht er eine Marionette wie Erinle als König.«

»Wir sollten einen Anwalt konsultieren ...«

»Sowoles Team hat entsprechende Anweisungen. Wir haben uns für Prinz Adedoyin entschieden. Wenn wir hier fertig sind, schauen wir gleich bei ihm in der Kanzlei vorbei. Sowole kommt dann direkt aus Ibadan, um über das Ergebnis seines Treffens mit dem Distriktsbeamten zu berichten, ehe sie wieder nach Ìsarà fahren. Und dir werden sie auch Bericht erstatten.«

»Na, ausgezeichnet, dann scheint ja alles unter Dach und Fach. Jagun und die anderen werden wahrscheinlich die Bevölkerung Ìsaràs mobilisieren, und ich werde mich mit unserer *Descendants Union* in Lagos in Verbindung setzen. Zum Glück hatte ich noch keine endgültige Entscheidung darüber getroffen, ob ich zum Neujahrsfest nach Ìsarà kommen würde. Eigentlich wollte ich meinen Sohn Kitunde in Achimota besuchen.«

Sipes Lächeln war hauchdünn. »Du wirst mehr tun. Du wirst eine Audienz beim Statthalter verlangen und ihm die Probleme und die Position Ìsaràs deutlich machen. Und dann kommt das Allerwichtigste ...«

»Sprich weiter.«

Akinyode sah ihm gerade und fest in die Augen. »Kommst du nicht von selbst drauf? Etwas, das nur du tun kannst.«

Akinsanya ging in Gedanken alle Schritte durch, die in dieser lang schon schwelenden Krise, die nun zur Explosion gekommen war, unternommen werden mußten. »Nein. Alles scheint bei irgend jemandem in guten Händen zu liegen.« Und dann lachte er plötzlich laut auf: »Es sei denn«, prustete er, »es sei denn, ihr sucht noch einen Freiwilligen für den Thron!«

Doch sein Lachen erstarb, als er in die völlig unbewegten Gesichter der Freunde blickte, die ihn unverwandt anschauten.

»Oh«, sagte er leise. Und dann wiederholte er: »Oh, oh, oh ...«

»Siehst du«, sagte Akinyode sanft, »deshalb mußt du die Politik jetzt mal eine Zeitlang beiseite lassen. Das ist die Botschaft, die Vater dir ausrichten läßt.«

»Und Jagun«, ergänzte Sipe.

»Ja. Die Mehrzahl der Königsmacher hatte sich schon vor langer Zeit für dich entschieden. Die anderen, die gerüchteweise im Gespräch waren, haben nur ihre Zeit und ihr Geld verplempert. Und du hast nicht nur die Unterstützung des Akarigbo von Remo, sondern sogar die des Awujale. Und die von Chief Ladega in Ibadan. Was die Chiefs von Ìsarà anlangt, nun, Jagun haben wir schon erwähnt. Und der Apena – aber das muß man ja wohl nicht extra betonen. Doch du weißt, wie das geht. Wenn du nicht aufhörst, der Regierung Angst und Schrecken einzujagen, wird jemand dem Statthalter den guten Rat geben, sich diese Leute vorzuknöpfen und sie umzukrempeln: ›Wollen Sie wirklich so einen Aufrührer als Kollegen, Oba?‹ – Na ja, so oder ähnlich. Unsere Chiefs können ganz schön wankelmütig sein, das weiß jedes Kind.«

Sipe stand auf und näherte sich dem breiten Getränkeangebot. »Weißt du was, Saaki, ich bin überglücklich, daß es mir einmal vergönnt war zu erleben, wie dir die Spucke wegbleibt! Yode, während er versucht, die Sprache wiederzufinden, könnten wir uns doch einen genehmigen. Haig oder Johnnie Walker?«

»Siehe, für den Gerechten wendet alles sich zum Guten«, sprach Sipe in priesterlichem Ton, als er den Morris über die Carter Bridge nach Lagos hinein chauffierte. Akinyode starrte ihn überrascht an. Dieser salbadernde Ton war ein ihm unbekannter Zug an dem jungen Tycoon. Akinyode schrieb es der Erleichterung zu, die er empfinden mußte; immerhin war das Treffen mit Akinsanya hervorragend gelaufen, und es war ihm vergönnt gewesen, den Freund vor Überraschung sprachlos zu sehen. Sipe tippte sich an die Brust und sagte: »Ich. Ich spreche von mir, dem Gerechten Fant. Wenn ich an die Legende von diesem Ray Gunnar denke . . .«

Akinyode nickte bedächtig. »Soso, dann bist du jetzt also der Gerechte Fant.«

»Aber ja doch, hast du es nicht bemerkt? Während der letzten vierundzwanzig Stunden habe ich nicht einmal von Geschäften geredet, geschweige denn an sie gedacht. Jetzt allerdings sind wir auf dem Weg, ein Geschäft zum Abschluß zu bringen. Und zwar freundschaftlich. Und das alles allein wegen dieser dramatischen Entwicklung. Drama ruft Drama hervor, nicht wahr? Diesmal wird es dem Interesse unseres Freundes Saaki dienen. Und deshalb empfinde ich mich als gerecht.«

»Rechtschaffen, würde ich sagen.«

»Nennen Sie es, wie sie wollen, Herr Oberpedant. ›Siehe, der Mann, der gerecht ist und fleißig in seinen Werken, wird stehen vor Königen und nicht vor Gemeinen.‹«

Akinyode legte ihm die Hand auf die Stirn. »Nein. Fieber hast du nicht.«

»Besser aber, Herr Lehrer, als vor Königen zu stehen, ist das Vergnügen, einem König auf den Thron geholfen zu haben. Das letzte Mal verspürte ich eine derartig erhebende Erregung, als ich hundertzwanzig Pfund in einer einzigen Woche gemacht habe, weil ich drei Privatverträge unter Dach und Fach hatte bringen können. Während die Sachen noch in der Schwebe waren und die Verhandlungen hierhin und dahin tendierten und sich zu guter Letzt abzeichnete, daß alles glatt gehen würde, da befand ich mich wirklich in einem Zustand unvergleichlicher Ekstase.«

»Sipe, bitte. Wir haben noch keinen Grund, mit unseren Erfolgen zu prahlen.«

»Ich weiß. Der Weg ist lang zwischen Lipp' und Kelchesrand. Siehst du, wie aufgekratzt ich heute morgen bin? Und schau dich selbst an. Hast du etwa mit deinem üblichen, kindisch-vertrauensvollen Optimimus gezaudert und gezögert, wie du es sonst tust, wenn es um klare Entscheidungen geht? Nein, du hast dich aller Mittel der Diplomatie bedient, als wären sie dir angeboren. Deshalb bin ich vom Erfolg so felsenfest überzeugt. Ich weiß, das ist erst der erste Kanonenschuß in einer langen Schlacht, aber siehst du, ich spüre bereits den Hauch des Sieges. Du sollst den guten alten Fant erleben. Ein Schmetterling wird der Puppe entfleuchen, in der er – der mißlichen Umstände wegen – viel zu lange hat verharren müssen. Ich muß dir ein Geheimnis anvertrauen, mein lieber Akinyode, das ich lange vor dir bewahrt habe. Du, mein Freund, hattest mich mit deiner Übervorsichtigkeit schon angesteckt – jetzt aber bin ich wieder ich selbst.«

»Oh. Das freut mich für dich.«

»Denton Street! Saaki lebt in der Denton Street – hast du schon mal darüber nachgedacht? Erinnerst du dich nicht an Denton, jenen Vermittler, der den Awujale zu bestechen versuchte? Denton! Der Mann, der den Awujale dazu bringen wollte, das ganze Ijebuland für tausend Pfund zu verschachern. Und Saaki lebt in der Straße, die nach diesem Mann benannt ist! Da soll noch einer eine höhnische Bemerkung über die Wege des Schicksals machen.«

Sie fuhren durch Idumagbo, bogen dann in eine der verwahrlosten Straßen ein, die zum Tinubu Square führten, und brachten die wohlbekannte Engstelle unbeschadet hinter sich, die aus den Ecken zweier Häuser gebildet wird, die wohl errichtet worden waren, lange bevor man auch nur an Pferdefuhrwerke, geschweige denn andere Fahrzeuge dachte.

»Da fällt mir was ein. Opeilu mußte fast fünfzehn Schillinge hinblättern – als Schmiergeld; sonst hätte er seine Baupläne nicht genehmigt bekommen. Sie haben ihn von Pontius zu Pilatus geschickt, hier sei noch was ungeklärt, dort sei noch eine Frage vom Stadtplanungsamt aufgetaucht. Einmal war seine ganze Akte zwei, drei Wochen lang verschwunden, angeblich auf dem Weg zur endgültigen Genehmigung. Aber wo war sie tatsächlich? Weißt du noch, wie er mal geschworen hat, in seinem ganzen Leben würde er niemals irgend jemandem ein Schmiergeld zahlen!«

Akinyode nickte. »Ja, ich weiß. Vor zwei oder drei Wochen schrieb er mir, er müsse sich jetzt entscheiden zwischen einem erneuten Ausbruch seines Hautausschlags oder einem zeitlich begrenzten Abstand von seinen eisernen Prinzipien.«

»Und wie hat sein Körper auf diese Situation reagiert?«

»Gar nicht. Seine Seele hat reagiert. Am darauffolgenden Sonntag ist er zur Aladura-Kirche gegangen, um für seine Sünde Abbitte zu leisten. Seither – nichts Neues über seinen Ausschlag. Das ist der Stand der Dinge. Ich glaube freilich nicht, daß das lange anhalten wird.«

Sipe fuhr durch das schwere Tor eines ummauerten Gehöfts. Über die Seitenpfosten wölbte sich ein hoher schmiedeeiserner Bogen. Das große Gebäude stand in scharfem Kontrast zu den Straßen, durch die sie gefahren waren, und stach auch unter allen Häusern der Nachbarschaft deutlich hervor. Weinlaub rankte sich um ein zerbrochenes Spalier, Glyzinien und Bougainvillea hüllten die Hauswände in verschwenderische Farbenpracht. In dem weiten Hof vor dem Hauptgebäude standen zwischen einer sauberen Reihe von Königspalmen ein paar Obstbäume – Sternäpfel, Guaven, Papayas. Der kurzgeschnittene Rasen erinnerte an den der Pfarrei in Aké, nur fehlten jener die majestätischen Palmen, die – so schien es Akinyode im Augenblick – wie geschaffen waren für einen königlichen Empfang. Das Haus war von unverwechselbar brasilianischem Stil, rund um das obere Stockwerk lief ein hölzerner Balkon mit einer geschnitzten Balustrade, dessen Stützbalken schräg nach hinten zur Hauswand verliefen. Das Haus stand völlig frei, lediglich eine Reihe von kleinen Schuppen und Hütten mit niedrigen breiten Türen schmiegten sich an die Innenwand der Mauer, die das riesige Grundstück zur Linken hin abgrenzte. Sipe zeigte darauf und sagte: »Die Ställe. Einst war jede einzelne Box von einem reinrassigen Vollblutpferd belegt. Jetzt haben sie nur noch zwei. Das eine wird von der Familie noch zu Rennen eingesetzt, das andere ist nur noch ein verwöhntes Haustier. Ein Schimmel – makellos weiß. Ich habe gesehen, wie der junge Santero ihn unten am Strand bewegt hat.«

Sie gingen die wenigen Stufen hinauf, und Sipe betätigte den schweren eisernen Türklopfer. »Was du hier vor dir siehst, Yode, sind Schulden in Reinkultur. Das ganze Haus ist mit Schuldscheinen tapeziert. Nur der Stolz läßt sie durchhalten. Eigentlich müßten sie alles verkaufen. Ich kenne einen ihrer Kreditgeber. Wir sollten das ganze Anwesen Stein um Stein abtragen, nach Ìsarà transportieren und dort haargenau so als neuen Palast wieder aufbauen.«

Die Tür öffnete sich zu einem düsteren Vorraum, in dem es nach Mottenkugeln, Moder und frisch geschnittenen Blumen roch. Das Dienstmädchen trug einen langen schwarzen Rock, über den es eine gestärkte weiße Schürze gebunden hatte. Ihre Augen taxierten die beiden kühl, dann schien sie Efuape zu erkennen.

»Oh. Ich äh ... möchten Sie zu Mama?«

»Ja. Sagen Sie ihr, Mr. Sipe, Sohn des Efuape, möchte sie sprechen.«

»Warten Sie bitte.« Und sie deutete auf ein gepolstertes Sofa mit einem dicken, lilafarbenen Samtbezug, dessen hölzerner Rahmen an der Rückenlehne mit geschnitzten Figuren verziert war, die aussahen wie die Schmerzensmänner barocker Kirchenstühle.

»So also sieht der Hintergrund aus«, bemerkte Akinyode. »Und warum hat er das getan?«

»Es stinkt doch regelrecht nach Verarmung, Yode. Hinter all dem steckt nichts als stolze Bedürftigkeit. Aber das ist es nicht allein. Der junge Santero unterscheidet sich kaum von unserem eigene Sotolu, um nur ein Beispiel zu nennen. Sieh dir doch an, wie leichtfertig er einen gemütlichen Job in einem Nachschublager bei der Armee aufs Spiel gesetzt hat. Ich frag dich, wie kann ein junger Mann in seinem Alter schon so gierig sein? Sardinen, Whisky, Gin, kartonweise Milchpulver und Dosen voll Kondensmilch – fast eine ganze Lastwagenladung Lebensmittel und Luxusartikel hat man bei ihm entdeckt. Alles fein säuberlich gestapelt im Hause seines Vaters. In seinem eigenen Vaterhaus! Wenn Sotolu senior nicht so hoch angesehen wäre in der Gemeinde, wenn er nicht so vollkommen erhaben wäre über jeglichen Verdacht, man hätte ja wahrhaftig annehmen müssen, daß er mit dem Sohn unter einer Decke steckt.«

»Ich verstehe es immer noch nicht. Wie konnte er bloß glauben, daß er unentdeckt bleibt? Der Hamstervorrat war doch viel zu groß.«

»Na, nichts leichter als das. Einfach seinen normalen Job machen und durchsickern lassen, daß man über besondere Waren verfügt, die man dann Stück um Stück verscherbelt. Immerhin ist er erst beim zweiten Versuch aufgeflogen. Erst da kam die Polizei und hat das Haus durchsucht.«

Das Dienstmädchen kam wieder herein, hielt die eine Hälfte der schweren dunkelgrünen Friesvorhänge auf und bestellte, Mama sei nun bereit, sie zu empfangen.

Als sie das große Empfangszimmer betraten, blickte die ganze Ahnengalerie der Santeros aus düsteren Portraits auf sie herab. Die massiven Rahmen aus geschwungenen Rosetten und Blütenranken waren mit Blattgold belegt, das schon abzublättern begann, doch die Gesichter beherrschten die Eingangshalle des Santero-Hauses mit einer Atmosphäre, die an andere Zeiten und andere Räume gemahnte. Das größte der Bilder nahm genau die Mitte der Galerie ein – es zeigte den alten Senhor persönlich, Alveiro Miguel Domingo do Santero, der den Clan Mitte des 19. Jahrhunderts aus der Sklaverei nach Afrika zurückgeführt hatte. Seit jener Zeit war das Haus aufgestockt und um Seitenflügel erweitert worden, die Haupteingänge hatten überdachte Vorbauten und Portale erhalten, die Balkone waren vertieft worden, doch das Empfangszimmer mit seiner Estrade unter den Ahnenbildern hatte sein Gesicht seit nunmehr fast einem Jahrhundert nicht geändert. Umgeben von weiten Korridoren, die eine ständige Ventilation zuließen, nahm es fast das ganze Erdgeschoß ein. Alle auf den Portraits Abgebildeten waren in irgendeiner Art Uniform oder hochoffizieller Kleidung dargestellt. Alveiro selbst stand in voller Montur eines Mitglieds der Freimaurerloge, nur sein Hut lag auf einem runden Tischchen neben ihm; andere standen steif im Frack, den Zylinder vorsichtig in der Armbeuge. In anderen Bildern waren es die Orden, die als beziehungsreiche Details dienten, in wieder anderen ein Medaillon, ein Amtsstab, ein Wappen im Hintergrund, auf dem die Worte prangten: Orden des Heiligen Patrick. Zu duftigen Rosetten gebundene Satinbänder zierten die Rahmen der Abbilder jener, die schon verstorben waren. Die Farbe der Bänder, ob noch leuchtend weiß, schon cremefarben oder bereits braun, dazu auch der Abstand zu Alveiros Portrait, zeigten an, wie lang der Tod des Betroffenen schon zurücklag. Die Lebenden schienen keiner weiteren Verzierung zu bedürfen.

Madame Santero war die letzte noch lebende Tochter des jüngsten männlichen Nachkommen des alten Senhor. Sie saß auf einem Polsterstuhl mit hoher Rückenlehne, direkt unter dem Bild Alveiros. Eine kleine, sehr dunkelhäutige Frau mit straff zurückgenommenem Haar. Der weiße Knoten in ihrem Nacken berührte ein gehäkeltes Zierdeckchen, das über die Rückenlehne ihres Stuhls gebreitet war. Zu beiden Seiten des Polsterstuhls standen kleine Beistelltischchen mit Vasen voller frischer Schnittblumen. Drumherum waren weitere Bilder von Familienmitgliedern aufgestellt, alles Mitglieder der jüngsten Generation: Hochzeiten, Taufen, Polospieler zu Pferd, Gartengesellschaften, Pferderennen – in Lagos und Ibadan war der Name Santero ein Synonym für Pferderennen. Es war ein Teil der Familienlegende, daß die Santeros das Pferderennen im Süden des Landes eingeführt hätten.

Madame Santero erschien wie eine kleine Königin, die Hof hält über Untertanen, die sich kurz unter höflichen Entschuldigungen entfernt, aber ihre Schatten zurückgelassen haben. Mit Gesten bedeutete sie den beiden Besuchern, auf den Stühlen rechts und links vor ihr Platz zu nehmen. Den ihr noch unbekannten zweiten Gast schaute sie mit fragendem Blick an, und Sipe stellte ihn vor: »Mr. Akinyode Soditan, Grundschulrektor aus Abeokuta.« Schulrektor klang eindrucksvoller als »Schulleiter«, und Sipe hatte das Bedürfnis, dem Pomp dieses Hauses – so heruntergekommen es auch sein mochte – etwas entgegenzusetzen.

Sie reichte Soditan eine zarte, zerbrechlich wirkende Hand, und er zögerte. Erwartete die alte Dame, daß er seine Lippen der Hand näherte, wie er es manchmal schon bei den Treffen der weißen Staatsbeamten und deren Gattinnen beobachtet hatte? Sogar einige »Been-tos«* in Lagos frönten der Sitte, und Madame Santero schien eindeutig diesem Kreis der Heimkehrer aus Brasilien anzugehören. Er entschied sich für einen Handschlag mit tiefer Verbeugung, murmelte ein: »Sehr erfreut, Ihre Bekanntschaft zu machen« und setzte sich rasch auf den ihm zugewiesenen Stuhl.

Sie kam sofort zur Sache: »Nun, Mr. Efuape, wie haben Sie sich entschieden?«

Sipe zeigte sich überrascht: »Aber Mrs. Santero, ich dachte, es wäre Ihre Familie, die zu entscheiden hat. Als ich das letzte Mal mit Ihnen sprach ...«

»Nein, nein, junger Mann. Ich habe unsere Position eindeutig klargemacht. Wir stehen zu unserem Sohn, was auch immer Sie zu tun gedenken. Wir leugnen nicht, daß er etwas Unrechtes getan hat, noch entschuldigen wir es. Aber ich habe deutlich gemacht, daß wir einfach nicht über die Mittel verfügen, um Ihnen zurückzuzahlen, was er ... was er Ihnen gestohlen hat. Und die Familie ist es leid, ihn immer wieder aus den mißlichen Lagen zu befreien, in die er sich selber bringt. Sie verstehen, Mr. Efuape – wir sind zahlungsunfähig. Also ist es an Ihnen, irgendein Arrangement vorzuschlagen. Wünschen Sie immer noch, vor Gericht zu gehen?«

»Der Fall ist bereits der Polizei gemeldet.«

»Ich weiß. Aber man kann eine Anzeige zurückziehen. Ich

möchte Sie an das erinnern, was ich Ihnen bereits einmal sagte: Mein Sohn ist nicht unehrlich ...«

»Mrs. Santero ...«

»Nein, er ist nicht von Natur unehrlich. Er kommt immer wieder in die Klemme, ja. Ich meine damit, daß er sich Ihre Theatergelder ja nicht unrechtmäßig angeeignet hat, um sie für irgendeinen dummen Schnickschnack auszugeben. Den Beweis haben wir in den Quittungsabschnitten der Post – er hat den größten Teil der fehlenden Gelder an diesen Schwindelkünstler in London, an diesen mysteriösen Ray Gunnar überwiesen. Sie müssen zugeben, Mr. Efuape, ein Teil der Schuld liegt bei Ihnen selbst ...«

Sipes Stimme überschlug sich fast. »Bei mir, Madame?«

»Er hätte von diesem Menschen doch nie gehört, hätten nicht Sie ihn beauftragt, die Gelder, die Sie selbst an diesen Ray Gunnar überwiesen hatten, in Ihrem Namen zurückzufordern. Dadurch ist er ja überhaupt erst diesem Gunnar ins Netz gegangen. José hat schon immer am Bühnenfieber gelitten.« Sie überhörte Sipes Versuche, sich zu Wort zu melden und deutlichzumachen, daß er hier ja wohl mit der größten Ungerechtigkeit seines Lebens konfrontiert werde. »Im Grunde geht es aber gar nicht darum, Mr. Efuape. Ich versuche nur, Ihnen klarzumachen, daß ein Prozeß sich endlos hinziehen würde, denn wir sind unsererseits fest entschlossen, gegen diesen Ray Gunnar Strafanzeige zu erstatten. Und das bedeutet, wir müssen die Ergebnisse der Untersuchung in London abwarten. Ray Gunnar ist flüchtig, die Polizei muß ihn erst ausfindig machen.«

»Es handelt sich um eine Menge Geld«, murmelte Sipe.

»Ich weiß«, sagte die alte Dame mit sanfter Stimme. »Darüber bin ich mir vollkommen im klaren, Mr. Efuape. Ich bedauere aufrichtig, daß José ein derart romantischer Narr ist – er hat sich tatsächlich schon als großen Filmstar gesehen.«

Es herrschte ein längeres Schweigen, während dessen Sipe angestrengt nachzudenken schien. Schließlich sagte er: »Ich gehe also recht in der Annahme, daß selbst bei einer großzügigen Regelung eine Rückzahlung in Raten nicht in Frage kommt?«

»Ich wünschte, ich könnte Ihnen entgegenkommen. Ich wünschte, ich hätte die Mittel, Garantien zu leisten. Aber ich weiß, daß die Rückzahlungen nur unregelmäßig erfolgen könnten.«

Akinyode fuhr kerzengerade hoch, als er die nächste Äußerung hörte, die mit unmißverständlicher Endgültigkeit über Efuapes Lippen kam: »In diesem Fall, Madame, nehme ich den Schimmel.«

Mrs. Santeros Augen weiteten sich eine Sekunde lang, ob aus Ärger oder Entsetzen, war schwer zu sagen; dann blickte sie wieder sanft und freundlich, und um ihre schmalen Lippen spielte ein trauriges, tapferes Lächeln. »Bahia«, ihre Lippen zitterten leicht, als sie sich umdrehte und das Bild des Ahnen in ihrem Rücken anschaute. »Er ist der letzte aus der Zuchtlinie jenes ersten Bahia, den mein Großvater aus Brasilien mitgebracht hat. Er hat diesen Hengst Bahia genannt, denn seine Nachkommen sollten eine lebendige Erinnerung an das Bahia behalten, das einst ihre Heimat war.«

»Es ist ein prachtvoller Hengst«, bestätigte Efuape. »Ihr Sohn brachte ihn manchmal mit zur Glover Hall. Ich habe auch beobachtet, wie er ihn geritten hat, unten am Strand.«

»Mögen Sie Pferde, Mr. Efuape?«

Sipe zuckte die Achseln. Sie schaute Akinyode an. »Und Ihr Freund hier?«

Plötzlich aus seiner Verwirrung hochgescheucht, stammelte Akinyode, daß er nicht gerade ein Pferdenarr sei, aber die Art doch sehr bewundere.

»Und Sie werden ihn verkaufen, um mit dem Erlös Ihre Verluste auszugleichen, Mr. Efuape?«

»Aber nein! Ein König wird auf ihm reiten – nach Ashtabula«, und er grinste Akinyode an.

Sie zog die Stirne kraus. »Ein König? Ashta ...?«

Sipe nickte. »Ja, ein König. Ein Oba. Ashtabula ist ein Ort, über den mein Freund hier besser Bescheid weiß.«

»Ein *zukünftiger* König«, warf Akinyode rasch ein, doch Sipe beharrte: »Ein Oba!«

Mrs. Santero dachte einen kurzen Augenblick lang nach. »Und damit wäre die gesamte Angelegenheit erledigt? Keine weiteren Forderungen?«

»Keinerlei weitere Forderungen.«

Die alte Dame seufzte tief. »Nun, so sei es denn. Bahia ist eigentlich Josés Pferd, er allein hat ihn geritten. Ich glaube, es ist nur gerecht.«

»Das denke ich auch, Mrs. Santero.«

»Dann wäre es wohl gut, sie würden einen Anwalt oder Notar beauftragen, damit wir die Einzelheiten festlegen können ...«

Noch einmal gelang es Sipe an diesem Morgen, Akinyode gründlich zu überraschen. Er langte in die innere Brusttasche seines Jacketts und zog ein Dokument hervor, das mit einem roten Faden umwickelt war, der durch ein Siegel gehalten wurde. Es sah sehr rechtskräftig aus. »Ich habe schon alles dabei. Ein Freund von mir, Anwalt Otusanya, hat es gestern für mich vorbereitet – in Ìsarà. Es ist alles in Ordnung.«

Sie hielt ihre Augen fest auf sein Gesicht geheftet, als sie die Hand ausstreckte, um das Dokument entgegenzunehmen. Wieder spielte das feine Lächeln um ihre Lippen. »So so. Dann wußten Sie also längst, was Sie wollten?«

Sipe gab das Lächeln zurück. »Was sonst wäre in Frage gekommen? Ich hatte übrigens einen gemeinsamen Freund, Mr. H. O. Davies, beauftragt, in der Sache vorzusondieren, als eine Art Zwischenhändler, Sie verstehen? Ich hatte nicht vor, Sie so rasch persönlich aufzusuchen. Doch dann kamen – gestern abend erst – gewisse Ereignisse dazwischen, die der Sache eine neue Dimension gaben. Ich glaube, es ist für alle Beteiligten die beste Lösung.«

Ihre Hand langte nach dem kleinen Silberglöckchen auf dem Beistelltisch. Das silbrige Klingeln hallte merkwürdig geisterhaft durch die Düsternis des Raumes. Das Dienstmädchen erschien.

»Bring mir mein Schreibzeug.« Das Mädchen ging. »Ich denke, Ihr Freund hier wird uns als Zeuge dienen?«

»Ja, wie gut, daß er gerade da ist.«

Das Hausmädchen kam mit einem Tablett zurück, in das ein kleines Tintenfaß eingelassen war und auf dem in zwei seitlichen Rillen zwei Federhalter lagen. Sie nahm das kleine Schreibpult und setzte es auf ihren Knien ab.

»Und nun bring uns die Karaffe mit dem Sherry und drei Gläser. Ich möchte mit einem Mann anstoßen, der José eine sehr eindrucksvolle Lektion erteilen wird.«

VI

ASHTABULA!

Erschöpft, aber in Hochstimmung, steuerte Sipe den grauen Morris endlich wieder den schroffen Steilhang hinauf, der Ìsaràs einzige Zufahrt für Motorfahrzeuge darstellte. Soditan war in Gedanken versunken. Auf dem Rückweg hatten sie seinem Onkel, dem Zimmermann aus Sagamu, einen Besuch abgestattet, jetzt aber fragte er sich, ob er da nicht einen Fehler gemacht hatte. In den vergangenen Tagen hatte Soditan eine Art sechsten Sinn entwickelt, ein Gespür für die leiseste Möglichkeit einer weiteren, neuen Verantwortung – und bei dem Verwandten seiner Mutter hatte er genau diese Bedrohung deutlich empfunden. Man hatte den Mann von seinem liebsten Arbeitsplatz wegzerren müssen, der Trinkhalle neben der Autowerkstatt. Als er endlich in der Schreinerwerkstatt erschien, war seine Aussprache schon reichlich verwaschen, doch gerade noch deutlich genug gewesen, daß er seine Pläne darzulegen vermochte; er habe nämlich vor, so ließ er verlauten, seine beiden »eigenwilligen« Kinder in die Obhut seines berühmten Neffen in Abeokuta zu geben, damit dieser ihnen ein wenig von seiner wohlerprobten Disziplin eintrichtere. Soditan gab ihm den unmißverständlichen Rat, dieses Vorhaben auf unbestimmte Zeit zu verschieben, und fügte die Warnung hinzu, daß, sollten sie ohne seine Zustimmung doch in Abeokuta aufkreuzen, er sie unverzüglich in die nächste Lorry setzen und nach Hause zurückschicken werde. Trotzdem fürchtete er, die Sache sei damit noch nicht ausgestanden. Wenn der Zimmermann weiterhin sein ganzes Geschäft versoff, war es gut möglich, daß die Kinder von sich aus gegen ihn zu Felde ziehen und auf eigene Faust nach Abeokuta kommen würden oder daß sie geschickt wurden – aber nicht vom Zimmermann, sondern von einem besorgten Verwandten.

Und dann erging sich der Zimmermann lallend in einer Flut kaum noch verständlicher Entschuldigungen, die, soviel ließ sich noch heraushören, irgend etwas mit Tentens Ableben und einer Nachricht von seiner Schwester Mariam zu tun hatten. Auf gar keinen Fall dürfe der Lehrer glauben, was seine Mutter ihm erzählt habe oder noch erzählen werde; er selbst sei nämlich zu dem bewußten Zeitpunkt, als das alles geschehen sei, überhaupt nicht zu Hause gewesen, und erst bei seiner Rückkehr habe er eine Nachricht von irgendeinem ihm gänzlich unbekannten Mädchen vorgefunden, das wohl fälschlicherweise seinen Gehilfen für ihn, den Zimmermann, gehalten habe. Na, jedenfalls habe man ihm von der unermüdlichen Hilfsbereitschaft des Lehrers bereits berichtet, und der Himmel möge Akinyode für seine Bemühungen segnen. Und lasse er sich nicht täglich in der Kirche von Sagamu auf die Knie nieder, und bete er nicht täglich inbrünstig, auf daß seine eigenen Kinder ebenso tüchtig werden mögen wie dieser leuchtende Sohn Ìsaràs, auf den jedermann so stolz sei? Akinyode wußte nicht einmal, daß Mariam ihren Verwandten in Sagamu damals um Hilfe gebeten hatte; und jetzt fragte er sich, warum sie kostbare Zeit und teures Geld verschwendet hatte, um einem solchen Nichtsnutz von einem Tagedieb einen Hilferuf zu schicken. Und er selbst, was wollte er hier? Selbst wenn das Vorhaben, das ihn hergeführt hatte, in Ìsarà bis zum letzten Moment ein Geheimnis bleiben sollte, gab es denn nicht auch im nähergelegenen Ode Zimmerleute, denen er den Auftrag hätte zukommen lassen können? Er zuckte die Achseln. Man durfte nicht aufgeben. Wenn er das Geschäft seines Onkels von Zeit zu Zeit durch einen Auftrag unterstützen konnte ... das war nicht zu viel an Pflichterfüllung von seiten eines Neffen. Und schließlich war es ja in seinem eigenen Interesse, denn solange er hier eine Hand reichte, würden seine jungen Cousins nicht halb verhungert und verwahrlost auf seiner Schwelle erscheinen ... und was wäre wohl das größere Übel?

Soditan erklärte dem Schreinergehilfen alle Einzelheiten und malte ihm genau auf, wie das Ding aussehen sollte, das er als

Aufbau für Nodes Lastwagen entworfen hatte. Sie ließen Geld für das Holz da; der Rest würde bezahlt werden, wenn der Rahmen geschreinert und für das zu erwartende Ereignis auf den Lastwagen montiert war – so in etwa einer Woche. Während der Lehrer mit dem jungen Schreiner beschäftigt war, schlenderte Sipe gemächlich durch die Werkstatt und schaute sich die gestapelten Möbelstücke, die Truhen, Kleiderkisten und Allzweckschränke an, die auf kauffreudige Kunden warteten. Im Lagerraum waren Särge übereinander aufgebockt, noch ungehobelt, den letzten Schliff würden sie erst nach Anweisung des Kunden bekommen. Er überlegte kurz, ob das Syndikat vielleicht in das Tischlergewerbe investieren sollte, verwarf die Idee aber wieder – erst einmal mußte das Gerangel um das Königsamt ausgestanden sein. Allerdings war ihm die Geschicklichkeit nicht entgangen, mit der Yode seine Skizzen und Pläne entworfen und gezeichnet hatte; vielleicht würde er sich überreden lassen, für das neue Unternehmen die Entwürfe zu machen – sollte sich anhand der eingezogenen Informationen herausstellen, daß hier eine lukrative Marktlücke zu erschließen war.

Sie fanden Josiah in Mariams Haus. Nach einem Mahl aus *eba* und *ikokore* wusch er sich gerade die Hände. Ungeduldig wartete er, bis sie Mariam begrüßt hatten; sie räumte Josiahs Teller und die Kalebasse voll Wasser ab, dann ging sie hinaus, um Essen für die Neuankömmlinge zuzubereiten.

»Wir haben ihn angetroffen«, berichtete der Sohn.

»Hn-hn?«

»Er nimmt die Entscheidung der Königsmacher an.«

»Und sonst?«

»Ja, er wird tun, um was wir ihn gebeten haben. Keine Auseinandersetzungen mehr mit der Regierung.«

Der ältere Mann wartete. Die zwei Gesandten rutschten unruhig auf ihren Stühlen hin und her und tauschten Blicke. Josiah beobachtete sie amüsiert, er schien ihr Unbehagen zu genießen. Schließlich sagte er: »Ihr habt mir immer noch nicht alles erzählt.«

Nun sprach Sipe, langsam und bedächtig. »Baba, du kennst doch unseren Freund. Er hat sich bereit erklärt, sich ruhig zu verhalten, bis der Statthalter die Angelegenheit in unserem Sinne geregelt hat. Aber er sagt auch, daß er hofft, die Ältesten von Ìsarà erwarten in ihm keinen willfährigen und taubstummen König. Denn wenn sie das tun, dann wären sie besser beraten, sich schleunigst in einem anderen Haus umzusehen.«

Es folgte ein langes Schweigen. Dann stieg aus den verborgenen Tiefen von Josiahs Brust ein Griemeln auf, schwoll an, zu kleinen Lachern erst, doch schließlich zu einem lauten Gelächter, das seinen ganzen Körper schüttelte. Er schlug sich mit der flachen Hand auf den Schenkel, stand auf und hielt sich die Seiten und lachte noch immer. »Das habe ich gewußt«, prustete er. »Ich habe es Jagun gleich gesagt. Wenn sie glauben, daß dieser Sohn des Akinsanya seine Kämpfe mit dem weißen Mann ein für allemal aufgeben wird, dann haben sie sich den falschen Mann ausgesucht.« Und unvermittelt brach sein Lachen ab. »Aber bis wir die Schlacht gewonnen haben, darf er keinen Laut von sich geben! Nicht mal einen Furz, habt ihr mich verstanden?«

Hastig versicherte ihm Sipe: »Nein, nein. Wir haben sein Wort.«

»Und die anderen Kontakte, die ihr aufnehmen wolltet ... Anwalt, unsere Leute in Lagos ...«

»Wir haben nichts dem Zufall überlassen«, sagte Akinyode.

»Gut. Dann werde ich jetzt zu Jagun gehen und ihm berichten.«

An der Tür blieb er stehen und drehte sich noch einmal um. »Ach ja, Sipe. Jagun hat was mit dir zu bereden. Ich habe von deinen Schwierigkeiten mit deinem Kräuterladen in Lagos gehört, und da habe ich mit ihm darüber gesprochen.«

»Oh. Danke, Baba.«

»Viel zu viele unserer Leute sind futterneidisch, sie wünschen dem nächsten Nachbarn nichts Gutes und gönnen ihm keinen

Erfolg. Deshalb wird der schwarze Mann in dieser Welt auch nicht vorankommen. Sobald es auch nur den Anschein hat, daß einer an seinem Glück schmiedet, sobald seine Haut auch nur zu glänzen beginnt, schon ... oh, habt ihr von Opeilus Cousin gehört, Sorunde?«

»Ja, wir haben es gehört.«

»Da habt ihr ein typisches Beispiel. Nur knapp einen Monat lang konnte er seine Beförderung zum Hilfsinspektor genießen, schon mußten sie ihn zu den Ahnen schicken. Aber es gibt einen Gott im Himmel; früher oder später werden seine Feinde das lernen müssen. Also, sieh zu, daß du Jagun vor deiner Abreise auf jeden Fall noch aufsuchst; er wird dir was geben, was du über deinen Laden hängen kannst. Er sagt, du mußt der Angelegenheit noch allerhöchstens sechs Monate geben, dann wirst du deine Lizenz zurückbekommen.«

»Danke, Baba. Ich werde ganz sicher mit ihm sprechen.«

»Er hat sich der Sache wirklich ernsthaft angenommen, aber das brauche ich wohl kaum zu erwähnen. Er hat sich darum gekümmert, als beträfe es seine eigene Person. Und diesmal werden die Leute in Lagos erfahren, ob unsere Väter über ihre eigene Kraft verfügten oder nicht! Denn wenn sie glauben, diese spirituelle Kraft wäre versiegt, in dem Augenblick, als der weiße Mann diesen Boden betrat ... Ihr seht ja selbst, mit was für Schwierigkeiten wir jetzt konfrontiert sind. Ich muß auf die Entscheidung dieses weißen Eindringlings warten, um zu erfahren, wer auf dem Thron meiner Ahnen sitzen wird. Dürfen wir nicht einmal mehr aus der Vergangenheit lernen? Denkt doch an Oyo und Ibadan – ich spreche von den Kiriji-Kriegen –, wen haben sie da hergebeten, um Frieden zu schließen? Den weißen Mann! Die Missionare! Und bis heute zahlen wir alle einen sehr hohen Preis für diese Entscheidung. Und haargenau diese Situation beschwört dieser Olisa nun wieder herauf, schamlos und dumm, als wüßte man im Hause seines Vaters nichts von Geschichte!«

»Aber Pa«, unterbrach ihn Efuape, »ist es nicht auch der Fehler von uns Ijebu? Müssen wir nicht auch einen Teil der Schuld auf uns nehmen?«

»Oho, die Grammatiker sind mal wieder unter uns! Dann sag mir doch mal, wo unser Fehler gelegen hat?«

»Nun, hat Awujale Tunwase diesen Vertrag mit den Weißen unterzeichnet oder nicht? Und als er dann seine Meinung änderte, war es zu spät. Carter ließ ihm ausrichten, eine Übereinkunft ist eine Übereinkunft, und schickte seine Soldaten, um die Schulden einzutreiben.«

»Aha! Ist ja hochinteressant, diese Version. Aber wie auch sonst soll der weiße Mann diese Geschichte erzählen? Es ist die Darstellung, die die Weißen euch in der Schule gelehrt haben, stimmt's? Schade, daß Agunrin Odubona seine Stimme verloren hat, sonst könntest du dich, wenn all das hier vorbei ist, einmal mit ihm zusammensetzen und dir anhören, was er dazu zu sagen hat. Der Krieg fand lange vor meiner Zeit statt, er aber hat noch daran teilgenommen. Und er hat diesen feinen Herrn Carter persönlich kennengelernt. In Lagos. Ìsarà hatte ihn zusammen mit den Leuten des Awujale nach Lagos geschickt, um Carter ein Friedensangebot zu unterbreiten. Wir alle erinnern uns an seinen Bericht, nur ist er jetzt alt und senil und kann nicht mehr sprechen, und das nutzt Olisa aus.«

Draußen braute sich etwas zusammen. Aus dem Dunkel hörte man die aufgeregten Stimmen zweier Männer, die nach Pa Josiah riefen. Sie blieben stehen, als sie ihn im Türrahmen sahen, grüßten ihn, indem sie sich hastig vor ihm niederwarfen, und dann berichtete der ältere der beiden atemlos: »Jagun hat uns zu dir geschickt, Baba Tisa. Schlimme Dinge sind draußen auf dem Feld passiert.«

»Was für Dinge? Ich war gerade auf dem Weg zu ...«

»Sie haben Jaguns Schwager gebracht, Ba'tola. Auf Oripes Feldern hat es einen Kampf gegeben, Olisas Männer haben sie angegriffen. Ba'tola haben sie mit der Machete zerstückelt. Viele wurden schwer verwundet – auf beiden Seiten. Man hat sie ins Krankenhaus nach Sagamu gebracht.«

Josiah stand stocksteif und starrte in die Dunkelheit. Schließlich sagte er ganz leise: »Erinle möchte also die heiligen Sandalen des Königs an blutigen Füßen tragen? Nun, so sei es. Bringt mich zu Jagun.«

»Das geht nicht, Baba. Du kannst ihn jetzt nicht sehen. Er ist zum *osugbo* gegangen. Er möchte, daß du dich um die Angelegenheit auf den Feldern kümmerst, denn – und das ist seine Botschaft – er geht an einen Ort, an dem man ihn nicht erreichen kann.«

Josiah drängte sich zwischen den beiden Abgesandten hindurch und stand draußen, wo sein Sohn und Sipe ihn nicht hören konnten, dort erst sagte er leise: »Rasch, laßt mich den Rest eurer Botschaft hören.«

»Er sagte, Olisa kann nur deshalb die ganze Stadt ins Verderben stürzen, weil er die Unterstützung von Agunrin Odubona hat. Er will den Geist des Agunrin nach Hause rufen, sagt er, und wenn es die ganze Nacht dauern sollte.«

»Hat er das gesagt?«

»Das waren seine Worte. Er wird erst wieder aus dem *osugbo* herauskommen, wenn der alte Mann geantwortet hat.«

Wieder schwieg Josiah eine Weile, dann sagte er leise, wie zu sich selbst: *»Olorun a gbu'se.«**

Als er sich jetzt umdrehte und hastig davoneilen wollte, stieß er mit zwei Männern zusammen, die gerade um die Hausecke bogen. Der größere war Sotikare, der Gerichtsschreiber aus Lagos, der kleinere war Ogunba. Josiah nahm ihren Gruß kaum zur Kenntnis und verschwand in Richtung Gborobes Haus, von wo er alles Nötige in die Wege leiten wollte. Da sich Jagun in völlige Abgeschiedenheit zurückgezogen hatte, lagen die weltlichen Pflichten klar in seinen Händen.

Sotikare trat auf die Schwelle und füllte fast den ganzen Türrahmen mit seiner mächtigen Gestalt aus. Finster blickte er auf seine Freunde hinunter, die ernüchtert vor den noch unangetasteten Tellern saßen, die Mariam ihnen hingestellt hatte. Dann sah Akinyode den halb hinter Sotikare verdeckten

Ogunba; er sprang auf, um ihn zu begrüßen, doch die tonlose Stimme des Gerichtsschreibers traf ihn wie ein Schlag ins Gesicht, und wie angewurzelt blieb er stehen.

»Ich hoffe, ihr seid alle zufrieden!«

Ogunba versuchte, ihm etwas zu entgegnen; es war nur zu offensichtlich, daß sie schon auf dem ganzen Weg zu Mariams Haus heftig miteinander diskutiert hatten. Sotikare machte eine wegwerfende Handbewegung und übertönte ihn mit heftigen Anwürfen: »Ich dachte, dieser Akinsanya hätte mehr Verstand. Und wenn er eben keinen hat, dann hätten wenigstens seine sogenannten Freunde ihm ein wenig leihen können. Ein intelligenter Mann wie Saaki bewirbt sich um ein derart primitives Amt wie das eines Oba! Und ihr, die ihr euch seine Freunde nennt, unterstützt ihn auch noch. Ihr zerrt ihn hinunter auf das Niveau solcher Ignoranten wie Olisa und Jagun.«

Soditan schaute ihn grimmig an. »Weiter, nur weiter, zier dich nicht. Füge ruhig den Namen meines Vaters deiner Liste hinzu.«

»Ich habe nichts von Pa gesagt.«

»Solltest du aber. Denn wenn es hier eine Verschwörung gibt, dann ist er ihr Herzstück.«

»Es gibt keinen Grund, persönliche Emotionen ins Spiel zu bringen.«

Sipe lachte auf. »Wer bringt denn Emotionen ins Spiel? Faß dich doch an die eigene Nase!«

»Es ist eine Schande, das ist alles, was ich euch zu sagen habe. Und wenn ihr irgendwelche Liebe für euren Mann empfindet, dann solltet ihr ihm dringend raten, seine Kandidatur zurückzuziehen – und zwar sofort!«

»Aber warum denn?« fragte Ogunba ganz ruhig. »Was du bisher gesagt hast, wiederholst du schon den ganzen Tag, du trittst auf der Stelle.«

»Weil ihr alle gebildete Männer seid. Wie könnt ihr euch in eine solche Angelegenheit hineinziehen lassen? Es ist einfach unter eurer Würde.«

Akinyode ließ den Gerichtsschreiber links liegen, zischte

durch die Zähne, um Ogunbas Aufmerksamkeit zu erregen, und fragte ihn: »Wo hast du gesteckt? Was hat dich in Ijebu-Ode aufgehalten?«

»Genau diese Sache. Ich hatte Gerüchte gehört, daß unser Mann auserwählt sei ...«

»Willst du etwa sagen, du hättest es vor uns gewußt?«

Ogunba lachte. »Ihr in Abeokuta, was wißt ihr denn schon?«

»Hoho, hört euch diesen Ausreißer an! Hat sich noch nicht richtig in seiner neuen Station niedergelassen und hält sich schon für das Ohr von ganz Ijebu!«

Sotikare stapfte zur anderen Zimmerecke hinüber, setzte sich, verschränkte die Arme vor der Brust, starrte düster vor sich hin und murmelte in seinen Bart.

»Wann hast du denn davon erfahren?« wollte Sipe wissen.

»Nicht lange vor euch. Die Königsmacher hatten einen Abgesandten zum Awujale geschickt, der ihm von Olisas Machenschaften berichtete. Er wußte natürlich schon seit Monaten, was die Königsmacher von Ìsarà beschlossen hatten. Aber als der Olisa seinen Mann krönen ließ, da hat er endlich die Katze aus dem Sack gelassen. Ich selbst bin zu ihm gegangen. Er hatte nach Olisa und diesem alten Mann geschickt, der ihm den Rücken stärkt, der, den sie Agbari Iku nennen. Und als ich dann noch beim Akarigbo reinschaute, war der gerade dabei, eine Krisensitzung des Remo-Kommunalrats einzuberufen.«

»Wann?«

»Heute morgen sind sie zusammengekommen. Ich wollte warten, um euch ihre Entscheidung gleich mitteilen zu können, aber als ich dann endlich los mußte, war immer noch keine Einigung erzielt. Mein Cousin wird morgen früh kommen und uns das Ergebnis der Sitzung mitteilen.«

»Gut. Sehr gut.«

Sotikares Stimme durchschnitt die neuerliche Atmosphäre der Hochstimmung: »Ich hoffe, der Kommunalrat findet auch eine Möglichkeit, Babatola wieder zum Leben zu erwecken. Von den anderen, die in diesem primitiven Wettstreit zu

Opferlämmern wurden und noch werden, ganz zu schweigen.«

Sipe fuhr ärgerlich zu ihm herum, doch Akinyode hielt ihn am Ärmel zurück, dann baute er sich vor dem innerlich vor Wut schnaubenden Sotikare auf. »Hör mal, Sotikare. Wir alle hier sind Ex-Iléanten. Also reden wir alle dieselbe Sprache, und zwar frank und frei. Formuliere deine Einwände klar und deutlich. Was hast du gegen Akinsanyas Kandidatur?«

»Die ganze Sache stinkt. Er erniedrigt sich selbst ... Ein Ex-Iléant.«

»Das haben wir bereits gehört. Doch wogegen genau bist du – die ganze Idee, die Institution der Obaschaft? Oder denkst du, für diese Analphabeten hier ist es ja ganz gut und schön, aber doch nicht für einen Simeoniten?«

»Die ganze Sache ist einfach zu primitiv.«

Sipe fluchte laut, und Akinyode drehte sich zu ihm um: »Warum fangt ihr nicht schon an zu essen, du und Ogunba? Ich will diesem zivilisierten Herrn Gerichtsschreiber nur noch eine Frage stellen.« Er schaute Sotikare direkt ins Gesicht. »Was hältst du vom Thron von England, sag mir das!«

»Was?«

»Du hast mich sehr gut verstanden. Der Thron von England. Ist das eine primitive Einrichtung? Hat König Edward abgedankt, weil er die Institution zu primitiv fand, oder hat er wegen einer Weibergeschichte auf den Thron verzichtet?«

Sotikare beachtete das laute Gelächter der anderen nicht; sein rundes Gesicht war ein einziges Fragezeichen. Schließlich stotterte er. »Du, du ... hör mal, du du vergleichst doch nicht etwa ... den den Thron von von England mit mit mit diesem Thron hier von Ìsarà?«

»Warum nicht?« fragten alle drei im Chor.

Sotikare sprang auf. »Ich glaube, jetzt seid ihr ja wohl alle übergeschnappt! Ihr vergleicht allen Ernstes ... ich meine, meint ihr das ernst?«

»Nun ja, der eine ist wohl ganz offensichtlich ein bißchen

größer«, gab Akinyode beschwichtigend zu, »und er darf sich mit einem ganzen Empire brüsten. Und jedes Jahr zum Empire Day dürfen wir unsere Kinder in ihre besten Kleider stecken, sie marschieren und Loblieder auf den Thron von England und alle seine Könige singen lassen, einschließlich der großen Victoria.« Und er drehte sich zu den anderen um und hob die Arme wie ein Chordirigent: »Eins – zwei – drei:

Vikito-ria, Vikito-ria
Aiye re l'awa nje
O so gbobo eru d'omo
N'ile enia dudu.«

Sotikare starrte sie an, als sie sich vor Lachen krümmten, nachdem sie ihren kakophonen Gesang zu Ende gebracht hatten. Dann wandte er sich direkt an Akinyode: »Weißt du, ich entdecke eine Seite an dir, die ich nicht erwartet hätte. Ich habe immer gedacht, du hättest wenigstens einen Hauch von Einfühlungsvermögen ... Hast du schon vergessen, daß gerade ein Mensch aus unserer Mitte umgekommen ist!«

»Sotikare, wir alle bedauern diesen Tod. Aber bist du dir im klaren darüber, wie viele von unseren Leuten schon dafür gestorben sind, den englischen Thron zu erhalten? Gut, diejenigen, die zur Armee gegangen sind, um in diesem Krieg zu kämpfen, haben eine freie Wahl treffen dürfen – wir sind ja dankbar für die kleinen Segnungen Gottes. Doch für wessen Thron kämpfen sie wirklich, für wessen Thron lassen sie ihr Leben? Sicherlich nicht für den des Odemo von Ìsarà!«

»Da wir gerade vom Krieg reden«, fiel Ogunba ein, »heute morgen habe ich in den Frühnachrichten im Radio gehört, daß der Krieg mit Sicherheit den Senegal erreichen wird. Wegen des Verrats von einem Admiral Petrain oder so ähnlich.«

»Aha. Er kommt also näher«, nickte Sipe. »Los, Leute, laßt uns essen, bevor dieser Herr Hitler uns die besten Brocken vor dem Mund wegschnappt. Nun komm schon, Sotikare.«

»Ich mag nichts essen.«

»Paß auf, was du sagst«, warnte ihn Soditan und nahm ihn beim Ellenbogen, »es ist nämlich *ikokore*. Während wir essen, können wir einen Plan ausarbeiten, wie der Gewalt Einhalt zu gebieten ist. Du kannst uns dabei sehr nützlich sein.«

»Ich hab' euch gesagt, ich will damit nichts zu tun haben.«

»Als Gerichtsschreiber in Diensten der britischen Krone«, sagte Yode beschwichtigend, »hat deine Stimme großes Gewicht.« Er führte ihn zur Sitzbank beim Tisch und drückte ihn auf seinen Platz. »Und außerdem hast du doch Beziehungen zum Hause Rokodo und zu Erinles Leuten.«

Ogunba nickte zustimmend. »Ja, wir dürfen die Sache nicht allein Jagun überlassen und ...«, er schaute Akinyode grinsend an.

»Und meinem alten Herrn. Ja ja, du hast völlig recht. Wir müssen ihnen unmißverständlich deutlich machen, daß Akinsanya einer von uns ist und daß niemand ihn in irgendwelche Gewaltakte hineinziehen darf.«

»Siehst du, Sotikare, das ist ein Punkt, der dir entgangen zu sein scheint – alles ändert sich. Eine neue Zeit dämmert herauf, und da gibt es Anpassungen und Veränderungen. Die Institution der Obaschaft ist nur eine von vielen, die davon betroffen ist. Es ist übrigens falsch zu glauben, die früheren Obas seien ›Analphabeten‹ gewesen, das ist völlig falsch. Und sehr beschränkt gedacht. Akinsanya ist lediglich Repräsentant einer neuen Generation. Wenn du natürlich der Ansicht bist, daß die ganze Sache, die Institution als solche abgeschafft gehört ...«

»Das habe ich nie gesagt.«

»Nun gut«, fuhr Ogunba fort, »wenn also die Position da ist und auch die Institution nicht abgeschafft werden soll, warum den vakanten Posten dann nicht mit einer aufgeklärten Person besetzen?«

»Sprich mit der Familie Rokodo«, hakte Soditan ein. »Versuche, ihnen klarzumachen, daß Gewalt nur zu einem führen kann: Die Regierung wird eingreifen, und sie wird uns hier in

Ìsarà ihre ganze Macht spüren lassen. Es herrscht Krieg. Das heißt, im Augenblick ist jede Entschuldigung recht, um uns die Soldaten auf den Hals zu hetzen, ›damit der Frieden erhalten bleibt‹, wie das dann heißen wird – die Regierung wird die Gelegenheit freudig beim Schopfe packen! Erinnere sie an Carters Krieg gegen die Ijebu. Einige ihrer eigenen Ältesten waren Augenzeugen – sie haben gesehen, was in Ijebu passierte. Und diesmal wird Ìsarà nicht so glimpflich davonkommen, diesmal wird der Krieg nicht weit vor den Toren dieser Stadt ausgekämpft. Die Soldaten werden mitten hineinkommen in die Stadt. Frag die Leute, die in den Garnisonsstädten leben. Sie werden dir sagen, was das bedeutet. Die Bevölkerung hier soll entscheiden, was sie will, laß die Leute entscheiden, wen sie hier haben wollen. Und bediene dich der richtigen Sprache für sie. Erinnere sie daran, daß Ìsarà in seiner ganzen Geschichte noch niemals unterworfen worden ist. Wenn wir mit unseren eigenen Händen die Stadttore öffnen, um eine Besatzungstruppe hereinzulassen, dann werden unsere Ahnen uns in ihren Gräbern verfluchen.«

»Und ihre Kinder und Kindeskinder und alle noch ungeborenen Generationen«, fügte Efuape hinzu.

»Schon gut, schon gut. Mir braucht ihr keine Predigt zu halten. Schließlich war ich es, der die Gewalt von Anfang an verurteilt hat, oder etwa nicht?«

»Ja natürlich«, bestätigte Soditan. »Ich habe ja auch nur Vorschläge gemacht. Denn siehst du, du mußt nach einer Möglichkeit suchen, das Ohr dieser sturen alten Männer zu erreichen. Wenn du zu ihnen gehst und ihnen mit abstrakter Gelehrsamkeit kommst, dann hören sie dir überhaupt nicht zu. Am allerwenigsten ein Mann wie Agbari Iku – das heißt, wenn der überhaupt noch einen einzigen Ton hören kann. Aber wenn du sie an das Strafgericht der Ahnen erinnerst, wenn du ihnen DEN FLUCH deutlich vor Augen führst, der schon über ihren Häuptern schwebt, wie die dunkle Gewitterwolke über ihren Dächern ... wenn du ihnen von Dürre sprichst, von Hungersnot und Seuchen, selbst von Hitler, der an seinem satanischen Fallschirm vom Himmel herabschwebt ...«

Einigermaßen besänftigt erlaubte sich Sotikare, in das Gelächter einzustimmen. »Yode, du hättest Anwalt werden sollen.«

»Nein, Prediger«, korrigierte ihn Ogunba. »Ich habe schon immer gesagt, sein Platz wäre eigentlich auf der Kanzel!«

Sipe nahm die Deckel von den Schüsseln, ließ seine Hände in schwungvoller Geste darüber kreisen und sagte in einem Zug: »Segne dieses Mahl o Herr um Christi willen Amen verspeisen wir nun diesen kaltgewordenen Fraß oder was?«

Als Yode sich zu seinem Platz am Tisch begeben wollte, nahm Ogunba ihn beim Arm und führte ihn unauffällig zwei Schritte beiseite. »Ich habe meinen Cousin mit meinem Motorrad nach Sagamu geschickt«, flüsterte er. »Zum Krankenhaus. Er brachte die Nachricht, daß zwei der Schwerverletzten gestorben sind. Der Arzt ist ein Freund meiner Familie, er wird die Nachricht so lange wie irgend möglich zurückhalten. Auch ich habe es noch niemandem gesagt. Wenn mein Cousin morgen früh kommt, wird er auch die Entscheidung des Kommunalrats von Remo mitbringen. Da er mein Motorrad hat, wird er kurz nach Morgengrauen da sein.«

Und da erschien unversehens ein vernachlässigter Weihnachts- und Neujahrsgeist und erinnerte sie an eine alte Sitte, die unter dem Einfluß der Ereignisse, die die verschlafene Stadt an den Rand des Bürgerkriegs gebracht hatten, beinahe in Vergessenheit geraten war. Der Geist trat in der Gestalt von Wemuja auf, der in einen zweifarbigen Cowboydress gekleidet war, dem glitzernde Lamettafransen an den Ärmeln des knallgelben Hemdes und an den Seitennähten der himmelblauen Trapperhosen den letzten Schliff gaben. Auf dem Kopf trug er einen spitz zulaufenden, dunkelroten Papphut, und um seine Hüften schlang sich ein mit Silbernieten beschlagener Gürtel, komplett mit Pistolenhalfter und chromverzierten Spielzeugpistolen. Nur sein Gesicht zeigte alles andere als eine ausgelassene Feststimmung. Er betrat den Raum und blieb sogleich wie angewurzelt stehen. Mit der Anwesenheit von Soditans Freunden hatte er nicht gerechnet. Die ihrerseits erstarrten beim Anblick dieser Erscheinung und hielten in den verschiedensten Phasen der Essenseinnahme abrupt inne. Verblüfft blickten sie den Eindringling an, dann schauten sie auf Soditan, von dem sie wohl eine Erklärung erwarteten. Nur Efuape drehte der Gestalt den Rücken zu und beugte sich tief über seinen Teller.

Wemuja schluckte; er war völlig verwirrt von der honorigen Gesellschaft, der er sich bei seinem hastigen Eintritt unvorbereitet gegenübersah. Soditan entschloß sich, ihm aus seiner Verlegenheit zu helfen, ehe der rote Papierhut, den Wemuja hastig vom Kopf gerissen hatte, in den mächtigen Pranken gänzlich in Fetzen ging.

»Na, was gibt's denn, Wemuja?«

»Ich ... äh, Sir. Herr Lehrer, ich meine ... wir haben gehört. Wir haben die Nachricht bekommen, da, wo wir gerade mit unserer Band gespielt haben. Ich bin sofort hierher gekommen, um Sie wissen zu lassen ... Bruder Babatola war mein Freund. Ich hab Leute hier, Sir. Im Busbahnhof und so, ich kann sofort fünfzig und mehr zusammentrommeln. Heut abend noch. Und dann hab ich auch die Leute von der Eisenbahn. Die vergessen mich nicht, niemals. Ich könnte Pa Nodes Lastwagen nehmen und sie alle sofort hierher bringen. Wenn Sie möchten, ich bin bereit, ich kann sofort losfahren.«

Soditan lächelte. »Danke Wemuja. Ich kann dir versichern, wir werden den Lastwagen sehr bald brauchen. Ich habe schon Pläne gemacht – du wirst nach Sagamu und nach Lagos fahren müssen. Aber jetzt noch nicht. Ich sag dir Bescheid, wenn's soweit ist.«

Das Gesicht des Maestros unter den Lastwagenfahrern entspannte sich in einem breiten, zufriedenen Grinsen. Dann huschte nochmal kurz ein Anflug von Ärger über seine Züge, als er sich erinnerte, weshalb er eigentlich gekommen war. »Danke, Sir. Aber was diese Leute getan haben, Gott wird ihnen das nicht vergeben. Die Menschen werden es nicht vergessen, und Gott wird es nicht vergeben. Gute Nacht, die Herren.«

Und er drehte sich auf dem Absatz um und stapfte aus dem Haus. Erst jetzt hob Sipe langsam und fast verschüchtert den Kopf. Akinyode warf ihm einen Blick zu und deutete dann in die Richtung, in der Wemujas Gestalt gerade in der Dunkelheit entschwand. Kopfschüttelnd schaute er Sipe an; seine Augen stellten die Frage, und Sipe nickte verlegen.

»Ich bekenne mich schuldig. Er hat das Kostüm in meinem Bestellkatalog gesehen und mich gebeten, es für ihn anzufordern. Zum Selbstkostenpreis, das schwöre ich. Keine Vermittlungsprovision.«

Für Goriola war es reine Routinearbeit, die er im Laufe seiner Karriere so und nicht anders schon tausendmal in Hunderten von Haushalten durchgeführt hatte. In ganz Ìsarà war die schlaksige Gestalt ein berühmt-berüchtigter Anblick, ebenso in Ode, Ipara und den paar Hütten, die dazwischen lagen, nur tauchte er dort an anderen Wochentagen auf. Donnerstag war Ìsaràs Tag, obgleich nicht mit absolut verläßlicher Regelmäßigkeit. Manchmal verschwand Goriola für einen ganzen Monat oder noch länger; ein Arbeitskollege war dann vielleicht krank geworden oder hatte Urlaub genommen, und er mußte dessen Vertretung in Isonyin oder gar so weit weg wie Igbajo übernehmen. Wie auch immer, an irgendeinem Donnerstag erschien er dann plötzlich wieder auf seinem chromblitzenden Fahrrad auf dem Kamm der Hügel um Ìsarà. Jedesmal, bevor er in ein Dorf oder Städtchen hineinradelte, hielt er an und putzte den Rahmen, den Lenker, ja sogar die Speichen seines Stahlrosses blitzblank. Nicht ein Stäubchen übersah er. Dann holte er die Fahrradlampe aus ihrem geschützen Nest in der Satteltasche und brachte sie vorn am Lenkerschaft an – obwohl er die Lampe niemals benötigte. Es sei denn gelegentlich auf den letzten zwei, drei Meilen seiner Heimfahrt, und dann auch nur, wenn er zwischendurch haltgemacht hatte, um den Durst zu löschen, der bei so anstrengender

Pedalarbeit eine natürliche Erscheinung war. War die Fahrradlampe am Scheinwerferhalter befestigt, schob er das Rad langsam den steilen Hügel hinauf und sauste dann im Leerlauf hügelabwärts bis in das Gehöft seines ersten Opfers. Seine Route war sehr sorgfältig gewählt; es mußte sichergestellt sein, daß er sich nicht übermäßig anstrengte, was seinem Erscheinungsbild bei der Einfahrt in die Stadt höchst abträglich gewesen wäre.

Die Kinder bemerkten den khakifarbenen Tropenhelm meist als erste, der sich gegen den Himmel abhob und unter dem das jungenhafte Gesicht steckte, das sich geflissentlich um einen ernsten, pflichtbewußten Ausdruck bemühte. Ein Ausdruck, der jeden Haushalt für schuldig erklärte, solange das Gegenteil nicht eindeutig bewiesen war. Dann kam der überproportional lange Hals, der, so behaupteten zumindest alle, die Hauptqualifikation für seinen Beruf als Gesundheitsinspektor darstellte, denn einzig dieses Giraffenhalses wegen konnte er seinen prüfenden Blick in die verborgenste Ecke und in den hintersten Winkel schicken, konnte er unter den Betten herumschnüffeln, in die Tiefen eines jeden Schrankes schauen, die Zwischenräume im Sparrenwerk ausspionieren und die Geheimnisse der kühnsten Regalkonstruktionen ergründen. Am Ende des Halses folgte ein Weiß-weißer-geht's-nicht-Kragen, dessen Spitzen fast so breit waren wie die Ohrenklappen einer *abetiaja*. Unterwegs war dieser Kragen durch ein weiß gepunktetes rotes Halstuch geschützt, das rundum sehr sorgfältig in den knappen Raum zwischen Kragen und Hals gesteckt war. Der Kragen wurde von dem dicksten Krawattenknoten des ganzen Ijebulandes zusammengehalten, während der braune Binder selbst fast den ganzen sichtbaren Teil der Hemdbrust bedeckte, ehe er hinter der vorschriftsmäßig geknöpften Uniformjacke verschwand, deren blitzblanke Messingknöpfe das Emblem der Regierung seiner Majestät trugen. Goriolas Shorts waren so weit, daß sie einer abgeschnittenen *kembe* glichen, der hier beliebten Pluderhose, und seine Füße, die majestätisch auf den Pedalen ruhten, steckten in weißen Leinenschuhen, deren Sohlen von sechs Jahren sorgfältigstem Gebrauch völlig durchgewetzt waren. Sobald die Kinder ihn erblickten, schrien sie mit ihren hohen Stimmen: »*Wolé-wolé! Wolé-wolé!*«*

Es war das Signal für die Frauen, augenblicklich in eine häusliche Geschäftigkeit auszubrechen, als wäre ein Wespenschwarm eingefallen. Sie fegten die achtlos vergessenen Gemüseblätter und den anderen Haushaltsmüll im Hof zusammen, begruben hastig das unbeachtet gebliebene Exkrementhäufchen eines Kleinkindes und riefen den älteren Kindern zu, rasch nachzuschauen, ob die Wasserbehälter abgedeckt seien. Reisighandfeger wurden aus der Ecke geholt und flink an den Wänden und Zimmerecken auf und ab geführt. Sie wedelten über die Dachsparren und schlugen heftig auf die Fensterbretter. Die Indigoküpen im Hof wurden zugedeckt – auch wenn der Lehrer schon hundertmal erklärt hatte, daß Moskitos ihre Eier niemals in diese Flotte legen; wie sollten sie darin auch überleben? Die halb in den Boden eingelassenen Bottiche wurden rasch mit flachen Eisenplatten oder Holzplanken abgedeckt, während zugleich ein verzweifelter Versuch unternommen wurde, die Indigopfützen, die sich unter den zum Trocknen aufgehängten Stoffen gebildet hatten, schnell mit frischer Erde zuzuschütten. In der dunkelsten Ecke des Hauses, dort wo es am kühlsten war, stand der Wasserbehälter. Hier wurde mit einer Lampe hingeleuchtet, das geringste bißchen Feuchtigkeit wurde aufgenommen und der Behälter selbst minuziös inspiziert – daß sich bloß um Himmels willen keine Moskitolarven darin fänden: laut Handbuch des Gesundheitsinspektors das schlimmste aller nur möglichen Verbrechen. Die geringste Andeutung einer zitternden Bewegung des Wassers genügte, und der ganze Behälter wurde auf der Stelle ausgekippt und jedes verräterische Lärvchen erbarmungslos in den Boden gestampft.

Goriola ließ sich Zeit. Es war seine Taktik, von Besuch zu Besuch die Wahl seines ersten Opfers neu zu treffen, und manchmal lehnte er sein Fahrrad an die Mauer des einen Hauses, nur um durch einen schmalen Durchgang zu verschwinden und seine Inspektionstour bei einem ganz anderen Haus zu beginnen. Und natürlich legte er Wert darauf, daß seine eigene Erscheinung über jeglichen Vorwurf des Makels erhaben war. »Schließlich«, so pflegte er zu sagen, »muß ein Gesundheitsinspektor vor allem aus seiner Selbstinspektion als hygienisch einwandfrei hervorgehen.« So achtete er als erstes darauf, daß beide Spitzen seines eigenwilligen Hemdkragens ordentlich unter dem Revers der Uniformjacke steckten. Dann ging er zur Satteltasche und entnahm ihr sein Notizbuch, an dem mit einer Kordel ein Bleistift befestigt war. Zuletzt warf er sich in Positur und nahm dabei ganz bewußt die Haltung seines heimlichen Helden, des Schulrektors, ein, der freilich seinerseits die Choreographie dieser Körperhaltung überhaupt erst für Goriola entworfen hatte: Zunächst nahm der junge Gesundheitsinspektor Haltung an, in dem er sich kerzengerade hinstellte, dann machte er langsam eine volle Drehung um die eigene Achse, wobei er die gesamte Nachbarschaft sorgfältig observierte, und erst dann, so schien es, entschied er, welchem Hause heute als erstem die Ehre seines Besuches zuteil werden sollte. Nachdem er so seine Wahl getroffen hatte, schnappte er mit entschlossenem Griff den baumelnden Bleistift, befeuchtete die Minenspitze zwischen seinen Lippen, schrieb den Namen des Auserwählten in sein Buch und stakste steifen Schrittes auf das Haus zu. Dieses Ritual kannte keine Variationen. Gesichter, hinter halb geschlossenen Türen und Fenstern verborgen, starrten ihn an, spionierten hinter ihm her, wenn er in einem Durchgang, einer düsteren Gasse verschwand. Die Kinder beobachteten ihn von den Baumwipfeln aus. Nichts bewegte sich mehr vor den Häusern – für den saumseligen Hausbesitzer war es längst zu spät, die Zeichen seines mangelnden Hygienebewußtseins zu beseitigen – den Hundehaufen, die Essensreste, die Sardinenbüchse in seinem Hof. Drin in den Häusern aber wütete der rasende Wahnsinn. Goriolas Ritual – unter Freunden gab er das zu – war eine Konzession der allerletzten Minute an die Pflichtvergessenen. Nachdem diese fünf Minuten der Gnadenfrist verstrichen waren, durfte kein Mißetäter mehr mit Nachsicht rechnen. Notizbuch, Vorladung, Gericht und Geldstrafe. Wohl wissend, daß er seine jugendliche Erscheinung kompensieren mußte – mit neunundzwanzig sah er noch immer aus wie ein knapp Zwanzigjähriger –, hatte er verschiedene Strategien entwickelt, um im Angesicht der väterlichen Bitten der häufig sehr viel älteren Delinquenten seine Autorität zu wahren. Eine Strategie bestand darin, eine einmal gemachte Eintragung in seinem Notizbuch nie und nimmer und unter gar keinen Umständen wieder zu streichen. Was ihm den Spitznamen »Mr. Kein-Gbebè« eingebracht hatte. Die Ex-Iléanten allerdings hatten ihn längst mit einem anderen Namen bedacht, der nicht nur besser zu seiner Erscheinung paßte, sondern vor allem seinem wirklichen Namen verwandter war. Ihm machte es nichts aus; im Gegenteil, er empfand es als Ausdruck einer besonderen Beziehung zum Lehrer und zu dessen auserwähltem, erlauchtem Kreis der einheimischen Elite Ìsaràs.

An diesem ungewöhnlichen Donnerstag verkündete keine einzige Kinderstimme seine Ankunft. Wie gewöhnlich kam er im Freilauf den Hügel herunter, hielt an und stellte mit dem Fuß den chromblitzenden Fahrradständer aus. Er spürte, daß etwas in der Luft lag, aber er wußte nicht, was es war. Mit einem Achselzucken tat er die Empfindung ab und begann mit den bedächtigen Bewegungen seines Rituals. Alsdann marschierte er mit nachdenklich gesenktem Haupt zum Rokodo-Gehöft. Er klopfte, dann zog er die Stirn in Falten. Es herrschte absolute Stille. Nicht das sonst übliche Rascheln, Hasten und Flüstern der noch in letzter Sekunde ausgeführten Säuberungsaktionen, keine scharrenden Reisigbesen, kein verstohlenes Kratzen in Pfannen und Töpfen, um letzte eingetrocknete Speisereste zu beseitigen. Goriola schaute zu den anderen Häusern und Hütten hinüber und sah zwei oder drei Gesichter, die sich aber sofort zurückzogen, als sie merkten, daß er sie gesehen hatte. Das gab ihm seine alte Sicherheit zurück, denn wäre das Haus von einem Unglück betroffen gewesen – etwa einem unerwarteten Todesfall –, dann wäre schon einer der Nachbarn herausgekommen, um ihm davon Mitteilung zu machen. Also klopfte er noch einmal und gab sich zugleich laut rufend zu erkennen:

*»Wolé-wolé. Emi ni o, Mr. Goriola.«**

Da er immer noch keine Antwort erhielt, langte er mit seinem langen Arm über den niedrigen Zaun, seine tastende Hand fand den hölzernen Riegel des Gatters, er hob ihn beiseite und trat in den schmaler Durchgang, der zwischen den ersten beiden Häusern zu einem weiten Innenhof führte. Das Gehöft schien leer und verlassen, ein Quadrat stummer Wände verbarg sich hinter abgedeckten Veranden und Hauspfosten; verrammelte Türen und fest verschlossene Fenster starrten ihm entgegen. Das Rokodo-Gehöft, so hatte es den Anschein, war völlig verwaist. Goriola zuckte die Achseln, schnickte das Notizbuch mit oft geübter Geste so, daß der Bleistift auf der offen liegenden Notizseite landete, wo der Daumen ihn festhielt, dann machte er sich daran, zu inspizieren, was sich ihm im offenen Innenhof bot.

Die Indigobottiche waren um einen schütter belaubten *odan*-Baum gruppiert, der den Mittelpunkt des Anwesens bildete. Er lächelte grimmig, als sein umherschweifender Blick die drei Küpen ausmachte, die nicht ordnungsgemäß abgedeckt waren. Es kam noch schlimmer. Irgendwie machte das Ganze den Eindruck, als wäre das Gehöft Hals über Kopf verlassen worden. Ein Kochkessel mit verkohltem Boden lag gleich neben einer der offenen Feuerstellen bei einem der Hauspfosten, und ein Abfallhaufen war Dekoration einer fernen Ecke unter einem vorgezogenen Dachgesims, so als hätte man gerade noch den Versuch unternommen, das Gehöft in Ordnung zu bringen, doch wäre dieser Komposthaufen dabei übersehen worden. Goriola stieg über Körbe und anderen Krimskrams, wie er in einem bewohnten Gehöft herumzuliegen pflegt, und ging zu den drei halb im Boden versenkten Küpen hinüber, die zuerst seine Aufmerksamkeit auf sich gezogen hatten, wobei er sich unter einer schmutzigen *abgada* hinwegducken mußte, die über eine Wäscheleine geworfen war. Unwillkürlich kräuselte sich seine Nase vor Ekel, als er jetzt sah, was da in der Mitte zwischen den drei Bottichen unter dem *odan*-Baum in einer großen Tonscherbe angerichtet war. Es konnte das übliche Opfer sein, wie man es allenthalben an Wegkreuzungen sah, aber vielleicht war es auch ein ganz besonderes *etutu*. Goriola überlegte; war der *odan*-Baum vielleicht die Wohnstatt des Hausgottes, dessen Fest an diesem Tag begangen wurde? Die Scherbe enthielt irgendein weißliches Nahrungsmittel – möglicherweise *lafun* –, das aber so großzügig mit rotem Palmöl übergossen war, daß man nicht sicher sein konnte. Ferner lagen aufgebrochene Kolanüsse auf der Scherbe, und eine gepfählte Riesenschnecke, durch das eigene Haus und die Scherbe hindurch an den Boden geheftet; außerdem Kauris und ein wenig schwarzes Pulver in einer Blechbüchse. Drei mit einer Palmfaser zusammengebundene *ado* rundeten zusammen mit neun *onini* das Bild ab – der Inspektor zählte sie alle genau und fragte sich, was Münzen aus den Prägeanstalten des weißen Mannes bei einer derart primitiven Opfergabe zu suchen hatten.

Während er darüber grübelte, ob ein solcher Unrat, der schon Schmeißfliegen und Ameisen angezogen hatte, nicht in sein Notizbuch aufgenommen gehörte – als besonders abschrekkendes Beispiel für einen eklatanten Verstoß gegen die einfachsten Regeln der Hygiene –, gewahrte Goriola in der reflektierenden Oberfläche der Indigoflotte sein Spiegelbild. Sofort klemmte er sich das Notizbuch unter den Arm und benutzte die gute Gelegenheit, seine Krawatte zurechtzurücken und die Uniformjacke an den Schößen in Form zu ziehen. Als das erledigt war, nahm er das Notizbuch wieder in die Hand, beugte sich ein wenig vor und begutachtete einige Augenblicke lang das Ergebnis. So in die Betrachtung seines Ebenbildes versunken, verharrte er länger in dieser Haltung, als es seine Absicht gewesen war. Die Stille des Gehöfts durchdrang ihn langsam. Vielleicht war es auch der Widerschein seines behelmten Gesichts, das sich vor dem Hintergrund eines Himmels abhob, über den jetzt träge ein paar Wolken zogen. Die Anstrengung der Fünf-Meilen-Radtour nach Ìsarà hatte wohl ein übriges getan, die herankriechende Lethargie zu verstärken. Goriola verlor sich im Labyrinth seiner Gedanken, aus Sekunden wurden Minuten. Und auf einmal hatte er eine Halluzination – jedenfalls war er davon überzeugt, daß es nur eine Sinnestäuschung sein könne, als unvermittelt neben dem seinen ein zweites und dann noch ein drittes Gesicht auf der spiegelnden Oberfläche erschien. Doch alle Gedanken an Halluzinationen waren wie weggeblasen, als er sich im Nacken gepackt fühlte, mit einem Griff, der nichts mit dem ihm wohlbekannten Gefühl gemein hatte, das sein durchschwitztes Halstuch zu verursachen pflegte. Und schneller als er denken konnte, umschloß kaltes Wassers seinen Kopf. Lediglich ein dumpfes »Plop« war dem vorausgegangen, als sein Tropenhelm in den Bottich geplatscht war. Und jetzt begriff er, daß man auch seinen Kopf wieder und wieder in die dunklen Tiefen dieser Brühe zwang. Als er das nächste Mal auftauchte, fing Goriola schon an, aus Leibeskräften zu schreien, noch ehe er recht Luft geholt hatte. Die Antwort darauf war ein mächtiger Faustschlag gegen seine Wange, der ihn rückwärts taumeln und auf der Votivscherbe zu Boden gehen ließ, die unter seinem Gewicht vollends zerbrach und auf seinem Hinterteil und Rücken einen großen, roten Fettfleck zurückließ.

Goriola war nicht sonderlich stark, aber er war groß, und die unkoordinierten Bewegungen seines Körpers erwiesen sich jetzt ebenfalls als Vorteil. Als immer mehr Männer aus allen Ecken des scheinbar verlassenen Gehöfts zusammenströmten, als sich die Luft mit Schreien und Flüchen füllte, als das Geräusch von Schlägen und vom Zerreißen wertvollen Uniformstoffes in seine Ohren drang, da wußte Goriola, daß er um sein nacktes Leben kämpfte. Dennoch gelang es ihm, aus dem Herzen dieses Alptraums, der um ihn wütete und ihm galt, ihm, einem Regierungsbeamten auf offiziellem Dienstgang, noch dazu inszeniert am hellichten Tage, ein paar verständliche Fetzen herauszuhören.

»Ich hab's gleich gesagt, daß sie kommen würden.«

»Der hier ist nur ihr Spion. Haltet seine Arme!«

»Mit dir ist's aus, du Schwachkopf! Glaubst du, im Rokodo-Haus leben nur Schlafmützen?«

»Das *etutu* hat ihn wie das Schwein zur Schlachtbank gelockt. Hast du das gesehen? Kam hierher und konnte sich nicht mehr rühren.«

»Nein, nein. Er hat erst noch Beschwörungsformeln gemurmelt, um die Macht des *etutu* zu brechen.«

»Bring den Strick. Hau ihm auf den Kopf, wenn er nicht still halten will.«

Goriola kämpfte wie ein Wahnsinniger, er schrie, so laut er konnte, die Nachbarn und Jesuschristusgottessohn um Hilfe an und betete zugleich im stillen, daß er aus diesem Alptraum endlich erwachen möge. Er spürte, wie man ihm Stück um Stück die Kleider vom Leib riß. Seine ausgebeulten Shorts waren durch die Versuche seiner Angreifer, ihn am Boden zu halten, schon in Fetzen gegangen. Während sie auf ihn einprügelten, wand er sich wie eine Schlange, um den Schlägen zu entgehen, und dabei mischte sich das Blut seiner Wunden mit dem Palmöl auf der zertrümmerten Tonscherbe. Als er aber die Schneide eines Buschmessers in der Hand einer seiner Angreifer aufblitzen sah, wuchsen ihm übermenschliche Kräfte zu. Wie nichts schüttelte er die beiden Männer ab, die ihn an den Armen am Boden hielten, sprang auf, und wie ein Rammbock durchbrach er, Kopf voran, die Mauer der menschlichen Hindernisse und rannte durch das noch immer offene Tor des Gehöfts, ungerührt von der Tatsache, daß ihm die gefährlichsten Geschoße nachgeschleudert wurden: Töpfe, Pfannen, Steine, eine Hacke, die ihn an der Wade erwischte, und die Schnecke, die über seinen Kopf flog und am Gatter hängenblieb ...

Erst einmal draußen, zögerte Goriola – in welcher Richtung wäre er sicher? Da sah er ein Grüppchen nüchtern und sauber aussehender, anständig gekleideter junger Männer, die den Hügel herunterkamen, über den auch er vor weniger als einer halben Stunde so stillvergnügt herabgeradelt war. Ihnen wandte er sich zu. Als Sotikare, Ogunba und Opeilu sahen, daß der halbnackte Verrückte auf sie zuhielt, blieben sie wie angewurzelt stehen. Es war Ogunba, der den unglücklichen Gesundheitsinspektor als erster erkannte:

»Menschenskinder! Das ist doch der junge Gorilla!«

Sotikare kniff die Augen zusammen, um besser sehen zu können, dann schüttelte er den Kopf: »Goriola? Ausgeschlossen.«

Der Flüchtling seinerseits erkannte auch sie, blieb stehen und schaute sie hilfeflehend an. Sein Unterkiefer zitterte bei dem vergeblichen Versuch, sich mit Worten verständlich zu machen, zu erklären oder vielmehr von ihnen eine Erklärung zu erbitten, denn noch immer wußte er nicht, was eigentlich mit ihm geschehen war. Schließlich entrang sich seiner Kehle ein rauhes »Rettet mich, bitte. Rettet mich«. Opeilu stellte sich schützend vor ihn, denn jetzt kam der Mob aus dem Rokodo-Gehöft gestürzt. Auf der Suche nach ihrem Opfer schauten sie sich um und kamen dann auf die Freunde zu; neun oder zehn wild aussehende Gesellen, von denen nicht einer den drei Freunden bekannt war.

Über ihr wüstes Geschrei hinweg gelang es Sotikare, sich Gehör zu verschaffen.

»Seid ihr allesamt verrückt geworden? Was macht ihr denn hier? Und wer seid ihr überhaupt?«

Alle brüllten sie durcheinander, doch es gelang den drei Freunden, die Anschuldigungen, die in dem Geschrei verborgen waren, herauszudividieren. Der Mann sei erwischt worden, wie er im Rokodo-Gehöft spioniert und Beschwörungsformeln bösen Inhalts gemurmelt habe. Sie seien felsenfest überzeugt, er habe im Gehöft »etwas« zurückgelassen. Schließlich habe er sich verdächtig lange im Vorhof aufgehalten. Wer könne wissen, wo er seinen bösen Zauber vergraben habe, ehe er schließlich zum Innenhof gekommen sei, wo man ihn hatte beobachten können. Irgendwo im Durchgang zwischen Gatter und Innenhof mußte die Stelle sein. Sie bestanden darauf, er müsse mit ihnen zum Gehöft zurückkommen und ihnen zeigen, wo er es vergraben habe. Oh, ja, sie hätten ihn erwartet. Die ganze Nacht hätten sie auf Jaguns Leute gelauert, wohl wissend, sie würden kommen, um Ba'tolas Tod zu rächen. Die Frauen und Kinder hätten sie weggeschickt, und dann hätten sie einen Hinterhalt gelegt für die Dummköpfe. Ihr Glück, daß sie nicht bei Nacht gekommen seien, dann wäre man nämlich mit ihnen umgesprungen, wie man es mit nächtlich sich herumtreibenden Strauchdieben und Einbrechern macht. Aber Jaguns Leute hätten bis zum Morgen gewartet und dann erst einmal diesen Spion als Vorhut geschickt; dieses zitternde Häufchen Elend, das kastriert zu werden verdiente. Zaubermittel hätte er vergraben und Bannflüche über den Indigoküpen gemurmelt und über dem »Schutz«, den sie als Köder und als Abwehr der feindlichen Kräfte ausgelegt hätten. Da könne ja jeder kommen, sich als Gesundheitsinspektor verkleiden und frech in das Rokodo-Gehöft hineinspazieren, nein, nein, sie könne man nicht hinters Licht führen, als wären sie kleine Kinder ...

Sotikare unterbrach sie. »Wo ist Chief Odubona?«

Die Angreifer schwiegen. Zum ersten Mal schienen sie die drei Männer richtig anzuschauen, und leicht verunsichert warfen sie sich untereinander Blicke zu, dann konzentrierten sich aller Blicke auf einen, der wohl ihr Sprecher und Anführer war. Der kräftige Mann mit auffälligen Ziernarben im Gesicht trat vor:

»Und wer ist es, der hier nach Agunrin Odubona fragt?«

Sotikares Grüppchen nahm ihn genau in Augenschein und ließ die Blicke dann über die anderen gleiten, dann wechselten sie untereinander Blicke. »Ihr seid doch nicht von hier«, bemerkte Opeilu schließlich.

»Na und? Wir sind Erinles Leute aus Ode.«

Opeilu nickte bedächtig. »Ach ja? Und Erinle hat euch von Ode hergeschickt, um sein Haus in Ìsarà zu bewachen?«

Der Mann grinste. »In Ìsarà darf ein König wohl keine Verwandten in den Nachbarstädten haben?«

»Doch, doch, natürlich!« sagte Ogunba. »Von mir aus kann Erinle sogar Verwandte im Hausaland haben. Aber mich interessiert, ob der Agunrin zu Hause ist. Ihn wollten wir nämlich besuchen. Wir haben eine Botschaft aus Lagos für ihn. Dieser Mann hier«, und er zeigte auf Sotikare, »ist vom Gericht in Lagos. Er hat eine wichtige Nachricht.«

Die Angreifer schienen zum Rückzug bereit. Wieder schauten sie sich an. »Was werdet ihr mit diesem Spion machen? Schließlich haben wir ihn auf frischer Tat ertappt, oder etwa nicht?«

»Ich habe es euch doch eben gerade erklärt. Dieser Mann hier ist Mr. Sotikare, Gerichtsschreiber aus Lagos. Wenn wir mit Agunrin Odubona gesprochen haben, wird er entscheiden, wie gegen Leute vorzugehen ist, die einen Regierungsbeamten angegriffen und verletzt haben.«

Die Stimme des Gruppensprechers hatte einen aggressiven und zugleich weinerlichen Unterton: »Aber wir haben ihn dabei erwischt, wie er in das Haus eingebrochen ist. Er hat gedacht, es wäre niemand da . . .«

»Ihr hättet ihn umbringen können«, herrschte Opeilu sie an, »ihr habt versucht, ihn umzubringen!« Und Ogunba wiederholte noch einmal: »Wo ist der Chief?«

Der Sprecher zuckte die Achseln. »Wir hatten nur den Auftrag, das Haus zu bewachen. Aber ich hab' gehört, wie jemand gesagt hat, sie müßten zu einem Treffen beim Olisa. Das ist alles, was ich weiß.«

»Geht zurück in das Haus, das ihr bewachen sollt«, befahl Sotikare ihnen jetzt. »Die Leute von Ìsarà wollen euch in den Straßen der Stadt nicht sehen. Merkt euch das!«

Ein paar Augenblicke lang verharrten beide Gruppen regungslos. Inzwischen waren von überall her Neugierige zusammengeströmt; sie standen still, beobachteten die Szene aber aufmerksam. Die dunklen Gesichter dieser Männer verrieten keinerlei Gefühlsregungen, doch die merkwürdige Art, mit der die Ärmel so mancher *agbada* weit heruntergezogen waren, ließ keinen Zweifel daran, daß sie Waffen bei sich trugen und nur darauf warteten, sie, wenn nötig, einzusetzen. Minutenlang schien nur Goriolas schwer gehender Atem die Stille zu durchbrechen. Es war schwierig abzuschätzen, auf welcher Seite die versteckt gehaltenen Waffen zuerst zum Vorschein kommen würden, so unbeteiligt gaben sich die Gesichter der Männer. Viele blieben hinter Türen und Wänden versteckt, hatten sich niedergeduckt in den Labyrinthen der Gehöfte und warteten nur auf ein Signal – welcher Art es auch sein sollte.

Schließlich gab der Anführer der Gruppe vom Rokodo-Gehöft seinen Leuten ein kaum merkliches Zeichen mit dem Kopf. Zusammen mit ihm zogen sie sich ins Gehöft zurück und schlossen das Gatter hinter sich. Opeilu seufzte vor Erleichterung und wandte sich nun endlich dem Mann zu, den sie gerettet hatten.

»Ah, Mr. Kein-Gbebè, was ist das bloß für eine Geschichte, die Ihnen hier in Ìsarà wiederfahren ist!«

»Was geht hier vor, Mr. Opeilu? Sagen Sie mir, was geht hier vor?«

Ogunba schaute ihn überrascht an. »Aber wo leben Sie denn? Haben Sie denn nichts davon gehört?«

»Wovon gehört? Ist es denn nicht mehr das Ìsarà, zu dem ich komme, seit ich ...«

Opeilu nahm ihn vorsichtig beim Arm. »Kommen Sie, wir bringen Sie zur Krankenstation ...«

»Mein Fahrrad ...«

»Ich hol's Ihnen«, bot Ogunba sogleich bereitwillig an und sprang schon den Hügel hinunter.

»Mein Helm ist auch da drin.« Und erst jetzt schien er gewahr zu werden, wie man ihn zugerichtet hatte. Er streckte die Arme aus, drehte sie hin und her und schaute sie verwundert an, dann ließ er seinen Blick über seinen halbnackten, blutenden Körper gleiten: »Schaut mich an. Schaut mich an. Seht, was die mit mir gemacht haben!«

»Kommen Sie. Ihr Helm ist im Augenblick nicht so wichtig,

Sie müssen erst mal von einem Arzt versorgt werden. Wußten Sie denn nicht, daß Krieg herrscht in Ìsarà? Der Kampf um den Thron des Oba ist in die Öffentlichkeit getragen worden.«

»Ja«, führte Sotikare das Gespräch nun weiter, an die Freunde gewandt. »Und wir dürfen keine Zeit verschwenden. Erst das Gemetzel auf den Feldern draußen, Verwundete und Ba'tola getötet – und jetzt das. Mitten im Herzen der Stadt.«

»Wenn Jagun davon erfährt ...«

»Vielleicht sollte er's gar nicht erfahren – jedenfalls jetzt noch nicht.«

»Und wie willst du das verhindern? Du hast doch all die Neugierigen gesehen, die da aus allen Löchern kamen. Die wollten Blut sehen! In ein paar Minuten ist das in ganz Ìsarà rum. Die Leute werden sich bewaffnen und ...«

»Dann haben wir wirklich keine Zeit mehr zu verlieren. Wir müssen uns Agunrin vorknöpfen. Seine Erinnerung ist die längste, und damit schürt er die Gewalttätigkeiten. Bei einem starrsinnigen alten Mann kann die Erinnerung eine große Gefahr sein.«

Ogunba kam zurück und schob das Fahrrad. »Können Sie fahren?«

Der übel zugerichtete Inspektor versuchte, seine Glieder zu bewegen, doch er brachte nur ein Stöhnen hervor, und Ogunba sagte: »Versuchen Sie, auf den Sattel zu steigen, und dann schieben wir Sie.«

Sie halfen ihm auf das Fahrrad, dann nahmen zwei den Lenker zu beiden Seiten und einer schob von hinten und stützte Goriola dabei. Die Köpfe voller nüchterner Überlegungen, machten sie sich auf zur Krankenstation. Sie hatten die Kreuzung im Orelu-Viertel erreicht, als Opeilu stehenblieb und sich an den Patienten wandte, dessen Gesicht auf der einen Seite inzwischen deutlich angeschwollen war.

»Mr. Goriola, ich weiß, es ist unfair, Sie darum zu bitten, nach allem, was Sie durchgemacht haben. Aber könnten Sie Ihre Schmerzen wohl noch etwas länger ertragen und ...«

Sotikare hakte sofort ein. »Ja, genau das habe ich auch schon gedacht. Wir sollten Olisa damit konfrontieren. Er und seine Freunde sollten das Ergebnis ihrer Machenschaften mit eigenen Augen sehen.«

Ogunba nickte bedächtig, dann wandte auch er sich an Goriola. »Ich wünschte, das Ganze wäre nicht passiert, aber ... Und dabei sind Sie nicht einmal aus Ìsarà ...«

Goriola schüttelte den Kopf, zog aber vor Schmerz gleich die Schultern hoch. Er hob die Hand zu seinem Gesicht, doch auf halbem Wege hielt er inne; er fürchtete sogar die eigene Berührung. Er versuchte zu grinsen, brachte aber nur eine fürchterliche Grimasse zustande. »Das Schlimmste habe ich ja hinter mir«, stieß er mühsam hervor, und dann schien seine Zunge an der Innenseite der geschwollenen Backe tätig zu sein. Er drehte den Kopf leicht zur Seite und spuckte aus. Zusammen mit einem Klumpen geronnenen Blutes flog ein Zahn heraus. »Dachte ich's doch. Jedenfalls kann man jetzt nicht mehr sagen, ich sei kein Teil von Ìsarà – mit meinem Blut auf seinem Boden. Und da, wo ich mit ihnen gekämpft habe ... auf dem Boden ... das ist auch nicht alles Palmöl. Nur glaube ich, ich glaube ... ihr müßt ...«

Sotikare fing ihn auf, als er jetzt ohnmächtig in sich zusammensackte. »Der arme Gorilla«, murmelte Ogunba, als sie ihn am Straßenrand ins Gras betteten. Dann schwang er sich auf das Fahrrad und trat, so kräftig er konnte, in die Pedale, um Efuape zu finden und mit ihm das einzige Auto, zu dem sie in Ìsarà Zugriff hatten.

Daß die Versammlung in Olisas Haus anberaumt war und nicht im Rokodo-Gehöft, war mehr als ein deutlicher Hinweis darauf, daß ihre Mission wohl vergeblich sein würde. Dennoch ließen sie sich nicht entmutigen. Die drei Abgesandten hielten sich durch den Gedanken aufrecht, hier eine wichtige Rolle in der Gestaltung der Geschichte zu spielen. Wann und wo sonst in der gesamten Geschichte der Yoruba wäre jemals ein König frei und offen gewählt worden? Wann hatte es das je gegeben, daß zwei Kontrahenten sich in aller Öffentlichkeit unter freiem Himmel gegenübersaßen, umgeben von ihren Gefolgsleuten, für jedermann im Volke sichtbar? Natürlich waren dem die schmutzigen Phasen der Intrige, des Drucks und Gegendrucks, des Verrats und der Bestechung vorausgegangen. Aber daß es zum guten Schluß zu etwas kommen sollte, das man schlicht als freie und offene Wahl bezeichnen durfte? Nicht einmal der Gesetzgebende Rat der Nation, der gerade in die fünfte Dekade seiner Experimentiererei eintrat, hatte je eine so breite Beteiligung der Massen zugelassen. Man müsse es Akinyode nachsehen, argumentierte Ogunba, wenn er angesichts der sich abzeichnenden Möglichkeiten den Augenblick euphorisch mit der Epoche der Griechischen *demos* vergleiche. Hätten die Leute von Oyo diese Variante bereits in Betracht gezogen, die Ìsarà nun vorexerzierte, dann hätten die Kiriji-Kriege mit all den durch sie heraufbeschworenen Leiden, den Zerstörungen und der abschließenden Demütigung in Form der europäischen Intervention vermieden werden können.

Nicht umsonst freilich war der Olisa mit dem – etwas lieblosen – Spitznamen *asin** belegt. Seine List, das Rokodo-Gehöft zu räumen, war der Notwendigkeit entsprungen, Agunrin Odubona in seinem Hause regelrecht als Gefangenen halten zu müssen, dem Zugriff der Opposition unzugänglich, es sei denn, unter seiner persönlichen Aufsicht. Odubona, der nach allgemeiner Einschätzung über hundert Jahre alt war, hatte seit mindestens zehn Jahren kein verständliches Wort mehr von sich gegeben – so jedenfalls ging das Gerücht. Alt und knorrig wie die Wurzeln des *odan*-Baumes, war er das letzte wandelnde Geschichtsbuch Ìsaràs. Ja, er kannte aus eigenem Erleben die Geschichte der Ijebu aus der Zeit vor dem Einfall der Missionare. Er lebte nur noch in seinen Erinnerungen; die aber waren ein hermetisch geschlossener Zirkel innerhalb der Unabhängigkeit seines Schädels. Der Olisa war seine einzige Verbindung zur Gegegenwart; er übersetzte ihm die aktuellen Ereignisse, doch schon das war dem Greis oft genug ein störender Eingriff in seinen inneren Frieden.

Erinle, der schon zum König Gekürte, würde gar nicht erst erscheinen. Ein Treffen mit Vermittlern oder Abgesandten Jaguns wäre dem Eingeständnis gleichgekommen, nicht wirklich regierender König zu sein. Um Erinles Sicherheit besorgt, hatte Olisa, der sich der geringen Toleranzschwelle seines Kandidaten in dieser Angelegenheit schmerzlich bewußt war, ihn nach Abeokuta geschickt, wo er sich im Hause der Familie Sodade versteckt hielt. Dort war er nicht nur sicher vor Bittstellern, sondern auch vor Weltverbesserern und selbsternannten Friedensstiftern, die Olisas Entschluß untergraben und seine meisterhaft ausgeklügelten Strategien hätten zunichte machen können. Der einzige noch verbliebene Sprecher des Rokodo-Gehöfts war folglich Agunrin Odubona, genannt Agbari Iku, dessen Persönlichkeit die jedes herrschenden Hauses überragte, und das wurde von ganz Ìsarà fraglos anerkannt. Tag und Nacht mit Odubona gesehen zu werden, dafür zu sorgen, daß die Kunde von dieser engen Verbindung in ganz Ìsarà verbreitet wurde und jetzt sogar die Nachricht, daß Agunrin »Schutz gesucht hatte« unter seinem Dach, das war, so dachte Olisa, ein wirksamer Schlag gegen jeden, der seine Entscheidung für Erinle in Frage zu stellen versuchte.

Das Wohnzimmer war sorgfältig hergerichtet; der Empfang war bis ins letzte Detail geplant. Allein Agunrin würde für das Haus Rokodo sprechen; Olisa lachte sich hämisch ins Fäustchen ob seines trickreichen Manövers. Niemand würde zum Akarigbo oder gar zum weißen Statthalter gehen und wahrheitsgemäß sagen können, die Rokodo hätten den Weg des Friedens abgelehnt. Niemand konnte sie beschuldigen, nicht zugehört zu haben. Sie würden mit dem Ehrenwerten sprechen – der stumm blieb. Nachdem sie alle Gelegenheit gehabt hätten, ihre Reden zu halten, würde er, Olisa, in seiner Funktion als Regent sich erheben, ihnen danken und ihnen versichern, daß, wie sie ja selbst gesehen hätten, der Vater all ihren Worten aufmerksam gelauscht habe. Nun müsse er ihre Botschaft in aller Ruhe gründlich überdenken; er werde sie rufen lassen, wenn es soweit sei, und ihnen die Antwort mitteilen.

Olisa hatte für Agunrin einen Stuhl mit besonders hoher Lehne vorgesehen, den er an die Wand links neben der Tür stellen ließ – die dunkelste Ecke des Raumes –, so daß kaum Licht auf ihn fallen würde. Sollte er einschlafen, würde es kaum jemand bemerken. Der Agunrin konnte im Sitzen auf Stühlen und selbst auf Bänken schlafen, ohne dabei die Balance zu verlieren – selbst in seinem hohen Alter. Sollten sich diese mit weißer Bildung vollgestopften Friedensstifter doch den Mund fusselig reden; genausogut konnten sie sich an seinen *ogboni*-Stab aus Eisen und Bronze wenden und auf eine Antwort hoffen. Vor ganz Ìsarà, vor dem Awujale, vor dem Distriktsbeamten und vor allen anderen Wichtigtuern, die glaubten, sich hier einmischen zu dürfen, würde er es guten Gewissens bezeugen können: Ich, der Regent, war persönlich anwesend, als unser Baba ihnen Audienz gewährte. Niemand wird wohl mit mehr Inbrunst den Frieden wünschen und suchen als ein Mann, der selbst in den Kriegen zur Verteidigung der Seele Ìsaràs gelitten hat. Es liegt jetzt alles bei der anderen Seite, die sich jedoch hartnäckig weigert, sich den Argumenten der Vernunft zu öffnen ...

Aber die Besucher hatten ebenfalls eine Strategie ausgearbeitet. Als erster würde Opeilu sprechen. Es war nicht schwierig gewesen, ihn zu überreden, Soditans Stelle einzunehmen, der zögernd zugegeben hatte, daß seine offene Parteinahme für seinen Vater ihn für die Rolle des Schlichters ungeeignet machte. Efuape wurde zum Un-Diplomaten erklärt – sogar von sich selbst. Opeilu genoß die rasch wachsende Reputation als verläßlicher Mittler, die er sich errungen hatte. Unparteiisch, respektvoll, Vertrauen einflößend; hatte nicht sogar Reverend Vining, der Bishof von Lagos, höchstpersönlich sich wieder und wieder seiner Dienste versichert, um die eine oder andere Streitigkeit unter den Schäfchen seiner Herde zu schlichten? Opeilus

Erscheinung und sein Auftreten paßten ganz zu dieser Rolle. Er hatte nichts Extravagantes an sich, seine Stimme beugte sich ganz selbstverständlich dem mürrischen Gemurmel der Ältesten. Und später, wenn man dann zusammensaß und friedlich Kolanüsse miteinander kaute und eine Kalebasse Palmwein teilte, konnte man seinen Lippen den einen oder anderen Tip entlocken. Wie zum Beispiel sahen die Pläne der Regierung bezüglich des Kakaos aus? Würden die Preise steigen? Bestand in der Lebensmittelindustrie Interesse an Palmnüssen? Waren getrockneten Pfefferschoten gefragt? Würde der Krieg die Nachfrage nach Palmöl beeinflussen, und wenn ja, in welcher Weise? Was Sotikare anlangte, so strahlte er die nötige bürokratische Autorität aus als stiller, bebrillter Vertreter der immer drohend über ihnen schwebenden Macht der Gerichtsbarkeit des weißen Mannes, die sie in Form von Gerichtsvollziehern, Polizei und sogar Gefängniswärtern kennengelernt hatten. Am wenigsten gewünscht, selbst von Olisas Fraktion, war ein militärisches Expeditionscorps – fremde Soldaten, die über Ìsaràs Erde stampfen würden, zurückgekehrt vielleicht von einer empfindlichen Niederlage, die dieser Herr Hitler ihnen beigebracht hatte, und die folglich nur scharf drauf waren, die Scharte ihrer Demütigung auszuwetzen, indem sie ihre Wut an den Häuptern der Afotamodi ausließen ...

Keiner der anwesenden Ältesten hatte die Konsequenzen vergessen, die der unbeugsame Stolz der Ijebu ihnen in der Vergangenheit eingebracht hatte. Am wenigsten Agurin Odubona, der an jeder Schlacht und jedem Scharmützel teilgenommen hatte, zu denen es an der Straße zwischen Ibadan und Lagos in der zweiten Hälfte des 19. Jahrhunderts gekommen war. Mit fleischlosen, über dem zahnlosen Mund tief eingesunkenen Wangen saß er jetzt da und hörte zu – sein Gesicht eine Totenmaske. Unter dem kahlgeschorenen Schädel, der von Kariteöl* glänzte, herrschte allerdings größte Regsamkeit, denn er erinnerte sich lebhaft der Tage, als er, ein blutjunger Abgesandter Ìsaràs, zum Hof des Awujale in Ijebu-Ode gekommen war. Er war Mitinitiator des Entschlusses, daß kein von den Missionaren ausgebildeter Jüngling die Erlaubnis erhalten sollte, nach Ijebu zurückzukehren, um sich wieder dort niederzulassen. Die Egba und all die anderen im Inland durften sie gern bei sich aufnehmen, sie durften sich ihre Sitten und Bräuche und sogar ihren Glauben gern von den Missionaren ruinieren lassen. Es stand ihnen völlig frei, ihre eigenen Kinder zu verderben und die Ahnenschreine zu entweihen, die Manieren der zurückgekehrten Sklaven anzunehmen, die Anzüge und Krawatten trugen, Zigaretten rauchten und sich schamlos mit ihren Frauen in der Öffentlichkeit zeigten, ja sogar mit ihnen Händchen hielten. An den Grenzpfosten des Ijebulandes hatten solche Untugenden haltzumachen. Seine Finger, längst ausgemergelten Vogelkrallen ähnlich, zitterten bei der Erinnerung an die zahllosen Überfälle, an denen er teilgenommen hatte, Überraschungsangriffe auf jener wichtigen, einzigen Route ins Landesinnere, die die Ijebu kontrollierten. Angst und Schrecken hatten sie verbreitet, zusammen mit ihren wilden Verbündeten, den Mahin!

Die Egba hatten alles zuschanden gemacht! Ihr *ifole** war nicht weit genug gegangen – jedes christianisierte Dorf hätten sie ausräuchern sollen. Obwohl die Saro ihre zurückgekehrten Brüder waren, die man auf hoher See befreit und zunächst in das ferne Sierra Leone verpflanzt hatte, hätte man sie nur umarmen und mit Geschenken überhäufen, dann aber zurückschicken sollen. Sahen sie es denn nicht auf den ersten Blick, wie diese Söhne sich verändert hatten? Sie waren nicht länger vom selben Fleisch und Blut, ein anderer Geist hatte sie erfaßt. Sie waren eingebildet und selbstgerecht geworden, blickten voll Verachtung auf ihre Vergangenheit zurück. Sie ließen sich da in diesem neuen Land nieder, mischten sich unter diese Weißen und wurden reich. Gut für sie. Aber sie sollten in ihren weißen Siedlungen bleiben, sollten nur ab und zu ein wenig Geld nach Hause schicken, manchmal auf Besuch kommen oder auch zu einem Fest. Aber nicht, um sich hier niederzulassen. Das war der Plan, den man den Ijebu vorgelegt hatte, angesichts der drohenden Verunreinigung. Das war ihre Weisheit, und es hatte sich gezeigt, wie recht sie gehabt hatten ...

»Die Regen des letzten Monsuns können von den Himmeln nicht wieder eingesaugt werden, wieviel Ackerkrume sie auch weggeschwemmt haben mögen. Und geben wir etwa die Ernte zurück, die wir in der Zwischenzeit eingebracht haben? Wir alle wissen, welche Probleme uns dieser Mr. Carter hinterlassen hat ...« Opeilus sanfte Stimme war leise plätschernd an Agunrins Ohr gedrungen, ohne den geringsten Eindruck zu hinterlassen, bis plötzlich messerscharf der Name Carter hineinfuhr.

Kata-kata! Über das Schädelgesicht des Agunrin huschte ein zahnloses Grinsen. Sotikare sah, mißverstand es aber, denn er dachte, Opeilus ruhige Rede wirke in die richtige Richtung. Doch nein, Agunrin Odubona erinnerte sich lediglich des Tages, als er schließlich und endlich der personifizierten Nemesis in der Gestalt von Carter Angesicht zu Angesicht gegenübergestanden hatte. Als der Eintritt der angriffslustigen Persönlichkeit angekündigt worden war, hatte Agunrin sich den Ältesten zugewandt und gesagt: »Ah, hier kommt Kata-kata«, und der Spitzname war dem Weißen geblieben. Selbst der Awujale pflegte – absichtlich – zu sagen: »Oh, Mister Kata-kata, oh, entschuldigen Sie, Sir, ich meine natürlich Mr. Carter«, und die versammelten Hofschranzen bogen sich vor Lachen. Der Agunrin blickte grimmig. Ja, Kata-kata hatte zuletzt gelacht. Mit seinem Vorgänger, einem gewissen Moloney, war leichter umzugehen gewesen, obwohl auch er ein ganz gerissener Bursche war. War nicht er derjenige gewesen, der diesen Denton zum Awujale geschickt hatte – mit einem Bestechungsgeld von sage und schreibe eintausend Pfund? Sie brauchen nur dieses Papier hier zu unterschreiben, sagten seine Mittelsmänner, setzen Sie nur ihr Kreuzchen hierhin, wir versprechen Ihnen, niemand wird davon erfahren. Und in der Tat hat niemand je die volle Wahrheit herausgefunden. Hat Awujale Tunwase das Geld wirklich genommen? Selbstverständlich wiesen die Chiefs alle Geschenke zurück, die dieser Mann Denton ihnen in aller Öffentlichkeit anbot. Und damit hatte der Ärger angefangen. Aufs äußerste empört, so hieß es, war der Gesandte zum König von England zurückgereist, denn die Ijebu hätten mit ihrer Zurückweisung der Geschenke den englischen König beleidigt. Aber was denn? Hatte der Mann mit seinem Verhalten denn nicht zuerst ihren König beleidigt? Den König aller Ijebu hatte er bestechen wollen, damit er seine Leute verkaufe und verrate und den weißen Mann ins Land lasse, der ihrer aller Leben zerstören würde? War das nicht der Vater und der Großvater und der Ur- und Ur-Ur-Großvater aller Beleidigungen?

*»Eyin re bare eni . . . eyin r'ologboni eni . . . eni boje l'aiye wen . . .«**

Ja, dieser junge Mann argumentierte klug; doch wo würden diese Leute den Schlußstrich ziehen? Wie viele Jahre war das jetzt her, daß Kata-kata den Krieg nach Ijebu hineingetragen hatte? Vierzig, fünfzig? Und dieser Odemo, den sie Ìsarà jetzt aufzwingen wollten, brachten sie damit nicht zu Ende, was sie vor vierzig und mehr Jahren begonnen hatten? Reichte es denn noch nicht, daß die Missionare überall herumstolzieren konnten in diesem einst freien Land, daß sie überall ihre Kirchen und Schulen bauten? Daß ihre Abkömmlinge respektlos in die Ratsversammlungen hineinlatschten – mit Füßen, die von erstickenden Socken und festen Lederschuhen verhüllt waren? War es denn noch nicht genug damit, daß sie Gesetze befolgen mußten, die Kata-kata und seine schwarzen Liebesdiener ihnen auferlegt hatten? Mußten sie jetzt auch noch zulassen und mitansehen, wie einer dieser Gottlosen daherkam und sich auf dem Thron von Ìsarà niederließ?

»Akinsanya wird allen euren Wünschen nachkommen, den erklärten Wünschen der Leute von Ìsarà. Er kennt den weißen Mann, aber er ist ein Sohn Ìsaràs, er gehört hierher. Er hat geschworen, die Sitten und Bräuche Ìsaràs nicht zu verletzen, sondern sie zu erhalten und zu verteidigen, während er eure Stimme zu den höchsten Räten des Landes und sogar bis nach Übersee trägt . . . Die Ibadaner, die Egba, die Ekiti, die Ijaiye und die Oyo haben uns niemals in einem Krieg besiegt. Wir werden ihnen jetzt nicht Gelegenheit geben, sich heimlich darüber zu freuen, daß wir uns selbst eine Niederlage bereitet haben ...«

Ja, er war einer der vier Agunrin gewesen, die mit einem Friedensangebot zu Kata-kata nach Lagos gereist waren. Vier Ogboni waren mit ihnen gezogen, drei Pampa und elf Parakoyi. Der Mann hatte gefordert, daß eine mächtige Delegation die Demütigung der Ijebu überbringe; und dann wollte er auch noch einen Vertrag unterzeichnet haben, der jedwedem christlichen Pack und Gesindel freien Zugang zu den Handelsstraßen eröffnete. Zehn Schafe hatten sie dabei gehabt und einen kleinen Beutel *iyun*, aber was war das Ergebnis? Es machte Carter nur noch stolzer und herablassender, und wie er sie angebrüllt und zusammengestaucht hatte! Beschimpfungen. Beleidigungen. Und schließlich kam seine kühnste Tat: Er ließ seine Soldaten seine Gewehre auf sie anlegen, und dann befahl er ihnen, ihre Daumenabdrücke unter ein Papier zu setzen. Was drin stand? Woher sollten sie das wissen, sie konnten es ja nicht lesen. Und es war ihnen sowieso egal. Ihre Mission – und Agunrin Odubona hatte ihr nur mit größtem Zögern zugestimmt – sollte lediglich dem Zweck dienen, ein Friedensangebot zu unterbreiten und Kata-kata zu versichern, niemand habe die Absicht gehabt, seinen König zu beleidigen. Aber nach der Rede des Mannes, war da nicht einfach alles zerbrochen? Selbst die Sanftmütigsten aus der Delegation des Awujale waren überzeugt, daß der Mann zu weit gegangen war, und nicht einer von ihnen erklärte sich bereit, seinen Daumen auf das verdammte Papier zu drücken.

»Wir bitten euch, die ihr unsere Väter seid, also inständig, dem Vorschlag des Statthalters zuzustimmen ... Ganz Ìsarà soll zusammenkommen, und dann sollen jeder Mann, jede Frau und jedes Kind hinter dem Mann ihrer Wahl Aufstellung nehmen ...«

Ja, genau wie es dieser Kata-kata auch von uns gefordert hat. All unsere Straßen sollen wir ihnen öffnen, alle Lagunen, alle Flüße, alle Pfade, damit sie die heiligen Schreine unserer Ahnen entweihen und besudeln können. Warum nicht gleich auch unsere Schlafzimmer und die Schenkel unserer Töchter? Ja, warum nicht? Ein König aus Lagos auf Ìsaràs Thron; genauso wie die beiden sogenannten Ijebu aus Lagos, die Kata-kata herbeizitiert hatte, damit sie täten, was wir verweigerten. Sie behaupteten, in ihren Adern flösse Ijebublut, doch in was für einem Alptraum der Afotamodi war ein Mensch mit einem Name wie Otumba Payne gezeugt worden? Oder Jacob Williams? Jaja, so hießen sie, die beiden Lagosianer, die Kata-kata hereinbrachte und die ohne Zögern den Vertrag unterschrieben, den zu unterzeichnen die Abgesandten des Awujale sich geweigert hatten. Und um diesen Verrat zu feiern, hatten sie es obendrein noch gewagt, die Kolanuß zu brechen! Lästerung über Lästerung! Sie, diese verweichlichte Brut verdorbenen Ijebublutes, hatten nicht nur in ihrem, der Ijebu, Namen das Papier unterzeichnet, das die Abgesandten nicht einmal anzufassen bereit gewesen waren, sie hatten auch noch die Kolanuß genommen und sie gebrochen! Für diesen weißen Mann, der es wagte, in ihr Land einzudringen und ihnen zu verbieten, von christlichen Reisenden und Händlern Wegezoll zu fordern!

»Niemand will euch zwingen, einen bestimmten Odemo zu akzeptieren. Wir bitten euch nur in aller Dringlichkeit, den friedlichen Weg ...«

Frieden. Ja, das sagen sie immer. Die Missionare hätten den Frieden gebracht. Ihr Gott sei der Friedensfürst, sagen sie! Aber ihr Bischof aus Ibadan, dieser Togiwe* – wenn ihm die Ijebu doch nur die Gurgel durchgeschnitten hätten! –, dieser Togiwe kam und provozierte sie. Mit voller Absicht. Schade, daß er es nicht in Ìsarà versucht hatte! Nein, vor den Toren von Ijebu-Ode fing er an zu predigen. Er beleidigte ihre Kulte, verfluchte ihre Götter, verdammte ihren König und sagte das Ende der »heidnischen« Ijebu voraus. Trotzdem ließen sie ihn laufen. Nun, vielleicht hatten sie richtig gehandelt. Dieser Prediger war ja geschickt worden, um Unruhe zu stiften; er sollte nach Lagos zurückkehren und berichten können, daß diesmal nicht nur der

König, sondern auch noch der Gott des weißen Mannes beleidigt worden war. Dann hätte er endlich mit seiner Armee anrükken können. Jaja, zum Schluß war es ja dann auch so gekommen. Also hätten sie ihm genausogut den Kopf abschneiden und somit wenigstens ihm die hämische Freude über die Niederlage der Ijebu versagen können. Frieden! Man hatte erzählt, Togiwe habe auf dem Marktplatz getanzt, immer auf der gleichen Stelle habe er getanzt, wie ein Mann, der von einer Schlange gebissen worden war; vor den Toren Ijebu-Odes habe er getanzt, obgleich die Menge ihn auspfiff, habe getanzt und sein Buch dabei hoch über den Kopf gehalten, es hin und her geschwenkt wie eine Fahne vor dem Angriff. Warum tanzt du, fragten ihn die Leute. Ist der Mann verrückt? Und er antwortete ihnen, er tanze auf den Gebeinen ihrer heidnischen Ahnen, auf den Knochen ihrer Götter des Unglaubens ... und dazu schrie er Obszönitäten und beleidigte das Volk von Ijebu-Ode. Aber sie lachten nur über ihn und ließen ihn gewähren. Ja, sie ließen ihn gewähren! Aber eine Sache, die er predigte, hatten sie vergessen oder überhört; ein Händler, der aus Ìsarà stammte und gerade aus Lagos zurückkehrte, war Zeuge der Szene in Ijebu-Ode geworden, und er war nach Hause geeilt, um sie zu warnen. Obgleich auch schon christianisiert, obwohl auch schon einer von denen, die Hosen und Krawatte trugen, hatte er doch seine Seele noch nicht vollends verkauft, war er kein Verräter wie die anderen. Er berichtete, Togiwe habe sie mit dem nur zu gut bekannten Fluch belegt; beschwörend habe er den Namen eines gewissen Newton genannt und so das Geheimnis ihrer weiteren Pläne verraten: »Das Schwert aus Eisen geht dem Schwert des Geistes voran.« Und der Händler war nach Hause geeilt, von größerer Angst erfüllt als je zuvor in seinem Leben, das gab er zu. Und hatte nicht er, Odubona, den Händler zum Awujale begleitet und ihm folgende Botschaft überbracht: »Hast du vernommen, was dieser Reverend Togiwe verkündet hat? Nun, der Krieg, der sich mit Trompetenklang ankündigt, tötet nicht einmal den Lahmen. Wir in Ìsarà sind bereit. Schicke Boten nach Ode,

Ipara, Odogbolu, Isonyin ... Was die Mahin anlangt, so brauchst du sie nicht lange zu überreden. Und Ibadan soll wissen, daß wir nichts gegen sie haben, aber jetzt müssen sie sich entscheiden. Entweder sie werfen die Missionare raus, oder sie bekommen von uns kein Körnchen Salz mehr und auch keine Munition. Wenn sie weiterhin Wert legen auf unsere Freundschaft, dann müssen sie Euer Hoheit den Kopf von Togiwe schicken und den seines Kumpans Harding – jener Mann des bösen Omens.« Ja, so hatte Ìsaràs Botschaft an den Awujale und die Landsleute in Ijebu-Ode gelautet.

»Ìsarà hat großes Glück gehabt. Unsere Väter, unsere Onkel, die im letzten Krieg gekämpft haben, leben noch, doch der Krieg fand entfernt von unseren Grenzen statt. Den Marschtritt der Fremden haben wir auf unserem Boden nie vernehmen müssen. Agunrin Odubona, ich beuge mein Haupt vor dir, du bist der Veteran unter den Veteranen, *ogbologbo ajagun*, und wenn es in dieser Stadt einen gibt, der weiß, was es heißt, gegen die Soldaten der Weißen kämpfen zu müssen ...«

Ja, soll er vortreten, ein solcher Mann, er soll es nur wagen, vor mich hinzutreten, forderten seine kampfeslustigen Backenknochen den Unsichtbaren heraus, und seine Wangen arbeiteten wie der alte Blasebalg des Schmiedegesellen. Kata-kata hatte Hausasoldaten geschickt; sogar an der Goldküste hatte er Soldaten ausheben lassen, wie man später erfuhr. Sie hatten alle schon von den Ashanti gehört – wilde, zum Äußersten entschlossene Kämpfer, unbeugsame Krieger; vielleicht waren tatsächlich ein paar von ihnen in Kata-katas Armee gewesen, den Ijebu war es gleichgültig. Sie zeigten den Eindringlingen, daß auch das Ijebuland seine Krieger hatte. Die Niederlage war bitter, doch war sie nicht Folge ihres mangelnden Widerstandswillens. Längst schon hatten die Egba klein beigegeben. Ibadan meinte, es habe wichtigere Dinge zu regeln – dabei würden sie auch bald dran sein. Was die Ondo anging, die sie ebenfalls so dringend gebeten hatten, ihr eigenes *ifole* auszutragen – auch die hatten sich als taub erwiesen und blind gegenüber ihrem bevorstehenden

Schicksal. Sogar die Ijaw, diese Leute vom Fluß, mit denen die Mahin so viel gemeinsam hatten. Sie waren Leute vom Fluß wie die Mahin; die Mahin trieben Handel mit ihnen, teilten sogar einige Sitten und Bräuche mit ihnen. Und doch berichteten die Mahin, daß die Ijaw nichts Besseres zu tun wüßten, als die Weißen und ihre Lebensweise anzuhimmeln ... Was war es nur, das manche so anders machte als andere? Waren diese Ijaw denn auch schon korrumpiert von den Leuten aus Lagos, von den Saro-Heimkehrern, Leute vom Schlage eines Otumba Payne, und wie sie alle hießen? Leute, die ihre Hände auf Papiere legten, die ihre eigenen Väter unter Todesgefahr nicht angerührt hatten! War dieser Akinsanya nicht auch einer von dieser Brut? Ein König sollte wie ein großer *iroko*-Baum sein, der seinen schützenden Schatten über alle seine Untertanen wirft; wer hätte je gehört, daß man einen *iroko* in fremder Erde großzieht und ihn dann am Abend vor der Krönung verpflanzt? War das etwa die Art und Weise, wie der weiße Mann seinen König wählte?

»... das ist alles, worum wir so dringlich bitte, mit aller Hochachtung, die wir euch als unseren Vätern schulden. Wir sind nicht gekommen, die Tugenden des einen Mannes gegen die des anderen zu stellen. Laßt die Leute ihren König wählen. Die freie Wahl ist jetzt die neue Methode, und die Regierung in Lagos hat diesem Plan ihren Segen gegeben. Und auch der Awujale ...«

In einer heftigen Bewegung riß der Agunrin den Kopf hoch – und Laute drangen aus seiner Kehle. Die Zuhörer waren entsetzt, als sie so unvermittelt diese Stimme hörten, ein Kratzen wie Mühlsteine, zwischen die man Sand gestreut hat.

»Aaa-wu-ja-le!«

Der Olisa hörte augenblicklich auf, Langeweile vorzutäuschen. Er spitzte die Ohren, und alle Haare seines Körpers richteten sich auf. Wenigstens zehn Jahre lang hatte man diese Stimme nicht mehr gehört. Wie gelähmt starrte er die Gestalt an, deren Stimme das Timbre einer Ahnenmaske hatte. Und wieder sprach der Agunrin:

»Aaa-wu-ja-le!«

Es war Ogunba, der den Bann brach, der von dem ganzen Raum Besitz ergriffen hatte. Mit zitternder, unsicherer Stimme sagte er: »So ist es, Agunrin. Ich persönlich habe mit dem Awujale gesprochen. Und der Akarigbo hat den Kommunalrat von Remo zusammengerufen, und auch sie haben ihre Entscheidung gefällt. Was Olisa getan hat, wurde aufs schärfste verurteilt, und Erinle muß fünfundzwanzig Pfund Strafe zahlen. Außerdem wurde ihm untersagt, sich mit den Insignien des Königs zu zeigen.«

Doch der alte Krieger schien nichts gehört zu haben. Die Augen wollten ihm aus den Höhlen treten, und getrieben von einer Kraft, die mächtiger war als die seines drahtigen, doch längst geschwächten und hinfälligen Körpers, stieß er den Namen seines obersten Königs aus, als spuckte er Galle:

»Aaa-wujale Tunwase!«

Verwirrte, ja alarmierte Blicke blitzten durch den Raum. Olisa sprach sehr bedächtig: »Baba, Tunwase ist schon lange tot. Es sitzt ein neuer Awujale auf dem Thron von Ijebu-Ode.«

Aufmerksame Augen blieben fest auf den alten Krieger geheftet, als er jetzt seinen Oberkörper vorstieß wie eine Schlange, die im nächsten Augenblick zubeißen wird, wie ein Vogel, der von einem blattlosen Zweig im spitzen Winkel zustößt, um ein auffliegendes Insekt zu fangen. Sie beobachteten, wie er sich zur Seite wandte und nach seinem *ogboni*-Stab griff, der neben ihm an die Wand gelehnt war. Wie in Zeitlupe zog er sich an dem Stab hoch und hielt die andere Hand über den bronzenen *edan* am Kopfende des Stabes. Seine Finger zuckten, als sie jetzt zupackten, einen Moment auf dem Kopfstück verharrten und dann an dem eisernen Stab entlang nach unten glitten, während der Körper ganz langsam wieder auf den Stuhl zurücksank.

*»O ti fo n'oju!«**

Der *ogboni*-Stab neigte sich gegen seine rechte Schulter. Die Hand glitt weiter abwärts, bis sie in Kniehöhe zum Halt kam, wo sie den Stab noch immer umklammerte. Sein Kopf fiel zur Seite, die Schläfe sanft gegen den Stab gelehnt. Sein Herz hatte aufgehört zu schlagen.

Nur wenige Augenblicke später kam Jagun aus dem *osugbo*, aufgescheucht durch lautes, nachhaltiges Klopfen am äußeren Tor. Er warf einen einzigen kurzen Blick auf den zerzausten, aufgelösten Mann, der zu Atem zu kommen versuchte, um seine Nachricht vortragen zu können, mit der er vom Haus des Olisa herbeigeeilt war. Jagun hob die Hand und gebot dem Mann zu schweigen.

»Ich weiß. Überbringe die Nachricht den anderen Chiefs.«

Der Bote grüßte und rannte davon. Jagun raffte das über den Arm gerutschte Schultertuch, schaute mit grimmigem Gesicht zum Himmel auf und machte sich auf den Heimweg. In der Einsamkeit des Gotteshauses hatte er eine lange, schwere Nacht verbracht. Sein Gesichtsausdruck verriet den Mann, der die ausgeführte Tat bedauerte und der doch wußte, daß sie zum Wohl der Allgemeinheit diente.

Wie ein Fürst stand Wemuja im frühen Morgengrauen vor den Toren von Nodes Gehöft und überschaute von diesem erhöhten Punkt aus die Stadt Ìsarà, die noch in tiefem Schlummer lag. Zahllose Male schon hatte er so über der Stadt gestanden, doch heute, so schien es, waren die Hütten, deren Umrisse noch kaum auszumachen waren, in ein besonderes Gewand gehüllt. Einige der erst kürzlich angebrachten Wellblechplatten verbreiteten einen Glanz, der zu dieser frühen Stunde die einzige Beleuchtung darstellte und Konturen schuf, die das Städtchen wie eine fette Raupe erscheinen ließen, aufgerollt und nur darauf wartend, von seinem riesigen Fuß angeschubst und aufgeweckt zu werden. In solchen Augenblicken fühlte sich Wemuja, der dann das einzige wachende Wesen in Ìsarà war – die Nachtwächter zählten für ihn nicht –, als der wahre König Ìsaràs. Er wartete auf seinen Gehilfen Alanko, um mit ihm die rituelle Waschung des Commer auszuführen, ehe er das Kommando über das Ungetüm übernahm, um es aus seiner schlafenden Domäne hinauszufahren. Er steckte sich die noch unangezündete Pfeife zwischen die Zähne, nickte und verkündete der tauigen Luft: »Es ist gut, dieses Leben!«

In tiefen Zügen sog er die frische Morgenluft ein, dann wandte er sich nach links zur Hütte Dekolas, des Schmiedes. Der Schmied selbst war kein Frühaufsteher, doch sein Gehilfe hockte um diese Zeit gewöhnlich schon beim Schmiedeofen und blies über die ausgeglühte Oberfläche der Holzkohle, bis Funken aufstoben. Wemujas Weg zum Fluß, wo der Commer seine tägliche Morgenwäsche erhielt, führte ihn an der Schmiede vorbei. Schon lange hatte er es sich zur festen Gewohnheit gemacht, dort anzuhalten, sich mit einer der schweren Schmiedezangen eine glühende Kohle aus der Esse zu holen und damit den Stummel einer Bicycle-Zigarette anzuzünden, den er sich vom Abend vorher aufgehoben hatte. Den Stummel hatte er die ganze Nacht über, auch während er schlief, hinter seinem Ohr aufbewahrt. Da der Schmiedegeselle ihn erwartete, fand Wemuja die Tür niemals verriegelt. Die exotische Erscheinung des Lastwagenfahrers machte den Jungen überglücklich, und jedesmal, wenn der Besucher hereinstolziert kam, grüßte er ihn mit ehrerbietigem Gruß, indem er sich rasch zu Boden warf, griff dann nach der Zange und hielt ein passendes Stückchen glühender Holzkohle für den Zigarettenstummel bereit. Heute aber brachte Wemuja den Schmiedegehilfen völlig durcheinander; noch nie hatte er sein großes Vorbild so früh am Morgen mit einer Pfeife im Mund gesehen. Wemuja nahm ihm die Kohlenzange ab, ließ das herausgefischte Holzkohlestückchen in die Feuerstelle zurückfallen und suchte nach einem passenderen Klümpchen für seine Pfeife. Während er sich über das Kohlebecken beugte und wegen der Hitze die Augen ein wenig zusammenkniff, genoß er die Bewunderung, die sein einziger Zuschauer ihm entgegenbrachte. Er zog und zog an der Pfeife, und bald qualmte sie gleichmäßig. Er reichte dem Jungen die Zange, und dann verwirrte er ihn noch mehr, denn er langte in die Hosentasche, zog zwei *onini* heraus und drückte sie seinem immer dienstfertigen Helfer in die Hand. Dann tätschelte er ihm väterlich den Kopf und sagte: »Für ein *saara.* Wegen des Königs, der da kommen wird.«

Der Junge stand an der Tür zur Schmiede und schaute seinem Helden, der sich so unversehens zum Menschenfreund gewandelt hatte, nach, bis dessen Gestalt sich im Zwielicht verloren hatte. Wemuja schlenderte gemächlich hügelabwärts, so als ahnte er nichts von den neuen Begeisterungsstürmen, die er soeben im Herzen eines jungen, zukünftigen Lastwagenfahrers entfacht hatte. Als er zum Fluß kam, nahm er Alankos Gruß mit der üblichen, gut einstudierten Herablassung entgegen und bedeutete ihm mit einer Geste, er solle die Motorhaube öffnen, damit er die tägliche Inspektion vornehmen könne. Gründlicher als sonst prüfte er Kühler und Batterie, schaute nach dem Ölstand und wischte dann seine verschmierten Finger an dem Lappen ab, den sein Helfer ihm reichte. Schließlich ging er um das Vehikel herum und trat gegen die Reifen, um den Druck zu prüfen. Rundum zufrieden, kletterte er auf den Fahrersitz, bewegte den Schaltknüppel, um sicher zu sein, daß kein Gang eingelegt war, dann nickte er Alanko zu, der schon mit der Kurbel in der Hand vor dem Wagen Aufstellung genommen hatte. Bei der vierten Drehung sprang der Motor röhrend an, und Wemuja drückte das Gaspedal durch; etwa eine Minute lang ließ er den Motor auf vollen Touren laufen, dann drosselte er ihn gefühlvoll und lauschte angespannt. Er hielt die Augen geschlossen, um sich ganz und gar auf die Geräusche und Vibrationen seines Gefährts konzentrieren zu können. Alanko hatte inzwischen die Handkurbel gelöst und war seitlich neben den Lastwagen geeilt, um seinen nächsten Befehl im Empfang zu nehmen, der meist lautete: Nimm die hölzernen Bremsklötze von den Hinterrädern weg. Zu seiner Überraschung aber ließ Wemuja den Motor nur noch einmal kurz aufheulen und schaltete die Zündung ab. Dann nahm er seinen Pfadfinderhut vom Haken hinter dem Fahrersitz, setzte ihn so auf, daß er seine

Augen bedeckte, und lehnte sich entspannt im Sitz zurück, so als wollte er ein frühes Nickerchen halten.

Alanko wartete ein paar Augenblicke lang, unschlüssig, was er tun sollte. Schließlich fragte er: »Oga*, wassen los? Wir nix fahn?«

Wemuja nahm die Tonpfeife aus dem Mund, stippte mit dem Zeigefinger in bester Rod-Cameron-Manier an den äußersten Rand der Hutkrempe und sagte: »Wir fahrn heut kein Holz.«

»Achso, wir überhaupt nix fahrn, heut?«

Wemuja blickte auf ihn hinunter wie auf ein geistig zurückgebliebenes Kind.

»Wer sagen, wir heut nix fahrn? Du nix gesehn, ich vollmachen Tank gestern?«

Alanko kratzte sich die spärlichen Haarbüschel auf seinem Kopf.

»Aber du grad eben noch sagen ... naja gut, also, wenn nix Holz fahrn, was dann?«

»Gee-schiich-te«, antwortete Wemuja, in dem Versuch, sich so eng wie möglich Opeilus Tonfall anzugleichen, den er am Tag zuvor gehört hatte. »Wir heut Gee-schiich-te fahrn.«

Und damit zog er sich den Hut vollends über die Augen; eine Geste, die Alanko nur von den Nachmittagen kannte, wenn Wemuja den Motor abschaltete, um sich eine kleine Siesta zu gönnen.

Alanko gab auf, steckte die Kurbel wieder an ihren Platz, setzte sich und erwartete den Moment, der der richtige wäre, Geschichte zu transportieren. Doch noch ehe er, dem Beispiel seines Herrn folgend, es sich zu einem Nickerchen bequem machen konnte, bog ein Wagen aus Richtung Losi um die Ecke. Die Lichtkegel zweier Scheinwerfer erfaßten die rauhen Kiesel und Lateritadern des Hügels, ehe sie über den flachen Streifen Farmlands am Flußufer strichen. Die Lichter glitten über die bräunlich verfärbten Blätter der Platanenstauden, über die grünen Kolanußschoten, streiften die tief unten liegenden Kakaoplantagen und weckten ungeahnte Hoffnungen beim Anblick der zu doppelter Größe aufgedunsenen Schoten – eine Sinnestäuschung, hervorgerufen durch das künstliche Licht. Der Kontrast zwischen dieser, der Stadt Ìsarà vorgelagerten Senke und der bebauten Hochebene war niemals deutlicher als im frühen Morgengrauen, wenn die Schwaden der Bodennebel sich langsam hoben und einen schwebenden Reif bildeten, der die beiden Areale säuberlich voneinander trennte. Versteckt zwischen den Parasiten, bestätigten die mit dem wohlklingenden Namen *asofeiyeye** belegten Früchte den schieren Luxus des fruchtbaren Tals, denn es schien, daß nur eine Erde, die wirklich großzügig, wenn nicht sogar verschwenderisch war, es sich leisten konnte, Früchte hervorzubringen, die allein den Vögeln vorbehalten waren. Es waren jedoch die Kakaoschoten, die Efuapes Gedanken wieder auf Touren brachten, bis er sich selbst zur Ordnung rief und sich schalt, weil er in einem solchen Augenblick an Geschäfte dachte. So ein Tag, ermahnte er sich, sollte dem Dankgebet an Gott für seine Unterstützung bei diesem entscheidenden Unternehmen vorbehalten sein. Reihe auf Reihe der gold-prangenden Zwergbäume wurden von den Kegeln der Scheinwerfer erfaßt, doch Efuape erlaubte sich nicht länger, seine Gedanken beim Weltmarktpreis für die Tonne Kakaobohnen verweilen zu lassen. Als er sich nun langsam Wemujas Lastwagen näherte, erinnerte sich sein immer rege wanderndes Gedächtnis, daß der Holzfahrer einmal etwas über die besondere Beschaffenheit der Erde Ìsaràs gesagt, daß er sie mit dem Boden seines Heimatdorfes nahe Edo verglichen hatte. Und dort hatte es ein kleiner, unbedeutender Chief doch wahrhaftig bis zum Millionär gebracht mit seiner Ziegelei, in der aus der heimischen Erde rote Backsteine gebrannt wurden ... später, murmelte Sipe vor sich hin, später, Sohn des Efuape ...

Wemuja riß sich den Hut vom Kopf, als der Wagen neben dem Commer zum Stehen kam, und präsentierte dem Ankömmling seinen besten Pfadfinderführergruß.

»Ist alles bereit?«

»Guten Morgen, Mr. Sipe. Wir stehen Gewehr bei Fuß.«

»Gut.« Sipe stieg aus dem Morris aus, eine Taschenlampe in der Hand. Er kletterte auf die Ladefläche des Lastwagens und ließ das Licht der Lampe über den ganzen Boden gleiten. »Bist du sicher, daß es halten wird?«

»Wir werden es sehr gut festnageln, Mr. Sipe. Und außerdem benutzen wir Seile, die sogar schwere Baumstämme sichern.«

»Ja, natürlich«, sagte Sipe, durch die Information beruhigt. Die beiden Männer halfen ihm von der Ladepritsche herunter, und ein paar Augenblicke stand er nachdenklich da und überlegte, was am besten als nächstes zu tun wäre.

»Also gut«, entschied er schließlich. »Ihr fahrt jetzt nach Sagamu. Ich habe in Odogbolu noch was zu erledigen. Und daß du mir den Schreiner höchstpersönlich überwachst! Glaub bloß nicht, daß er nicht betrunken ist, nur weil es so früh am Morgen ist!«

Wemuja lachte. »Auf mich ist Verlaß, Mr. Sipe. Bin selbst kein schlechter Zimmermann. Wenn nötig, nehm ich Hammer und Nägel und mach die Sache selbst.«

»Sobald ich in Odogbolu fertig bin, komm ich nach. Dann fahren wir gemeinsam nach Lagos.«

»Alles klar, Sir. Gute Reise.«

»Dir auch, und fahr mir vorsichtig, hörst du. Wir haben mehr als genug Zeit.«

Wemuja grinste breit. »Ich weiß, was heute los is, Mr. Sipe. Ich sag grad zu meim Alanko hier, ich sag, heut, mein Junge, heut fahren wir Gee-schiich-te.«

Efuape schalt ihn mit spaßigem Unterton: »We-mu-ja! Ich dachte, du wärst ein Mann und könntest ein Geheimnis für dich behalten!«

»Ich? Mr. Efuape, zweifeln Sie etwa an mir? Fragen Sie ihn selbst, ob er irgendwas weiß. Er hat dumme Fragen gestellt, aber obwohl er mein Gehilfe ist, hab ich ihm deswegen was verraten? Ich hab nur zu ihm gesagt, ich sag, heut fahrn wir Geschichte, punktum. Also, halt's Maul, und löcher mich nicht. Hier, da steht er, fragen Sie ihn, wenn Sie mir nicht glauben.«

Efuape lachte und klopfte ihm freundschaftlich auf die Schulter. »Schon gut, schon gut. Ich hab doch nur Spaß gemacht. Außerdem hätte es sowieso nichts ausgemacht, ihr fahrt ja beide zusammen aus Ìsarà raus.«

»Sie meinen, er mir jetz endlich sagen, was los, Sir?« mischte sich Alanko neugierig ein.

»Wenn er will. Schließlich ist er dein Boss«, und damit fuhr Efuape los. Er hoffte Onayemi anzutreffen.

Wenn irgend jemand ihm noch vor zwölf Stunden gesagt hätte, daß er zu dieser gottlosen Morgenstunde den Umweg über Odogbolu machen würde, so hätte ihm Sipe geantwortet, für solcherlei Kinkerlitzchen sei jetzt wahrhaftig keine Zeit mehr. Und in der Tat, die Hauptaufgabe war erledigt. Aber es gab noch immer die Möglichkeit für den einen oder anderen Ausrutscher, wie Opeilu nicht müde wurde, ihnen warnend zu wiederholen.

»Laßt uns die einzelnen Schritte lieber alle noch einmal der Reihe nach durchgehen«, bat Opeilu sie inständig, »wer keine Fehler gemacht hat, der braucht auch nichts zu bereuen. Also, folgendes hatten wir beschlossen: Da es nicht allzu viele Langustenverkäufer gibt, soll sich ihre Gruppe mit den anderen zusammentun, die *apasun, ebolo, panla** etc. verkaufen, sie sollen alle zusammen eine Riege bilden. Die zweite Änderung betrifft die Gilde der Färber. Sie sollen sich der Prozession erst anschließen, wenn sie an der Koranschule vorbei ist. Haben das alle kapiert? Was die Jäger anlangt, so sind sie hinreichend versorgt, ja? Sie haben genügend Schießpulver, um den Handelskrieg wieder aufnehmen zu können, den unser guter Odubona im letzten Jahrhundert gegen die Missionare verloren hat ...«

Bald fand sich Sipe allein in den ausgedehnten Nutzholzwäldern, durch die, wie er sich voll Zufriedenheit erinnerte, seine geschäftstüchtigen Ijebuahnen diese einfache Straße gebaut hatten. Der Zorn über die Ibadan-Straße nagte noch in seiner Brust; aber war nicht genau das eine von den Angelegenheiten, die sich für ihn mit Akinsanyas Aufstieg verknüpften und die seine Wahl so notwendig machten? Darauf setzte er doch seine ganze Hoffnung, daß Saaki stark genug war, sich gegen den Alake von Abeokuta zur Wehr zu setzen, auch wenn der Alake in der Hierarchie der gekrönten Häupter weit über ihm stünde. Saaki war wie Daodu, wenn er von einer Sache überzeugt war, dann kämpfte er für sie. Niemand konnte diesen Gewerkschaftler einschüchtern, kein schwarzer König und kein weißer Kolonialbeamter. Über den Motorenlärm des Morris hinweg lachte er in sich hinein – also dieser Yode, das war doch vielleicht ein zugeknöpfter Knicker. Und gerissen obendrein. Das mußte man sich mal vorstellen, hatte der doch einfach vor ihnen allen geheimgehalten, daß er selbst schon längst den Geist von Layeni konsultiert hatte! Oder zumindest irgendeinen fernen Verwandten dieses Schattenwesens.

»Ich habe das doch nicht geheimgehalten«, hatte Soditan protestiert. »Du hast mich nur nie danach gefragt. Es kam einfach nie das Gespräch darauf.«

Der Tod des Agunrin hatte sie verwirrt und verblüfft. Andererseits, was sollte am Tod eines Mannes merkwürdig sein, von dem es hieß, er hätte die Hundert überschritten. Sicher, da war das winzige Detail mit der plötzlich wiedergefundenen Stimme. Jeder erinnerte sich, daß sie mehr und mehr geschwunden war, daß sie sich in ein heiseres, unsicheres Flüstern gewandelt hatte, das gelegentlich wie aus einer dichtbewaldeten Kehle aufzusteigen schien, ehe sie ganz und gar verstummte. Und das war vor wenigstens zehn, wenn nicht vor zwölf Jahren gewesen. Und dann dieser unheimliche Augenblick, in dem der alte Mann seine Stimme wiedergefunden hatte – oder hatte es sich gar nicht um seine eigene Stimme gehandelt? Niemand konnte sich erinnern, wie die gesunde Stimme des alten Kriegers einst geklungen hatte. Sogar der Mann aus Lagos, Sotikare, gab zu, es sei ihm beim Klang dieser Stimme eiskalt über den Rücken gelaufen. Und was Opeilu anlangte, so spielte sein Magengeschwür so verrückt, daß es nur mit sechs Portionen gedämpftem *eko* beschwichtigt werden konnte, die er mit *ekuru* und Palmöl zu sich nahm, das natürlich nicht die geringste Spur von Pfeffer hatte enthalten dürfen.

Agunrin Odubonas Tod hatte sie von den starren Regeln des Intrigierens und Ränkeschmiedens weggelockt auf ein anderes Gebiet; ganz besonders in Sipe war ein neues Interesse an einem Projekt erwacht, das er gerade vorläufig ad acta gelegt hatte. In dem Durcheinander, das auf den Tod des alten Kriegers folgte, brachte das Rokodo-Gehöft keine Willenskraft mehr auf, sich den Plänen zu einer friedlichen Lösung zu widersetzen. Ogunba zollte den Kräften Jaguns volle Anerkennung.

»Ich sage euch, er hatte seine Hand im Spiel. Er hat dieses schweigende Hindernis aus dem Weg geräumt.«

Das Essen in Sipes Haus am gestrigen Abend hatte den Abschluß einer einwöchigen Folge verstohlener Aktionen, Übungen und Proben gebildet. Jetzt war nichts weiter zu tun, als das Morgengrauen abzuwarten, und dann würden sie all ihre unverhohlen gefühlsduseligen Pläne in die Tat umsetzen. Vom *osugbo* dröhnte schwer der nächtliche Trommelklang herüber und erinnerte sie daran, daß die Riten für Odubonas Begräbnis noch längst nicht abgeschlossen waren. Immer wieder drehte sich das Gespräch um diesen Tod; das erste persönliche Erlebnis dieser Art für zwei der drei Abgesandten – mit Ausnahme Opeilus waren sie zum ersten Mal Zeuge gewesen beim Heimgang einer Seele. Auch die anderen waren jungfräulich in Sachen Sterblichkeit; heftig umstritten war deshalb auch die Art und Weise von Odubonas Heimgang, bedachte man die düstere Erklärung, die Jagun abgegeben hatte, ehe er sich in die Abgeschiedenheit zurückgezogen hatte.

»Also ich hätte es überzeugender gefunden«, höhnte Efuape, »wenn Jagun seine sogenannten Kräfte an Olisa demonstriert hätte. Der alte Mann hat doch sowieso schon mit beiden Beinen im Grab gestanden.«

»Ich weiß nicht«, erwiderte Soditan. »Es ist doch eine Sache des gesunden Menschenverstandes, den Feind zunächst an seinem schwächsten Punkt anzugreifen. Olisa wäre ein härterer

Brocken gewesen. Vielleicht hätte Jagun einen ganzen Monat gebraucht, um ihn – nach Hause zu rufen.«

»Ach, hör doch auf, den Advocatus Diaboli zu spielen«, sagte Sotikare verärgert. »Ist euch eigentlich klar, was ihr im Grunde genommen sagt? Ihr beschuldigt einen unschuldigen Mann des Mordes!«

»Na, na, na, na, na, der Konspiration mit der Natur vielleicht ... der Beschleunigung ihres normalen Tempos ...«

»Und überhaupt, wie denn? Mit Gift? Ist er denn auch nur in seine Nähe gekommen? Nein. Dein angeblicher Mörder schließt sich selbst ein und macht – ja, was macht er? Was genau hat er gemacht?«

»Wir wissen es nicht. Niemand hier behauptet, daß er es weiß.«

»Ha! Und trotzdem beharrst du darauf, daß Jagun es gemacht hat!«

»Gemacht haben könnte«, korrigierte Efuape.

»Nein.« Ogunba schüttelte stur den Kopf. »Ich bin überzeugt, daß er's gemacht hat.«

»Dann mußt du auch sagen können, wie er's gemacht hat.«

»Es gibt mehr Ding' im Himmel und auf Erden, Horatio ...«, rezitierte Efuape.

»Ach, hau doch ab!«

»... als eure Paragraphenreiterei sich träumen läßt.«

Sotikare schüttelte verzweifelt den Kopf. »Wenn unser guter alter Reverend Beeston wüßte, wie er mit euch seine Zeit verplempert hat.«

»Was soll denn das schon wieder heißen? Hat etwa sein eigener Shakespeare nicht auch an Geister und Schutzamulette und Zaubermittel und all das Zeugs geglaubt?«

»Du hast völlig recht«, nickte Soditan. »In der Tat, ob Duncans Schloß oder der Schrein von Odogbolu – wo liegt der Unterschied?«

Sipe horchte auf. »Odogbolu? Was weißt denn du von Odogbolu?« In seiner Stimme schwang deutliches Mißtrauen, als wäre Soditans Bemerkung pfeilgerade nur auf ihn gemünzt gewesen.

»Wieso sollte ich nicht über Odogbulo informiert sein? Schließlich, wo sonst in ganz Nigeria findest du Geister, die wirklich und wahrhaftig Englisch *lesen* können?«

»Na, also komm ...«, hob Sotikare an, doch Yode unterbrach ihn sofort.

»Das weiß ich nicht nur vom Hörensagen. Ich kann es persönlich bezeugen.«

»Wo? Wann? Willst du etwa behaupten, du hast...? Wie hast du ...?« fragte Sipe aufgeregt.

Soditan hob abwehrend die Hand. »Langsam, langsam. Immer eins nach dem anderen. Es war – laß mich nachdenken – ja, vor vier oder fünf Jahren muß es gewesen sein. Mit Efunsewa, bevor er nach England ging. Er hat mich gebeten ihn zu begleiten.«

»Und was ist passiert? So sag doch schon, was ist passiert?« Efuape saß vor Aufregung schon auf der äußersten Stuhlkante. Soditan lachte.

»He, seht euch Sipe an! Warum bist du denn so aufgeregt?«

»Kümmer dich nicht um Sipe! Erzähl einfach, was passiert ist.«

»Es war nichts Besonderes. Efunsewa wollte wissen, wie es ihm in Good Old England ergehen würde. Was er tun, was er besser lassen, was er mitnehmen solle ... na ja, das Übliche eben. Das Medium wies ihn an, all seine Fragen fein säuberlich auf ein Stück Papier zu schreiben. Das hat er gemacht, dann gingen wir in den Schrein. Das Medium – es blieb die ganze Zeit vollkommen unsichtbar –, das Medium befahl ihm, das Papier unter einen bereitliegenden Stein zu legen, das hat er gemacht. Nun, und was dann kam, das werdet ihr wahrscheinlich nicht glauben, aber genau so war es, die Stimme des Mediums – sie kam von jenseits der Wände des Schreins – beantwortete alle Fragen, eine nach der anderen, genau in der Reihenfolge, in der Efunsewa sie aufgeschrieben hatte. Die Stimme las die Frage vor – na also, nicht richtig, aber sie gab eine sehr gute und genaue Zusammenfassung und dann eine recht klare Antwort.«

Sotikare schnaubte ungläubig.

Ogunba drehte ihm eine Nase. »Es ist wahr; ich war nämlich beim zweiten Mal anwesend.«

Opeilu war alarmiert. »Du willst doch nicht behaupten, du hast es ein zweites Mal riskiert? Na, vielleicht unter Aufsagen von Psalm ...«

»Was denn für ein Risiko? Es ist alles geradeheraus und offen. Zugegeben, beim ersten Mal war es schon ein wenig beängstigend. Die ganze Atmosphäre und so ... das war schon ein wenig einschüchternd. Aber ich hatte mich entschlossen, noch einmal hinzugehen. Das heißt, ich machte einen Termin aus, bevor wir gingen. Das ist Bedingung, man muß sich vorher anmelden. Manche Zeiten sind angeblich ungünstig für das Medium. Ich bereitete meine Liste mit Fragen vor ...«

Augenzwinkernd fiel ihm Opeilu ins Wort: »Und, wußte der Geist, welche du heiraten würdest?«

Die ganze Tafelrunde brach in schallendes Gelächter aus.

»Wer weiß, vielleicht hatte Morola ihn zu der Zeit schon fest am Gängelband«, meinte Sotikare.

»Oder wie viele er heiraten würde?« und Sipe begann eine konstruierte Liste abzuhaken. »Erstens: *Obiren alaran.* Die Indirekte Rede ...«

»Hmmmm! Fräulein Ola-Rundpo«, und Opeilu kicherte lang und laut.

»Nicht zu vergessen die blumigen Verschlüsselungen ... Bougainvillea ...«

»Aah, das war eine dornige Affaire ...«

»Knabenkraut. Die Weiße Lilie ...«

Und in seinem schönsten Bariton fing Sotikare an zu singen: »Schauet die Lilien auf dem Felde ...«

Soditan kniff die Lippen zusammen und verschränkte die Arme über der Brust. »Bitte, bitte. Tut euch nur keinen Zwang an, meine Geschichte kann ja warten.«

Sie beschwichtigten ihn, und schließlich gab er nach. »Also gut, aber ich will nichts mehr davon hören. Schließlich könnt ihr euch alle an die eigene Nase fassen. Du ganz besonders, mein lieber Sipe. *Oo l'enu oro.**«

Sipe warf die Hände in die Luft: »Warum denn ausgerechnet ich?«

»Du hältst jetzt die Luft an. Also, wo war ich stehengeblieben?«

»Du bist mit Ogunba nochmal hingegangen.«

»Stimmt. Und wenn ihr's genau wissen wollt, ich habe nur die Fragen gestellt, die jeder junge Mann ganz selbstverständlich stellen würde. Würde ich Erfolg haben im Leben? Würde auch ich nach England gehen? Sollte ich mein Geld in Aktien anlegen oder in Anleihen, oder sollte ich ein eigenes Firmenunternehmen aufziehen?«

»Hypotheken- und Kreditbank«, grummelte Efuape. »Sabotage durch den Geist von Roger Casement, requiescat in pace.«

Soditan fuhr fort, als hätte er nichts gehört. »Und natürlich auch, was das Lehramt angeht – würde ich beim Lehrerberuf bleiben? Ist Sipe ein verläßlicher Freund, oder ist er der Wolf im Schafspelz?«

»Ich wußte es. Das mußte ja kommen ...«

»Aber ich habe doch noch gar nicht gesagt, was ich für eine Antwort erhalten habe«, protestierte Soditan.

»Ich will es auch gar nicht wissen. Deine frei erfundenen Antworten will ich gar nicht hören.«

»Ogunba kann alles bestätigen.«

»Und ob er das kann. Zu welcher Party wird die Schmeißfliege wohl gehen, wenn nicht zu der, wo's recht viel Dreck gibt.«

»Dank dir, mein lieber Mephistopheles. So, und jetzt werde ich euch erzählen, was Yode wirklich gefragt hat«, sagte Ogunba. »Ganz ernsthaft. Seid ihr bereit?«

Ogunbas Verhalten weckte ihre Aufmerksamkeit. Er scherzte nicht. Überhaupt war es nicht seine Art, irgendwelche Anekdötchen zu erzählen. Er lachte darüber, aber er schien völlig unfähig, selbst eine Geschichte zu erfinden, um die Lacher auf seine Seite zu kriegen. Also beobachteten sie ihn mit einer gewissen Vorsicht und Neugier. Was auch immer es war, an das er sich jetzt erinnerte, ihnen erschien es wie ein lang verborgen gebliebenes Rätsel, hervorgekitzelt durch die jüngsten Ereignisse, die er, genauso wie seine Zuhörer, nicht zu erklären vermochte.

»Es ist wahr«, sagte er endlich, »Yodes erste Frage lautete: ›Werde ich Erfolg haben im Leben?‹« Er zog die Stirn in noch tiefere Falten. »Und wißt ihr, was das Medium geantwortet hat? Es war sehr merkwürdig. Das Medium sagte: ›Finde Aschabula!‹«

Es herrschte Schweigen. Schließlich sagte Sotikare: »Aschabula. Aber das ist doch Yodes Brieffreund – oder vielmehr der Name des Ortes, aus dem er stammt.«

»Nur das ›t‹ fehlt«, bemerkte Opeilu.

»Ja«, Ogunba nickte heftig. »Ich habe es ganz genau gehört. Das Medium sagte ›Aschabula‹, nicht ›Ashtabula‹.«

»Aha, ein halb-alphabetisierter Geist also«, spottete Sotikare.

Efuape zeigte sich unbeirrt, er versuchte, einen Sinn in das Wort zu bringen. »Axabula ... asabula ...« Er schüttelte den Kopf. »Es ist erheblich leichter, aus einem italienischen Namen den Sinn herauszulesen.« Er versuchte es noch einmal. »Asa-bula ... Sakabula ... abu-la ... seid ihr sicher, daß ihr die Intonation richtig verstanden habt?«

»Unter voller Berücksichtigung des geisterhaften Echos ... doch, ganz sicher: Aschàbúlà.«

»Also könnte es nicht bedeutet haben: ›Der Falke hat Gesichtsnarben.‹«

Soditan grinste. »Daran haben wir auch gedacht.«

»Wir haben jede nur denkbare Drehung und Wendung ausprobiert. Nichts ergab einen Sinn.«

»Warum sollte es denn auch?« warf der Gerichtsschreiber ein. »Jedes Orakel spricht in unverständlichen Gleichnissen und Wendungen, oder etwa nicht? Vielleicht hat es soviel Bedeutung wie Abrakadabra. Habt ihr darüber auch schon nachgedacht? Abrakadabra in einem uralten, heute nicht mehr gebräuchlichen Odogbulodialekt.« Und aus den Tiefen seines Magens stieg ein glucksender Lacher auf.

Opeilu dagegen war weiterhin sehr nachdenklich. »Es könnte eine Art von Gedankenlesekunst gewesen sein. Es gibt ein paar echte Gedankenleser unter unseren Kräuterdoktoren und unter den *babalawo**. Das unsichtbare Medium war möglicherweise mit dieser Gabe gesegnet, es hat euch vielleicht vom Augenblick eures Eintritts an genauestens beobachtet und eure Gedanken gelesen.«

»Das ist genau der springende Punkt«, erklärte Ogunba. »Wir sind noch am selben Tag nach Abeokuta zurückgefahren, und auf dem ganzen Weg haben wir verzweifelt versucht, des Rätsels Lösung zu finden. Wir waren so erschöpft, daß wir uns gleich am Tor voneinander verabschiedet haben – ich wollte sofort zu Bett gehen. Aber ich hatte mein Hemd noch nicht ganz ausgezogen, als Yode zu meinem Haus gerannt kam und schon von weitem nach mir rief. Er schwenkte einen Brief in der Hand, einen Brief aus Übersee.«

»Nein«, sagte Sipe. »Nein, bitte das nicht!«

Aber Yode nickte. »Doch. Es ist Gottes reine Wahrheit. Als ich die Tür aufmachte und ins Zimmer trat, sah ich die Post auf meinem Schreibtisch liegen. Ganz obenauf lag der Brief aus Amerika – der allererste Brief von Wade Cudeback! Es war das allererste Mal in meinem Leben, daß ich den Namen Ashtabula hörte oder geschrieben sah. Also kann der Name nicht schon vorher in meinem Kopf existiert haben. In meinem Hirn kann das Medium ihn nicht gelesen haben.«

Ein ungewöhnlicher Laut drang schon seit geraumer Zeit von draußen herein, ein dumpfes, an- und abschwellendes Rollen, ein Schnurren aus einer Wildkatzenkehle, doch nicht bedrohlich, eher beruhigend. Opeilu hatte es als erster gehört, und er hob jetzt die Hand, um die anderen zum kurzen Stillschweigen zu bewegen. Es kam näher und näher, schien sich wieder zurückzuziehen, wurde dann wieder lauter, bis es wie fernes Donnergrollen klang, nur hielt es länger an, war weicher und sorgfältig kontrolliert. Sie schauten zur Tür, dann blickten sie sich gegenseitig an. Die erste Möglichkeit, daß es sich um einen merkwürdigen Motor handeln könne, war längst verworfen. Jeder hatte das Gefühl, daß er den Klang schon einmal gehört hatte, daß er etwas bedeutete, doch die Erinnerung war zu schwach. Und plötzlich änderte sich der Laut, das jetzt mächtige Schwirren war aus der Dunkelheit draußen in den hell erleuchteten Raum hineingekommen, hatte Besitz von ihm genommen, prallte gegen die Dachbalken und surrte um ihre Köpfe, und aus der weiten Ferne ihrer Kindheit brach sich die Erinnerung Bahn, und einer nach dem anderen fing verlegen an zu grinsen.

»Sind wir denn wirklich schon so vollkommen expatriiert?« klagte Sipe.

»*Oro**! Wer hätte das gedacht? Ich erkenne die Stimme von *oro* nicht mehr.«

»Na, aber wie oft haben wir sie denn auch gehört? Sogar früher ...«, Sotikare hielt inne; er schien beunruhigt. »Aber warum?«

»Odubonas Tod, natürlich. Der große Höhepunkt, nehme ich an.«

»Der die ganze Nacht über dauern kann«, murmelte Sotikare und erhob sich. »Was mich anlangt, ich geh in die Klappe.«

»Halt den Kopf tief gebeugt«, riet im Soditan. »Sonst reißt *oro* ihn dir ab.«

»Kümmert euch lieber um eure eigenen Köpfe«, gab Sotikare zurück.

»Yode hat aber recht«, insistierte Sipe. »Wir sollten dich lieber nach Hause begleiten. Wer weiß, *oro* könnte dich in die tiefste, finsterste Leere entführen, aus der es kein Entrinnen mehr gibt. Und morgen wachen wir dann auf und halten vergeblich nach unserem Herrn Gerichtsschreiber Ausschau. Er aber ist verschwunden, dahin. Vom Winde verweht.«

»Willst du mir angst machen?«

»Aber bewahre, nein«, versicherte Soditan und nahm ihn bei der einen Hand, während Ogunba ihn bei der anderen nahm. »Was wir vorhaben, ist ganz einfach, wir nehmen dich mit zum *Igbo'ro* und setzen dich da an der Schwelle ab. Wenn *oro* dann im frühen Morgengrauen zurückkehrt und einen Fremden an seiner Türschwelle vorfindet . . .«

»Ich hab gesagt, ich geh nach Hause. Ich ziehe mein eigenes Bett vor.«

»*O ya*, tragen wir ihn . . .«

Sie hakten ihn rechts und links fest unter, hoben ihn über die Schwelle, und dann trugen sie ihn in die schwarze Nacht hinein. Ihr Lachen übertönte das jetzt langsam verebbende Surren der Schwirrhölzer. Sipe stand in der Tür und rief dem zappelnden Sotikare letzte gute Ratschläge nach: »Wenn *oro* versuchen sollte, dich zum Frühstück festzunehmen, dann schick doch einfach einen Haftprüfungsbefehl per Windboten nach Lagos . . .«

In der Stille, die das Haus erfüllte, nachdem die Freunde gegangen waren, hatte sogar Sipe ein gewisses Unbehagen gefühlt. Er kontrollierte, ob alle Fenster fest geschlossen und die Türen gut verriegelt waren. Er zögerte, als seine Hand zur Kerosinlampe griff; dann lachte er sich selbst aus. Ehe er jedoch den Docht herunterdrehte, fiel sein Blick auf den Kalender an der Wand, und er sah mit einigem Entsetzen das Datum – unter dem Druck der Ereignisse hatte er die »Konsultation« völlig vergessen. Nur noch zwei Tage – und dann wäre die günstige Phase vorüber.

Zum Glück war ja noch ein ganz klein bißchen Zeit. Ein kleiner Umweg über Odogbulo, um seinem Freund Onayemi einen Besuch abzustatten und ihn zu autorisieren, in seinem Namen die Verhandlungen mit dem Geist von Layeni wieder aufzunehmen. Genügend Zeit, Wemuja in Sagamu einzuholen und mit ihm zusammen seinen Auftrag in Lagos auszuführen, und wenn sie zurückkämen, würde Onayemi ihn an den Toren Ìsaràs erwarten und ihm die Antwort auf die neue Frage überbringen, die seinen Geist so hartnäckig beschäftigte. Sipe holte einen Briefblock hervor, strich die oberste Seite glatt und schraubte die Kappe von seinem katalogbestellten Füllfederhalter. Ein Lächeln der Befriedigung (und Tugendhaftigkeit) umspielte seine Lippen, als er jetzt an den Seufzer dachte, der sich der Brust seines einstmaligen Handelspartners entringen würde, wenn er das Papier entfaltete und statt des erwarteten Fragenkatalogs und der Opfergaben-Einkaufsliste eine einzige Frage finden würde, die da lautete:

»Wird S. A. Akinsanya, von seinen Freunden kurz Saaki genannt, Gewerkschaftler und zur Zeit wohnhaft in der Denton Street, Ebute Meta, wird dieser Akinsanya Odemo von Ìsarà werden?«

Er überlas die Zeilen mindestens ein halbes Dutzend Mal. Er wollte das Papier gerade wegstecken, um es am nächsten Morgen noch einmal durchzulesen, als ihm siedendheiß ein Gedanke kam, und rasch schraubte er nochmal die Kappe vom Füller. Vor »Odemo« fügte er die Worte »der nächste« ein und lächelte zufrieden vor sich hin. Er, Sipe, Sohn des Efuape, würde keinem Geist Odogbolus, sei er des Lesens und Schreibens mächtig oder nicht, die Chance einräumen, ihn mit einer zweideutigen Antwort abzuspeisen, ganz gleich in welcher Sprache.

Und, nur um ganz sicher zu gehen, unterstrich er die Worte »der nächste« zweimal.

Daß Pa Josiah, die lateritharte Verkörperung des starrköpfigen Kerns von Ìsarà, noch vor dem Frühstück für einige Sekunden in Panik geraten sollte, bestätigte nur, was sogar die Kinder spürten, als sie sich von ihren Schlafmatten erhoben: Die ganze Atmosphäre Ìsaràs war geladen, die Luft knisterte vor Spannung, irgend etwas störte den Jux und die Gaumenfreuden, die üblicherweise mit Weihnachten und Neujahr verbunden waren – selbst die Gesichter der Erwachsenen waren verschlossen. Iya Ajike, Nodes Frau, war sehr früh aufgestanden und hatte sogleich bemerkt, daß Wemuja nicht da war. Sie rief nach Alanko und stellte fest, daß auch er spurlos verschwunden war. Ein Holztransport hatte nicht auf dem Programm gestanden, und selbst wenn, dann wäre er an einem derart wichtigen Tag gestrichen worden. Sie eilte zu Mariam hinüber, und zusammen fielen sie bei Josiah ein, der sich gerade mit seinem Kaustäbchen die Zähne putzte. Für Mariam war es eine willkommene Entschuldigung, sich Josiah vorzuknöpfen. Seit über einer Woche schon hatte sie vergeblich versucht, ihn in einer dringenden Angelegenheit zu sprechen.

»Wemuja?« Angst, Ärger ... nein, das war unmöglich! Und doch war ihm der Gedanke ganz automatisch und wie selbstverständlich gekommen; er brauchte nicht einmal nachzudenken. Wemuja war der einzige Fremde in der Stadt. Agunrin Odubona war tot, und seine Begräbnisriten neigten sich dem Ende zu. *Oro* hatte seine Stimme erhoben und ausgehungert seine Kreise durch die Nacht gezogen, er hatte Frauen erschaudern und die Kinder sich ins Bett verkriechen und ängstlich sich die Decke fest über den Kopf ziehen lassen. Josiah war niemals Mitglied des *oro*-Kultes gewesen, doch das hieß nicht, daß er nicht wußte, wo *oro* zu speisen pflegte und wovon er sich ernährte ...

Und dann schalt sich Josiah einen verdammten Narren und schickte die Frauen nach Hause. Es gäbe nichts, worüber sie sich Sorgen zu machen brauchten. Er hatte das ganze Kommen und Gehen, die geheimen Zusammenkünfte zwischen seinem Sohn und Efuape und natürlich Wemuja beobachtet. Er wußte, es hatte damit zu tun, wie sie Akinsanya nach Ìsarà bringen wollten, doch er zerbrach sich nicht den Kopf über die Einzelheiten ihrer Pläne. Wemujas Verschwinden im frühen Morgengrauen hatte ganz sicherlich mit ihren geheimen Machenschaften zu tun; in was für einem Zustand war er denn, daß er auch nur eine Sekunde lang hatte denken können, man würde es wagen, sich an Wemuja zu vergreifen! Oder gar an diesem *ekan*-Stengel, den er seinen Gehilfen nannte. Seine Stimmung hob sich schlagartig, er schüttelte den Kopf und nahm eine Prise, um seine Nerven zu beruhigen.

Nur Iya Ajike war gegangen, Mariam war geblieben und sagte jetzt: »Ich glaube, du solltest mal bei Iya Agba reinschauen. Ich weiß, du hast im Moment mit den Dingen hier in der Stadt viel um die Ohren. Aber als ich sie gestern besuchte, schien sie mich nicht zu erkennen. Ich fürchte, es geht mit ihr zu Ende.«

»Heute abend. Ich werde heute abend bei ihr reinschauen.«

»Warte nicht, bis es zu spät ist ...«

»Ich hab' gesagt heute abend, nach der Zusammenkunft. Glaubst du, ich habe nichts anderes zu tun, als mir dauernd ihre Begräbnisvorführungen anzuschauen?«

»Ich gehe jetzt und koche ihr das Essen. Ich werde ihr sagen, daß du später bei ihr vorbeischaust. Bete darum, daß sie dich noch erkennt, wenn du zu ihr kommst!«

Durch einen leuchtend roten Nebel – eine Besonderheit, die Ìsarà mit ein paar anderen Städten und Dörfern des Südens teilte – kamen die *akuro*-Bauern von den Feldern zurück; sie liefen im Trott, ängstlich darauf bedacht, rechtzeitig da zu sein, um hinter dem Kandidaten ihrer Wahl Aufstellung nehmen zu können. Gerüchte waren ihre Reisegefährten gewesen, Gerüchte hießen sie in der Stadt willkommen. Trotz der Ausgangssperre, die *oro* verhängt hatte – sollte es noch irgend jemanden geben, der dumm genug war zu glauben, der Agunrin sei eines natürlichen Todes gestorben? –, war es einer Splittergruppe in der Nacht gelungen, von Zaubermitteln strotzende *igun*-Männer aus Badagry heimlich nach Ìsarà hineinzuschmuggeln. Unter dem Schutz des brummenden Lärms der Schwirrhölzer hatte man die *gèlèdé*-Trommeln geschlagen, und die Masken des Bundes verbreiteten den Glanz einer gänzlich anderen Zauber- und Hexenkraft in den bedrohlichen Straßen und Gassen Ìsaràs. Sobald der Distriktsbeamte in Ìsarà einträfe, würde er sich dem fremden Bann des Bundes wehrlos ausgesetzt sehen; er würde willenlos vollführen müssen, was *gèlèdé* von ihm verlangte. Er würde drei sehen, aber dreihundert zählen, er würde einen Baum sehen, aber versuchen, in ihn einzutreten, als wäre er sein Haus. So beschlagen Ìsarà auch sein mochte, im Umgang mit den Kräften des Regens und des Windes, der Erde und des Himmels und den geheimen Formeln, die sie zusammenhielten, die *igun* waren Meister einer anderen Kunst und Klasse, nichts und niemand konnte ihren Invokationen widerstehen. Und die heimliche Abfahrt von Efuapes Zwei-Vehikel-Kolonne in aller Herrgottsfrühe war natürlich auch beobachtet worden. Also mahnte die Partei des Olisa ihre Anhänger, auf der Hut zu sein. Es bestätigte nur, was man schon lange vermutet hatte – Jagun würde eine Privatarmee mobilisieren, um Erinle aus Ìsarà zu vertreiben. Und wenn der Distriktsbeamte käme, dann würde er nur eine Partei und nur einen Kandidaten und nur dessen Anhänger vorfinden. Die fremden Parteigänger, die im Hause des Agunrin im Rokodo-Gehöft Wache gehalten hatten, paradierten jetzt offen in den Straßen, die sie für sich erobert hatten, und lenkten allen menschlichen Verkehr in andere Kanäle – kein feindlicher Schatten sollte auf die wichtigste Gestalt in diesem Wettstreit fallen. Sogar die Kinder, die mit ihren Blechbüchsenorchestern und Masken herumgezogen waren, verschwanden aus den Straßen, nur ihre fröhlichen Lumpen, so schien es, hatten sich in die Baumwipfel zurückgezogen, denn dort hingen sie, hoch oben in den luftigen, blattlosen Wipfeln der Baobabs, die über ganz Ìsarà verteilt waren. Bunte Streifen und Fetzen in jenem Geäst, in dem *oro* letzte Nacht gehockt hatte. Und die Frauen schauten nicht hinauf zu ihnen, die älteren Buben aber zeigten sie den jüngeren und erzählten dazu Schauermärchen von der schrecklichen Wirkung der Fetzen, wobei sie einen weiten Bogen um die Bäume machten oder sich auf dem Absatz umdrehten und einen anderen Weg einschlugen. Die Wettkampfarena, der große, freie Platz vor dem einheimischen Verwaltungsgericht, war schon von einer Gruppe Strafgefangener hergerichtet worden, die man in einem Kombiwagen aus dem Gefängnis von Sagamu gebracht hatte. Sie hatten Brettstühle mit Rückenlehnen dabei und einen Tisch mit grüner Tuchbespannung, zu dem weichgepolsterte Lehnstühle und ein Baldachin gehörten, unter dem der Distriktsbeamte und seine Leute Platz nehmen würden, um den Ausführungen beider Parteien zu lauschen. Unter den aufmerksamen Blicken der Gefängniswärter erhielten die Gefangenen ihre Anweisungen von einem Vorarbeiter des Staatlichen Bauamts. Doch die Augen der Wärter waren nicht die einzigen, die die Szene beobachteten.

Olisas Brut von *onisegun*, die Wächter der Medizin, schauten von der einen Seite zu, wobei sie leise Anrufungen murmelten und zu den Baumwipfeln, den Dächern, zum feuchten Tal hinunter deuteten und dann auch auf ihre Füße. Von Zeit zu Zeit schienen sie in alle vier Himmelsrichtungen in den Wind zu spucken. Jagun begnügte sich damit, ab und zu an dem Platz vorbeizuschlendern und dabei so zu tun, als hätte er alles mögliche im Sinn, nur nicht die gegenwärtige Situation – doch seine Schaustellung war nicht überzeugend. Und wer genau hinsah, der konnte die feine Bewegung seiner Lippen ausmachen, als er vor dem Rednerpodium vorüberging, und jedermann konnte sehen, daß er sein Umschlagtuch von der linken Schulter soweit herabhängen ließ, daß es kurz über den Boden schleifte, ehe er es mit Schwung über die Schulter zurückwarf. Auch gestikulierte er heftiger mit seinem Roßhaarwedel, als nötig war, um die lästigen Fliegen abzuwehren, doch niemand hätte ihn wirklich übler Machenschaften beschuldigen können.

Langsam stieg die Sonne höher. Die unter einheimischer Verwaltung stehenden Polizisten mit ihren blauen, ausgebeulten Shorts, den roten Bauchbinden und den braunen Fezkappen waren gerade dabei, militärische Aufstellung zu nehmen, als eine rote Staubwolke die Ankunft eines Motorgefährts ankündigte. Augenblicklich entgleiste jegliche Disziplin der säuberlich nach Clanzugehörigkeit aufgereihten Bevölkerung, und alles rannte durcheinander, und sogar die buntgewürfelte Schar der Gefängniswärter verlor einen Moment lang ihre Wachsamkeit. Noch niemals zuvor hatte sich ein dreibeiniges Ungeheuer wie dieses in den Straßen Ìsaràs gezeigt. Auf dem Motorrad selbst hockte einer von ihren eigenen Leuten, aber in dem niedrigen

Kasten, der elastisch gefedert auf einem Rad nebenherhopste, saß ein weißer Mann in einem Safarianzug, komplett mit Tropenhelm. Das Gespann hielt direkt neben dem Rednerpodium, und der Fahrer stieg ab. Olisas Wächter der Medizin zogen sich, zunächst langsam und würdevoll rückwärts gehend, möglichst unauffällig zurück. Dann aber, als sie glaubten, außer Sicht zu sein, fingen sie an zu rennen, um Olisa, der mit Erinle zusammensaß und Rat hielt, die Neuigkeit zu überbringen. Er nickte mit grimmigem Gesicht. Also stimmte es doch. Und gleich darauf erschien ein weiterer Emissär mit einer Hiobsbotschaft, die alle noch möglichen Zweifel zerstreute. Man hatte den Polizisten, der das Motorrad steuerte, belauscht: Er hatte nach dem Weg zum Hause des Lehrers Soditan gefragt! Olisa wandte sich an seine *onisegun* und befahl ihnen, sofort die nötigen Zaubermittel herzustellen, die die jetzt wohl unvermeidlich gewordenen Gewehrkugeln der Gegner unschädlich machen würden. Das merkwürdige Vehikel war zweifellos die Vorhut der Verstärkung, die herbeizuholen Sipe Efuape vor Morgengrauen sich aus der Stadt geschlichen hatte.

Pa Josiahs Spürnasen waren noch schneller. Als sie ihm berichteten, ein einheimischer Polizist und ein Weißer hätten nach dem Weg zu seinem Haus gefragt, schnappte er sich seinen Sohn beim Schlafittchen und zerrte ihn, ohne dessen Proteste zu beachten, zum Hause seiner Mutter, um ihn dort zu verstecken. »Hier wartest du und rührst dich nicht vom Fleck, bis wir rausgekriegt haben, wer die beiden sind. Hast du vergessen, daß Erinle in Abeokuta war? Wer weiß, was er da gegen dich angezettelt hat. Warum sollte ausgerechnet heute ein weißer Mann kommen und nach dir fragen?«

Es ergab überhaupt keinen Sinn, aber möglich war alles. »Übrigens, es könnte sein, daß Iya sich ein wenig merkwürdig verhält. Deine Mutter hat heute morgen irgendeinen Unsinn dahergeschwätzt, daß Iya ihre eigenen Leute nicht mehr erkennt.«

Akinyode bestand darauf, daß Ogunba unverzüglich zu benachrichtigen sei, dann ergab er sich seinem Schicksal und stellte sich darauf ein, wohl ein paar Stunden unter dem Dach seiner Großmutter verbringen zu müssen. Er fand sie schlafend vor, und auf Zehenspitzen schlich er sich an der Matte vorbei, still und inbrünstig betend, sie möge ihn, sollte sie erwachen und ihn brav dort sitzen sehen, mit dem Schauspiel ihres Begräbnisrituals verschonen.

Als Josiah zu seinem Haus zurückkam, standen Motorrad und Beiwagen schon vor seiner Tür, umringt von drängelnden Kindern und ein paar Erwachsenen, die der Polizist auf respektvolle Entfernung hielt.

»Dein Gast wartet im Haus auf dich«, rief ihm ein Nachbar zu.

»Wessen Gast?« fauchte er. »Der, den mir dein Großvater geschickt hat?«

Er war vorsichtig genug, erst einmal durch sein eigenes Fenster zu spähen. Und da sah er ihn, gemütlich hingegossen in Pa Josiahs Lieblingsstuhl, so völlig mit sich und der Welt zufrieden, als lebte er schon seit hundert Jahren hier, ein Mann, so blaß und mit so blonden Haaren, einschließlich der Haare auf seiner Haut, daß er aus Baumwollflusen gemacht zu sein schien. Nur auf seinen Unterarmen hatte er ein paar rostrote Flecken. Trotzdem sah er sehr kräftig aus, war vielleicht so groß wie Josiah selbst. Er schwitzte ganz fürchterlich und wischte sich mit seinem Taschentuch ständig über Gesicht und Nacken. Wäre da nicht diese eine winzig kleine Tatsache gewesen, Josiah hätte ihn als völlig harmlos eingeschätzt. Aber dieser Fremde hatte ein Notizbuch bei sich, in das er pausenlos Eintragungen machte; und das fand Josiah höchst alarmierend. Der Mann inspizierte die Einrichtung des Hauses mit unnatürlicher Aufmerksamkeit, und sobald ihm irgend etwas aufzufallen schien, kritzelte er gleich was in sein Buch. Das bestätigte Josiahs ärgste Befürchtungen. Er drehte sich auf dem Absatz um und gab Fersengeld, und als er die aufgeregte Menge um sich herum Schreie der Verwunderung ausstoßen hörte, zischte er sie an:

»Nehmt ihr ihn doch mit zu euch nach Hause, wenn ihr so gern ungeladene Gäste habt!«

Er mußte Jagun finden, wo immer der sich auch gerade aufhalten sollte.

Yode wartete, doch niemand kam. Eine Stunde verstrich, dann eine zweite. Er hatte nicht mal seine Taschenuhr einstecken können. Für eines allerdings war er dankbar; obgleich seine Großmutter sich ein paarmal bewegt und sogar im Schlaf etwas gemurmelt hatte, war sie nicht erwacht. Vielleicht blieb ihm das makabre Schauspiel diesmal erspart. Er schlich in der Hütte herum und hoffte, irgend etwas zu finden, womit er sich die Zeit vertreiben konnte, vielleicht eine vergessene, verstaubte Bibel. Aber es war nichts da. Er ging zum Fenster und starrte in den Himmel. Die Quelle des Getrommels, das die Stille durchbrach, war nur zu leicht auszumachen – es kam aus der Richtung von Ago Aro, von woher Erinle mit seinen Anhängern aufbrechen würde, um unter Gesang und Tanz als die personifizierte Siegeszuversicht zum Festplatz zu ziehen und unterwegs noch ein paar Unschlüssige auf seine Seite zu locken. Der Lehrer empfand einen Hauch von Mitleid für Erinle, der sich seines Sieges so absolut sicher war. Aber hatte der Regent nicht die unaussprechliche Dummheit begangen, an Akinsanya zu schreiben und ihm mitzuteilen, daß er, Saaki, zwar sehr wohl die größere Unterstützung genieße, daß er, Olisa, aber dennoch wünsche und hoffe, Akinsanya werde »im Interesse Ìsaràs« Erinle den Vortritt lassen? Denn, so hatte Olisa versucht, Akinsanya zu überzeugen, dies sei eben Ìsarà und nicht Abeokuta oder Lagos, ja nicht einmal Ondo. Ìsarà sei immer seinen eigenen Weg gegangen, habe seine Sitten und Bräuche immer zu schützen gewußt. Was Ìsarà brauche, sei ein König, der tief in den alten Traditionen verwurzelt sei, nicht ein Mann, der nur mit städtischen Angestellten und völlig entfremdeten Zivilbeamten verkehre und den weißen Mann mit ärgerlichen Briefen bombardiere. Ìsarà wünsche nichts anderes, als in Ruhe gelassen zu werden. Und der gewiefte Saaki hatte postwendend eine Kopie dieses Schreibens an den Statthalter geschickt.

In der Abgeschiedenheit und Stille der Hütte schienen die

überdrehten Aktionen der letzten Tage mit einem Mal wie in weite Ferne gerückt. Tatsächlich fühlte sich Akinyode, noch ehe die erste Stunde vergangen war, in der Illusion verfangen, dies sei ein Besuch außerhalb der Saison. Nichts geschah, nichts ereignete sich hier – alles spielte sich woanders, in einer anderen Zeit, an einem anderen Ort ab. Er war allein und außerhalb der Saison in Ìsarà, nichts störte seinen Frieden, außer den Schafen und Ziegen, die träge mit immer gleicher Bewegung ihre Grasbüschel malmten, von fast greifbaren Hitzestrahlen in den Mauerecken festgeheftet.

Als er jetzt an das andere Zuhause dachte, an Morola und die Kinder, kamen kurz Gewissensbisse auf. Für wann hatte die Hebamme die Geburt des Kindes vorausgesagt? Na, wenigstens war die Krankheit überstanden. Diesmal hatte sie die Neujahrsfeier in Ìsarà verpaßt, aber es war ja auch kein besonders großartiges Neujahrsfest gewesen. Das nächste würde ganz anders sein – da würde es ein riesiges Doppelfest geben, sofern heute alles gut ging. Und es mußte einfach gut gehen! Ìsarà brauchte Saaki. Das war keine Sache der Generation. Schließlich hatten sogar Jagun und selbst Apena und Ladega – neben Olisa die bedeutendsten Chiefs – die Wahl mit Feuereifer unterstützt. Und Akinsanyas Beliebtheit stand überhaupt nicht in Frage ... besonders bei den Frauen. Und jetzt fragte sich Yode, warum niemand daran gedacht hatte, warum sie daraus keinen Nutzen gezogen hatten, statt ihn mit dieser Reputation aufzuziehen. Na, egal. Es bedeutete immerhin, daß die Königswürde ihm schon genehm wäre – zumindest was diesen Aspekt des Palastlebens anging. Und was den Rest anlangte, die wirklichen Herausforderungen und Aufgaben, nun, so hatten die Ex-Iléanten ihn bis hierher begleitet, sie würden ihn auch später nicht im Stich lassen, sie würden ihn schon auf Trab halten. Abeokuta war in jeder nur denkbaren Weise zu weit voraus. Er blickte der Wahrheit fest ins Angesicht – Ìsarà war noch immer rückständig und hinterwäldlerisch. Was die Ex-Iléanten brauchten, war ein Mittelpunkt, auf den sie ihre Pläne konzentrieren konnten, jemanden mit einer Vison – oder doch zumindest mit Antriebskraft und einer gewissen Erfahrung in der Organisation. Wenn sie alle zusammenhielten, würden sie die Vision schon liefern können...

Akinyode hörte ein Geräusch und drehte sich um. Seine Großmutter hatte sich auf der Schlafmatte aufgesetzt. Er hätte es nicht erklären können, doch im Augenblick, als er sich umwandte, war er von einer schrecklichen Vorahnung erfaßt; er sprang zu ihr hinüber und kniete noch in derselben Bewegung neben ihr nieder. Sie sank ganz langsam zur Seite, und er fing das Bündel dürrer Zweige auf, zu dem sich ihr ausgemergelter Körper längst verwandelt hatte. Sanft und vorsichtig legte er sie auf die Matte zurück. Er streckte ihre Glieder aus, und dann schloß er ihr die Augen.

Lange kniete er so und starrte die vor seinen Augen leblos gewordene Gestalt an. Schließlich zog er die Decke über ihren Körper und ihr Gesicht.

Akinyode erhob sich und ließ seine Augen durch den Raum schweifen. Er war ihm immer so klein, so spärlich vorgekommen, und jetzt war er wahrhaftig leer. Er versuchte, seine Gefühle auszuloten, fand aber nur eine einfache Traurigkeit, keinen tiefschneidenden Schmerz, nur ein Gefühl von unbewohntem Raum in seinen Gedanken an jenes Zuhause, das Ìsarà war. Er fragte sich, wie es wohl seinen Vater berühren werde, aber er wußte, Josiah würde das wahre Ausmaß seiner Trauer niemandem offenbaren, außer vielleicht seinem Freund Jagun.

Plötzlich überlagerte der unverwechselbare Klang der *sèkèrè* die schon hitzige Musik, dazwischen hörte man Hornstöße. Schon wieder Erinle. Jeder wußte, daß er einen königlichen Hornbläser aus Abeokuta mitgebracht hatte, als ob das ein Ausgleich wäre für den Verlust der widerrechtlich angeeigneten Königsinsignien oder den Mangel an Köpfen, die er an seiner Seite versammeln konnte. Aber was für eine Angelegenheit konnte das bloß sein, derentwegen ein Polizist und ein Europäer ihn suchten? Hatte sein Vater recht? Irgendein Komplott mit der Hilfe von Intriganten in Aké geschmiedet? Sollte der Alake

Partei ergriffen haben? Oder waren es ein paar einflußreiche Anhänger des Olisa aus Lagos?

Noch einmal richtete er seinen Blick auf das ausgemergelte Bündel auf der Matte und fragte sich, ob es wohl noch in ihr Bewußtsein gedrungen war, daß der Odemo, den sie kannte, vor einiger Zeit gestorben war und daß nun ein anderer und mit ihm ein neues Zeitalter in Ìsarà Einzug halten würde. Was freilich sollte es ihr jetzt noch bedeuten? Sie würde dort drüben – wo immer das sein mochte – ihren Odemo treffen, und vielleicht schauten sie gemeinsam herab auf die Kontrahenten und schüttelten gönnerhaft die Köpfe. Sie hatten alles überstanden. Akinyode ging wieder zum Fenster, um zu sehen, wie hoch die Sonne gestiegen war. Wenn es nicht schon drei Uhr war, so war es doch nicht lange bis dahin. Ihr Stelldichein war auf drei Uhr festgemacht, genau an dem Punkt, von dem die kleine Kolonne am Morgen losgefahren war. Vielleicht waren Sipe und Saaki schon da. Yode spitzte die Ohren, um das Geräusch der Motoren zu hören, doch dann sagte er sich, daß die dichte Vegetation der Hügel wohl sogar Kanonenschüsse verschlucken würde. Er schloß das Fenster, schob den Türriegel zurück und schaute vorsichtig hinaus. Er machte die Tür hinter sich zu und eilte rasch zu einem der wenig benutzen Pfade, der an der Stadt entlang zum 'Gborobe-Fluß hinunterführte.

Wemujas äußere Erscheinung war ein einziger aufdringlicher Mißklang, denn jetzt trug er zu seinem Cowboyflitteranzug auch noch seinen verknautschten Pfadfinderhut und striegelte ein makellos weißes Pferd, als wäre er für diese Arbeit geboren worden. Er sah den fragenden Ausdruck im Gesicht des Grundschulrektors und beeilte sich ihm zu versichern: »Das sind doch nur meine Arbeitsklamotten, Mr. Yode. Ein Mann muß sich doch der Situation anpassen, das ist jedenfalls meine Überzeugung, und besonders bei einer Gelegenheit wie dieser. Ich bin derjenige, der für das Pferd des Chiefs zu sorgen hat.«

»Sind die anderen angekommen«, wollte Yode nun wissen. »Efuape, Mr. Akinsanya ...«

»Jawoll, alle da! Sie sind ins *igbale* gegangen ...«

»Was für ein *igbale*? Was weißt denn du vom *igbale*, du gerade erst aus Edo eingewanderter Fremder?«

Wemuja lachte laut. »Aber Herr Lehrer, die *egungun* kommen doch heute. Der königliche *egungun* wird auftreten, und dann werden wir ja sehen, wer wer ist, hier in Ìsarà. Die Maskenträger sind schon gegangen, um sich einzukleiden, und wenn Sie wissen wollen wo, dann kann ich's Ihnen sagen, in der alten Geburtshilfestation nämlich; die haben sie mit Beschlag belegt, und das ist jetzt ihr Hauptquartier. Ich habe übrigens das Pferd sich ausruhen lassen, nach der langen Fahrt ...«

»Geh mal lieber schnell, und sag ihnen, daß ich hier bin.«

Wemuja riß vor Erstaunen den Mund weit auf? »Aber die warten doch dort auf Sie!«

»Nein. Sag ihnen – halt, sag nur Mr. Efuape, daß ich hier bin. Sag ihm, er soll sofort hierher kommen.«

Wemuja bemerkte die Veränderung in der Stimme des Lehrers und fing an, sich Sorgen zu machen. »Stimmt was nicht, Mr. Yode? Hat's Ärger gegeben während unserer Abwesenheit?«

»Nein. Oder besser, wir wissen noch nicht genau, was los ist ...«

Wemujas Gesicht hatte sich in dunkle Gewitterwolken verwandelt: »Wenn das wieder diese Olisa-Leute sind! Ich hab Ihnen gesagt, lassen Sie mich ...«

»Nein, nein, nein. Wirklich, wir wissen ... hör zu, sei so gut, geh einfach, bring mir Sipe her und ...«

Das Dröhnen eines näher kommenden Motorrads übertönte seine letzten Worte. Es war Ogunbas jüngerer Cousin, den sie als Wachtposten an der Straße von Lagos postiert hatten. Das gab der Versammlung der Ex-Iléanten eine Frist von mindestens zwei Stunden, denn die Kommission sollte im Amtssitz des Statthalters speisen und dort dann auch wieder die Nacht verbringen, nachdem die Aufgaben in Ìsarà erledigt waren. Bis jetzt schien alles genau nach Plan zu laufen, also konnte auch die Zusammenkunft wie vorgesehen stattfinden.

»Sie sind vor einer halben Stunde angekommen« , berichtete

der junge Ogunba. »Ich habe gewartet, bis sie mit dem Essen angefangen haben.«

»Es scheint, als ob unsere Gruppe ihr Lager woanders aufgeschlagen hat«, hob Soditan an, als ihn das Quietschen von Autoreifen unterbrach. Der Morris kam neben ihnen zum Halt, und Sipe sprang heraus. Seine Augen glühten vor Aufregung: »Menschenskind, wo warst du denn? Wo hast du dich denn versteckt?«

»Ihr habt die Pläne geändert? Wieso seid ihr in die Krankenstation umgezogen?«

»Mußten wir doch! Was erwartest du denn von uns? Wir konnten deinen Gast doch wohl nicht gut hier im Herzen des Dschungels unterbringen?«

»Was für einen Gast?«

Sipe schaute ihn erstaunt an. »Was für ein Gast? Ja, ist er denn noch nicht hier? Er ist doch Stunden vor uns in Lagos abgefahren. Er sagte, er würde vorausfahren.«

»Sipe, von wem redest du?«

Efuape hielt sich den Kopf. »Ach du meine Güte, jetzt hat er sich auch noch verfranst. Wahrscheinlich ist er inzwischen schon in ...« Abrupt hielt er inne. »Nein, er kann sich nicht verfahren haben. Ein Polizist hat ihn doch hergebracht, wir haben extra einen ausfindig gemacht, der mal in Ode stationiert war. Dein Freund hat im Beiwagen Platz genommen.«

»Oh. Von einem Beiwagen war die Rede. Ja ...«

»Na, Mann, dann ist er doch da! Wieso hast du ihn nicht gesehen?«

»Wen gesehen? Ich bin abgehauen. Baba dachte, die wären gekommen, um mich zu verhaften.«

»Dich verhaften? Weswegen denn? Also nun mal langsam – du willst also sagen, du hast deinen Freund überhaupt noch nicht gesehen, seit er hier ist ... diesen diesen Cade Woodenback oder wie immer er sich nennt?«

»Wooden ...?« Der Lehrer stand wie vom Donner gerührt. »Weeer sagst du?«

»Na, du weißt doch, dein Bekannter, dein Brieffreund.«

»Hier? Wade Cudeback?«

»Ja, genau der. Er kam mit dem Postschiff schon vor über einer Woche, aber unterwegs ist er krank geworden, und da hat er sich erstmal beim Erziehungsminister eingemietet, um sich auszukurieren.«

»Aber, aber wie ...?«

»Laß mich doch ausreden. Er hat Erkundigungen eingezogen, wo er dich erreichen kann, und dann hat Melville Jones sich mit Saaki in Verbindung gesetzt. Das ist alles. Der Mann ist noch nicht wieder voll auf dem Posten, aber er bestand darauf, sofort loszufahren, als er hörte, daß du hier bist.«

Soditan wiederholte nur immer wieder: »Wade Cudeback! Hier im Protektorat?« Und dann, als ihm der Sinn der Nachricht endlich dämmerte, rief er: »Hoo! Dann ist er das, der in Babas Haus sitzt!«

Sipes Geist blieb stur dem Praktischen verhaftet. »Ja, dann fahren wir doch los. Es liegt ja auf dem Weg; wir holen ihn einfach während des Festumzugs ab.«

Und so wurde, mit ein paar kleinen Änderungen und Kürzungen, das Historienspiel, das den unglücklichen Librettisten Akinkore in Abeokuta so hoffnungslos überfordert hatte, in den Trogtälern und Serpentinenstraßen Ìsaràs noch einmal aufgeführt. So temperamentvoll Olisas Umzug auch zu sein versuchte, mit der Pracht des Schauspiels der Partei Jaguns konnte er es nicht aufnehmen. Angeführt wurde der Zug von Bahia, ihrer Geheimwaffe, wie Sipe sagte, dem rassigen Vollblut, das jetzt schnaubend seine weiße Mähne über jenem Hügel schüttelte, von dem aus normalerweise Goriola seine grandiose Abfahrt machte – bis ihn das Unglück ereilte.

Ein denkwürdiges Moment beschäftigte den Reiter und begleitete ihn den ganzen Tag. Als ihm auf der von der Stadt aus nicht einsehbaren Seite des Hügels auf das Pferd geholfen wurde, ging er in Gedanken noch einmal den Weg durch, der für ihn abgesteckt war, probte in der Vorstellung noch einmal die Ausführung seiner feierlichen Aufgaben und Handlungen, und wieder überkam ihn ein Gefühl der Bewunderung für die detailgenaue Ausarbeitung und für die verschwenderische Ausstattung dieses Festzuges, der dem eigentlichen Wettstreit der Kandidaten vorausging. Während die Falten seiner schweren *agbada* sorgfältig über Kruppe und Flanken des Pferdes und über den Knopf des reich ornamentierten Sattels drappiert wurden, senkte er mit ungewohnter Demut den Kopf, und seine Stimme zitterte leicht, als er sagte:

*»Ha! Emi re wuwo l'owo wen to 'we?«**

Sie sahen, daß er einfach überwältigt war. Akinyode aber schaute seinem Cousin fest in die Augen und sprach für alle:

*»Si ko je k'Ìsarà wuwo n'owo re.«**

Akinsanya nickte bedächtig, sein weit in die Ferne gerichteter Blick war ein feierliches Gelöbnis. Und mit einem Mal strahlte er über das ganze Gesicht, straffte die Schultern und spornte ungeduldig das Pferd an. Es sollte losgehen. Wemuja schloß seine kurzen Finger um den Zügel, und der Zug setzte sich in Bewegung.

Saakis Gesicht, eine schwarze Sonne gegen den Himmel, war von einer *abetiaja* aus gestärktem weißem Damast gekrönt, deren dreieckige Seitenlaschen über seinen Ohren in streng symmetrischen Falten so abstanden, daß sie mit den Ohren einen rechten Winkel bildeten. Bis zu diesem Tage hatte noch niemand eine *agbada* gesehen, die ganz und gar aus *èye etù* geschneidert war. Das riesige, bestickte Gewand schimmerte und changierte je nach den Bewegungen des Pferdes. Wemuja, selbsternannter königlicher Stallmeister, kam Akinsanyas Anweisungen auf den Buchstaben genau nach. Inzwischen in eine einfache *buba* und ein *soro* gekleidet, dazu eine *ikori*-Mütze auf dem Kopf, führte er das Pferd genau bis zum Scheitelpunkt des Hügels. Dort hielt er es an und wartete, bis die Grüppchen der Anhänger von allen Seiten aus ihren Verstecken gekommen waren, um den Triumphzug noch imposanter erscheinen zu lassen. Saaki hob seinen besonders großen Prunkwedel und dankte für die tumultuöse Begrüßung. Von Zeit zu Zeit verschwand sein Gesicht hinter den riesigen *sèkèrè*, die die miteinander wettstreitenden Musiker während des Spiels in die Luft warfen.

Über die geschwungene Kruppe des Pferdes hinweg blinzelten Efuape und Soditan sich zu und grinsten sich zufrieden an, als die ersten versteckten Zündkapseln explodierten. Dieser Teil der Sache war geritzt. Der Rest lag jetzt in den Händen der Kommission. Und vielleicht in der Tasche meiner *buba*, dachte Sipe sich im stillen. Denn versteckt unter seiner *agbada* war ein verschlossener Briefumschlag mit der Nachricht von Onayemi. Zu seiner eigenen Überraschung hatte er sich nicht getraut, ihn zu öffnen, er hatte nicht den Mut gefunden, der Voraussage des Geistes von Layeni Auge in Auge gegenüberzutreten.

Mit voller Absicht hatten sie die Route ihres Festzuges so gelegt, daß sie stolz am Rokodo-Gehöft vorbeiführen würde – freilich erst, wenn deren Umzug von dort schon zum Versammlungsplatz aufgebrochen war. Eine symbolische Trotzhandlung war genug, es war nicht nötig, die Pracht ihrer Prozession durch weitere unschickliche Szenen zu beeinträchtigen. Mit einem Kopfnicken beantwortete Yode die Frage in Wemujas Augen, und langsam setzte sich der Zug hügelabwärts in Bewegung.

Akinyode Soditan wandte seine Aufmerksamkeit Saaki zu, der steif wie ein Ladestock zu Pferd saß; ja, dies war in der Tat eine Heimkehr. Doch würde er auch wirklich »zurück an den Absender« kommen? Die Aufgabe war erschreckend und entmutigend. Unter dem Prunk und Staat um sie her befand sich so mancher Körper, der von den Himbeerpocken zerfressen war, dessen war der Lehrer sich nur zu bewußt. Ein Schicksal, das einen unfair großen Teil der Bevölkerung Ìsaràs heimsuchte. Und nicht alle kurzgeschnittenen Kinderköpfe glänzten in der Sonne; Fadenpilze hatten ihre schuppigen Spuren zwischen den Haarbüschelchen zurückgelassen. Das fahrbare Krankenhaus, das Ìsarà und andere Städte im Remo-Distrikt versorgte, kam unregelmäßig. Manchmal brachte eine schwangere Frau ihr

Kind am Straßenrand zur Welt, weil sie zu spät zur Geburtshilfestation in Ode aufgebrochen war. Mitten in der Menge sah Akinyode eine Frau mit einem Kropf, groß wie eine reife Papaya. Er kannte die Frau. Die Ex-Iléanten hatten vor einiger Zeit Geld gesammelt, um sie nach Sagamu schicken zu können, wo sie sich einer Operation unterziehen sollte, aber sie wollte nichts davon hören. Wenn irgend jemand sie aufschneiden wolle, dann solle dies, sagte sie, hier in Ìsarà geschehen, nicht irgendwo in der Fremde. Ruhr und andere Durchfallerkrankungen rafften viel zu viele Kleinkinder dahin, manchmal noch ehe sie entwöhnt waren. Daß Sipe vorgeschlagen hatte, die ehemalige Entbindungsstation von Ìsarà, die aus Mangel an Personal hatte geschlossen werden müssen, zum heutigen Hauptquartier zu machen, war eine Wahl von symbolischem Gehalt. Von dort würde Saaki aufbrechen, um die Krone Ìsaràs für sich zu erringen. Es gab kein fließendes Wasser – nicht ein einziger Hahn war bisher in Ìsarà installiert worden. Die Straßen, für das Ereignis des Tages ungewöhnlich sauber gefegt, sahen meist nicht anders aus, als die Innenräume nur zu vieler Häuser, die sich nur dann erinnerten, wie sich ein Besen anfühlt, wenn Goriola im Anmarsch war ... o ja, Saakis Schultern mochten sehr kräftig wirken, doch Akinyode sah sie bereits unter der Last der Erwartungen gebeugt. »Wiege ich so schwer in euren Händen?« hatte er oben auf dem Hügel voll bewegender Dankbarkeit gefragt, und Soditan hatte ihm geantwortet: »Es ist Ìsarà, dessen Gewicht in deinen Händen liegen wird!« Ja, Saaki, leider wird es das, muß es das. Und du darfst keine Dankbarkeit erwarten, nur noch mehr Forderungen, noch mehr Erwartungen, und Wunder, ja, nichts Geringeres als Wunder werden sie von dir fordern. Aber keine Dankbarkeit zeigen. Dieses Gefühl, so meinte Akinyode schon oft gespürt zu haben, war in Ìsarà eine unbekannte Größe.

Und doch, trotz dieser Vermutung, trotz des Haders und der momentanen Bitternis besaß Ìsarà einen starken Gemeinschaftssinn, einen Zusammenhalt – ganz anders als Abeokuta. Als ihr Festzug beim Versammlungsplatz Olisas Prozession einholte und einen weiten Abstand ließ, um die Unterschiede zwischen den Parteien aller Welt deutlich zu machen, doch nicht, um sie – so hoffte er – für alle Zeit festzuschreiben, da war ganz Ìsarà versammelt, eine Bravourleistung, die in Abeokuta ganz unmöglich gewesen wäre. Wahrhaftig, wo in Abeokuta würde man eine Gruppe von Ex-Iléanten finden, die so routinemäßig auf den Tag hinarbeiteten, an dem sie alle miteinander wieder beim Absender ankommen würden? Nein, Abeokuta war viel zu groß, dehnte sich viel zu weit aus; seine Ex-Iléanten hatten keine Ahnung von der Armut Ìsaràs, wußten nichts von einem »Absender«, jenem schweigend fordernden, lästigen Wesen, von dem sie alle ihren Ausgang genommen hatten. Die Felsenstadt der Egba war ein Turmfalke mit weit ausgebreiteten Flügeln, Ìsarà dagegen war eine Ringeltaube, die eben erst mühsam aus der Schale der Zeit schlüpfte ...

Ganz erschlagen von dem Lärm, doch innerlich mit dem Ergebnis wochenlanger, sorgfältiger Planung mehr als zufrieden, suchte Soditans Geist in allen möglichen Richtungen Zuflucht. Die Neugier auf seinen Lehrerkollegen brachte ihn fast um. Tausende von Meilen war er über das Meer gereist – wozu? Ein zwanghaftes Interesse an jenem »dunklen Kontinent«, von dem er nur gelesen hatte? Oder war es ein ganz allgemeiner Wissendurst? Wissen aus erster Hand, dieses unerfüllbare Lehrerideal? Nun, was immer er hier gesucht haben mochte, dies war ein Ausflug, der ihm mehr bot als General Montcalms gespenstische Schlachtfelder, die Umgekehrten Wasserfälle und das Hexenhaus von Salem zusammengenommen ...

Wade Cudeback! Soditan blieb so plötzlich stehen, daß die hinter ihm gehenden in ihn hineinstolperten und ihn dabei heftig vorwärtsstießen. Ja natürlich, das machte einen gehörigen Unterschied: Cudeback reiste aus purem Vergnügen, nicht aus Notwendigkeit. Ìsarà aber hatte überhaupt keine Wahl. Es schubste und stieß seine Söhne und Töchter hierhin und dahin, zunächst, damit sie eine Ausbildung erhielten, dann, damit sie Geld verdienten. Die Kargheit war überall mit Händen zu greifen; Ìsarà konnte niemandem einen Lebensunterhalt bieten. Die Nacktheit und Öde erschütterten ihn. Er wußte, daß auch ein paar andere Leute den Ruf hatten, ewig Reisende zu sein – die Ogbomosho beispielsweise. Überall entlang der Westküste Afrikas konnte man sie antreffen. Und ebenso war es mit den Ijebu. Er konnte nicht sagen, was die Ogbomosho dazu trieb, die Diaspora zu wählen, doch er wußte jetzt mit Sicherheit, was die Leute von Ìsarà zu Exilanten machte. Hier gab es keine Fabriken, nicht einmal kleine Betriebe, keine Institutionen, nichts, das irgendeinen Neugierigen anlocken oder die Einheimischen zu einem produktiven Abenteuer reizen konnte.

Wußte Akinsanya das? Seine *abetiaja*, deren dreieckige Ohrenklappen noch immer steif zur Seite abstanden, sah jetzt eher aus wie ein Stück von einer jener Kakteen, die Ìsaràs harte Erde auf dem einen oder anderen Hügel und gelegentlich in einem Hinterhof hervorbrachte. In Gedanken machte sich der Lehrer eine Notiz, er würde ihm seine Beobachtung als eine Warnung zukommen lassen – nicht, daß Saaki dazu neigte, seine Pflichten zu vernachlässigen. Dennoch konnte der Hinweis nichts schaden. Sollte Saaki nachlassen oder müde werden, sollte er anfangen, nur noch den Vergnügungen des Amtes zu leben, dann würde es an der Zeit sein, die alte Spruchweisheit für ihn abzuändern und ihn daran zu erinnern – eine *abetiaja* wird niemals aus Samt gemacht, und niemand hat dich gezwungen, sie zu tragen.

Nur zu bald zeigte sich, daß die Hommage weiter gefaßt war, daß sie mehr umschloß als nur den stolzen Reiter. So oft eine Gruppe oder ein einzelner vorwärtsdrängte, um das Pferd oder Saakis Kleider zu berühren, so oft auch trat eine Gestalt, ein Grüppchen aus Zweien oder Dreien still an Soditans Seite. Ein strahlendes Gesicht oder ein verlegenes Kichern waren Ausdruck ihres persönlich empfundenen Stolzes oder ihrer Dankbarkeit und manchmal auch nur des Anspruchs dazuzugehören.

»Erinnern Sie sich noch an mich, Herr Lehrer? Ich war ihr Schüler ...«

Es wiederholte sich ständig, alle paar Schritte. Gesichter, die er schon jahrelang nicht mehr gesehen hatte – sie alle hatten auf den Ruf reagiert, auf die Telegramme, die Briefe, die von Boten überbrachten Nachrichten, die Zeitungsnotizen, die Flüsterpropaganda, ja sogar auf die Episkopalschreiben, denn es gab etliche Ex-Iléanten, die dem Stand der Geistlichkeit beigetreten waren. Opeilu nahm sie in seine Obhut. Einige waren heute erst angekommen, gerade noch rechtzeitig, um die Reihen zu füllen; die Ex-Iléanten hatten ihre Netze nach allen Seiten hin weit ausgeworfen. Manche Gesichter riefen nur »Lehrer« aus der Menge heraus, so lange, bis er mit einem Kopfnicken oder Winken reagierte; dann waren sie zufrieden, weil er sie erkannt hatte. Andere hoben ihre Kinder über die Köpfe der drängelnden Menge hinweg, damit er sie sehen sollte. Und da war auch Mrs. Esan. Sie stand ein wenig abseits und nickte ihm mit stiller Zufriedenheit zu. Mit einer Geste bedeutete er ihr seine Anerkennung für das *èye etù*, das ein Riesenerfolg war. Ihre Unterhaltung ging ihm wieder durch den Kopf, und er fühlte sein Innerstes von einem Glühen erwärmt; es war ihm, als wäre er ganz zufällig über das Geheimnis der inneren Erfüllung gestolpert.

Konnte es sein – und er kehrte zurück zum Schrein von Odogbolu, zu dem Medium, dessen rätselhafte Aussage sich allen Erklärungsversuchen widersetzt hatte –, konnte es sein, daß es nur das hatte bedeuten sollen? Stell eine dumme Frage, und du bekommst eine dumme Antwort? Wenn du einen Geist fragst, ob du Erfolg im Leben haben wirst, dann solltest du ihm erst einmal mitteilen, was du unter Erfolg verstehst! Dasselbe Spiel, das die Erwachsenen mit dir spielen, wenn du noch ein Kind bist: Geh zu deinem Onkel Soundso, und hol mir von ihm ein wenig *arodan* . . . und das Kind läuft schnell zum Onkel, aber der Onkel schüttelt bedauernd den Kopf, nein, leider habe er kein *arodan*. Aber sein Freund, der könnte welches haben, macht der Onkel dir neuen Mut. Du rennst hin, aber der Freund, o je, auch er muß dich enttäuschen, grad hat er sein letztes bißchen seinem Bruder gegeben . . . also, auf zu diesem Bruder . . . von da zu dessen Cousin ... bis du zum Schluß bei deinem Nachbarn landest, der, so hat man dir unter dem Siegel der Verschwiegenheit ins Ohr geflüstert, erst gestern aus *arodan*-Land zurückgekommen ist und sicherlich säckeweise davon mitgebracht hat. Und der Nachbar schlägt die Hände überm Kopf zusammen und ruft: Aber liebes Kind, du kommst zu spät, dein Vater war eben gerade hier und hat selbst das letzte Stückchen geholt! Irgendwo auf deinem langen Weg, aber sicherlich an seinem Ende, dämmert dir, daß *arodan* nur ein Unsinnswort ist, daß es *arodan* überhaupt nicht gibt, und du hast eine neue Lektion gelernt. Nun, vielleicht spielen auch die Geister solche Spiele mit den Menschen, und am liebsten mit denen, die sie mit dummen Fragen belästigen ...

Auch Node hatte man nach draußen gebracht, damit er den Festzug sehen konnte. Mariam stand neben ihm, zwischen den Frauen und Kindern seines Haushalts, Node, auf dessen Holztransporter der Schimmel vom Haus der Santeros herbeigeschafft worden war. Und nur Mariam konnte Nodes Segen übermitteln. Saaki hielt kurz an, verbeugte sich und gelobte im stillen, dem gelähmten Mann einen Rollstuhl aus dem Städtischen Krankenhaus in Lagos zu besorgen. Dann, unter dem immer größer werdenden Lärm der Salutschüsse, denn an jeder Ecke gesellten sich neue Schützen zu den alten, erreichten sie die Pforten des *osugbo.*

Jagun erwartete sie zusammen mit den Ältesten, um den Widder zu opfern und die Vorderhufe des Pferdes mit dem Blut des Opfertieres zu bestreichen. Und dann bogen sie ein in den Pfad mit der letzten Reihe schlichter Häuser, und die Hufe des Pferdes klapperten laut, als wollten sie ein Gegengewicht schaffen zum Optimismus der Hochrufe. Endlich kam Pa Josiahs Haus, Ile Lígùn, und Schalen voll Wasser wurden vor ihnen auf den Boden ausgegossen. Vor einer Stunde etwa hatte man Pa Josiah das Geheimnis des fremden Besuchers enthüllt, und so stand er jetzt Seite an Seite mit dem Gast, umringt von Ex-Iléanten und neben ihnen das dreibeinige Ungeheuer, das den

Fremden aus Lagos gebracht hatte. Es mußte Wemuja nicht gesagt werden; er griff fest ins Zaumzeug, und das Pferd blieb stehen. Fast war es unmöglich, die Menge zurückzuhalten; jeder wollte einen kurzen Blick auf den Eindringling werfen, der über das weite Meer gereist war, um einen Sohn Ìsaràs zu besuchen – und noch dazu an einem solch außergewöhnlichen Tag! War das ein gutes Omen? Die allgemeine Ansicht lautete – wehe, wenn nicht!

Soditan nahm den Besucher gründlich in Augenschein und war ein wenig irritiert. Der weiße Lehrer ähnelte in keiner Weise seiner Handschrift, noch verströmte er irgend etwas von der Aura der Orte und Abenteuer, von denen er in seinen Briefen so überschwenglich und bildreich zu berichten wußte. Saaki machte Wade Cudeback ein überdeutliches Zeichen, als Soditan jetzt vortrat, um ihm die Hand zu reichen. Längst schon hatte sich der Lehrer aus Ìsarà eine Grußformel für diese erste Begegnung zurechtgelegt. Bei seinem Gast und den Ex-Iléanten riefe sie sicherlich zustimmendes Gelächter hervor, sie würde das Eis brechen und Ungezwungenheit schaffen. Doch Wade Cudeback kam ihm zuvor:

»Lehrer Soditan, nehme ich an?«

In den wenigen Sekunden Gnadenfrist, die das sachkundige Lachen der Umstehenden ihm gewährte, dachte Soditan fieberhaft nach, doch die Antwort, so gab er später zu, entschlüpfte ihm ohne sein Zutun. Selbst überrascht von seinen Worten, doch mit einem Gefühl tiefer innerer Gelassenheit hörte er sich sagen:

»Willkommen in Ashtabula!«

GLOSSAR

S. 5 Spitzname des Vaters, nach seinen Initialen S. A. (Anm. d. Übers.)

S. 5 Spitzname der Mutter, die eine sehr überzeugte Christin war. (Anm. d. Übers.)

S. 9 Die englische Schreibung des Wortes Exil, exile, bietet sich für ein Wortspiel an, denn *ilé* ist ein Wort aus dem Yoruba, der Muttersprache Soyinkas, und bedeutet Land, Boden, Grund, Heimat. Ex-Ilé als eine Verquickung des lateinischen ex mit dem Yorubabegriff ilé ist also ein Exil im hier intendierten Sinne. Zugleich sind die Ex-Ileanten die ehemaligen Absolventen des Lehrerbildungsseminars in Ilesa. (Anm. d. Übers.)

S. 11 Akinyode Soditan, genannt Yode oder Tisa (teacher) oder omo Josiah (Kind des Josiah).

S. 12 Yorubaisierte Form von englisch teacher (Lehrer).

S. 12 Kind des Josiah

S. 12 König – Die Könige der einzelnen Städte haben jedoch eigene Titel; der des Königs von Ìsarà lautet Odemo.

S. 12 Schrein, Tempelgebäude

S. 13 Wort aus der Sprache der Hausa mit der Bedeutung Herr, Lehrer.

S. 14 Im Gegensatz zum »been-to«, dem (im Ausland) »Gewesenen«, wie man die nennt, die in Europa studiert haben. (Anm. d. Übers.)

S. 15 Dankopfer

S. 15 Josiah Soditan, genannt Pa Josiah oder Baba Yode, Akinyodes Vater.

S. 16 Ogboni oder Osugbo: Männergeheimbund mit religiöser, politischer und richterlicher Funktion. Die zugeordnete Gottheit ist Onile (Mutter Erde); in Zusammenarbeit mit dem Oro-Geheimbund kann der Ogboni die Todesstrafe verhängen, wenn ein Kapitalverbrechen gegen Onile begangen wurde. (Anm. d. Übers.)

S. 17 Dreizipfelige Yoruba-Kopfbedeckung

S. 17 Akrobat auf Stelzen, der besonders bei den Zeremonien des Gèlèdé-Bundes auftritt.

S. 18 Kaum seh ich eine Karte, schon zieht's mich in die Ferne
Zu all den Flüssen, eingemalt in Blau
Und all den Bergen, gemalt in Braun und Grau,
Daß ich sie seh und alle kennenlerne ...

S. 20 Die Wasserlilien locken in der Bucht
Ich pflücke eine nur und atme ihren Duft
Denn weiter müssen wir, fern hin zum Waldesstrand
Der ruhig liegt in jüngfräulicher Einsamkeit
Weit hinter dieser Felsenschlucht ...

S. 22 Es gibt zwei Ilesa in Nigeria. Hier handelt es sich um das weiter im Norden gelegene, unbekanntere, nicht um das bei Oshogbo gelegene. (Anm. d. Übers.)

S. 23 Samuel Johnson: The History of the Yoruba, Lagos 1921. Der Verfasser ist selbst gebürtiger Yoruba. (Anm. d. Übers.)

S. 25 Ich bin den Hügel hinaufgeklettert, und ich bin ihn hinuntergeklettert/ den Hügel, den Schildkröte nicht zu erklimmen vermochte/ ich bin diesen Hügel hinauf- und hinuntergeklettert.

S. 26 Die Edo sind mit den Yoruba sehr eng verwandt und sprechen eine ähnliche Sprache. Sie leben in der Gegend um Benin-City und sind die Schöpfer der berühmten Benin-Bronzen. (Anm. d. Übers.)

S. 27 Lafenwa ist ein Stadtteil von Abeokuta. (Anm. d. Übers.)

S. 28 Angestellte; im weiteren Sinne alle, die lesen und schreiben können und deshalb irgendeinen Schreibtischposten innehaben.

S. 31 Geheimer Umkleideraum der Maskenträger; unterirdischer Raum, in dem die Ahnenmasken aufbewahrt werden.

S. 31 Toten-, Ahnen-, Geistermaske

S. 31 Gleiche Bedeutung wie *alagemo*

S. 34 Weißer, Europäer

S. 35 Titel des Königs (Oba) von Ìsarà

S. 36 Weißbrot. Bis zur Kolonialzeit war Brot unbekannt, ein Kolonialbeamter namens Shackleford ließ es seinen Houseboy für sich backen – daher die Bezeichnung. (Anm. d. Übers.)

S. 37 Frau, die einen Säugling zu versorgen hat.

S. 37 Frau

S. 38 Frau, bring das geröstete Schweinefleisch.

S. 40 Brei, Grütze

S. 40 Gedämpfte Klößchen aus Bohnenpaste

S. 41 Fremder; einer der ein unverständliches Kauderwelsch spricht.

S. 42 Peitsche

S. 42 Ehrerbietige Anrede für einen hohen Würdenträger

S. 43 Der Himmel rette mich!

S. 43 Versammlungshaus der Ältesten

S. 44 Königspalast

S. 45 Hirsebier

S. 45 Eine Hirseart – in der älteren Literatur oft »Negerhirse« genannt. (Anm. d. Übers.)

S. 45 Maisbier

S. 46 Yamsmehl, das mit heißem Wasser zu einem eba genannten Brei angerührt wird, kleine, kroß gebratene Bohnenküchlein und andere einheimische Nahrungsmittel.

S. 47 Spitzbüberei

S. 49 Du weißt nicht, was ein richtiger Kampf ist.

S. 52 Mit heißem Wasser zu einem dicken Brei gerührtes Yamsmehl

S. 53 Geheimgespräch

S. 53 Wichtigstes Orakel der Yoruba. Der Ifa-Priester, babalawo (Vater des Geheimnisses) genannt, benötigt dazu ein mit Holzmehl bestäubtes Orakelbrett und 16 Palmkerne. Mit der rechten Hand wirft er die Kerne in die Luft, mit der linken fängt er sie auf. Fängt er eine gerade Zahl Kerne, malt er einen geraden Strich auf das Mehl, fängt er eine ungerade Zahl, macht er zwei Striche. Die Wurfprozedur wird achtmal wiederholt, es ergibt sich ein Strichmuster – odu genannt – aus einzelnen oder doppelten Strichen. Insgesamt sind 256 Strichkombinationen möglich. Jedem odu sind 16 verschiedene Orakeltexte zugeordnet – das können knappe Vierzeiler, aber auch mehrere Strophen umfassende Gedichte sein –, so daß der Korpus der Orakeltexte insgesamt 4096 Orakelgedichte umfaßt, die der babalawo alle auswendig kennen muß. Die Ausbildung des Ifa-Priesters dauert mehrere Jahre. (Anm. d. Übers.)

S. 54 Großmutter

S. 58 Vater

S. 58 Angeheiratete Verwandtschaft

S. 59 Gestampfter Kuhdung

S. 64 Rev. I.O. Ransome-Kuti, Direktor des Gymnasiums in Abeokuta, das Wole Soyinka besuchte. Onkel Soyinkas mütterlicherseits, Vater des bekannten nigerianischen Musikers Fela Kuti. (Anm. d. Übers.)

S. 64 In der Tat gab es für das Igbo (Ibo) eine »katholische« und eine »anglikanische« Orthographie. (Anm. d. Übers.)

S. 72 Kolonialverwaltung

S. 74 Kolonialname Ghanas, seinerzeit der bedeutendste Kakaoproduzent der Welt. (Anm. d. Übers.)

S. 77 Bezieht sich auf die berühmte Begrüßung zwischen Stanley und Livingston: »Mr. Livingston, I presume?« (Anm. d. Übers.)

S. 92 Das alte Königreich Dahomey – im Gebiet des heutigen Staates Benin – entstand um 1650. 1708 stellte König Agadja ein Frauenheer gegen die Engländer zusammen, unter König Ghezo (1818–1858) war es ein stehendes Heer. In Werner Herzogs Film »Cobra Verde« taucht es auf, wird dort aber ziemlich lächerlich gemacht. (Anm. d. Übers.)

S. 93 In der Kolonie Belgisch-Kongo, sozusagen Privatkolonie König Leopolds II., kam es in der Tat zu den hier erwähnten und anderen Greueltaten. Das Land erhielt 1960 als Demokratische Republik Kongo die Unabhängigkeit und wurde 1971 in Zaire umbenannt. (Anm. d. Übers.)

S. 94 Sehe ich einen Baum? Nein, ich sehe nur Profit.

S. 94 Als einer, der was davon versteht, kommt man voran.

S. 94 Ich bin es, Sipe, der den Pfad schlägt.
S. 108 Selbsthilfeorganisation (meist der Marktfrauen)
S. 122 Pidgin für Gentleman
S. 129 Sehr weites Obergewand
S. 130 Eine normale, im Einklang mit der Natur stehende Angelegenheit.
S. 131 Orakelpriester, Wahrsager
S. 136 Eintopfgericht
S. 136 Mein lieber Sohn
S. 139 »Der Stab des Geheimnisses« – ein Amtsstab, der von Mitgliedern eines Geheimbundes getragen wird.
S. 143 Langes Übergewand
S. 143 Einheimische Münzen geringsten Wertes, heute nicht mehr in Umlauf.
S. 144 Krimskrams
S. 145 Riten, die der Beerdigung vorausgehen.
S. 146 Versammlung der Ältesten mit gewissem Geheimdienstcharakter – auch das Haus, in dem die Versammlung zusammenkommt.
S. 151 Ein spezieller Schutzzauber
S. 155 Eine Maske, die besondere Kunststückchen vorführt.
S. 158 Sprecher der *osugbo*
S. 163 Letzte Nacht schrie die Hexe, und im Morgengrauen starb das Kind; wer wagt zu behaupten, es war nicht die Hexe, die das Kind umgebracht hat?
S. 173 Jungs gesucht, Jungs gesucht,
Jungs mit Muskeln, Hirn und Stärke
Die sich jeder Sache stellen
Gehen immerzu zu Werke
Jungs gesucht, Jungs gesucht
S. 173 Jungs präsentieren ihr Hinterteil
S. 178 Motanari, guten Morgen. Du sagst, du siehst Holz? Warte. Du sollst Holz zu sehen kriegen. Nur Geduld. Sipe wird dir Bauholz auf den Buckel laden. Du wirst Holz zu sehen kriegen, du wirst den Knüppel schmecken!
S. 179 Wie einer, der uns bis zu unserer Erschöpfung bewirtet.
S. 179 Gebet

S. 179 Wie einer, der uns so bewirtet, daß wir todmüde um Gnade beten.

S. 186 Victoria, Victoria
Was für ein schönes Leben haben wir Dir zu verdanken
Du hast aus allen Sklaven freie Menschen gemacht
Im Land der schwarzen Völker

S. 193 Kleine Zwischenmahlzeit

S. 195 Rituelle Opfergabe

S. 196 Rituelle Dankfeier

S. 198 Ein Kind, das stirbt und immer wieder geboren wird – mythisches Wesen.

S. 203 Nimm ihn auf den Rücken!

S. 209 Daniel Olorunfemi Fagunwas »Ogbodju ode ninu igbo irunmale« (Der kühne Jäger im Wald der tausend Geister), eine phantastische Jägersaga, gehört zusammen mit den anderen Werken dieses Yorubaautors zu den bedeutendsten und auflagenstärksten (bis heute etwa 20 Auflagen) Werken in Yoruba. 1938 erschienen, wurde es 1968 unter dem Titel Forest of a Thousand Demons von Wole Soyinka ins Englische übertragen.

S. 216 Alb

S. 217 Wie geht's der Frau?

S. 218 Bonus

S. 219 Taugenichts, Tagebieb

S. 220 Du hast sie ins Haus gebracht. Sie ist eine innere Feindin.

S. 221 Mit rechten Dingen zugehen, natürlich sein

S. 221 Gott der Weissagung

S. 224 Tunichtgut

S. 231 Eine Stoffart

S. 232 Bluse, Wickelrock und Kopftuch

S. 233 Ich möchte einen Segen sprechen
So sei es
Der Tod wird nicht über unsere Schwelle treten
Die Krankheit wird nicht über unsere Schwelle treten
Unser Schoß wird wachsen
Unser Schoß wird wieder und wieder gebären ...

S. 238 1897 beabsichtigte der britische Vizekonsul J. R. Philips einen

Besuch in Benin. Da das Igue zu feiern war, die wichtigste religiöse Zeremonie der Beniner, während der der König gottähnliche Funktion hat und mit keinem Sterblichen zusammenkommen darf, bat er um Verschiebung des Besuchs. Die Briten beachteten die Bitte nicht, rückten an und wurden unterwegs von aufgebrachten Beninern ohne Wissen des Königs überfallen. Bis auf zwei Mitglieder der Delegation wurden alle getötet. Der entsetzte König befragte das Orakel – es sagte die völlige Zerstörung Benins durch die Weißen voraus, nur durch drastische Opfermaßnahmen sei dieses Schicksal von der Stadt abzuwenden. Als die europäischen Truppen die Stadt betraten, entdeckten sie die Menschenopfer und hielten sie für alltägliche Praxis, was sie ihrer Meinung nach berechtigte, die Stadt zu zerstören und ihre Kunstschätze wegzuschleppen – mehr als 2000 Objekte, darunter die berühmten Beninbronzen, wurden von den Briten konfisziert und auf dem Weltmarkt (unter anderem nach Berlin) verkauft. – Das hier im Text erwähnte Blutbad meint die Menschenopfer, nicht die von den Briten abgeschlachteten Beniner. (Anm. d. Übers.)

S. 239 Funmilayo Ransome-Kuti (1900–1977) studierte in England Pädagogik und war nach ihrer Rückkehr nach Nigeria Leiterin der Abeokuta-Grammar-School. Als später ihr Mann, Rev. I.O. Ransom-Kuti, diesen Posten übernahm, war sie als Sozialarbeiterin, Erzieherin und Politikerin tätig. Vor allem im Egba-Aufstand (1947–1950) kämpfte sie in vorderster Front. In politischer Mission unternahm sie Reisen nach Großbritannien, Moskau, Bulgarien, Ungarn, den USA und China, wo sie als erste Abgeordnete Nigerias zu Gesprächen mit Mao-Tse-tung zusammentraf. 1977, zur Zeit einer der Militärdiktaturen, kam es immer wieder zu wüsten Razzien der Polizei. Bei einer solchen Razzia wurde Mrs. Kuti im Hause ihres Sohnes Fela Kuti – eines der bedeutendsten Pop-Musiker Nigerias – von Soldaten mißhandelt und schwer verletzt. Sie starb wenige Wochen nach diesem Überfall, ohne sich von den Verletzungen erholt zu haben. (Anm. d. Übers.)

S. 241 Eine der westafrikanischen Eliteschulen in Accra, Ghana
S. 243 Karrenschieber
S. 244 Die Trommel »spricht« natürlich nicht in dem Sinne, daß man beliebige Nachrichten mit ihr übermitteln könnte, man kann mit der Trommel lediglich die Tonmuster der Yorubasprache nachahmen, die ja – wie das Chinesische – eine Tonsprache ist. Um die Trommel richtig zu verstehen, muß man wissen, was sie sagt. (Anm. d. Übers.)
S. 244 Kein Polizist kann uns was tun.
Wir feiern das Neujahrsfest.
S. 244 Eine in der Stadt Ilorin um die Jahrhundertwende aufgekommene populär-religiöse Lied- und Musikform.
S. 244 Fingerklavier
S. 245 Eisenglocke
S. 245 Kürbisrassel
S. 245 Sammelbezeichnung für verschiedene Begleitinstrumente
S. 245 Doppelseitige Sanduhrtrommel
S. 245 Unter dem Arm getragene, mit einem gebogenen Stock geschlagene »Sprechtrommel«
S. 245 Oberpriester, der sich mit seinem Buckel brüstet
Gehörnter Schmetterling
Oberpriester, der sich mit seinem Buckel brüstet
Ehemann der Mutter von Talatin
S. 247 Gott, Gottheit
S. 247 Der Bohnenkuchen ist im Frittierfett zerfallen.
S. 251 Latrine
S. 253 Persönliches Schutzamulett
S. 254 Der Kopf des Waldbezwingers
Ist keine Last für ein Kind
Wer die Spur des Elefanten beseitigen will
Muß erst zum Himmel gehen und Feuer auf dem Kopf tragen
S. 258 Zauberei
S. 259 Alles Sprachen, die neben Englisch in Nigeria gesprochen werden. Insgesamt gibt es mehr als 200 Sprachen (nicht Dialekte!) in Nigeria. (Anm. d. Übers.)
S. 260 Nnamdi Azikiwe, genannt »Zik«, wurde 1904 in Zungeru,

Nordwest-Nigeria, geboren, studierte 1925–1934 in den USA Geschichte, Soziologie und Politologie. Ab 1937 war er Präsident der Nigerianischen Jugendbewegung (N.Y.M.) und Herausgeber verschiedener Zeitungen. 1944 Gründungsmitglied des N.C.C. (Nigerian National Council), wurde er 1963 Präsident des 1960 unabhängig gewordenen Nigeria. 1966 durch einen Militärputsch gestürzt, ging er nach London, kehrte 1971 zurück und hatte bis Ende der 70er Jahre den Posten des Rektors der Universität Lagos inne. (Anm. d. Übers.)

S. 262 Totenschädel

S. 263 Wir rufen seine Preisnamen und die Namen seiner Ahnen, und noch immer bist du im Unklaren über die Identität des Toten.

S. 263 Tabubruch

S. 264 Gottheit des Voodoo-Kultes, der in vielerlei Aspekten auf der Yoruba-Religion fußt.

S. 275 Die Yoruba Opera hat Tradition; berühmte Vertreter waren Duro Ladipo, Hubert Ogunde und E.K.Ogunmola. Es ist in der Tat echtes Volkstheater, wobei die Thematik allerdings meist »traditionell« ist, d.h., es werden bekannte Geschichten und Mythen aus der christlichen, moslemischen oder yorubaischen Religion aufgegriffen oder bekannte Märchen und Erzählungen dramatisiert. Bezeichnendster Zug ist allerdings die Verknüpfung mit traditioneller Yoruba-Musik, deshalb auch die Bezeichnung Yoruba Opera. (Anm. d. Übers.)

S. 276 Yoruba, deren Vorfahren als Sklaven in die Karibik und nach Brasilien verschleppt worden waren.

S. 290 Einheimische christliche Kirchen, in denen afrikanische, sehr rhythmische Musik gespielt wird, bei der einzelne Mitglieder der Gemeinde regelmäßig in Trance fallen und dann gelegentlich auch wahrsagen. Oft stehen an der Spitze solcher Kirchen reine Geschäftemacher, wie Soyinka sie beispielsweise in seinen Theaterstücken The Trials of Brother Jero und Jero's Metamorphosis aufs Korn nimmt. (Anm. d. Übers.)

S. 308 Ein im englischsprachigen Afrika benutzter Begriff zur Bezeichnung derer, die zum Studium im europäischen Ausland waren. (Anm. d. Übers.)

S. 321 Möge der Himmel sein Bemühen mit Erfolg krönen.

S. 332 Moskitolarven

S. 335 »Moskitolarven. Ich bin's, Mr. Goriola!«

S. 345 Ein kleines, aber giftiges Nagetier

S. 348 Fett aus den Samenkapseln des Schibutterbaums, einer westafrikanischen Sapotacee.

S. 349 Widerstandsbewegung gegen Mission und Kolonisation: wörtlich: Zerstörung der Häuser.

S. 351 Ihr seid unsere Ältesten ... ihr seid die Hüter der Weisheit ... Möge dieses Land nicht zugrunde gehen, solange ihr lebt.

S. 353 Bischof Tugwell

S. 357 Es ist zerschlagen und kann nicht mehr gerettet werden.

S. 361 Herr

S. 362 Frucht zur Freude der Vögel

S. 364 Trockenfisch, Räucherfisch und andere Fischzubereitungen

S. 370 Dein Mund sollte schweigen.

S. 372 Priester des Ifa-Orakels. Wörtlich: Vater des Geheimnisses

S. 373 »Wort«; die Stimme der Geister des Kultes der Erdgöttin, die durch Schwirrhölzer erzeugt wird.

S. 389 Wiege ich so schwer in euren Händen?

S. 389 Es ist Ìsarà, dessen Gewicht in deinen Händen liegen wird!

Wole Soyinka

Aké

Jahre der Kindheit

Aus dem Englischen von
Inge Uffelmann

Band 9217

Soyinka erinnert sich an die ersten elf Jahre seines Lebens in seinem Heimatdorf Aké, ungeheuer reiche und erfüllte Jahre für den kleinen Jungen, der das Glück hatte, in sehr interessanten, inspirierenden, für die kulturelle Umbruchssituation Schwarzafrikas signifikanten Familienverhältnissen aufzuwachsen. Woles Vater, ›Essay‹ genannt, war Rektor der lokalen Volksschule, ein nobler, weltoffener Mann, sein Haus »das intellektuelle Wasserloch von Aké und Umgebung«. Die Mutter – Soyinka nennt sie ›Wild Christian‹, ›die wilde Christin‹ – eine wunderbar patente, phantasievolle Frau, Christin zwar wie der Vater, doch stärker noch als er in der mythischen und religiösen Tradition ihres Yoruba-Stammes verwurzelt. Sie führt nebenbei einen kleinen Lebensmittelladen und beherbergt auf der Matte in ihrem Schlafzimmer eine ständig wechselnde Schar elternloser Kleinkinder und umtriebiger Halbwüchsiger; später soll sie Initiatorin eines Selbsthilfeprogramms für die Frauen auf dem Lande werden und eine führende Rolle in jener Frauenrevolte spielen, die mit ausschlaggebend war für den Kampf um Nigerias Unabhängigkeit. Wie sich all diese Einflüsse und die beiden kulturellen Bereiche des alten Afrikas und der modernen Welt vermischen, durchdringen und relativieren, auch welche komischen Mißverständnisse es zwischen ihnen gibt, das hat Soyinka in wunderbar anschaulichen Szenen geschildert.

Fischer Taschenbuch Verlag

fi 277 / 4

Nadine Gordimer

Die Geschichte meines Sohnes

Roman

Aus dem Englischen
von Stefanie Schaffer-de Vries

Band 12434

Will ahnt sofort, daß die beiden ein Verhältnis miteinander haben, als er seinen Vater und die Weiße, Hannah Plowman, nachmittags vor einem Kino in einer Vorstadt von Johannesburg trifft. Aus dieser Szene entfaltet sich Nadine Gordimers Roman *Die Geschichte meines Sohnes*. Sonny ist Lehrer an einer High-School, er hat sich aus bescheidener Herkunft nach oben gearbeitet, hat sich ein gewisses Maß an Sicherheit und Kultur geschaffen, er und seine schöne, stille Frau Aila haben einen Sohn und eine Tochter, denen er seine Werte und Hoffnungen zu vermitteln sucht. Natürlich kann ein schwarzer Lehrer in einer schwarzen Vorstadt von Johannesburg sich und seine Familie nicht ganz aus den politischen Tageskämpfen heraushalten. In der Anti-Apartheids-Bewegung stößt Sonny auf Hannah Plowman, eine Weiße, die sich aktiv für die Rechte der Schwarzen einsetzt. In der Mischung von Politik und Liebe liegt der Sprengsatz, der schließlich Sonnys Lebensplanung zerstört. Erzählt wird die Geschichte der beiden von Sonnys Sohn Will. Am Schluß des Buches sagt er, das Schicksal seiner Familie habe ihn zum Schriftsteller gemacht. Nach den damaligen gültigen Gesetzen seines Heimatstaates darf er sein Werk nicht veröffentlichen.

Fischer Taschenbuch Verlag

fi 1011 / 4

J. M. Coetzee

Eiserne Zeit

Roman

Aus dem Englischen von
Wulf Teichmann

240 Seiten. Geb.

Elizabeth Curren hat Krebs. Am Tag, als ihr der Arzt eröffnet, daß ihre Krankheit in ihre letale Phase getreten ist, beginnt sie für ihre Tochter, die mit ihrer Familie in Amerika lebt, ein Tagebuch als eine Art Vermächtnis zu schreiben. Am selben Tag bemerkt sie einen Obdachlosen auf ihrem Grundstück. Sie verjagt ihn nicht, ermahnt ihn aber, kein Feuer anzuzünden. Die alte Frau lebt seit Jahren allein in ihrem Haus am Stadtrand von Kapstadt, betreut nur von einer schwarzen Dienerin, Florence, die am Wochenende zu ihrer Familie in die Townships fährt. Manchmal bringt Florence ihre zwei kleinen Töchter mit, manchmal ihren halbwüchsigen Sohn, der bereits in den bewaffneten Kampf mit einbezogen ist – er hält in Elizabeth Currens Haus Waffen versteckt, wird von der Polizei gesucht, taucht unter und kommt bei einem der blutigen Übergriffe der weißen Ordnungskräfte auf Unterkünfte schwarzer Widerstandskämpfer ums Leben. Elizabeth Curren hat aus einem gewissermaßen altmodischen Gefühl für Anstand heraus die Partei der Schwarzen ergriffen. Je mehr sie durch ihre Krankheit niedergezwungen wird, umso wichtiger wird ihr Mr. Vercueil, der mit seinem Hund meist in einem Verschlag in ihrem Garten haust.

S. Fischer

fi 210 / 7

Argentinien erzählt

20 Erzählungen

Ausgewählt und mit einer Nachbemerkung
von Enrique Foffani
Band 11091

Tango und Literatur – dafür steht Buenos Aires. Die traumschweren Melodien der Einsamkeit und Sehnsucht haben auch die argentinische Literatur mitgeprägt. Es ist diese 13-Millionen-Stadt am Rio de la Plata, in der die moderne Literatur dieses Landes entstand. Keine Stadt Lateinamerikas hat mehr Autoren der Weltliteratur hervorgebracht als Buenos Aires. Die Stadt spiegelt sich unendliche Male in den Erzählungen von *Julio Cortázar* oder *Adolfo Bioy Casares*. Für die phantastische Seite der argentinischen Literatur stehen vor allem *Jorge Luis Borges*, *Roberto Arlt* und *Leopoldo Lugones*. Doch auch die Pampa und der Dschungel sind geheimnisvoll und schicksalhaft Thema bei *Horacio Quiroga* oder *Antonio di Benedetto*.

Weitere Autoren:
Ricardo Piglia, Marco Denevi, Silvina Ocampo, Germán Rozenmacher, Abelardo Castillo, Daniel Moyano, Rodolfo Walsh, Noemí Ulla, Haroldo Conti, Liliana Heker, Julio Cortázar.

Fischer Taschenbuch Verlag

fi 562 / 4

Brasilien erzählt

24 Erzählungen

Ausgewählt und mit einer
Nachbemerkung von Inés Koebel

Band 12077

›Brasilien erzählt‹ lädt den Leser ein zu einer literarischen Erkundungsreise quer durch dieses größte Land Lateinamerikas. Ein Land mit den unterschiedlichsten Klimazonen und Landschaften, mit Menschen aller Religionen, Rassen und Hautfarben, dessen Vielfalt und Unverwechselbarkeit sich in Literatur widerspiegelt. Ihr Schaffen ist »weit davon entfernt, eine Nachahmung von Vorbildern zu sein. Es ist ein Pokal, dessen äußere Form der gleichen handwerklichen Schule entspringen mag, der aber mit ganz anderem Wein gefüllt ist.« Von *Machado de Assis*, dem wir dieses aufschlußreiche Zitat verdanken, bis hin zu *Frei Betto* versammelt diese Anthologie vierundzwanzig abgeschlossene Erzählungen, deren literarische Eigenheiten zugleich die wesentlichen, identitätsstiftenden Strömungen der brasilianischen Literatur in diesem Jahrhundert erkennen lassen.

Weitere Autoren:
*Erico Verissimo, Lima Barreto,
Mario de Andrade, Dalton Trevisan, Peregrino Junior,
Carlos Drummond de Andrade, Ignacio de Loyola Brandao,
Rubem Fonsega, Jose Louzeiro, Ivan Angelo,
Clarice Lispector, Caio Fernando Abreu, Nelida Pinon,
Ribeiro Couto, Joao Guimaraes Rosa, Osman Lins,
Lygia Fagundes Telles, Sergio Sant'Anna, Murilo Rubiao,
Victor Guidice, Moacyr Scliar, Joao Ubaldo Ribeiro.*

Fischer Taschenbuch Verlag

fi 585 / 3

Spanien erzählt

24 Erzählungen

Ausgewählt und mit einer Nachbemerkung
von Christoph Strosetzki
Band 10706

In 24 Geschichten aus den letzten 90 Jahren ergibt sich das faszinierende und eigenartige Bild eines Landes und seiner Menschen, das – im Spannungsfeld von Tradition und europäischer Moderne – einen eigenen Weg ging. Diese Sammlung spiegelt das Zusammenspiel von Tradition und Wandel auf vielfältige Weise. 24 Facetten des spanischen Lebens – aus Geschichte und Gegenwart.

Es erzählen:
Ignacio Aldecoa, Manuel Andújar, Max Aub,
José Martínez Ruiz (Azorín), Arturo Barea, Luis Buñuel,
Maria Aurèlia Capmany, Camilo José Cela,
Miguel Delibes, Salvador Espriu, Francisco García Pavón,
Juan Goytisolo, Juan Ramón Jiménez, Carmen Laforet,
Ana María Matute, José Ortega y Gasset,
Emilia Pardo Bázan, Ramón Pérez de Ayala, Pío Baroja,
Carmen Riera, Ramón José Sender,
Miguel de Unamuno, Ramón del Valle-Inclán
und Manuel Vázquez Montalbán.

Fischer Taschenbuch Verlag

fi 2031 / 4

Nordafrika erzählt

24 Erzählungen

Ausgewählt und mit einer Nachbemerkung
von Widulind Clerc-Erle

Band 9285

24 zeitgenössische Autoren aus Ägypten und dem Maghreb, das ist Tunesien, Marokko und Algerien, geben mit ihren Erzählungen faszinierende Einblicke in die bunte, verwirrende, immer auch schwierige und für uns fremde Welt ihrer Heimatländer. War das Bild des westlichen Orients einst in den Zauber der ›Geschichten von 1001 Nacht‹ getaucht, so erscheint es bei den modernen Autoren Nordafrikas im Licht einer eher realistischen Betrachtungsweise. Es kommen sowohl die ›intellektuellen‹ als auch die ›naiven‹ Erzähler zu Wort, um dem Leser ein möglichst umfassendes Bild zu vermitteln: von Stadt und Land, von traditionell geprägten Familien- und Gesellschaftsstrukturen und dem Aufbruch Nordafrikas in die Neuzeit.

Es erzählen:
Sa'id Abduh, Mahmud Taimur,
Ibrahim Schukrallah, Mahmud Diab, Yussuf Idris,
Jahja Hakki, Abderrahman Esch-Scharkawi,
Nagib Machfus, Muhammad Al-Busati, Alifa Rifaat,
Muhammad Al-Machsangi, Gamal Al-Ghitani, Kateb Yacine,
Mohammed Dib, Assia Djebar, Rachid Mimouni,
Rachid Boudjedra, Mohamed Choukri, Driss Chraibi,
Mohammed Berrada, Tahar Ben Jelloun, Mustapha Fersi,
Salah Garmadi und Hassouna Mosbahi.

Fischer Taschenbuch Verlag

fi 871 / 4

Wole Soyinka im Ammann Verlag

Der Nobelpreisträger für Literatur 1986.
Sein Werk in Einzelausgaben.

Aké – Jahre der Kindheit
Roman. 352 Seiten. Gebunden.

»... ein Schlüssel zum Werk des Preisträgers, wie er vergnüglicher und leichter nicht zu denken wäre... in einer hervorragenden deutschen Übersetzung.« DIE ZEIT

Der Mann ist tot
Aufzeichnungen aus dem Gefängnis
404 Seiten. Gebunden.

»Wenn eine spätere Generation jemals über den Abstand verfügen wird, den ein gerechtes Urteil über die Geschichte und die Dokumente erfordert, dann wird dieses Buch vielleicht zu den erschütterndsten Zeugnissen der Entmenschlichung im 20. Jahrhundert zählen.«
Klaus Kreimeier, Deutschlandfunk

Diese Vergangenheit muß sich ihrer Gegenwart stellen
Eine Rede. 76 Seiten. Kartoniert.

»Der Literatur-Nobelpreisträger 1986 ist ein moderner Schriftsteller, der europäische Schreibtechniken ebenso aufgenommen hat wie die alten Erzählweisen seiner Kultur, ein Mann des Übergangs an der Schnittlinie epochaler Umwälzungen. Es ist ein Werk, das aus dem Irrgarten des menschlichen Versagens herausführen will.« *Deutsches Allgemeines Sonntagsblatt*

Ìsarà
Eine Reise rund um den Vater
Roman. 380 Seiten. Gebunden.

»Stellen Sie sich vor, V.S. Naipaul wäre ein glücklicher Mensch. V.S. Pritchett hätte seine Eltern geliebt, und Vladimir Nabokov wäre in einer kleinen westnigerianischen Stadt aufgewachsen und hätte sich für die Politik entschieden. Ich spiele nicht vergebens mit diesen Namen. Wole Soyinka, der nigerianische Erzähler, Dramatiker, Essayist und Professor für vergleichende Literaturwissenschaft, gehört in ihre Gesellschaft. Es ist eine Bande von Kindern, die in einem wunderbaren Garten mit fast zu vielen Kulturen groß geworden sind.« *The New York Times*

ammann